Fredric Jameson

Spätmarxismus

Adorno, oder

eharrlichkeit der Dialektik

Fredric Jameson

Spätmarxismus

Adorno, oder
Die Beharrlichkeit der Dialektik

Aus dem Amerikanischen
von Michael Haupt

Argument

Die Originalausgabe erschien 1990 unter dem Titel
Late Marxism. Adorno, or, the Persistence of the Dialectic
im Verso-Verlag, London und New York.

Die Deutsche Bibliothek – CIP-Einheitsaufnahme

Jameson, Fredric:
Spätmarxismus: Adorno oder die Beharrlichkeit der Dialektik /
Fredric Jameson. Aus dem Amerikan. von Michael Haupt. –
1.–2. Tsd. – Hamburg; Berlin: Argument-Verl., 1991
Einheitssacht.: Late marxism <dt.>
ISBN 3-88619-391-8

Argument-Verlagsbüro: Rentzelstr. 1, 2000 Hamburg 13
Argument-Redaktion: Onkel-Tom-Str. 64a, 1000 Berlin 37
Umschlag: Johannes Nawrath, unter Verwendung des Bildes
›Die gescheiterte Hoffnung‹
von C. D. Friedrich (Hamburger Kunsthalle)
Texterfassung durch den Übersetzer
Konvertierung, Druck und Bindung: Clausen & Bosse, Leck
Erste Auflage 1992

Inhalt

Für Perry Anderson

EINLEITUNG

Adorno im Strom der Zeit

Dies Buch bietet detaillierte Analysen dreier großer Werke, die Adorno in verschiedenen Stadien seines Lebensweges ganz oder zum Teil verfaßt hat. Es handelt sich dabei um die 1947 veröffentlichte *Dialektik der Aufklärung,* um die *Negative Dialektik* von 1966 und um die posthum publizierte *Ästhetische Theorie.* Jedoch berücksichtige ich in gewissem Umfang noch weitere Bücher, wie etwa die unter dem Titel *Noten zur Literatur* veröffentlichten Essays, die *Minima Moralia,* den *Versuch über Wagner* und andere gewichtige Materialien. Meiner synchron vorgehenden Betrachtungsweise gelten diese Schriften als Bestandteile eines einzigen, sich entfaltenden Systems, gleichsam als ob die verschiedenen Adornos in den verschiedenen Stadien von Jugend und Altersschwäche (wie in Kubricks *2001 – Odyssee im Weltraum)* alle zusammen »um einen Tisch im Britischen Museum sitzen« würden.

In der Geschichtsschreibung – gelte diese einer Form, einer nationalen Bevölkerung oder einem einzelnen produktiven Geist – ist die Entscheidung über Kontinuität oder Diskontinuität nicht empirischer Natur; wie ich anderen Orts bemerkte, wird sie von vornherein gefällt, als eine Art absoluter Voraussetzung, welche die darauffolgende Analyse und Interpretation der (bisweilen auch »Tatsachen« genannten) Materialien determiniert. Wir sind heute gut genug postiert, um das zu erkennen; wir, die wir mit eigenen Augen eine Woge konterrevolutionärer Geschichtsschreibung heranrollen sahen, die etwa zu beweisen gedachte, wie wenig doch die Französische oder Russische Revolution erreicht hätten, außer durch ihr sinnloses Blutvergießen einen friedvollen wirtschaftlichen Fortschritt zu unterbrechen, der schon im Gange und auf dem besten Wege war. Derlei »Geschichte« bietet einen wahrhaften brechtischen Verfremdungseffekt, der dem common sense (das heißt, unseren geläufigen Ideen) zuwiderläuft und uns etwas Neues an die Hand gibt, über das wir streiten können, wobei die Argumente dann höchst produktiv sein werden, wenn sie auch die Frage der Periodisierung selbst neu bedenken. Denn diese ist zu einem der zentralen theoretischen Gesichtspunkte in einer Zeit geworden, die sich als zutiefst ahistorisch versteht und zugleich nach historischen Erzählungen und narrativen Neuinterpretationen aller Art begierig ist – gewissermaßen einen Appetit auf poststrukturalen Klatsch und Tratsch (inklusive der neueren Historien) entwickelt, der so etwas wie eine Kompensation darstellt für den federleichten Fall aus der Geschichte, der unmöglich lange anhalten kann.

DieAlternative – ein Bericht über Adornos Lebensweg in seinen verschiedenen Stationen[1], vor dem obligatorischen Hintergrund der aufregenden Flüge über Europa und Nordamerika zur Kriegszeit, der Rückkehr in ein aus Ruinen bestehendes Deutschland (mitsamt der späteren Herausbildung einer Studentenbewegung in den sechziger Jahren), gehalten im Stil von Hollywoodfilmen oder Fernseh-Dokumentarspielen – hat die philosophischen oder ästhetischen Komponenten, deren lebenslange Beharrlichkeit unschwer nachzuweisen ist[2], im allgemeinen ignoriert und sich dem leichteren Thema der politischen Anschauungen gewidmet. Anders gesagt: Wann hörte Adorno auf, an den Marxismus zu glauben? (Oder besser, weil Horkheimer und die »Schule« hier den unumgänglichen intellektuellen und finanziellen Kontext darstellen, wann hörten »sie« auf, an den Marxismus zu glauben?) Ich werde hier gegen diese allzu flache Anschauung vom Wesen politischer Bindungen, ideologischer Wahlmöglichkeiten und philosophischer und literarischer Produktion argumentieren. Abtrünnigkeiten haben ihre unbestreitbare Realität und bilden ein ausgezeichnetes dramatisches Material, berühren aber in keiner Weise das, was Adorno während des Kalten Krieges und nach der Rückkehr in das Restaurationsdeutschland der Adenauer-Ära widerfuhr. Tatsächlich machte er sich daran, seine zwei Hauptwerke zu schreiben, denen diese Untersuchung gewidmet ist, Werke, die ihn als einen der größten marxistischen Philosophen des zwanzigsten Jahrhunderts ausweisen. Und wie man dem Titel des Buches entnehmen kann, habe ich es geschrieben, um darzulegen, welchen Beitrag Adorno zum zeitgenössischen Marxismus geleistet hat.

In Wahrheit ändern sich weniger die Menschen als die Situationen. Hierin liegt auch der Grund für die Veränderungen in meinen Sichtweisen von Adorno, dessen Werk, dem jeweiligen historischen Jahrzehnt entsprechend, von unterschiedlicher Bedeutung für mich gewesen ist. Er war eine in methodologischer Hinsicht wichtige Entdeckung in den ausklingenden Jahren der Ära Eisenhower, als es notwendig schien, im nordamerikanischen Kontext selbst eine Konzeption von Dialektik zu entwikkeln. Das war der Zeitraum, in dem ich Adornos musikalische Analysen (auf die ich hier nur in geringem Umfang zurückgreife) als praktische Demonstrationen dafür benutzte, daß das, was wir für gewöhnlich den »soziohistorischen Hintergrund« nannten – womit in Wahrheit der klassenbezogene und ideologische Hintergrund gemeint war – der Verfahrensweise der formalen Analyse nicht *äußerlich*, sondern ganz und gar *innerlich* war.

Jedoch wird, wer mein 1971 erschienenes Buch *Marxism and Form* gelesen hat, die wachsende Distanz zu Adorno bemerkt haben, zu seiner, wie ich es sah, Feindseligkeit gegenüber der Sowjetunion, der Dritten Welt und (was ich, wie alle anderen, in übereilter Weise in seine dem Jazz gewidmeten Essays hineinlas) der schwarzen Bürgerrechtsbewegung in den USA. Doch das neue, im Rückblick als die »Sixties«, die Sechziger Jahre bekannte Dezennium stand (zumindest was mich angeht) für die Sympathie mit all diesen Dingen. In der Epoche nationaler Befreiungskriege schien Adornos Gefühl für die Apokalypse in der Tat recht rückschrittlich zu sein. Im Brennpunkt seines Denkens stand Auschwitz, und mit Besessenheit beschwor er das Verhängnis eines »totalen Systems« herauf, das die wenigsten – in einem »vorrevolutionären« Augenblick, den alle Welt durch das Gefühl des *»tout est possible!«* definierte – als Damoklesschwert für unsere eigene nicht allzu ferne Zukunft empfanden.

Die siebziger Jahre waren (zumindest in den USA) die Epoche der Theorie und des theoretischen Diskurses, der *jouissances*, die vom Strukturalismus zum Poststrukturalismus, vom Maoismus zur narrativen Analyse und von libidinösen Investitionen zu Ideologischen Staatsapparaten reichten; zugleich waren sie ihrem Wesen nach französisch. Adorno schien (zusammen mit Lukács und anderen mitteleuropäischen Denkern; Benjamin und Brecht bezeichnenderweise ausgenommen) in den Kämpfen jener Zeit eine Belastung, wo nicht gar eine Störung zu sein, und sein Werk veranlaßte die ihm noch treu Ergebenen zu ausgefeilten Interpretationsmechanismen, um ihn mit der Orthodoxie eines Derrida »in Einklang zu bringen«. Während dies alles bei uns seinen Lauf nahm, war die französische Intelligenzia in voller Ent-Marxifizierung begriffen, sodaß der im folgenden Jahrzehnt sich öffnende Vorhang den Blick auf ein wohlhabendes und selbstzufriedenes, entpolitisiertes Europa freigab, dessen große Theoretiker tot und dessen ureigenste philosophische Traditionen begraben waren. (Mehr über das Schicksal Adornos und der Dialektik in der Bundesrepublik findet sich im Schlußteil dieses Buches.) Dies Europa, das nun analytische Philosophie lernte und seinen eigenen Formen von *business management* und internationalem Handel den Weg bahnte, fand im Amerika der Postmoderne seinen Widerhall: hier starben zwar die einheimischen Industrien wie die Fliegen, zugleich aber führte man ein gänzlich neues Weltwirtschaftssystem an, dem selbst der ehemalige Ostblock sich eifrig in die Arme werfen zu wollen schien.

Hier nun endlich, in diesem Jahrzehnt, das gerade zu Ende gegangen und doch noch uns zugehörig ist, sind Adornos Prophezeiungen des »totalen Systems« endlich wahr geworden – in völlig unerwarteter Form. Ganz sicher war Adorno nicht der Philosoph der dreißiger Jahre (als den man rückblickend, wie ich fürchte, Heidegger bezeichnen muß), ebensowenig gehörten ihm die vierziger und fünfziger Jahre; in den Sechzigern dominierten, jeder auf seine Weise, Marcuse und Sartre, und mit den siebziger Jahren war, wie ich bereits sagte, sein altmodischer dialektischer Diskurs philosophisch wie theoretisch unvereinbar. Doch könnte er sich durchaus als der Analytiker unserer eigenen Epoche, die er nicht mehr erlebte, herausstellen. In ihr hat der Spätkapitalismus fast alle noch übriggebliebenen Schlupflöcher der Natur und des Unbewußten, der Subversion und der Ästhetik, der individuellen und kollektiven Praxis, und, mit einem letzten Fingerschnippen, selbst die Erinnerungsspur an das, was in der nunmehr postmodernen Landschaft nicht länger existiert, erfolgreich beseitigt. Von daher halte ich es für möglich, daß Adornos Marxismus, der in den vorangegangenen Zeiträumen keine große Hilfe war, sich als genau das herausstellen könnte, was wir heute brauchen. Die Beziehungen zwischen Adorno und der Postmoderne werde ich im letzten Teil dieses Bandes erörtern.

Was jedoch den Marxismus angeht, so macht man es sich zu einfach, wenn man hinzufügt, daß von der Charakterisierung Adornos als Marxist nur überrascht sein kann, wer nicht sehr viel von seinen zugegebenermaßen schwierigen Schriften gelesen hat, oder wenn man darauf hinweist, daß der größte Teil der verfügbaren Sekundärliteratur den Marxismus eher nicht behandelt, ganz als wäre er ein merkwürdiges Bündel zeitbedingter Manierismen, die eine postkontemporäre Diskussion nicht mehr zu berücksichtigen braucht. All denen aber – Nicht-Marxisten und Anti-Marxisten wie auch den Marxisten selbst –, die es für interessant halten, über Ausmaß und Authenzität von Adornos

Marxismus zu disputieren (war er nicht in Wirklichkeit genausogut Hegelianer, wo nicht gar Post-Marxist?), möchte ich den möglicherweise produktiven Vorschlag machen, für einen kurzen Augenblick jene alte Unterscheidung zwischen Wissenschaft und Ideologie wiederzubeleben, die heute, wie so vieles andere auch, in Verrufenheit geraten ist. »Ein Marxist sein« schließt notwendigerweise die Annahme ein, daß der Marxismus so etwas wie eine Wissenschaft, will sagen: eine Axiomatik, ein Organon, ein Ensemble besonderer Wissens- und Verfahrensweisen ist (und zudem, wollte man die Argumentation weiterführen, als Diskurs einen besonderen Status besitzt, der sich von dem der Philosophie oder anderen Arten des Schreibens unterscheidet).

Jegliche Wissenschaft aber entwirft nicht nur eine Ideologie, sondern eine Unzahl von möglichen Ideologien, was im positiven Sinn verstanden werden muß: eine Ideologie ist die Arbeitstheorie einer bestimmten Praxis, gewissermaßen ihre »Philosophie«, sowie das Ensemble von Werten und Vorstellungen, die diese Praxis in Bewegung setzen und sie mit einer Ethik und einer Politik (und auch einer Ästhetik) versehen. Die verschiedenen Marxismen – ebenso zahlreich wie miteinander unvereinbar – sind genau das: die lokalen Ideologien der marxistischen Wissenschaft in der Geschichte und in konkreten historischen Situationen, die ihnen nicht nur ihre Prioritäten vorgeben, sondern auch ihre Grenzen setzen. Wenn man also sagt, der Marxismus von Lenin oder Che oder Althusser oder Brecht (oder der von Perry Anderson oder Eagleton, von mir selbst nicht zu reden) sei *ideologisch*, so heißt dies, in der kritischen Bedeutung des Terminus, daß jeder in dem Maße situationsspezifisch ist, in dem er die klassenbezogenen Determinationen sowie die kulturellen und nationalen Horizonte seiner Verfechter umfaßt (wobei diese Horizonte unter anderem die Entwicklung einer Politik der Arbeiterklasse im jeweiligen Zeitraum mit einschließen).

Auch Adornos Marxismus ist zweifellos durch all diese Dinge, die man für gewöhnlich »Faktoren« nennt, determiniert (d.h. begrenzt). Seltsam müßte nur berühren, daß ein Standpunkt, wie ihn der Historische Materialismus vertritt – für den der Vorrang der historischen Situation von zentraler Bedeutung ist –, angesichts dieser Pluralität marxistischer »Ideologien« ebensoviel Ratlosigkeit zeigt wie irgendeine »bürgerliche Philosophie«. Wenn man Adornos Marxismus in diesem Geiste auffaßt, so heißt das natürlich nicht, daß man seine Positionen als

Programm festschreibt (tatsächlich ist Adornos philosophisches Werk vielfach gerade der Frage gewidmet, wie wir uns eines lebendigen Gedankens annehmen können, der keinen geschichtlichen Kurswert mehr besitzt). Insbesondere sind seine Ansichten zur politischen Kunst hier und da zum Stolperstein geworden, wobei leicht vergessen wird, daß dies der Preis war, den er für eine nunmehr aus der Mode gekommene Konzeption zu zahlen hatte, welche dem Modernismus selbst eine tiefere politische Berufung beimaß. Seine Einstellung gegenüber dem »real existierenden Sozialismus« war deutlich klassenbedingt (wie auch sein Mangel an Sympathie oder Verständnis für die Revolutionen in der Dritten Welt); doch muß uns dies zu einer Zeit, da die sozialistischen Länder in einem momentanen Umwandlungsprozeß begriffen sind, nicht weiter in Anspruch nehmen, es sei denn als historisches Zeugnis für die Dilemmata von Linksintellektuellen während des Kalten Krieges. Doch scheint er mehr Sympathie für die Studentenbewegung der sechziger Jahre gehabt zu haben, als er öffentlich zu bekunden willens war (vgl. Wiggershaus 1987, 688f.; eine Sympathie, die durch die unsterbliche Schande, die Polizei in die Universität geholt zu haben, allerdings um einiges verdunkelt wird).

Jedoch darf keine Einschätzung von Adornos politischer Position seine akademische Praxis als solche übersehen – seine systematischen Eingriffe in das intellektuelle Nachkriegsleben in der zukünftigen Bundesrepublik Deutschland (nicht zu vergessen die große Anzahl einflußreicher Akademiker, die aus Hitlers Universitäten übernommen worden waren), insbesondere aber die verantwortungsvolle Aufgabe, der er sich mit der Rekonstruktion der Soziologie widmete – eine Schicksalswende, die gerade für den einstigen Ästheten und Experten für musikalische Probleme ungewöhnlich war. Adornos energische und umfangreiche Polemiken und mises au point über Wesen und Funktion der Soziologie (die neben der *Negativen Dialektik* und der *Ästhetischen Theorie* eine fehlende dritte Kategorie bilden und die ich im Verlauf des ersten Teils diskutieren werde) scheinen zwei Stufen oder gleichzeitige Vorhaben zu umfassen. Die sogenannte Frankfurter Schule kehrte nach Deutschland mit dem – berechtigten oder unberechtigten[3] – Nimbus amerikanischer empirischer Sozialforschung zurück: Adorno nutzte dies, um seine eher metaphysischen Feinde in der deutschen Sozialphilosophie unter Beschuß zu nehmen, während er sich zugleich gegen den Empirismus (und Positivismus) wandte und diesen seinerseits der Kritik der Dialektik unterzog (ein Wort, das sich in seinen soziologischen Schriften sehr viel häufiger finden läßt als in seinen philosophischen). Unsere Wahrnehmung der Bedeutung und der objektiven Dynamik dieser »ideologischen Staatsapparate«, als die wir die akademischen Berufe und Disziplinen verstehen, ist im Vergleich zu früher sehr viel schärfer geworden, und das sollte uns in die Lage versetzen, zu würdigen, was in Sachen Adorno nunmehr eine eigenständige Form der Praxis in diesem Bereich genannt werden kann.

Zudem sind diese Lektionen keineswegs veraltet, auch wenn der kurze Triumph der Dialektik auf der westdeutschen Bühne neuen und undialektischen Strömungen Platz gemacht zu haben scheint; Habermas wäre hier zu nennen, der, als kritischer Abkömmling von Adorno und Horkheimer, ihre Lehre bis zur Unkenntlichkeit verwandelt hat,[4] sowie die verschiedenen angloamerikanischen Einflüsse, die dem dialektischen Denken allesamt entschieden feindlich gesonnen sind. Mit Ausnahme der Anthropologie jedoch, wo der weltweite Einfluß von Lévi-Strauss' Strukturalismus eine entfernt vergleichbare Rolle bei der Transformation des Faches gespielt hat, ist, wenn ich nicht irre, in den anderen Sozialwissenschaften eine ähnliche interne »Revolution« ausgeblieben (wobei in jüngster Zeit allerdings der außerordentliche Einzeleinsatz von Pierre Bourdieu in der Soziologie berücksichtigt werden muß; sein genereller Einfluß ist aber noch nicht abschätzbar). Für die Sozialwissenschaften bleibt die Dialektik eine methodologische Zeitbombe; sie kann möglicherweise auch eine bedeutsame Rolle in den ganz anders gearteten Traditionen der Sozialwissenschaften der sozialistischen Länder spielen und dort für diejenigen Intellektuellen neue Gedanken und Möglichkeiten entzünden, die nicht vorrangig damit beschäftigt sind, westlichen Göttern Opfer darzubringen.

Jedenfalls ist zu bemerken, daß die Betonung der Soziologie die traditionelle philosophische Trias des Guten, Wahren und Schönen vervollständigt, die in Adornos Werk einer einzigartigen Modulation unterzogen wird. Dabei ist der Übergang der Ethik in (historisch verstandene) Soziologie der bedeutsamste strategische Zug und zugleich diejenige formale Intervention, die am ehesten unmittelbarer Erkenntnis sich verschließt. So kommt es, daß die akademischen Disziplinen, die im Marxismus selbst die Chance zu ihrer erneuten Vereinigung verpaßt haben, bei Adorno weiterleben – so äußerlich respektabel wie problematisch im Inneren.

Doch möchte ich hinsichtlich der Frage, wie marxistisch dies alles sein mag, auf einer theoretischen Ebene weiterhin die Bedeutung der Unterscheidungen betonen, die ich in *Das politische Unbewußte* für Urteile dieser Art vorgeschlagen habe. Tatsächlich stand Adorno meinem geistigen Auge nahe, als ich die Annahme ins Spiel brachte, daß die Ebenen des Politischen (unmittelbar historische Ereignisse), des Gesellschaftlichen (Klassen und Klassenbewußtsein) und des Ökonomischen (die Produktionsweise) für uns in einer paradoxen unabhängigen Abhängigkeit voneinander bleiben (oder relativ autonom sind, wenn man diese Ausdrucksweise bevorzugt). Diese Einsicht diente dem Zweck, mir falsch erscheinende Probleme und unsinnige Auseinandersetzungen wenn nicht zu lösen, so doch zu neutralisieren, und zwar vor allem in Bereichen wie dem des »Übergangs zum Kapitalismus«, wo die Verfechter einer aktiv gestaltenden Rolle der Arbeiterschaft in Gegensatz zu jenen gerieten, die hier die entkörperlichte Kraft und Logik des Kapitals am Werk sahen. Allerdings schienen mir diese Differenzen auf zwei völlig unterschiedlichen Herangehensweisen an die Konstruktion oder Analyse des Untersuchungsobjekts zu beruhen, die in ihren »Erklärungen« ebenso unterschiedliche Abstraktionsebenen involvierten, so daß es letztlich problematisch wird, ob hier überhaupt von Streitigkeiten oder widersprüchlichen, miteinander unvereinbaren »Interpretationen« gesprochen werden kann.

So oder ähnlich möchte ich auch den Geist von Adornos Marxismus einschätzen und hier insbesondere auf die allbekannte Abwesenheit klassenbezogener Urteile verweisen. (Tatsächlich ist Adorno in den entscheidenden Momenten seiner Polemik durchaus in der Lage, begrenzte klassen-ideologische Urteile zu fällen, die dann sehr entschieden und vernichtend vorgetragen werden.)[5] Allerdings sollte Adornos Beitrag zur marxistischen Tradition nicht auf der Ebene der sozialen Klassen, auf der zweiten Ebene meines dreiteiligen Schemas, gesucht werden; hier wären andere Namen zu nennen (z. B. E.P. Thompson).

Unverzichtbar und einzigartig ist sein Beitrag dort, wo ich die dritte »Ebene« ansiedele, in der Analyse, die sich auf das ökonomische System oder die Produktionsweise bezieht. Tatsächlich liegt der originäre Charakter seines philosophischen Werks wie auch seiner Ästhetik in der Art und Weise, mit der er die Präsenz des Spätkapitalismus als Totalität in der formalen Beschaffenheit unserer Begriffe oder der Kunstwerke selbst betont.[6] Kein anderer marxistischer Theoretiker hat je dieser Beziehung zwischen dem Allgemeinen und dem Besonderen, dem Ganzen (oder System) und dem Teil eine so zielstrebige und zugleich umfassende Beachtung geschenkt (und nur wenige zeitgenössische Denker haben dieses philosophische Raffinement mit einer angemessenen ästhetischen Sensibilität verbunden; hier fallen einem nur Croce und Sartre ein, während Lukács, der in vielerlei Hinsicht immer noch eine weit größere historische Gestalt ist, in dieser Hinsicht eher einer Karikatur gleicht). Sicherlich mag in einer Epoche wie der poststrukturalistischen, in der wir über keine »Begriffe« mehr verfügen, in einer Epoche wie der postmodernen, in der wir auch keine »Kunstwerke« mehr haben, Adornos Angebot als überflüssige Gabe erscheinen. Zumindest aber könnte es denen, die dem Begriff der »Totalität« feindlich gesonnen sind, die Bedeutung und Funktion einer solchen Denk- und Interpretationsweise vermitteln; ich werde ihr auf den folgenden Seiten große Aufmerksamkeit widmen. Wie dem auch sei: Adornos Lebenswerk steht und fällt mit dem Begriff der »Totalität«.

Was nun Adornos augenblickliche Lage auf dem geistigen Aktienmarkt angeht, so hat mich die zunehmende Anzahl der Vergleiche mit seinem Erzfeind Heidegger[7] (dessen Philosophie, wie er einmal bemerkte, faschistisch sei bis in ihre innersten Zellen)[8] überrascht: die Grundlage dieser Annäherungen dürfte, neben einer Art allgemeiner Neutralisierung all dessen, was in beiden Philosophien für die Konsumgesellschaft bedrohlich sein könnte, mit dem Nimbus des sogenannten »Nicht-Identischen« oder der Natur bei Adorno zusammenhängen. Andererseits hat man in der Nachdrücklichkeit, mit der die Frankfurter Schule Motive der Herrschaft und Beherrschung analysierte, flüchtige Ähnlichkeiten mit Foucault erkennen wollen (der immerhin in einem Moment der Selbstaufgabe von seiner eigenen »Affinität« zu diesen Deutschen sprach, die er erst gegen Ende seines Lebens gelesen hatte).[9] Und schließlich haben die windungsreichen und hypersubtilen »Unterminierungen«, mit denen die *Negative Dialektik* dem Begriff zu Leibe rückte, für manche die sprichwörtliche Familienähnlichkeit mit Derrida und der Dekonstruktion erwiesen. (Meiner Meinung nach wird man einem »Dialog« zwischen Derrida und dem Marxismus keine solide Grundlage verschaffen, wenn man die fundamentalen Unterschiede einfach hinwegdekretiert; ich selbst habe anderenorts die Auffassung vertreten, daß Adornos Grundproblematik in gewisser Weise de Man nähersteht als Derrida.)[10]

Gegen all diese Vergleiche möchte ich folgendes ins Feld führen: was wie eine Annäherung an eine eher heideggersch anmutende Idee der Natur aussieht – wobei das »Sein« durch die »Nicht-Identität« ersetzt wird –, erscheint in einer gänzlich anderen Perspektive, wenn wir die grundlegende Rolle begreifen, die die Naturgeschichte in Adornos Denken spielt. Dadurch aber werden wir auch in die Lage versetzt, unsere Klischeevorstellungen über die Haltung der Frankfurter Schule zur Wissenschaft zu berichtigen (für gewöhnlich geht man davon aus, daß sie eine negative Einstellung vertritt), und zugleich können wir dem Anschein einer tieferliegenden Ähnlichkeit mit Foucault entgegentreten, da gerade ihre Konzeption einer Naturgeschichte all das beiseiteräumt, was an Foucaults Begriff der »Macht« anthropologisch und ideologisch ist. Was die Dekonstruktion angeht, so denke ich, daß der Eindruck der Familienähnlichkeit auf der von Heidegger entlehnten und sehr zweideutigen »Geschichte der abendländischen Metaphysik« beruht, und in ihren auf großartige Weise mythischen und unhistorischen Zügen der »Dialektik der Aufklärung« selbst nahezustehen scheint. Doch der Metaphysik oder Identität genannte Irrtum ist bei Adorno die Auswirkung eines zunehmend machtvoller werdenden Gesellschaftssystems, während er bei Heidegger die zunehmende Entfernung von einer ursprünglichen Wahrheit anzeigt, ungeachtet dessen, daß für ihn Macht, in Gestalt der lateinischen Sprache und des Römischen Reiches, an der Verzerrung, Niederschlagung und Unterdrückung jener Wahrheit beteiligt ist. Natürlich kehrt für Heidegger die Macht in der modernen Technologie zurück, doch im Unterschied zu Adorno verliert er über die Allgegenwart des Gesellschaftlichen in den Formen des Irrtums oder den inneren Zwängen des metaphysischen Denkens kein Wort. Zugleich würde jede Betonung des subjektiven Irrtums als eigenständiger Wirkungsmacht dem Idealismus verfallen.

Vielleicht sollte ich, vor dem Hintergrund dieser Einstellungen zu philosophischen Vergleichen etwas über meine eigene Herangehensweise an Adornos philosophische Texte sagen, die als narrative Analyse wohl nur unzureichend charakterisiert wäre. Entdeckt man nämlich, daß in einem philosophischen Essay narrative Strukturen am Werk sind – deren exoterische Formen man sich leicht vorstellen kann, wenn man etwa an die »Abenteuer« eines Begriffs denkt, oder an den Kampf zwischen dem protagonistischen Begriff und seinen Widersachern oder Pendants, an das Durchlaufen einer Test- und Versuchsreihe im

Sinne von Propp oder an die philosophische Synthese als Hochzeit usw. –, so scheint es interessanter, diese narrative Struktur in modernistischeren oder »reflexiven« Kategorien zu fassen, das heißt, sie auf die Krise der Repräsentation zu beziehen. Was an diesem Punkt den philosophischen Text interessant macht, ist nicht nur die Durchsetzungsfähigkeit seines »Begriffs«, sondern vor allem das Problem, wie (und zu welchem Preis) dieser es überhaupt geschafft hat, aussagefähig zu werden. In diesem Sinne ist »Modernismus« jener tiefere Skeptizismus, der die Möglichkeit bezweifelt, überhaupt etwas repräsentieren zu können – was letztlich heißt, daran zu zweifeln, überhaupt etwas sagen zu können. Dieser Skeptizismus aber weicht angesichts der augenfälligen Tatsache, daß bisweilen Dinge tatsächlich gesagt oder repräsentiert werden, einer neugierigen Erforschung der Strukturen und Vorbedingungen, der Wahlfälschungen, Betrügereien, illegalen Absprachen und der rhetorischen Taktiererei, die solche Repräsentationen allererst ermöglicht; nicht zu vergessen eine kühle analytische Einschätzung dessen, was unterwegs aufgegeben werden mußte, was ungesagt blieb, worüber gelogen oder was fehlerhaft repräsentiert wurde.

Im Modernismus jedoch gehört der Referent immer noch, wenn auch auf problematische Weise, zu den Überlebenden, und damit können die Möglichkeiten des sprechenden Subjekts (oder seine strukturellen Unmöglichkeiten) auch in Abhängigkeit von der Struktur des Objekts dargestellt werden – was sich im gegenwärtigen Fall als eine Art »prästabilierter Harmonie« zwischen Adornos eigenem Modernismus und der von mir vorgeschlagenen Herangehensweise erweist. Weil, anders gesagt, Adorno selbst ein so ausgeprägtes Bewußtsein vom Wesen philosophischen Schreibens als linguistisches Experiment, als Darstellung* und Formfindung besitzt, wird es interessant und angemessen, sein eigenes Werk einer ebensolchen Betrachtung zu unterziehen. Dann jedoch muß ich diese Formulierung der Sache ihrerseits einer Korrektur unterziehen und möchte, wiewohl Adorno ohne Zweifel ein »Stil« zu eigen ist (wie übrigens auch den anderen »Meistern der Moderne«, für die dies eine objektive und historische Kategorie darstellt), den ich bisweilen auch als solchen benenne, trotzdem bezweifeln, daß die von mir

* Hier wie im folgenden bedeutet ein Sternchen: im Original deutsch. (Anm. des Übers.)

vorgeschlagene Lesart als literarisch im beschränkten oder trivialisierten Sinn bezeichnet werden kann.

Adornos Modernismus verschließt sich der Assimilation an das aleatorische Spiel der postmodernen Textualität, was heißt, daß diese verbalen oder formalen Bezugspunkte nicht ohne eine gewisse Idee der Wahrheit auskommen. Was nun den ästhetischen Modernismus angeht, so kommt dem, was in der Sprache konstruiert werden kann, eben dadurch eine gewisse Wahrheit zu, daß die Sprache sich weniger dem Schweigen entringt als vielmehr den düsteren Eigenschaften der Aussageform, den Gefahren der Thematisierung und Verdinglichung, sowie den unvermeidlichen (und metaphysischen) Illusionen und Verzerrungen, die der Erfordernis entspringen, an bestimmten Punkten anzusetzen und aufzuhören und diesen oder jenen konventionellen Maßstab des Argumentierens und Beweisens ins Feld zu führen. So steht die tiefere Botschaft meines Buches, auf der Ebene, auf der Adorno selbst in seiner Partikularität von der Dialektik nicht mehr unterschieden werden kann, in Zusammenhang mit dem Lob der Dialektik als solcher. Dies mag zumindest heute den Vorteil einer gewissen Neuheit besitzen.

Und dies gilt vielleicht auch für meinen Titel, der einfach einen seit langem bestehenden deutschen Ausdruck (»Der Spätmarxismus«) der angelsächsischen Öffentlichkeit vorstellen will. Er ist vor allem deshalb von Nutzen, weil er die weiter oben entwickelte Implikation zuspitzen soll, die besagte, daß der Marxismus, wie andere kulturelle Erscheinungsformen auch, sich in Relation zum sozioökonomischen Kontext verändert. Es dürfte kein Skandal sein, zu behaupten, daß der von den Ländern der Dritten Welt benötigte Marxismus andere Zeichen zu setzen hat als der, welcher den bereits auf dem Rückzug befindlichen Sozialismus betrifft, ganz zu schweigen von den »entwickelten« Ländern des multinationalen Kapitalismus. Und selbst letzterer ist natürlich zutiefst »ungleich« und »nicht-synchron«, und andere Spielarten des Marxismus sind für ihn weiterhin von lebenswichtiger Bedeutung. Doch dies Buch handelt von der besonderen Bedeutung, die Adornos Marxismus und seine einzigartigen Fähigkeiten für unsere eigene, gleichermaßen einzigartig »späte« oder dritte Stufe des Kapitalismus besitzen. Gemeint ist damit nichts Dramatischeres als das immer noch gültige Motto: Besser spät als niemals!

Killingworth, Connecticut
August 1989

TEIL I
Düstere Beschwörungen des Begriffs

Eins

Die zwei einflußreichsten Mißdeutungen Adornos rechnen ihn dem Postmarxismus beziehungsweise dem Postmodernismus zu. Mit der zweiten Problematik werde ich mich im letzten Teil des Buches beschäftigen. Die Vorstellung, Adorno sei Postmarxist, beruht indes darauf, daß man eines seiner grundlegenden Leitmotive, das des »Nicht-Identischen«, falsch verstand. Es wurde verdinglicht und zu einer Art von philosophischem Programm gemacht, aus dem dann, wie ich weiter unten zeige, alle möglichen ungerechtfertigten Schlußfolgerungen gezogen wurden.

Jedoch ist Adorno kein Philosoph der Identität im gewöhnlichen Sinne. Mit der Identität als solcher heben sowohl die *Dialektik der Aufklärung* als auch die *Negative Dialektik* an, denn diesem Wort können »Begriff« und »System« ebenso vollständig subsumiert werden wie »Aufklärung« oder »Wissenschaft«. Eine Philosophie der Identität zu schreiben heißt aber nicht, sie zu lobpreisen oder als ihr Ideologe aufzutreten: was oftmals als die für die Frankfurter Schule typische »Kritik der Vernunft« beschrieben wurde, ist tatsächlich die systematische Erforschung einer Standardisierung der Welt, die durch das ökonomische System ebenso erzwungen wurde wie durch die »abendländische Wissenschaft«. Man muß sich der *Negativen Dialektik* mittels dieser grundlegenden begrifflichen Prämisse nähern, die die absolute und widersprüchliche Situation der Philosophie selbst ebenso konstituiert wie die verschiedenen polemischen Auseinandersetzungen und Geplänkel, die in den einzelnen Kapiteln des Buches in Szene gesetzt werden.

Doch schon vorher hatte die *Dialektik der Aufklärung* die Geschicke dieses Begriffs besiegelt, indem sie ihn in der Form einer Vermittlung zugänglich machte, die überdies die »existentiellen« Materialien des Alltagslebens mit einbegriff (und dazu bekanntermaßen noch jene, in denen die Form der Identität der Massenkultur ihren Stempel aufdrückt). Wie es sich für eine entschieden diskontinuierliche Arbeit gehört, werden wir uns in diesem Buch episodenweise mit der *Dialektik der Aufklärung* auseinandersetzen, indem wir zu späteren Zeitpunkten auf die dort vorgetragene Konzeption der Kultur, auf die Diagnose des

Antisemitismus und auf die Vision der Naturgeschichte zurückkommen.

Hier jedoch,an der Schwelle einer philosophischen Analyse der Identität, scheint es angemessen, das Gesicht sehr genau zu betrachten, das sie uns und dem Alltagsleben zuwendet – die Wiederholung als solche nämlich, die fortwährende Wiederkehr des Gleichen in all ihrer psychologischen Öde und Langeweile: mit anderen Worten, die Neurose. Adorno bedient sich der Freudschen Begrifflichkeit auf sehr beschränkte Weise (die in manchen Zusammenhängen grobmaschig und altmodisch erscheint, in anderen dagegen neue Schichten und Ebenen der Analyse freilegt), und so gilt ihm die Neurose einfach als dies tödlich langweilige Eingeschlossensein des Ich in sich selbst, das durch seine Furcht vor dem Neuen und Unerwarteten verstümmelt ist und seine Einerleiheit auf all seinen Wegen mit sich schleppt, um den Schutz des Gefühls zu genießen, daß es, wo immer es seine Hand zur Berührung ausstrecken mag, nirgendwo auf etwas ihm Unbekanntes treffe. Angesichts dieser Auffassung beginnt sich jedoch die Frage aufzudrängen – nicht nur »psychologisch« –, welche Kraft dazu erforderlich wäre, sich dem Neuen zu stellen, sich ihm zu »öffnen«; noch mehr jedoch: wie dies Neue beschaffen sein und aussehen könnte, wie man es anstellt, etwas sich vorzustellen und in Begriffe zu fassen, was per definitionem unvorstellbar und unvorhersehbar ist, was in der je geläufigen Erfahrung kein Äquivalent besitzt.

An diesem Punkt taucht allmählich das Gegen-Bild oder -Trugbild zum völlig in seine »Identität« eingesperrten neurotischen Ich auf – nämlich die jeder Darstellung sich entziehende Vision des im unaufhörlichen Fluß befindlichen absolut Neuen, des Unwiederholbaren, des großen Stroms, in den man niemals zweimal taucht und den Deleuze den *flux* des ewigen Wandels nennt, in dem weder Subjekt noch Objekt jemals vorstellbar sind, nur der Schrecken und die Erschöpfung des radikalen Unterschieds ohne Markierungspunkte oder Wegweiser, ohne Augenblicke des Verweilens, ja selbst ohne jene Erdspalten und -falten, in die wir, wie der Stier in seine *querencia,* uns zurückziehen, um unsere Wunden zu lecken und ein paar friedvolle Momente zu finden. Daß wir unsere Schutzwälle verlassen und diesem schreckenerregenden Vorüberströmen des Nicht-Identischen absolut uns hingeben ist natürlich eine der großen ethischen Phantasievorstellungen der Postmoderne und die direkte Charakterzeichnung des »schizophrenen Helden«. Warum aber der gesellschaftliche Raum der Postmoderne – die standardisierteste aller »verwalteten Gesellschaften«, aus der Der Andere und alle Andersheit höchst erfolgreich ausgetrieben worden sind – dergestalt zum Phantasiebild des ursprünglichen Fließens der schizophrenen Differenz stilisiert wird, ist eine andere und rätselhafte Frage, die nur soziologisch beantwortet werden kann (ein Wort, das ich hier als Abkürzung benutze, bis wir es durch die sehr viel schwierigere Konzeption der Dialektik ersetzen können, die Adorno für uns entworfen hat).

Diese zwei verabsolutierenden und erschreckenden Augen-Blicke auf ein in sich eingeschlossenes Ich und ein ursprüngliches Fließen sind jedoch nützlich, um die *Funktion* der Kompromißbildungen zu begreifen, die in der menschlichen Geschichte verschiedentlich mit ihren vertrauteren Alltagsformen entstehen, wie etwa die gewöhnliche »psychische Identität«, die so viel von dem radikal Neuen herausfiltert, um die Erfahrung dessen, was übrigbleibt, erträglich zu gestalten, während sie uns unermüdlich versichert, daß wir immer noch eine der zeitlichen Dauer verhaftete Identität besitzen, daß mein persönliches Bewußtsein durch all die unerwarteten Wendungen des biographischen Abenteuers hindurch irgendwie »sich selbst gleich« bleibt, und daß noch jeder neue Morgen eine Welt und einen Bereich von Gegenständen enthüllt, die, wie immer sie ihren Ort gewechselt haben mögen, ihren angestammten Namen behalten und, auf welch entfernte Weise auch immer, vertraut bleiben. Dergestalt ist das Ich, in diesem umfassenderen Sinne der persönlichen Identität, ein Abwehrmechanismus und zugleich eine Waffe, ein Instrument der Praxis und des Überlebens.

Doch sind für Adorno Anthropologie und Sozialpsychologie nur Randbereiche. Er öffnet diese Ebenen und die des psychischen Subjekts selbst, wie wir gleich sehen werden, anderen Formen der Begrifflichkeit. Man sollte hier allerdings einen Moment verweilen, um die Situation zu charakterisieren, mit der das Denken selbst hinsichtlich der vorangegangenen Erörterungen konfrontiert ist; eine Situation oder ein Dilemma, das nicht nur einem bestimmten philosophischen Ideal in Adornos Praxis Rechnung trägt, sondern das auch ein Licht wirft auf die Bedeutung, die er bestimmten ästhetischen Beschränkungen beimißt.

Wenn der Begriff als »das Gleiche« aufgefaßt wird, als das, was Dinge gleichmacht, so wie er auch dem Geist eine Gleichheit – die Wiederkehr erkennbarer Entitäten – einschreibt, dann muß der Kampf des Denkens (zumindest in einem bestimmten

Augenblick seiner Geschichte) diese Logik der Wiederkehr und der Gleichheit untergraben, um zu all dem durchzubrechen, das durch die Gleichheit ausgeschlossen wird. Ich fasse es in dieser Weise, um letzteres – das »Nicht-Identische« – in bezug auf die Termini der Andersheit und des Neuen beschreiben zu können (und nicht die konventionellen Termini entweder des Realen oder des Referenten benutzen zu müssen, mittels derer all dies in einen Dualismus verkehrt würde; für Adorno nämlich ist der Begriff so real wie alles andere). Aber diese Erfahrung des Neuen und des Anderen müssen wir durch die Begrifflichkeit erlangen: was bei Adorno der Habermas'schen Kritik irrationalistischer Philosophien am nächsten kommt, wendet sich eher gegen bestimmte Spielarten des Intuitionismus (Bergson, Husserl, in einem bestimmten Sinn sogar Heidegger), die gebrandmarkt werden, weil sie dazu neigen, Begrifflichkeit als solche aufzugeben und einen direkteren, unmittelbareren Kontakt zum »Realen« suchen. Gibt es eine Möglichkeit, den Begriff, der ansonsten dazu tendiert, uns in die Gleichheit einzusperren, so zu handhaben, daß er zum Schlüssel wird, welcher uns den Zugang zur Differenz und zum Neuen eröffnet?

> Denken braucht nicht an seiner eigenen Gesetzlichkeit sich genug sein zu lassen; es vermag gegen sich selbst zu denken, ohne sich preiszugeben; wäre eine Definition von Dialektik möglich, so wäre das als eine solche vorzuschlagen. (ND, 142)

Mithin geht es nicht darum, die ererbten Kategorien der Philosophie, die, verkleidet als Realismus des gesunden Menschenverstandes, das tägliche Leben ohnehin weiter beeinflussen, über Bord zu werfen, und ebensowenig bietet die intuitive Unmittelbarkeit, die Erfindung neuer utopischer Begriffe und Neologismen einen Fluchtweg aus dem »stählernen Käfig« des Begriffs und seiner Identitäten. Wie aber der Begriff gegen sich selbst gewendet werden kann, ist ein schwieriges Problem, dem wir uns später widmen.

Für den Augenblick jedenfalls erinnert uns das andere Charakteristikum dessen, was durch den Begriff unterdrückt wird – das Neue –, daran, daß diese Situation, dieses Dilemma in gewisser Weise auch ästhetischer Provenienz ist und, vor allem im Bereich der sogenannten Moderne, spezifisch ästhetische und künstlerische Äquivalente besitzt, die wir in einem späteren Zusammenhang ausführlich diskutieren werden. An diesem Punkt dürfte es lohnender sein, die Bedeutung von Adornos Interesse an einer eher traditionellen sprachästhetischen Struktur hervorzuheben: am Epos nämlich, dessen vielfach unbeachtet gebliebene Theorie aus verschiedenen Ansätzen in seinem Werk abgeleitet werden kann. Sie läßt sich implizit in der *Dialektik der Aufklärung* finden, deren Kommentar zur *»Odyssee«* die Herausbildung der epischen Sprache und Erzählweise aus der Unwandelbarkeit des Mythos entwickelt; explizit ist sie in zwei erstrangigen Essays der *Noten zur Literatur* zu entdecken; zum einen in »Über epische Naivetät«, zum anderen in der außerordentlichen Studie zu Hölderlin, die den Titel »Parataxis« trägt (und nicht ausschließlich mit dem obligatorischen Rundschlag gegen Heideggers berühmte Exegese des Dichters beschäftigt ist).

Adorno scheint Erich Auerbachs einflußreiche Analyse des Epos, die eben diese Kategorie der Parataxis verwendet, nicht gekannt zu haben. (Bei Auerbach ist sie Bestandteil eines instabilen Dualismus, in dem die additive Zeit des Epos – »und ... und ... und ...« – der eher syntaktischen und auf periodische Weise linearen und kausalen Zeitlichkeit dessen, was er »Hypotaxe« nennt, entgegengestellt wird, wobei Auerbach das Alte Testament als strenge Form und ursprünglichen Gegenpart zu Homer benutzt).[1] Beide Kommentatoren sind sich einig in der traditionellen Auffassung, die vom Stillstand der epischen Zeit ausgeht, ihrer »Gelassenheit«, die sich als Reihung voneinander isolierter Augenblicke und »in sich ruhender« Sätze äußert, welche ihrerseits etwas von der mesmerisierten Bewegungslosigkeit eines Tafelbildes besitzen. Doch wo Auerbach annimmt, daß diese epischen Sätze in der ganzen Regelhaftigkeit des parataktischen Strömens einfach aufeinanderfolgen, da stellt sich, keineswegs überraschend, Adorno das Problem im Hinblick auf unsere oben angeführte Beschreibung, nämlich als Erzeugung des neuen Moments, des zeitlichen Wandels aus der mythischen Wiederholung und Einerleiheit. Im Brennpunkt stehen zum einen die Synkategoremata und die Partikel, Bindewörter, die diese scheinbar stabilen und monadischen Sätze, welche wie Sonnensysteme um ihre Mitte sich drehen, zu einer größeren Sequenz oder Passage textuell bestimmter Zeit zusammenfügen, zum anderen die anaphorischen Echos und thematischen Wiederaufnahmen, die die voneinander getrennten Sätze verzweifelt zu einer irgend umfassenderen Zeitlichkeit verweben.

Adornos Lektüre richtet das Augenmerk jedoch nicht auf die gelassene Logik solcher Bindewörter – das »und« –, sondern auf die Gewalt, mit der die Sätze ins Joch gespannt werden, und auf die epische Unlogik der Bedeutung dieser sonst funktional verwendeten Wörter: »aber«, »jedoch«, und das von Hölderlin so häufig gebrauchte »nämlich« – eine Bedeutung, die, indem sie die gerade eben hergestellte Kontinuität im gleichen Atemzug verleugnet, die Besonderheit der epischen Verfahrensweise selbst in den Vordergrund rückt und die »Parataxis« als eigenwillig-absichtliche Inschrift des Neuen und des Bruchs innerhalb einer dem Epos oftmals zugeschriebenen unerschütterlichen Reproduktion von Gleichheit und Wiederholung in Szene setzt. In Wahrheit nämlich ist diese Reproduktion ein viel tieferer Charakterzug der mythischen Welt, die das Epos auszulöschen und zu überwinden trachtet. Auf bestimmte Art und Weise kann diese besondere klassische Syntax Adornos philosophische Praxis ebenso emblematisch bezeichnen wie die augenfälligeren formalen Erfindungen und Lösungen der Moderne. Insbesondere kann die bemerkenswerte Weise, mit der der Tod sich in die friedliche Unerschütterlichkeit der homerischen Sprache eingeschrieben findet – die grausige Hinrichtung der Mägde, die das »Odysseus«-Kapitel der *Dialektik der Aufklärung* zum Schluß kommentiert –, auf interessante Parallelen hindeuten, die in manchen letztgültigen Zielvorstellungen der *Negativen Dialektik* selbst angelegt sind.

Wir müssen nun »aber« zur Sache des Begriffs zurückkehren, insbesondere zur vielfachen und rotierenden Bedeutung des Ausdrucks »Identität«, so wie Adorno ihn entfaltet. Diese funktionale Polysemie hat vorgängige geschichtliche und philosophische Parallelen:

> Das Wort Identität war in der Geschichte der neueren Philosophie mehrsinnig. Einmal designierte es die Einheit persönlichen Bewußtseins: daß ein Ich in all seinen Erfahrungen als dasselbe sich erhalte. Das meinte das Kantische 'Ich denke, das alle meine Vorstellungen soll begleiten können'. Dann wieder sollte Identität das in allen vernunftbegabten Wesen gesetzlich Gleiche sein, Denken als logische Allgemeinheit; weiter die Sichselbstgleichheit eines jeglichen Denkgegenstandes, das einfache A = A. Schließlich, erkenntnistheoretisch: daß Subjekt und Objekt, wie immer auch vermittelt, zusammenfallen. Die beiden ersten Bedeutungsschichten werden auch von Kant keineswegs strikt auseinander gehalten. Das ist nicht Schuld eines laxen Sprachgebrauchs. Vielmehr bezeichnet Identität den Indifferenzpunkt des psychologischen und logischen Moments im Idealismus. (ND, 143, Fn.)

Die Wandlungen, denen die Bedeutung des Begriffs unterliegt, werden also hier bereits als Ebenen bezeichnet, das heißt, als der epistemologische Raum sich herausbildender Disziplinen und spezialisierter Kodes. (In dieser Hinsicht mag es vielleicht zu verantworten sein, den Ausdruck *»gesetzlich«* – der im Englischen wörtlich mit »lawful« übersetzt wird und hier für die begriffliche Regelmäßigkeit und Einheitlichkeit der Vernunft selbst steht –, so aufzufassen, daß er zugleich ahnungsvoll auf die Herausbildung einer ganz eigenen Ebene der Jurisdiktion oder Gesetzgebung verweist – auf die Identität des der Rechtsprechung unterworfenen Subjekts –, die bei Adorno selbst kaum entwickelt wird, an der aber viele von uns heutzutage höchst interessiert sind.) Auch die letztgültige – das heißt, die ökonomische – Ebene findet hier noch nicht ihre Berufung; sie wird sich aber zu gegebener Zeit und an gegebenem Ort herauskristallisieren.

Jedenfalls sind wir hier von der psychischen Ebene der Identität, der Einheit des Subjekts, auf die eigentlich logische übergewechselt, auf der zum ersten Mal der zentrale Raum sichtbar wird, in dem Adorno Identität und Nicht-Identität entfaltet, und das ist der des *Begriffs* (im Unterschied zur *Idee*, die bei Hegel ebenso eine ganz anders geartete Bedeutung besitzt wie in der großen »Erkenntniskritischen Vorrede« von Benjamins *Ursprung des deutschen Trauerspiels,* die für Adorno sowohl in seinen philosophischen Anfangsjahren als auch später in der *Negativen Dialektik* selbst von höchster Bedeutung gewesen ist und auf die wir noch zurückkommen).

Innerhalb des von Adorno ausgespannten philosophischen Rahmens ist von daher der *Begriff* die starke Form der Identität, die eine große Vielfalt von unterschiedlichen, real existierenden Gegenständen dem gleichen Terminus oder Gedanken subsumiert (wobei die Gegenstände per definitionem unterschiedlich sind, weil sie alle getrennt voneinander existieren). Der Vorrang des Begriffs schließt mithin einen historischen Augenblick ein, in welchem Universalien zur Existenz gelangen und dem ursprünglichen Fließen reiner Namen Abstraktionen entrungen werden. Man könnte versucht sein, dieses Fließen als vorbegriffliches Denken zu charakterisieren; wenn wir uns jedoch daran erinnern, daß Lévi-Strauss ebendies als eine von Wahrnehmungen gesteuerte oder qualitative Wissenschaft (»Wildes Denken«) analysierte, während andererseits für Adorno die Dynamik der Aufklärung ein Prozeß ohne Anfang war, dann scheint es eher so zu sein, daß der Vorrang des Begriffs (in der abendländischen

Philosophie) rein funktional sich nicht erheblich von der magischen Namengebung unterscheidet, handelt es sich doch beide Male um Formen der »Aufklärung« in dem Sinne, daß sie die Herrschaft über die Natur absichern und das »blühende und summende Durcheinander« des Naturzustandes in eine ganze Reihe abstrakter Gitternetze einspannen.

Unterdessen unterstützt und bekräftigt der Begriff – jeder Begriff – die Überzeugung, daß er mit dem Gegenstand, mit seinem Objekt übereinstimmt. Die Frage nach der Art dieser Beziehung umfaßt ein weites Feld erkenntnistheoretischer Phantasien, von der Auffassung, daß der Begriff irgendeine innere Wahrheit des Gegenstandes repräsentiere bis hinüber zu dem Gefühl, er sei dem Gegenstand irgendwie »ähnlich«. Es gibt in der Tat nur wenige, die, wie die Figur bei Dickens, die Fähigkeit des Philosophen preisen, Begriffe hervorzubringen, welche dem Gegenstand ganz und gar unähnlich sind: »Wenn du den Mann mitnehmen und ihm die Bake an der Flußmündung zeigen würdest ... und ihn dann nach seiner Meinung dazu fragtest, Walter, dann würde er dir eine Meinung sagen, die der Bake so ähnlich wäre wie die Westenknöpfe deines Onkels.« Sicher hat Althusser, dessen Erkenntnistheorie in diesem Sinne von einer radikalen Nicht-Identität ausgeht, uns gerne und unermüdlich daran erinnert, daß »der Begriff des Zuckers nicht süß schmeckt«; aber der therapeutische Schock dieser Mahnung kann nicht von langer Dauer sein, und ich habe den Verdacht, daß wer immer versucht, die Eigenschaft der Süße begrifflich zu fassen, sich am Ende einreden wird, der Triumph des Geistes liege darin, die Süße als Teil seines Denkens sich selbst einzuverleiben.

Dieser Mißerfolg resultiert nicht einfach aus der Schwäche des Geistes oder aus seiner Bindung an eine überholte philosophische Ideologie oder Erkenntnistheorie, er ist, ganz im Gegenteil, dem Begriff selbst einbeschrieben, dessen ganze Dynamik darauf abzielt, dem Gefühl, er vereinige Subjekt und Objekt und bekräftige ihre Einheit erneut, Sicherheit und Dauer zu verleihen. Adorno, der noch von Ideologie und falschem Bewußtsein spricht, wagt sich manchmal so weit vor, diese ursprüngliche Illusion der Identität von Begriff und Gegenstand als starke Form der Ideologie zu bezeichnen und darin ihre eigentliche Definition zu sehen:

> Keineswegs gleicht Ideologie allemal der ausdrücklichen idealistischen Philosophie. Sie steckt in der Substruktion eines Ersten selbst, gleichgül-

> tig fast welchen Inhalts, in der impliziten Identität von Begriff und Sache, welche die Welt auch dann rechtfertigt, wenn summarisch die Abhängigkeit des Bewußtseins vom Sein gelehrt wird. (ND, 48)

Wir werden auf das Problem des »Ersten« später, im Rahmen von Adornos Sichtweise der philosophischen Darstellung* bzw. der Form des Schreibens, zurückkommen; ergänzend, im Sinne einer weiteren Schraubendrehung des Gedankens, wäre den eben zitierten Bemerkungen noch hinzuzufügen, daß die Identifizierung des Gedankens mit dem Gegenstand implizit (ebenso oft aber explizit) auch darin resultiert, daß wir den Begriff für einen Gegenstand halten und inmitten unserer Begriffe leben, als wären sie Bestandteile der Wirklichkeit. Hier nun ist ohne Zweifel von »Verdinglichung« zu sprechen, und es scheint mir beweisbar zu sein, daß Adornos Leitmotiv der Identität seine Variante des nun schon traditionellen Apparats der Verdinglichungskritik (seit Marx) darstellt, was zugleich auch paradox ist, wenn man an seine häufigen Invektiven gegen den vulgären oder schematischen Marxismus im allgemeinen und gegen die Verdinglichungstheorie im besonderen denkt. Hinter solchen Passagen scheinen sich jedoch zweierlei Ängste zu verstecken, die gewissermaßen auf den Inhalt, respektive die Form bezogen sind. Adornos Materialismus, der gerade darauf abzielt, dem Leben einen Raum zwischen Dingen und Gegenständen zu verschaffen, wittert im als Anklage gemeinten Slogan der Verdinglichung eine Art von moralischem Spiritualismus – als wäre es wünschenswert, sich jeglicher materieller Ausstattung zu begeben! Insbesondere wird der moderner Kunst eigene Impuls zur Verdinglichung für notwendig gehalten und positiv bewertet. Doch dies läuft auf etwas Komplizierteres hinaus als auf die Umkehrung des Marxschen Vorwurfs, Hegel habe Entfremdung und Vergegenständlichung in eins gesetzt. Denn Adornos Perspektive historisiert das Problem und schließt die Verdinglichung als solche (als intensivierte Auswirkung der Warenproduktion) sogar in die gegenwärtige nicht-entfremdete Vergegenständlichung mit ein.

In formaler Hinsicht jedoch ist das durch den Terminus »Verdinglichung« bezeichnete Problem von anderer Art und bezieht sich, wie wir später noch im einzelnen sehen werden, auf die unerwünschte »Thematisierung« des situationsspezifischen Erklärungsmusters, das höchstens von begrenzter Gültigkeit sein kann, nun aber zu einer substantiellen, selbständigen ideologischen oder gar anthropologischen »Theorie« wird. Damit aber widerspricht ihre Form ihrem Inhalt, weil sie grundsätzlich eine autonome Botschaft übermittelt. Kurz gesagt, würde Adorno häufig den (angemessenen) Einwand erheben, daß der Begriff der Verdinglichung zumeist selbst verdinglicht oder wenigstens leicht zu verdinglichen ist. Charakteristischerweise kritisiert Adorno also die »Verdinglichung« im Namen des Wahrheitsmomentes, das der Verdinglichungstheorie eignet.

Aus der Identität selbst jedoch, insofern sie funktional durch die Momente von Herrschaft und Unterdrückung charakterisiert worden ist, erwächst eine alternative oder komplementäre Beschreibung negativer Art, die auf das hindeutet, was von der Identität ausgeschlossen wird. Selbst die klassische Dialektik (in deren Mittelpunkt die Identität steht) »hat fraglos mit bitterem Opfer an der qualitativen Mannigfaltigkeit der Erfahrung zu zahlen« (ND, 16). Hegel selbst geht noch mit der Tradition der älteren Identitätsphilosophie einig, wenn er sein Desinteresse für das Begriffslose, Einzelne und Besondere bekundet, für all das, »was seit Platon als vergänglich und unerheblich abgefertigt wurde und worauf Hegel das Etikett der faulen Existenz klebte« (ND, 18). Hier wird unleugbar eine gewisse Askese der Begrifflichkeit unterstellt, eine Entsagung, die mit dem Ressentiment gegen eben diese Entsagung verbunden ist. Diese Unterstellung ist keineswegs untypisch für Adorno (nicht nur was seine Haltung den repressiven Funktionen der Identität gegenüber betrifft); an anderer Stelle spricht er von den traditionellen Philosophen, »denen der Leib der Sprache für sündhaft gilt« (ND, 62) und verspottet ihre Aversion gegen die Rhetorik.

Doch enthüllt sich, wie solche Obertöne einer Sprache des Begehrens und der Unterdrückung anklingen lassen, an diesen Momenten, in denen wir dem Wesen der Identität durch die Charakterisierung der »Nicht-Identität« uns annähern, die unmittelbare Nähe jener Gedanken Adornos zu vielen uns nunmehr vertrauten Thematiken des Poststrukturalismus. Wir haben bereits in taktischer Absicht das Bild des deleuzianischen Stroms *(flux)* heraufbeschworen; hier nun scheint sich das Wort »Heterogenität« mit aller Macht aufzudrängen und eine ganze Ladung von ideologischem Gepäck mitzuschleppen, das darauf angelegt ist, Adornos Wiedervereinigung mit der Postmoderne und dem Postmarxismus zu betreiben, wogegen wir bereits in der Einleitung Stellung bezogen. Eine ganz andere Sicht auf Adornos Konzeption der Andersheit und des Nicht-Identischen wird sich aus unserer Diskussion der *Ästhetischen Theorie* ergeben. Dort scheint Adorno, im Hinblick auf die Thematik der Natur und des Naturschönen, sich ebenso unerwartet in einen sehr viel traditionelleren Philosophen der Ästhetik zurückzuverwandeln, der jedoch mit Dialektik und Marxismus nicht weniger unvereinbar ist als der poststrukturalistisch ausgerichtete. Seine Betonung der Art und Weise, in der Vernunft und Begrifflichkeit dazu neigen, die qualitativen Momente (das sinnlich Wahrnehmbare und sogar das Körperliche) herauszufiltern, ist sicher ein höchst gegenwärtiges Thema, während die Unterdrückung des Besonderen durch das Allgemeine und des Individuellen durch das Universelle uns mit aller Entschiedenheit zu genau jenen anti-»totalitären« und anti-utopischen Positionen zurückzuführen scheint, von denen Adornos identitätskritische Theorie schärfstens abgegrenzt werden muß. (Erst später, in unserer Diskussion der *Ästhetischen Theorie*, wird deutlich werden, daß diese Theorie eine historische Kritik der nominalistischen Tendenz in der modernen Kunst ebenso einschließt wie eine Anerkennung und Begründung dieser Tendenz.)

Eine beiläufige Bemerkung zu Beginn der *Negativen Dialektik* verdeutlicht jedoch, daß alle diese Themen zunächst und zumeist innerhalb einer anderen Tradition, der marxistischen nämlich, erfaßt werden müssen. Dieser entscheidende Satz identifiziert das »nicht unter die Identität zu Subsumierende[]« – all das, mit anderen Worten, was wir oben evozierten, als wir verschiedentlich von Differenz und Heterogenität, von Andersheit und dem Qualitativen, vom radikal Neuen und dem Körperlichen sprachen – mit dem, was »nach der Marxischen Terminologie [...] *Gebrauchswert*[]« heißt (ND, 20; Hervorh. F.J.) Dies ist der entscheidende Fingerzeig, der uns nicht nur auf das grundlegende philosophische Argument verweist, das Adornos Konzeption von Identität und Nicht-Identität unterfüttert – *Das Kapital,* Bd. I, 1. Buch, 1. Abschnitt –, sondern auch auf die letzthinnige Identität der »Identität« selbst, die wir in ihren verschiedenen Formen als psychische, logische und erkenntnistheoretische Identität betrachtet haben, und die nun (zumindest vorläufig) im ökonomischen Bereich von Tausch und Ware zur Ruhe kommt. In seiner schwachen Form geht das Argument lediglich von einer *Homologie* zwischen diesen Prozessen aus (die ökonomische Abstraktion ist *wie* die psychische Abstraktion strukturiert, und diese ihrerseits *wie* die philosophische Abstraktion oder Einheit), während es in seiner stärkeren Form den Vorrang des »Ökonomischen« behauptet. Damit ist gemeint, daß eine Tätigkeit, die Gütern den Stempel der Einheitlichkeit aufdrückt und die einheitliche Güter produziert, funktional vielschichtiger ist als die Tätigkeit der Produktion einheitlicher Gedanken.

Der klassische Abschnitt zu Beginn des ersten Kapitalbandes ist in Wirklichkeit eine Meditation über die Geheimnisse der Identität (die wir als gegeben hinnehmen): Wie kommt es, daß wir Dinge einander gleichsetzen, von ihnen als »gleichen« sprechen können, wenn doch die Konsumtion (oder der »Gebrauch«) irgendeines spezifischen Gegenstandes einmalig ist und auch in unserem eigenen Leben ein einmaliges und unvergleichbares zeitliches Ereignis darstellt? Gleichheit ist hier nicht nur der Begriff der Kategorie dieses besonderen Gegenstandes (wobei unterschiedliche Dinge zum Beispiel Steaks, Autos, Leinwand oder Bücher sind), sondern auch und vor allem die *Wert*gleichheit unterschiedlicher Gegenstände, die von uns historisch konstruierte Vergleichsmöglichkeit (ein Auto gegen soundsoviel Kilo Steak), der gegenüber sie hinsichtlich ihrer Erfahr- oder Konsumierbarkeit – ihres Gebrauchswerts, anders gesagt – unvergleichbar bleiben und es der Spekulation unmöglich ist, die Erfahrung, welche im Verzehr gerade dieses Steaks liegt, gegen jene abzuwägen, die durch eine Landpartie konstituiert wird. Mithin bildet der Tauschwert als dritter, abstrakter Terminus zwischen zwei miteinander unvergleichbaren Gegenständen die ursprüngliche Form, in der die Identität in der menschlichen Geschichte auftaucht (eine Abstraktion, die, in der von Marx erzählten historischen Dialektik jenes Abschnitts, schließlich die Form des Geldes annimmt).

Das »Tauschverhältnis« ist das andere große Leitmotiv in Adornos Werk, und es ist im strengen Sinne identisch mit dem eher philosophischen Leitmotiv, das den Namen »Identität« trägt und dessen Spuren wir hier gefolgt sind. Nunmehr weicht die philosophische und anthropologische Beschwörung des dem identischen Begriff innewohnenden Herrschaftswillens einer lebhafteren Aufmerksamkeit auf die Beschränkungen des ökonomischen Systems (Warenproduktion, Geld, Arbeitskraft), die auf verborgene Weise in allen Äußerungsformen der Identität selbst zugegen sind, und zugleich läßt diese Infrastruktur des Begriffs auch erkennen, warum seine Auswirkungen (die bisweilen auch, wie wir gesehen haben, »Ideologie« genannt werden) durch das Denken eines besseren Gedankens, durch neue Formen des Philosophierens und durch angemessenere (oder noch utopischere) Begriffe nicht einfach hinweggedacht werden können. Die Geschichte denkt bereits das denkende Subjekt und ist den Formen, in denen wir notwendigerweise denken müssen, eingeschrieben.

»Gesellschaft ist vor dem Subjekt« (ND, 130); die Kategorien des Denkens sind kollektiver und gesellschaftlicher Provenienz; Identität ist nicht Option, sondern Verhängnis; die Vernunft steht mitsamt ihren Kategorien in einer Linie mit dem Aufstieg der Zivilisation oder des Kapitalismus und kann kaum transformiert werden, ehe nicht letzterer sich gewandelt hat. Doch Habermas zieht einen falschen Schluß, wenn er meint, daß Adornos unversöhnliche Kritik, die auf den Verstand zielt, weniger auf die Vernunft, ihn in die Ecke des Irrationalismus drängt und ihm nur die unausgesprochene Zuflucht läßt, die zum heute vertrauten poststrukturalistischen *l'acéphale* führt: zum gewesenen animal rationale, dem der unerträgliche, hyperintellektuelle Kopf abgeschnitten ward. Er muß so denken, weil er sich nicht die Möglichkeit oder die Wirklichkeit eines neuen, genuin dialektischen Denkens gestatten kann, das in einer Situation, in der die Grenzen und Verfehlungen – ja die zerstörerischen Auswirkungen – der nicht-dialektischen »abendländischen« Vernunft nur allzu gut bekannt sind, andere Lösungswege zu bieten imstande wäre.

Zwei

Mithin läuft alles auf die Frage hinaus, ob wir uns eine solche radikal andere, alternative Weise des Denkens oder Philosophierens vorstellen, geschweige denn sie selbst praktizieren können. Dialektisches Denken ist oft als Reflexivität, als Selbstbewußtsein beschrieben worden, als ein »Denken in der zweiten Potenz«, das sich von den gewöhnlichen Denkvorgängen entfernt, um »seine eigene Aufmerksamkeit so auszuweiten, daß es diese Vorgänge in sein Bewußtsein mit einschließen kann« (Jameson 1971, 307). Wohl ist dies eine Möglichkeit, das Problem zu formulieren, doch hängt ihre Effektivität weitgehend von der Unverbrauchtheit dieser Rhetorik des Selbstbewußtseins ab, die in einer Zeit, da »Bewußtsein« selbst als Begriff oder Kategorie aufs Neue dem Zweifel anheimgegeben wird, offensichtlich keine allzu große Tragkraft mehr besitzt. Reflexivität (wenn man diesen Ausdruck vorzieht) wird im Gepäck eines modernistischen Denkens mitgeführt, das in der Ära der Postmoderne seine autoritative Kraft nahezu eingebüßt hat.

Die *Negative Dialektik* gibt uns eine andere Möglichkeit an die Hand, den (soweit es Adorno betrifft, vom Hegelschen Idealismus gereinigten) dialektischen Prozeß zu charakterisieren. Wir sind nun dazu aufgefordert (wobei die Metaphern von mir stammen), eine andere Seite, eine Außenseite des Begriffs zu denken, eine Oberfläche, die, gleich der Rückseite des Mondes, uns niemals direkt zugewandt oder zugänglich ist, die wir aber wachsam im Gedächtnis behalten und in unsere Auffassung vom Begriff mit einrechnen müssen, während wir zugleich auf gewohnte Weise innerhalb des Begriffes bleiben und ihn weiterhin gebrauchen und denken. Wenn sich hier gelegentlich die Idee des »Unbewußten« aufzudrängen scheint, so sollten wir sie nicht für die letztgültige philosophische Lösung halten, sie vielmehr als eine Art von Kurzschrift sehen, als ein Bildzeichen unter vielen anderen, die auf gleiche Weise versuchten, den denkenden Geist mit einer Dimension des radikal Anderen zu versehen, welche sich uns, zumindest wenn man der Freud-Lektüre von Lacan und Lévi-Strauss folgt, strukturell immer entzieht und notwendig außerhalb unserer Reichweite bleibt. Wie der Astronom – ein

Vergleich von Lévi-Strauss (1967, 406) – können wir die Präsenz eines massiven unsichtbaren Körpers oder einer Gravitationsquelle in den Bezirken des Äußeren berechnen, ohne daß wir sie jemals direkt zu erfahren vermöchten. Doch können wir sie als Hypothese verwenden, um unvermitteltes bewußtes Denken in seine Schranken zu weisen und therapeutisch zu diskreditieren.

Doch wäre eine solche Lesart eine irreführende Interpretation des Adornoschen Denkens: die Pionierleistung der Frankfurter Schule bestand darin, Freuds Kategorien als eine Art ergänzender Sozialpsychologie zu verwenden (Unterdrückung und beschädigte Subjektivität als Zeichen und Ergebnis des Tauschprozesses und der Dynamik des Kapitalismus), nicht jedoch als zentrale begriffliche Ordnungsschemata.[2]

Wenn wir uns vorstellen wollen, wie das Denken »gegen sich selbst denken« könne, müssen wir zum Ausgangspunkt des ersten Kapitels zurückkehren, wo es darum ging, stereotype (postmarxistische) Versionen zweier Grundbegriffe Adornos, Identität und Totalität, umzuarbeiten. Identität ist, wie wir gesehen haben, in Wirklichkeit Adornos Wort für den Marxschen Begriff des Tauschverhältnisses (ein Ausdruck, den Adorno ebenfalls häufig benutzt), wobei es ihm gelang, den Widerhall und die Implikationen der Lehre vom Tauschwert als verallgemeinerbarem Moment für die höheren Bereiche der Philosophie nachhaltiger und detaillierter aufzuweisen als alle anderen Denker der marxistischen oder dialektischen Tradition. Was die Totalität angeht, so werden wir nun zeigen, daß Adorno nicht nur weder Feind noch Kritiker dieser so ausgiebig gebrandmarkten Idee ist, sondern daß sie genau die Lösung für das Problem ist, das sich weiter oben stellte: wie nämlich mit dem Begriff und gegen ihn zu denken sei. Die grundlegende Operation, mittels derer der Begriff zugleich bewahrt und entdinglicht *(dereified)* werden kann (um eine andere Art von Kurzschrift zu benutzen), besteht in seiner Wiedereinsetzung in die Totalität oder das System (ein Ausdruck, der, wie wir gleich sehen werden, gerade deswegen von entscheidender Bedeutung ist, weil er zwischen philosophischen und sozioökonomischen Systemauffassungen oszilliert). Wie die folgende vorläufige (gegen Croce gewendete) Charakterisierung bereits erkennen läßt, spielt die Totalität eine tragende Rolle, wenn es um die Befreiung vom »Bann« des Begriffes geht:

> Das Differenzierte erscheint so lange divergent, dissonant, negativ, wie das Bewußtsein der eigenen Formation nach auf Einheit drängen muß:

> solange es, was nicht mit ihm identisch ist, an seinem Totalitätsanspruch mißt. Das hält Dialektik dem Bewußtsein als Widerspruch vor. (ND, 15)

Allerdings lassen diese Sätze unterschwellig erkennen, daß die Tendenz zur Totalität (Lukács' Totalitätsintention*) etwas Unerlaubtes an sich haben könnte; worin sich der Idealismus und Imperialismus des Begriffs ausdrückt, der mit unersättlicher Gier alles in seinen Herrschafts- und Sicherheitsbereich zu ziehen sucht. Ganz sicher klingt etwas davon bei Adorno an, wie es auch anderen Denkern nicht fremd ist, die, weil sie auf der Notwendigkeit und Vorrangigkeit von Totalität insistierten, als »totalitär« abgestempelt wurden. Hier liegt das Mißverständnis in der Schlußfolgerung, daß, wer immer diese Kategorie als philosophisch unverzichtbar hervorhebe, sich entweder dazu genötigt sehe, sie zu verklären oder sie, so lautet die stärkere Form des anti-utopischen Arguments, als Realität oder Bezugspunkt außerhalb des philosophischen Bereichs verewige. In diesem Fall wäre jegliche Kritik, Satire oder Anprangerung unmöglich, weil sie lediglich in seiner Existenz bestätigt, was zu brandmarken sie behauptet.

Das diesem Mißverständnis eignende Wahrheitsmoment wird besser sichtbar, wenn wir die Idee der Totalität im Hinblick auf ihre eher philosophische Modulation betrachten, als welche sich die Idee eines philosophischen Systems oder das Ideal systematischen Denkens darstellt. Oberflächlich betrachtet verwirft die *Negative Dialektik* sicherlich das Ideal und die Praxis philosophischer Systeme (und nimmt selbst Hegel nicht davon aus); wie wir bereits bemerkten, scheint sie auf eine Praxis des Denkens zu dringen, die an ihrer äußeren Grenze die Niederschrift gerade jener vorläufigen, fragmentarischen, selbstzerstörerischen Begriffsspielereien gestatten würde, an denen die eigentliche postmoderne Philosophie ihr Vergnügen findet.[3]

Was es nun aber zu bekräftigen gilt, ist das Gegenteil von alldem: daß nämlich dies postmoderne freie Spiel der Philosophie, wie wünschenswert es immer sein mag, nicht jetzt praktiziert werden kann, und daß anti-systematisches Schreiben, wie immer es im Hinblick auf eine philosophische Ästhetik denk- und vorstellbar geworden sein mag (wobei es wichtig wäre, nach den historischen Vorbedingungen für die Konzeption dieses Ideals und für die Möglichkeit seiner Imagination zu fragen), heutzutage dazu verdammt ist, innerhalb des »Systems« zu verbleiben. Wir wollen dies Paradox aufhellen, indem wir zunächst auf bestimmte anti-utopische Argumente zurückgreifen, die mit dem sogenannten Postmarxismus in Zusammenhang stehen: denn es ist sicher, daß Adorno in seiner Verurteilung des philosophischen Systems, in seiner Entwicklung einer radikal unsystematischen Dialektik, in seiner Argumentation gegen das »System« an sich, den Begriff des Systems beibehält und sogar, als Ziel und Gegenstand der Kritik, zum eigentlichen Mittelpunkt seines anti-systematischen Denkens macht. In genau diesem Sinne kann – und muß – bekräftigt werden, daß er den Vorrang des Systems *als* System perpetuiert: seine stärksten philosophischen und ästhetischen Interventionen gemahnen uns – bisweilen in einer nahezu Weberschen oder Foucaultschen Tonart – an unsere Gefangenschaft innerhalb des Systems, deren Ketten durch Vergessenmachen oder Unterdrückung noch fester geschmiedet werden, und zwar auf eine Art, die von ferne an die Illusionen der Identität gemahnt, mit der das System natürlich in einem bestimmten Sinne praktisch synonym ist.

Identität ist jedoch so etwas wie das absorbierte System, eine Totalität, die umso wirkungsvoller die Arbeit des Systems betreibt, je mehr sie vergessen oder unterdrückt wird. In genau diesem Sinne wird die bewußte Wiedereinführung des Systems oder der Totalität zur Lösung für die Abkapselung der Identität. Sie kann uns zwar nicht von den Illusionen und Trugbildern der letzteren befreien – das vermag kein bloßes Denken –, aber sie macht diese Illusionen mit einem Schlag sichtbar und gestattet einen Blick auf den Zauberbann, in dem das moderne Leben gefangengehalten und stillgestellt ist. (Dieses wesenhaft der Romanze zugehörige Bild besitzt im zeitgenössischen Denken eine paradoxe Dynamik, weil gerade die Aufklärung und die *Entsakralisierung* der Welt – was Weber Entzauberung* nannte – als Bereiche einer ganz neuen Fetischisierung gekennzeichnet werden können, welch letzteren Ausdruck Marx explizit der Anthropologie des achtzehnten Jahrhunderts entlehnte).[4]

Das System ist genau jene bereits erwähnte Außenseite des Begriffs, die uns für immer unzugänglich bleibt; wenn wir aber sehen wollen, warum dies so ist, müssen wir die inneren Umformungen oder die dialektische Polysemie dieses Zwillingspaares System/Totalität in ähnlicher Weise experimentell aufzeichnen wie unsere Darstellung der Referenzebenen im Begriff der Identität. Was wie das Ideal des philosophischen Systems aussieht, enthüllt sich mithin im nächsten Augenblick als Anspruch der Vernunft und des Universellen, wo nicht gar der Abstraktion als solcher, deren systematisierende Operationen innerhalb des Begriffs geeigneterweise mittels der Dialektik von Form und Inhalt erfaßt werden können. Die alles durchdringende *(in-forming)* Präsenz des Systems noch im isoliertesten und freistehendsten »Begriff« kann in seiner Form aufgespürt werden, die, wie immer sein konkreter Gehalt beschaffen sein mag, abstrakt und universell bleibt. Dadurch aber klärt sich das Bild, das wir von einer anderen »äußeren Gestalt« oder einer »Außenseite« des Begriffs entworfen haben, denn wir können Form und Inhalt eines gegebenen Begriffs nicht simultan oder auf die gleiche Weise denken: die Aufmerksamkeit, die der Form eines Gedankens gewidmet wird, scheint zugleich, in einer Art von gestaltpsychologischer Wahrnehmung, seinen Inhalt – das heißt, seine offizielle Bedeutung oder Referenz – zu dementieren und in Klammern zu setzen, so daß er auf die Ebene eines fakultativen Beispiels zurückfällt und die ihm innewohnende »Überzeugung« sich in Luft auflöst oder der Fiktion anheimfällt.

Den Begriff in der herkömmlichen Weise zu denken heißt jedoch, ihm zu »vertrauen« und sich seinem Inhalt so zu widmen, daß die Wahrnehmung seiner Form zu einem trivialen Ärgernis und zu einer störenden Ablenkung wird. Wessen es also bedarf – und was Adornos Dialektik meiner Ansicht nach vorschlägt –, ist eine neue Art von stereoskopischem Denken, das den Begriff weiterhin philosophisch denkt und zu seinem Nennwert handelt, während in einem anderen Bereich des Geistes ein intellektuelles Klima ganz eigener Art herrscht, eine gröber gestrickte und soziologischer ausgerichtete Reihe von Termini und Kategorien, in denen die Form des Begriffs notiert und in Kurzschrift aufgezeichnet und die Existenz des dabei vorausgesetzten Finanz- und Bankwesens mit einkalkuliert wird.

Denn wie wir in unserer Diskussion der Identität gesehen haben, enthüllt sich die Abstraktion selbst – mitsamt ihres subtilsten philosophischen Äquivalents in der Logik und in der Form der Universalien – auf einer anderen Ebene als mit der Tausch- und Äquivalenzlogik, will sagen: mit der Logik des Kapitals konform. Das Tauschverhältnis, die abstrakte Wertform, in der Identität ursprünglich begriffen wird, kann nicht als punktuelles Ereignis, als Zufälligkeit oder als isolierte, frei gewählte oder wahllose Handlung existieren; es ist eins mit dem Tauschsystem selbst, so daß hier der Punkt bezeichnet werden kann, an dem der philosophische Terminus »System« in den wesenhaft gesellschaftlichen oder sozioökonomischen Begriff der Totalität übergeht (worauf Adorno des öfteren mit der soziologischen, an Weber gemahnenden Terminologie der bürokratischen Gesellschaft oder der »verwalteten Welt« anspielt; noch öfter und weniger euphemistisch aber spricht er einfach vom »Spätkapitalismus«. In dieser endgültigen Enthüllung, die das Wesen des Systematischen erfährt, wird deutlich, warum wir uns nicht einfach vom »System« lossagen und es dabei bewenden lassen können, und mehr noch, warum »Totalität« für die innerstrukturelle Dimension der Vernunft und des abstrakten Denkens auch heute noch ein unverzichtbarer Name bleibt – gewissermaßen ihr anderer oder Familienname:

> Die dialektische Vermittlung des Allgemeinen und Besonderen erlaubt es der Theorie, die für das Besondere optiert, nicht, übereifrig das Allgemeine als Seifenblase zu behandeln. Weder könnte dann Theorie die verderbliche Vorherrschaft des Allgemeinen im Bestehenden fassen noch die Idee eines Zustands, der, indem er die Individuen zu dem Ihren [nämlich zur »Besonderheit«, d. h. ganz genau zu ihrer Spezifizität und Individualität; F.J.] brächte, das Allgemeine seiner schlechten Partikularität entäußerte. Ebensowenig aber ist ein transzendentales Subjekt ohne Gesellschaft, ohne die Einzelnen, die sie zum Guten und Bösen integriert, auch nur vorzustellen; daran scheitert der Begriff des transzendentalen Subjekts. (ND, 197f.)

Allerdings ist Adornos Sprache hier in dem Maße irreführend, in dem die philosophischen Begriffe, die er so geschickt handhabt (das Allgemeine, das Besondere), auf ein und derselben Ebene sich zu befinden scheinen, gleichsam als könne man sie einfach in einem »synthetischen Urteil« zusammendenken, wobei es keine Rolle spielt, welche Inversion der philosophischen und logischen Hierarchie von Subjekt und Prädikat sich gerade anbietet. Doch legte Adorno in seiner Kritik an Hegel das Hauptgewicht gerade auf den Vorwurf, dieser denke das Verhältnis zwischen den beiden Polen aus der Perspektive des Allgemeinen: »Dialektik entfaltet die vom Allgemeinen diktierte Differenz des Besonderen vom Allgemeinen« (ND, 16). Diese Verzerrung entspringt direkt aus der Form der universalisierenden philosophischen Sprache, die, indem sie verzweifelt das Andere des Allgemeinen zu bezeichnen sucht, sich ihrer abstrakten Terminologie nicht begibt und gerade die Form der logischen Opposition oder Dualität benutzt, um ihrem Protest gegen die Operationen dieser Sprache und dieser logischen Form Ausdruck zu verleihen. Wenn man von »dem Besonderen« spricht, so verstärkt man damit »das Allgemeine«, unabhängig davon, was man sonst noch mit diesen Worten anfängt.[5] Ich betone die Auswirkungen gerade an diesem Punkt, weil ich nicht nur die vorangegangene Diskussion der lateralen Verzerrung, welche die philosophische und verallgemeinernde systemische Form ihrem Inhalt antut, durch Beispiele erhellen, sondern auch zeigen will, daß Adornos Warnung unwillkürlich dazu neigt, die Radikalität des von ihm selbst angelegten doppelten Maßstabs, mit dessen Beschreibung wir hier begonnen haben, zu verdunkeln.

Gemeint ist damit, daß Reinheit im philosophischen Denken oder Schreiben (Adorno tangiert hier bereits die poststrukturalistische Auffassung, daß beides de facto zusammenfällt), das Ungemischte oder »Intrinsische«, ebenso unmöglich wie unerwünscht ist. Dies gilt auch für den einzelnen Begriff und gleichermaßen – was jenen paradox erscheinen mag, die Adorno in diesem Bereich für die Quintessenz des Ästheten selbst halten – für das Kunstwerk. Was der Begriff nicht sagen kann, muß auf irgendeine Weise, durch seine Unvollständigkeit, in seinem Innern sich niederschlagen (so wie das monadische Kunstwerk seine Außenseite, seinen Referenten, auf welche Weise auch immer, in sich »einschließen« muß, wenn es nicht der dekorativen Oberflächlichkeit verfallen will): anderenfalls nämlich würde die machtvolle Stärke der Identität seiner sich bedienen, um ihre unkontrollierte Herrschaft auszuüben. Die Kritiker, denen dialektisches Denken im allgemeinen und Adornos Ansatz im besonderen fernsteht, haben diese Unreinheit stärker wahrgenommen als die Sympathisanten, die lange, verkopfte, hypersubtile »dialektische« Erörterungen vom Stapel ließen, denen der unvermeidliche Sturz in die vulgärmarxistische Interpretation eines höchst summarischen Typs folgte: die alle Probleme lösende »Erklärung« unter Hinweis auf den Spätkapitalismus.

Ebensowenig darf man bemerken, daß der »Interpretant« – Spätkapitalismus, »verwaltete Gesellschaft«, die Fragmentierung der psychischen Subjekte im Monopolstadium des Kapitalismus, usw. usf. – niemals das Objekt eben jener erstaunlichen Intelligenz ist, die sich in den ihm vorangehenden großen philosophischen Satzgefügen entfaltet und denen er eine Art von innerer Geschlossenheit verschafft. Doch bedeutet der doppelte Maßstab nicht die Errichtung einer Grenze zwischen Themen, die Freiwild für die Dialektik sind, und Wahrheiten, die man besser unberührt läßt (weil sie den grundlegenden oder archimedischen Punkt bilden, in bezug auf den die anderen geistigen Operationen durchgeführt werden). Er bedeutet vielmehr, innerhalb ein und desselben Gedankens dessen Außenseite zu bezeichnen, die dieser niemals aus sich selbst heraus zu beherrschen fähig ist.

Die summarische deiktische Geste, mit der en passant auf Spätkapitalismus, System, Austausch, Totalität hingedeutet wird, bezieht sich nicht auf andere Gedanken- oder Begriffsordnungen (wie etwa Grossmanns oder Pollocks Theorie des Spätkapitalismus[6] oder Webers Theorie der Bürokratie), deren Kohärenz, Gültigkeit und ideologischer Quotient anhand ihres eigenen, internen Maßstabes kritisch geprüft werden kann. Sie verweist vielmehr auf eine Außenseite des Denkens – sei es das System selbst in der Form der Rationalisierung, oder die Totalität als sozioökonomischer Mechanismus von Herrschaft und Ausbeutung –, die sich der Darstellung durch den einzelnen Denkenden oder das individuelle Denken entzieht. Die Funktion der unreinen, nach außen orientierten Referenz besteht weniger darin, zu interpretieren, als vielmehr die Interpretation als solche des Feldes zu verweisen und dem Denken die Erinnerung daran einzusetzen, daß es selbst notwendig einem System entspringt, das ihm entgleitet und welches es auch dort perpetuiert, wo es auf radikale Weise dem Element, in dem es badet, von Angesicht zu Angesicht gegenüberzutreten sucht, während seine subjektiven Prozesse von diesem Element genauso durchdrungen und determiniert werden wie von den Gegenständen, über die es sich Rechenschaft ablegen will.

Von daher sehen wir uns genötigt, die Form zu berücksichtigen, wenn wir ernsthaft mit dem Inhalt uns auseinandersetzen wollen; denn Adornos »Theorien« des Spätkapitalismus sind nicht zu trennen von dem, was wir den »Totalitäts-Effekt« in seinem Schreiben und seiner Art der Darstellung* nennen können. Es ist ein Effekt, den man unter Rückgriff auf Deleuzes große (leibnizianische) Theorie der filmischen Moderne[7] plastisch verdeutlichen kann: als endlose Schleife zwischen der Präsenz des Bildes oder dem »Schuß«, der Totalität der ihm zugrundeliegenden Welt, von der er nur ein Aspekt ist, die aber gleichwohl nur in diesem Aspekt sich ausdrückt, und der beweglichen Abfolge der Bilder (die auch die Veränderungen der ihnen zugrundeliegenden Totalität zur Entfaltung kommen läßt). Dergestalt sind Adornos Sätze genau solche einzelnen »Schüsse«, die zu einer größeren formalen Bewegung zusammengeschnitten werden (die Konstellation oder das Modell, wie wir gleich sehen werden), zu Dimensionen größeren und geringerem Umfangs, durch die die abwesende Totalität kontinuierlich einströmt. (Tatsächlich charakterisiert Deleuze, unter Verweis auf Eisenstein, die Dialektik selbst als eine Form dieses modernen und »totalisierenden« Systems.)

Von daher unterscheidet sich der philosophische Einwand, den man gegen diese Art des Denkens oder Schreibens erheben kann, in seinem Wesen nicht von dem Problem, das auf der Ebene der Sprache durch die Idee des »hermeneutischen Zirkels« hervorgebracht wird: wenn wir durch die einzelnen Sätze, oder selbst durch ihre umfänglicher sich darstellende Argumentation und Architektonik hindurchgehen müssen, woher stammt dann überhaupt jene Konzeption der Totalität, von der man annimmt, daß in ihr die andere Seite der partikulären Bedeutung dieser Sätze sich eröffnet? Wie können wir jemals zu einer Konzeption des Allgemeinen oder des totalen Systems gelangen, wenn wir dazu verdammt sind, das Besondere zu durchmessen? Die offensichtliche Antwort – daß wir die Idee des Allgemeinen irgendwo aufgegriffen haben, da wir sie nun einmal besitzen –, wird durch eine postmoderne Atmosphäre vergiftet, in der es möglich scheint, das Besondere Stück für Stück zu entziffern, ohne einer transzendenten Universalität oder Totalität zu bedürfen, von der es seine Bedeutung empfinge; eine Atmosphäre, in der wir auch den tiefen Verdacht nähren, daß derlei vielleicht noch am Leben befindliche Universalien in Wirklichkeit Klischees sind, die keinen neuen Informationsgehalt besitzen.

Eine befriedigendere (wenn auch keineswegs zufriedenstellende) Antwort mag darin liegen, das Problem zu seiner eigenen Lösung zu machen: gerade der Widerspruch zwischen dem Besonderen und dem Allgemeinen konstituiert Adornos Diagnose der modernen Welt und kann mithin nicht einfach in diesem Sinne gelöst, sondern nur thematisiert und beleuchtet und als eigenständiges Symptom begriffen werden. In Adornos post-hegelianischer Sprache muß »Versöhnung« – sei diese nun philosophischer, existentieller, gesellschaftlicher oder ästhetischer Provenienz – ganz genau als Aufhebung der Spannungen und Widersprüche zwischen dem Allgemeinen und dem Besonderen verstanden werden; die gewöhnliche Auffassung, daß darin eine Versöhnung von Subjekt und Objekt eingeschlossen sei, ist mithin irrig, sofern sie nicht davon ausgeht, daß mit dem Objekt hier die umfassende gesellschaftliche Ordnung und mit dem Subjekt das Individuelle oder Besondere bezeichnet wird. Dieser Sichtweise zufolge wird also die Interpretation als solche – die das Besondere vor dem Hintergrund des abwesenden Allgemeinen liest – dialektisch transformiert und »aufgehoben« *(sublated)*, und eben daraus entsteht eine neue Interpretationsweise, in der das Besondere nicht vor dem Hintergrund des Allgemeinen, sondern vielmehr im Lichte des ursprünglichen Widerspruchs zwischen diesen beiden Elementen gelesen wird. Interpretieren bedeutet nun, den Text nach außen zu stülpen und ihn zum Sympton der Problematik von Interpretation überhaupt zu machen.

Aber diese philosophische Lösung – wenn sie denn eine ist – vermag kaum das Unbehagen an den gewöhnlichen interpretativen Vorgehensweisen zu beseitigen, was im übrigen auch für Adornos eigene Interpretationen gilt, die so manchem Leser bisweilen Bauchschmerzen bereitet haben mögen. Daß Adorno sich dieser Problematik sehr wohl bewußt war, zeigt die folgende Bemerkung zur Interpretation, die in einem eher literarisch-ästhetischen Kontext angesiedelt ist:

> Ohnehin ist das Fatale an der Interpretation von Kunst, auch der philosophisch verantwortlichen, daß sie genötigt ist, Befremdendes, indem sie es auf den Begriff bringt, durch bereits Vertrautes auszudrücken und dadurch wegzuerklären, was einzig der Erklärung bedürfte: so sehr die Kunstwerke ihrer Erklärung harren, so sehr begeht eine jegliche, sei's auch entgegen der eigenen Absicht, ein Stück Verrat an den Konformismus. (NL, 101)

Die Folge ist, daß der Konformismus – in diesem Fall der Konformismus der bereits existierenden Idee oder stereotypen Vorstellung – in der Form der Interpretation wiederkehrt, um zu entschärfen und zu zähmen, was im Werk als ganz und gar unassimilierbare Besonderheit und Einzigartigkeit sich dem widersetzte. In genau diesem Geiste hat ein unfreundlicher Kritiker in einer der bösartigeren Karikaturen von Adornos eigener »Methode« die »Erkenntnisse« aufgelistet, die der große Essay über Proust enthält (wobei die Seitenangaben sich auf die Gesamtausgabe der *Noten zur Literatur* beziehen):

> Das Ganze ist das Unwahre (203), die bürgerliche Gesellschaft als geschlossene, System prästabilierter Disharmonie (206), Nichtidentität des Ich (206ff.), Zerfall der Erfahrung in der Entfremdung, Schönheit nur

> noch als Schein (207ff.), Unmöglichkeit der Liebe in der Totalität des Funktionierens (209ff.), etc. (Oehler 1977, 155)[8]

Dies anscheinend definitive Undsoweiter berücksichtigt nicht die bemerkenswerten Reflexionen über Proust im letzten Kapitel der *Negativen Dialektik,* die ganz sicher eine erhellende »Interpretation« völlig neuer Prägung darstellen. (Man kann jedoch zugeben, daß die kritische Fähigkeit im eigentlichen Proust-Essay sich als etwas flügellahm erweist, ohne daß man der von Oehler intendierten Kritik an Adornos Methode selbst zustimmen muß.)

In den Augenblicken ihrer größten Intensität verfuhr Adornos Interpretationsweise wie eine gestaltpsychologische Abwandlung des hermeneutischen Zirkels. Die logische Beziehung des Besonderen zum Allgemeinen ist ohnehin nicht die der traditionellen aristotelischen Subsumtion der Art unter die Gattung. Insofern jedoch der Leser die Urteilsformen gewohnheitsmäßig in die vom Lehrbuch vorgeschriebenen Ober- und Unterprämissen gliedert, gilt von Adornos Aussagesätzen, daß sie diese Ordnung vorsätzlich auf den Kopf stellen, indem sie mit den verschwommenen Zonen unserer seitlichen Wahrnehmung ihr Spiel treiben. Die Aufmerksamkeit, systematisch ausgerichtet auf das Einzelne, auf den Text oder das zu interpretierende Phänomen – dessen Interpretandum die in die Außenbezirke des Gesichtskreises verlagerte, vorausgesetzte Totalität darstellt – entdeckt, daß das, was (im Text) gesagt wurde, sich unerwarteterweise auf jene Totalität selbst bezieht und sie verändert, nicht auf das Einzelne, das für den Text nur Vorwand und Prä-text war. Gleichzeitig stellt sich heraus, daß eine Thematisierung der Totalität (z.B. der Monopolkapitalismus), welche diese oder jene geschichtliche Einzelheit als bloßes Beispiel oder Illustration anführte, ihrerseits nur ein Vorwand für die verblüffende Modifikation, die Interpretation via Choc und Neuheit, des vermeintlichen Einzelbeispiels gewesen ist. Adorno selbst beschreibt diesen Prozeß, der unzweifelhaft nicht zu einer »linearen« Argumentation führen kann, in Verbindung mit der Wahlverwandtschaft, die zwischen dem Essay als Form und der Kultur besteht:

> Nicht umsonst versenkt er [der Essay, F.J.], anstatt sie zu 'reduzieren', sich in Kulturphänomene als in zweite Natur, zweite Unmittelbarkeit, um durch Beharrlichkeit deren Illusion aufzuheben. Er täuscht sich so

> wenig wie die Ursprungsphilosophie über die Differenz zwischen Kultur und darunter Liegendem. Aber ihm ist Kultur kein zu destruierendes Epiphänomen über dem Sein, sondern das darunter Liegende selbst ist thesei, die falsche Gesellschaft. Darum gilt ihm der Ursprung nicht für mehr als der Überbau. Seine Freiheit in der Wahl der Gegenstände, seine Souveränität gegenüber allen priorities von Faktum oder Theorie verdankt er dem, daß ihm gewissermaßen alle Objekt gleich nah zum Zentrum sind: zu dem Prinzip, das alle verhext. (NL, 28)

In rhetorischer Hinsicht können wir also feststellen, daß Adornos Umgang mit der Interpretation, wie auch die Dimension eines äußeren und abwesenden Systems, die er auf einzelne Erfahrungsmomente rückzubeziehen sucht, sich um die Möglichkeit drehen, die Positionen zwischen dem Einzelnen und dem Allgemeinen fortwährend zu verschieben, wobei das vermeintliche Allgemeine ohne Vorwarnung in ein Einzelnes verwandelt und das angebliche Einzelne als Allgemeines, als Wolf im Schafspelz oder in den Kleidern der Großmutter entlarvt wird. Dies Wechselspiel der Positionen kann in der Tat bis in die syntaktische Struktur der Sätze selbst verfolgt werden, und wir haben bereits bemerkt, wie sehr sie es lieben, die in der Subjektposition befindlichen Nomina ohne Vorwarnung in Satzobjekte zu verwandeln.

Drei

Es kann sich nun als nützlich erweisen, en passant wenigstens zwei Denkweisen näher zu untersuchen, die mit der dialektischen Stereoskopie oder dem »doppelten Maßstab«, den wir in Adornos Werken seine Arbeit verrichten sahen, nicht verwechselt oder in eins gesetzt werden sollten. So könnte es jetzt zum Beispiel von vordringlicher Wichtigkeit sein, auf unsere Bedenken hinsichtlich der Rhetorik des Selbstbewußtseins und der Reflexivität zurückzukommen und (wie wir es später auch in bezug auf Adornos Ästhetik tun werden) genauer darzulegen, auf welche Weise eine »durchgeführte Kritik an der Identität [...] nach der Präponderanz des Objekts [tastet]« (ND, 182).

Es wäre ein großer Fehler, anzunehmen, daß die von uns beschriebene Hinwendung zur Außenseite des Denkens durch eine gesteigerte und verschärfte Introspektion phänomenologischen Typs erreicht werden kann (man sollte sich daran erinnern, daß Adorno seine philosophische Laufbahn mit einer radikalen Husserl-Kritik begann). Die subjektiven Prozesse des Geistes können uns nur dann vor dem Rückfall in den Idealismus bewahren, wenn wir einen jener sporadischen Momente ergreifen, in denen sie unerwarteterweise ihr objektives Wesen verraten. Dergleichen haben die Logiker immer für die formalen und syntaktischen Strukturen nachweisen wollen, ohne doch (dies gilt auch für Hegels *Logik*) jemals den nächsten Schritt zu tun, und die *Abkunft* jener objektiven »geistigen Strukturen«, sowie ihr Verhältnis zum umfassenderen Bereich der Objektivität (oder Realität)[9] zu bestimmen, der für Adorno allemal das Gesellschaftliche und nicht das Naturgegebene war (auch wenn er, Marxens Anlehnung an Darwin – Menschheitsgeschichte als Teil der Naturgeschichte – folgend, eine interessante Konzeption der Naturgeschichte entwickelt, die wir später untersuchen).

Offensichtlich sind die Schwierigkeiten, eine neue dialektische Objektivität zu erlangen, asymmetrisch, denn:

> Vermöge der Ungleichheit im Begriff der Vermittlung fällt das Subjekt ganz anders ins Objekt als dieses in jenes. Objekt kann nur durch Subjekt gedacht werden, erhält sich aber diesem gegenüber immer als Anderes;

> Subjekt jedoch ist der eigenen Beschaffenheit nach vorweg auch Objekt. Vom Subjekt ist Objekt nicht einmal als Idee wegzudenken; aber vom Objekt Subjekt. (ND, 182)

Die zuletzt zitierte Asymmetrie gemahnt uns, wenn es dieser Mahnung bedurfte, daß die von Adorno gepriesene Präponderanz des Objekts weder hier noch sonstwo etwas mit der positivistischen (oder gar empiristischen) Ausmerzung von Subjektivität überhaupt zu schaffen hat.

Ebensowenig ist der Schlachtruf der Objektivität bei Adorno das Symptom einer ganz anderen Art von Anti-Subjektivität, die im Geist der Askese, des Selbsthasses oder des Ressentiments den Bereich des Subjektiven zu erniedrigen trachtet: Adorno will im Gegenteil einen neuen Raum für die Emanzipation des Subjekts selbst schaffen, während zugleich die Erkenntnis des Objekts von eben dieser Emanzipation abhängt:

> Wo auf der gegenwärtigen geschichtlichen Stufe, nach gängiger Rede, zu subjektiv geurteilt wird, betet das Subjekt meist automatisch den consensus omnium nach. Dann erst gäbe es dem Objekt das Seine, anstatt mit dem falschen Abguß sich zu begnügen, wo es dem Durchschnittswert solcher Objektivität widerstünde und als Subjekt sich frei machte. An dieser Emanzipation, nicht an der unersättlichen Repression des Subjekts hängt Objektivität heute. Die Übermacht des Objektivierten in den Subjekten, die sie daran hindert, Subjekte zu werden, verhindert ebenso die Erkenntnis des Objektiven; das ist aus dem geworden, was einmal 'subjektiver Faktor' genannt wurde. Eher ist jetzt Subjektivität das Vermittelte als Objektivität, und solche Vermittlung dringender der Analyse bedürftig denn die herkömmliche. In den subjektiven Vermittlungsmechanismen verlängern sich die der Objektivität, in welche jegliches Subjekt, noch das transzendentale, eingespannt ist. (ND, 170f.)

Doch gerade dies, wie bei Adorno die Analyse solcher versteckten Formen der Objektivierung innerhalb des Subjektiven entsteht, haben wir hier nachgezeichet: das Sich-Verbergen der Identität in der Form des Begriffs, die Fortschreibung des äußeren Systems durch das Wesen der Abstraktion oder des universalisierenden Denkens; und Adorno hat, so scheint es, recht, wenn er dies als den ureigensten Charakterzug seiner dialektischen Praxis reklamiert. Wenn man nur sagt, es ginge darum, die gesellschaftlichen Dimensionen des abstrakten Denkens zu enthüllen, dann ignoriert man die Dialektik des Explanandums und die Schwierigkeiten, die mit jeder verdinglichten Konzeption des

Gesellschaftlichen und mit der Soziologie selbst vermacht sind. Weber diskutierend bemerkt Adorno:

> Tatsächlich ist der Begriff insoweit der zureichende Grund der Sache, als die Erforschung zumindest eines sozialen Gegenstands falsch wird, wo sie sich auf Abhängigkeiten innerhalb seines Bereichs begrenzt, die den Gegenstand begründeten, und dessen Determination durch die Totalität ignoriert. Ohne den übergeordneten Begriff verhüllen jene Abhängigkeiten die allerwirklichste, die von der Gesellschaft, und sie ist von den einzelnen res, die der Begriff unter sich hat, nicht adäquat einzubringen. Sie erscheint aber einzig durchs Einzelne hindurch, und dadurch wiederum wandelt der Begriff sich in der bestimmten Erkenntnis. (ND, 164f.)

Es steht zu hoffen, daß der Leser nicht in Versuchung gerät, aus dieser ziemlich gequälten Passage zu schließen, Adorno gebe den Soziologen lediglich den Ratschlag, einen Philosophen in ihr Team aufzunehmen, damit er den endgültigen theoretischen Rahmen entwerfe. Wir haben im Gegenteil zu zeigen versucht, daß auch der »philosophische Begriff« nicht angemessen ist: auch er muß als Symptom dessen analysiert werden, was er ausschließt oder zu sagen außerstande ist. Was Adorno den Soziologen im allgemeinen vorwirft, ist, daß sie mit dieser Arbeit nicht vorankommen, sondern eher davon ausgehen, daß die umfassenderen oder abstrakteren »Begriffe« – wie etwa Gesellschaft an sich, Freiheit, Bürokratie, Herrschaft – den Endpunkt des Denkens und den grundlegenden Interpretationsrahmen darstellen. Doch bedürfen genau diese Begriffe am dringendsten der philosophischen Analyse, denn gerade durch ihre formale Pseudo-Universalität und »wissenschaftliche« Abstraktion werden die endgültigen Fesseln, die das Gesellschaftliche dem Denken über Gesellschaft anlegt, enthüllt, aber nicht gebrochen.

Hier ist nun zweifelsfrei der Moment gekommen, um etwas mehr über Adornos Rolle und Arbeit als Soziologe zu sagen, die leicht mißverstanden werden kann, wenn man einzig und allein an den berühmten Band über Antisemitismus denkt, der unter dem Titel *The Authoritarian Personality* gerade in dem Augenblick in den Vereinigten Staaten veröffentlicht wurde, als Adorno in das Nachkriegsdeutschland zurückkehrte. In der Tat könnte eine solche Auffassung das Mißverständnis noch verschlimmern durch die Annahme, Adorno sei an »autoritären Persönlichkeitsstrukturen« interessiert, weil sich daraus Erkenntnisse über »Vorurteile« ableiten ließen, während es tatsächlich genau umgekehrt war. Selbst in dem Kapitel der *Dialektik der Aufklärung*, das sich direkt mit dem Antisemitismus auseinandersetzt (den die Autoren natürlich nicht aus desinteressierter Neugier heraus behandelt haben, so wie man auch nicht davon ausgehen sollte, daß die Gründung des Projekts *Studies in Prejudice* ganz und gar unmotiviert war), ist dies Phänomen nicht, wie für den Liberalismus, eine rein empirisch zu behandelnde Abirrung, die man in Absehung vom »Spätkapitalismus« allgemein untersuchen könne. Es ist vielmehr, in seiner Funktion und seiner Bedeutung als psychisches Symptom, unlösbar mit dem Gebäude der gesellschaftlichen Totalität selbst verbunden und diese bleibt der grundlegende Untersuchungsgegenstand und der dialektische Rahmen, innerhalb dessen solche begrenzten Untersuchungen überhaupt erst ihre Bedeutung annehmen können.

So wird der Antisemitismus, der die psychische Regression unter Bedingungen der Industrialisierung und Rationalisierung verräterisch offenbart, mitsamt seiner gewaltsamen Faszination durch die archaischen Aneignungsweisen und Naturbeziehungen, die seine Opfer zu repräsentieren scheinen, als eine Form des kulturellen Neides begriffen, der die Beziehung des Subjekts zur gesellschaftlichen Totalität unter den Bedingungen der Modernisierung auf besonders privilegierte Weise enthüllt (wie wir später, in einem anderen Zusammenhang, noch sehen werden). Charakteristisch für Adornos soziologische Perspektive ist der Versuch, das Einzelne mit dem Allgemeinen zu kreuzen und beide in ihrer widersprüchlichen Spannung zusammenzuhalten, die sofort verlorengeht, wenn das Empirische auf den Status eines beliebigen Forschungsvorhabens zurückfällt.

Aus der anderen Perspektive aber, der des »Allgemeinen«, neigen Adornos soziologische Theoreme zu einer lapidaren Prägnanz, die kurze Essays, wie etwa die grundlegende Darstellung mit dem einfachen Titel »Gesellschaft« (Adorno 1972a), zu Sprachobjekten von großer Dichte (vergleichbar den »weißen Zwergen« der Astronomie) werden läßt. Dies läßt sich aus der fundamentalen Asymmetrie zwischen Subjekt und Objekt, und aus der daraus folgenden Tatsache erklären, daß »Gesellschaft«, das Allgemeine, das System selbst, ebenso »fiktiv« und nicht-empirisch wie real ist. Die gesellschaftliche Totalität ist »weder unmittelbar zu greifen noch, wie naturwissenschaftliche Gesetze, drastisch zu verifizieren« (Adorno 1972a, 10). In praktischer Hinsicht besagt dies, daß Adornos soziologische Theoretisierungen immer metakritischer Provenienz sind, indem sie den notwendigerweise unvollkommenen Gebrauch des soziologischen Begriffs von den Materialien trennen, die er gerade zu interpretieren scheint, wobei sie die Begriffsprägungen der Soziologen geschichtlich und gesellschaftlich ebenso enthüllend finden wie die Daten, die jene zu sammeln glaubten. Doch betrifft dies nicht direkt die Soziologie der Soziologen, obwohl Adorno sich über Entstehung und Funktion des Fachs im klaren ist, was vor allem jene Momente angeht, in denen Soziologie unkritisch und apologetisch wird und in eine ideenverhaftete Reproduktion des Status quo zurückfällt; die soziologischen Begriffe können, selbst wenn sie ein hohes Maß an intellektueller Energie besitzen, nicht anders denn fehlerhaft und brüchig sein, weil ihr ureigenster Gegenstand widersprüchlich ist und die Treue ihm gegenüber von daher es erforderlich macht, daß die Widersprüche des Gesellschaftlichen in einem gewissen Maße ins Denken übertragen werden.

Und gerade diese Spannung zwischen Subjekt und Objekt – das in einer »imaginären« gesellschaftlichen Ordnung gefangene wirkliche »Individuelle«, die von dem universellen System der Identität hervorgebrachte und ebenso wieder ausgelöschte existentielle Tatsache, die Psyche, deren Einsamkeit, Anomie und irrationale Zuckungen bis in ihren Kern hinein gesellschaftlich und kollektiv sind – reproduziert oder objektiviert sich in der Entstehungsgeschichte der soziologischen Disziplin und verkörpert sich in den antithetischen Zwillingsgestalten von Weber und Durkheim, die beide zugleich Recht haben und auch nicht, wahr sind und auch unwahr. Webers Formen des »Verstehens« – die ausgefeilten Typologien der Zweck-Mittel-Rationalität – entspricht Durkheims Bestehen auf der entfremdenden Objektivität der gesellschaftlichen »Tatsachen«, und zwar genau deshalb, weil Gesellschaft »von innen zu erkennen und nicht zu erkennen« ist (Adorno 1972a, 11). Und wenn für Weber Subjektivität im Moment ihres Untergangs in der Rationalisierung greifbar wird, so entspricht dies auf asymmetrische Weise dem großen Wort Durkheims, daß die Erklärung gesellschaftlicher Phänomene durch psychologische Begrifflichkeiten immer fehlgreifen muß, und es korrespondiert ebenso seinem Beharren darauf, kollektiven Strukturen den (in der Moderne unsichtbar gewordenen) Vorrang einzuräumen. Doch kann man nicht sagen, daß die Wahrheit irgendwo zwischen den beiden Theorien liegt und ebensowenig läßt sich die Spannung durch eine begriffliche Synthese oder die Einführung eines »dritten Weges« beheben, da sie der gesellschaftlichen Objektivität ganz genau entspricht. Adornos Soziologie stellt so die verwirrende Frage, ob die Anschauungs- oder Verstehensweise eines Widerspruchs anders sein könne, nicht auch widersprüchlich sein müsse, es sei denn, sie bringe den Widerspruch als *Begriff* hervor.

All dies wird – zeitlich uns näher stehend – in der Frage nach dem Verhältnis zwischen Soziologie und Psychologie (oder Psychoanalyse) erneut ins Spiel gebracht, wobei diese beiden Disziplinen weder zu einer »Synthese« gebracht werden können, noch der Versuchung anheimfallen dürfen, »die Arbeitsteilung der Erkenntnis auf deren Substrat zu projizieren« (Adorno 1972b, 44). Der Riß zwischen dem Öffentlichen und dem Privaten, dem Gesellschaftlichen und dem Psychologischen, ist eine dramatische Objektivierung (allerdings bei weitem nicht die einzige, auch nicht als Typus) der erkenntnistheoretischen Widersprüche einer Gesellschaft, »die ihre Einheit daran hat, nicht einheitlich zu sein« (ebd.). Es scheint klar zu sein, daß Adorno seine soziologische Mission bisweilen besser darin aufgehoben sah, seine Leser mit derlei Paralogismen einfach zu konfrontieren, anstatt ihnen die andere intellektuelle Praxis zuzumuten: sich in dialektischen Schritten durch sie hindurchzuarbeiten, was die Konstruktion von Vermittlungen mit einschließen würde. Deren Existenz ist praktisch von vornherein durch das Dilemma und den Widerspruch gegeben, mittels derer das scheinbar Psychologische ohne Vorwarnung in eine gesellschaftliche Gegebenheit umgewandelt wird, während gesellschaftliche »Tatsachen« sich fortwährend in Ideologeme auflösen.

Weber quadriert diesen Kreis durch die Vorstellung einer »Vernunft der Selbsterhaltung« (ebd., 46), die die existentielle Ordnung mit der gesellschaftlichen verbindet und zugleich beide auf Distanz voneinander hält. Adornos Formulierung läßt wahrhaftig vermuten, daß Weber für die Konstruktion der *Dialektik der Aufklärung* von größerer Bedeutung gewesen ist, als man an deren Drapierung mit freudomarxistischen und nietzscheanischen Elementen hätte ablesen können. Unterdessen wird die Psychologie nicht nur hinsichtlich des Ursprungs ihrer Triebmomente »soziologisch« (»Male des gesellschaftlichen Drucks«, »abgespaltene[] Irrationaliät als [...] Komplement der herrschenden ratio«; ebd., 50, 51), sondern auch in bezug auf deren Möglichkeiten, sich gesellschaftlich zu realisieren. Genau dies aber ist

> heute vollends zur Funktion des Profitinteresses geworden. [...] Selbst der, dem die kalkulierte Vernunft alle Vorteile abwirft, die sie verheißt, vermag diese Vorteile nicht als Glück zu genießen, sondern muß als Konsument nochmals dem gesellschaftlich Vorgezeichneten, dem Angebot derer sich fügen, welche die Produktion kontrollieren. (Ebd., 56)

Man könnte jedoch die Argumentation vertreten, daß selbst diese »Vermittlungen« nicht viel mehr sind als erneute Inszenierungen des Grundwiderspruchs, der seinem Wesen nach keine befriedigendere methodologische Lösung gestattet als den reinen Wechsel der beiden Perspektiven:

> Die Trennung von Soziologie und Psychologie ist unrichtig und richtig zugleich. Unrichtig, indem sie den Verzicht auf die Erkenntnis der Totalität giriert, die noch die Trennung befiehlt; richtig insofern, als sie den real vollzogenen Bruch unversöhnlicher registriert als die vorschnelle Vereinigung im Begriff. Die Soziologie im spezifischen, freilich stets wieder, auch bei Max Weber, subjektiv aufgeweichten Sinn hält das objektive Moment des gesellschaftlichen Prozesses fest. Je strikter sie aber von den Subjekten und ihrer Spontaneität absieht, desto ausschließlicher hat sie es mit einem verdinglichten, gleichsam naturwissenschaftlichen caput mortuum zu tun. Daher die Versuchung, naturwissenschaftliche Ideale und Verfahrensweisen nachzuahmen, die doch des gesellschaftlichen Gegenstandes selber niemals habhaft werden. Während sie ihrer strengen Objektivität sich rühmen, müssen sie sich abfinden mit dem bereits durch die szientifische Veranstaltung Vermittelten – mit Sektoren und Faktoren –, als wären sie unmittelbar die Sache selbst. Es resultiert eine Soziologie ohne Gesellschaft, Konterfei eines Zustandes, in dem die Menschen sich selber vergessen. (Ebd., 57)

Hier kann der Einwand erhoben werden, daß Adornos Soziologie ihrem Wesen nach die eines Philosophen ist – das heißt, eine Kritik der soziologischen Tradition von einem etwas anders gearteten begrifflichen und fachlichen Standpunkt aus. Daß Adorno so etwas fordert, haben wir in der Tat bereits gesehen; ebenso wird er am Ende der *Ästhetischen Theorie* einen ähnlichen Vorrang der Philosophie vor der Kunstwissenschaft einfordern. Doch allein die Kraft der eben zusammengefaßten Argumente hat einen langen Atem, der ausreicht, um die dem Vorwurf zugrundeliegende Trennung zwischen soziologischer

Praxis und Theorie, Produktion und kritischer Betrachtung, zwischen soziologischer Feldarbeit und häuslichem Überdenken der fundamentalen Kategorien und Begriffe in Mißkredit zu bringen. Denn es geht nicht nur um die offensichtliche Prämisse, die besagt, daß unser begriffliches Erfassen der Gesellschaft reale und praktische Folgen für ihre Existenz zeitigt, sondern vor allem um die Umkehrung dieser Behauptung – daß nämlich die Unterdrückung des Begriffs der Gesellschaft und des gesellschaftlichen Systems bei der Perpetuierung von Herrschaft eine herausragende Rolle spielt. Darin liegt die Bedeutung der Warnung, die heute noch zeitgemäßer erscheint als während ihrer Niederschrift in den sechziger Jahren: »Nicht nur die Theorie, sondern ebenso deren Absenz wird zur materiellen Gewalt, sobald sie die Massen ergreift.« (Adorno u. a. 1972, 99.)

Damit wird die Kritik an der Soziologie zu einer eigenständigen Praxisform, wie sie sich in Adornos polemischen Auseinandersetzungen mit einer nur teilweise neugestalteten deutschen Nachkriegssoziologie exemplifiziert. Diese Auseinandersetzungen fanden, entsprechend der Struktur des sozialen Widerspruchs selbst, an zwei Fronten gleichzeitig statt: zum einen ging es darum, innerhalb einer ansonsten recht metaphysisch und spekulativ eingestellten Tradition einer bestimmten Art von empirischer Forschung Gehör zu verschaffen, zum anderen galt es die unreflektierte und rein operationale Verwendung von einander widersprechenden Kategorien als Klassifikationsbegriffen zu kritisieren. Es ist allerdings oft (vor allem von Althusser) darauf hingewiesen worden, daß Metaphysik und Empirismus zwei dialektische Seiten einer einzigen ideologischen Münze darstellen, und so endete der sogenannte Positivismusstreit,[10] der unversöhnliche Kriegszug gegen den Positivismus, in dem Adorno schließlich seine soziologische Berufung sah, damit, daß beide Stränge der Kritik in eins zusammengefaßt wurden. Ich werde am Ende des Buches auf die Bedeutung zurückkommen, die eine solche Kritik in der gegenwärtigen intellektuellen Situation haben kann.

Von keiner geringeren praktischen Bedeutung als diese »Kritik des Subjekts« ist jedoch die mit ihr auf einer Ebene liegende »Kritik des Objekts«. Die damit vermachte negative Beurteilung des Marktes ist ebenfalls von unerwarteter Aktualität, sagt doch Adorno, sich auf den gesellschaftlichen Tausch beziehend:

> In dessen universalem Vollzug, nicht erst in der wissenschaftlichen Reflexion, wird objektiv abstrahiert; wird abgesehen von der qualitativen Beschaffenheit der Produzierenden und Konsumierenden, vom Modus der Produktion, sogar vom Bedürfnis, das der gesellschaftliche Mechanismus beiher, als Sekundäres, befriedigt. Primär ist der Profit. Noch die als Kundenschaft eingestufte Menschheit, das Subjekt der Bedürfnisse, ist über alle naive Vorstellung hinaus gesellschaftlich präformiert, und zwar nicht nur vom technischen Stand der Produktivkräfte, sondern ebenso von den wirtschaftlichen Verhältnissen, so schwer das auch empirisch sich kontrollieren läßt. Die Abstraktheit des Tauschwerts geht vor aller besonderen sozialen Schichtung mit der Herrschaft des Allgemeinen über das Besondere, der Gesellschaft über ihre Zwangsmitglieder zusammen. (Adorno 1972a, 13f.)

In diesen Sätzen bestätigt sich das Primat des gesellschaftlichen Tausches in Adornos philosophischen Diagnosen der Identität und Abstraktion, die nun unter den folgenden Themen zusammengefaßt werden können.

Abstraktion vollzieht sich in erster Linie kollektiv und nicht individuell; Objektivität ist im Subjekt in Gestalt kollektiver linguistischer oder begrifflicher Formen präsent, die ihrerseits gesellschaftlich produziert sind und somit Gesellschaft voraussetzen. Dies hängt eng mit der Arbeitsteilung, vor allem mit der ursprünglichen Teilung von geistiger und körperlicher Arbeit als Vorbedingung abstrakten Denkens selbst zusammen. Doch werden wir – vor allem anhand einiger außerordentlicher Formulierungen der *Ästhetischen Theorie* – sehen, daß hier auch die klassische marxistische Vorstellung von der Entwicklung der Produktivkräfte eine Rolle spielt, denn auch diese sind, als gesellschaftliches und historisches Phänomen, dem »Begriff« einbeschrieben und leihen ihm ihre Kraft, wobei Kapitalismus in diesem Sinne bedeutet, daß die endgültige Abstraktion mittels der Maschinerie erreicht wird. Und schließlich sollte diese gesellschaftliche Sprache nicht die alles durchdringende Präsenz der Geschichte selbst im Begriff und seiner Form vergessen machen: nicht nur die Geschichte der Philosophie, so wie sie verborgen und eingekapselt noch im scheinbar isoliertesten und unabhängigsten Neologismus liegt, sondern auch die Geschichte, die eins ist mit dem Rohmaterial – Sprache –, an dem die philosophische Abstraktion vornehmlich arbeitet,[11] ein Prozeß, bei der Sprache die Spur der Abstraktion jedesmal in genau dem Moment erkennen läßt, in dem solches Rohmaterial, zur Unkenntlichkeit verwandelt, in die Idee übergeht:

> Der Begriff des Nichtbegrifflichen kann nicht bei sich, der Erkenntnistheorie verweilen; zur Sachhaltigkeit der Philosophie nötigt diese. Wann immer sie ihrer mächtig war, nahm sie mit geschichtlich Seiendem als ihrem Gegenstand es auf, nicht erst bei Schelling und Hegel, sondern contre coeur schon bei Platon, der das Seiende das Nichtseiende taufte und doch eine Lehre vom Staat schrieb, in der die ewigen Ideen mit empirischen Bestimmungen wie Äquivalententausch und Arbeitsteilung verschwistert sind. (ND, 139)

Vier

Dies Beharren auf Kollektivität, Gesellschaftlichkeit, Tausch, Arbeitsteilung, historischer Dynamik – mit anderen Worten, der »Präponderanz des Objekts« im abstrakten Denken – erfordert nun jedoch eine ergänzende Warnung und Vorsicht in bezug auf die andere Seite der Sache. Und wenn wir der Vielschichtigkeit von Adornos Position gerecht werden wollen, müssen wir sie sehr deutlich von einer anderen methodologischen Alternative abgrenzen, mit der sie bisweilen einiges gemeinsam zu haben scheint, nämlich der Wissenssoziologie. Denn Adorno weist uns immer wieder darauf hin, daß seine Dialektik nicht verwechselt werden dürfe mit dieser von ihm unnachgiebig angeprangerten Theorie, deren Meisterdenkern – Mannheim, ebenso aber Veblen und Spengler – einige der glänzendsten Kritiken gewidmet sind, die sich in dem Band mit dem Titel *Prismen* finden lassen, einem Buch, das sich wie kein anderes von Adorno mit der Soziologie (insbesondere der Kultursoziologie) befaßt.

Wohl waren die äußeren Klassifikationsschemata der »Wissenssoziologie« ihm ein Greuel, zugleich aber auch Symptom für etwas anderes. Mannheim wird folgendermaßen abgefertigt: »Die Wissenssoziologie richtet der obdachlosen Intelligenz Schulungslager ein, in denen sie lernen soll, sich selber zu vergessen« (Adorno 1955, 50), eine Vorstellung, die bereits etwas von jenem »Ende der Ideologie« an sich hat, das Cacciari und Tafuri vor allem von der Frankfurter Schule übernommen haben. Es geht dabei um das technokratische Interesse an kritischen Verfahrensweisen des »aufklärerischen« Typs, an der »Entmystifizierung« von Glaubensgewißheit und bindender Ideologie, um ungehinderter Planung und »Entwicklung« den Boden zu bereiten (Tafuri 1979). Was im Weg steht wie die isolierten Trümmer auf einem für die Planierung bestimmten Gelände ist der Gehalt des Vergangenen – organische und ererbte Formen, Aberglaube, kollektive Gewohnheiten, der Widerstand einer spezifischen Kulturgeschichte oder Sozialpsychologie: verwurzelte Überzeugungen, die der aufklärerischen Vernunft nur als lästige Behinderungen bei ihrer universalisierenden und identitätsstiftenden Mission gelten und die vollkommene Austauschbarkeit von Subjekt und Objekt in einer Postmoderne blockieren, die aus dieser Perspektive sich enthüllt als Triumph der bürokratischen Technokratie über die Restbestände, Überbleibsel und residualen Inhalte einer zurückgebliebenen Zeit, gegen die sie während der Epoche der Moderne so lange gekämpft hat.

Aus dieser Betrachtungsweise erhellt jedoch eine tiefe Verwandtschaft zwischen der Wissenssoziologie und der mit ihr homologen »Kultursoziologie«, in der die tieferliegende Aporie, in die beide verstrickt sind, sich womöglich auf noch dramatischere Weise enthüllt. Denn Adornos Kritik der Kultursoziologie beginnt mit dem, woraus diese die stärkste Antriebskraft ihrer Wahrnehmung bezieht: gerade die Verachtung für die Kultur als solche, das Ressentiment gegen das ästhetische »Supplement« in allen seinen Formen, ein vom Neid geschärftes Auge, das all jene Momente registriert, in denen der Anspruch der Kultur auf ihre Autonomie und ihre rechtmäßige Funktion fadenscheinig wirkt, und zwar zuallererst in der Verwendung des verdinglichten Wortes »Kultur« selbst, die ihre Objekte von vornherein trivialisiert und gegeneinander abdichtet, so daß langatmige Beweise ihrer »Lebens-« oder »Realitäts«ferne überflüssig werden. (Diese Dialektik hat Marcuse in seinem großen Essay »Über den affirmativen Charakter der Kultur« philosophisch herausgearbeitet.) So werden Spengler und Huxley (auf ihre Weise), vor allem aber Veblen von einem anti-kulturellen, anti-ästhetischen Impuls geleitet, der ihren Untersuchungsgegenstand, indem er ihn aus allen Zusammenhängen herauslöst, so konstituiert, daß seine vorgetäuschte und ohnmächtige Autonomie das Verdammungsurteil über ihn spricht.[12] Dennoch entspringt die Kraft dieser großen Kulturkritik* nicht persönlicher Idiosynkrasie, sondern besitzt ihre eigene historische Spezifizität:

> Aus der Kritik des Güterverbrauchs als bloßer Ostentation hat er [Veblen] Folgerungen abgeleitet, die ästhetisch mit denen der neuen Sachlichkeit – wie sie gleichzeitig etwa von Adolf Loos formuliert wurden – praktisch mit denen der Technokratie aufs engste sich berühren. (Adorno 1955, 82)

Die Gewaltsamkeit, mit der Loos das »Ornament« und das »Ornamentale« verwirft, die von ihm einerseits mit dem Verbrechen an sich, andererseits mit der »Perversion« gleichgesetzt werden, gehört zu den strategischen Momenten der Säuberung, der die klassische Moderne den ästhetischen Kanon der Akademien und der »Schönen Künste« zur gleichen Zeit unterwirft, in der sie dem hygienizistischen Ethos eines Le Corbusier den Boden bereitet. Verdammt man diesen Prozeß jedoch einzig aufgrund seines Puritanismus, so unterläuft man im Namen psychologischer Diagnose den interessantesten Teil der Analyse. Zuerst sollte festgehalten werden, daß Adorno diese Haltung philosophisch im Pragmatismus, einem Zeitgenossen von Veblens Theorien, fortgeführt findet, und dessen Abneigung gegen »transzendente« Ideen und Abstraktionen (die heute bisweilen als »Theorie« an sich stigmatisiert werden) folglich in direkte Beziehung gesetzt wird zur Denunziation des Ornaments, zu dem, was die reine Immanenz überschreitet und als eine Form des philosophischen Luxus oder der Schwelgerei zählt (wobei abstrakte oder »kontinentale« Philosophie und System hier die Rolle einnehmen, die auf der anderen Ebene die dekorative »Kultur« spielt).

Doch erhellt aus diesen in Zeitgenossenschaft verbundenen Identifikationen und Familienähnlichkeiten (Kulturkritik*, Pragmatismus, Funktionalismus) auch, daß wir in ihnen einem historischen Impuls begegnen, der nicht einfach durch die Wahl einer anderen philosophischen Option ad acta gelegt werden kann. Der tiefere Grund dafür, daß dieser anti-ästhetische Impuls nicht einfach »widerlegt« werden kann, liegt aber in der Tatsache, daß er in den Kunstwerken selbst sein Werk verrichtet und der Produktion der Moderne zugrundeliegt. Ihr Motiv der Schuldhaftigkeit der Kunst (Thomas Manns *Doktor Faustus*) und ihre nominalistische Ungeduld gegenüber der »Lüge« der Kunst und der Selbstzufriedenheit des altmodischen ästhetischen Scheins gehören, wie wir im nächsten Kapitel sehen werden, zu jenen Wesenszügen, die für das Verständnis der Moderne unabdingbar sind. Von daher können wir die Kulturkritik nicht einfach ablehnen und damit fortfahren, die Kultur unter dem Deckmantel eines abgehobenen Ästhetizismus zu zelebrieren; wir müssen vielmehr uns durch alle Schwierigkeiten hindurcharbeiten, um am anderen Ende wieder herauszukommen (von daher wird die von Adorno hier angebotene »Lösung« genau jenes Paradigma der »unreinen« Denkweise sein, die wir auf der philosophischen Ebene zu charakterisieren versucht haben).

In der Tat zeitigt das Dilemma des Kulturellen – wie Adorno in einem der glänzendsten Fragmente der *Minima Moralia* (»Kind mit dem Bade«, MM, 47f.) zeigt – sehr bedeutsame Konsequenzen, die sich aus dem ergeben, was oftmals für eine der wesentlichen Arbeitshypothesen des Marxismus gehalten wurde: die Unterscheidung zwischen Basis und Überbau. Dabei dürfte selbstverständlich sein, daß die dagegen erhobenen Einwände und Bedenken, die bis zu dem sehr drastischen Vorschlag reichen, das ganze Theorem über Bord zu werfen, ebenfalls zum Marxismus gehören und praktisch seit Engels einen periodisch wiederkehrenden Bestandteil dieser Tradition bilden. So ist Raymond Williams' ebenso eingehende wie einflußreiche Kritik dieser Lehre nur einer der jüngsten Vorschläge, ihr, wie Perry Anderson es in bezug auf ein anderes Thema des Marxismus formulierte, ein anständiges Begräbnis zu verschaffen, während die Postmarxisten die familiäre Erlaubnis gar nicht erst abgewartet haben. Es ist jedoch eine Sache, das ganze Theorem einfach fallenzulassen, eine andere dagegen, einen angemessenen und zufriedenstellenderen *Ersatz* dafür zu finden, wie Williams es versucht, wenn er Gramscis Idee der Hegemonie propagiert. Wenn sich nun die neue Idee als angemessener Ersatz erweist, der die Funktion der alten in geeigneter Weise ausfüllt, so werden alle Argumente gegen den alten Begriff mit doppelter Wucht gegen den neuen ins Feld geführt; stellt sich hingegen die neue Idee als relativ unverwundbar heraus, so dämmert uns allmählich die Erkenntnis, daß es sich hierbei nicht um einen Ersatz sondern um etwas gänzlich Anderes handelt. (Ähnliches gilt für Versuche, den alten und abgenützten Begriff der Ideologie durch eine ganze Reihe neuer Termini und Vorstellungen wie etwa Diskurs, Praxis, Episteme etc. zu ersetzen.) Ich habe immer die Auffassung vertreten, daß alles in anderem Licht erscheint, wenn man das Basis-Überbau-Konstrukt nicht als eigenständige Theorie begreift, sondern als Name für ein Problem, dessen Lösung immer nur in einer individuellen ad-hoc-Erfindung liegen kann.

Doch wir müssen zu Beginn die Gestalt der Termini Basis und Überbau – die nur den ersten Umriß des Problems bildet – von dem Wirkungstyp oder dem Kausalgesetz, das in ihr enthalten sein soll, unterscheiden. Überbau* und Basis* etwa vermitteln die Vorstellung von einem Gebäude und seinem Fundament, scheinen tatsächlich aber der Fachterminologie des Gleisbaus entlehnt zu sein, wo sie offenbar die Transportmittel beziehungsweise den Gleiskörper bezeichneten,[13] ein Zusammenhang, der uns plötzlich in ein ganz anderes Bild von der Ideologie und ihren Wirkungen versetzt. Demgegenüber klingt Engels' Vorstellung von einer »Wechselwirkung« nach den wissenschaftlichen Lehrbüchern des Positivismus jener Zeit, während Gramscis militärisch-strategische Konzeption der »Hegemonie« sich von der friedlichen Landschaft, in der die Zweite Internationale einst ihre Ansiedlungen errichtete, weit genug entfernt zu haben scheint. Im *Passagenwerk* schlug Benjamin vor, der Überbau könne als *Ausdruck* der Basis verstanden werden und vermittelte uns damit eine Art von linguistischem (wenn auch prästrukturalistischem) Modell. Was Sartre betrifft, so würde man seinem Denken keine Gewalt antun, wenn man davon ausgeht, daß für ihn die *Situation* (der er eine mehrdimensionale klassenbezogene und psychoanalytische Bedeutung verlieh) die Infrastruktur bildete, zu der der Akt der »freien« Wahl in seiner Eigenschaft als Antwort und Lösung den Überbau abgab. Doch wenn wir die begrenzende Kraft der Situation betonen und die schöpferischen Eigenschaft der in ihr sich herausbildenden Freiheit verringern, sind wir schon sehr viel näher an dem, was Marx im *Achtzehnten Brumaire* über das Verhältnis zwischen Ideologen und Klassenfraktionen bemerkte und worauf das ausgefeilte System der ideologischen Erkenntnistheorie in Lukács' *Geschichte und Klassenbewußtsein* später sich bezog.

Zugleich waren wir hier im wesentlichen mit dem Nachweis befaßt, daß Adornos stereoskopische Konzeption der Koexistenz von Allgemeinem und Einzelnem seine besondere Version des Basis-Überbau-Gegensatzes darstellt, denn das Allgemeine (Begriff, System, Totalität, Tausch) ist die unmittelbar nicht zu erkennende Infrastruktur, während das Besondere für den Akt oder das Ereignis des Bewußtseins oder der Kultur, d. h. für unsere einzige individuelle Wirklichkeit steht, die zugleich wie ein Kraftfeld vom Äquivalententausch kontrolliert wird.

Doch keines dieser Schemata (und andere sind unschwer denkbar) unterstellt die Operation eines unvermeidlichen deterministischen oder Kausalgesetzes. Das Besondere an der marxistischen Problematik liegt in der zentralen Stellung dieses Problems und dieser Frage, die als dringendste und grundlegendste begriffen wird, nämlich in der Beziehung, die zwischen der »Kultur« (oder dem Bewußtsein oder der »Existenz«) und ihrem sozioökonomischen Kontext oder der »Basis« hergestellt werden soll. Ist das Problem erst einmal zugestanden, so können die jeweiligen Lösungen ein breites Spektrum umfassen, von der gesetzmäßigsten – der höchst vulgären und entmystifizierenden Erfassung der ideologischen Widerspiegelung und der kollektiven Arglist – bis hin zur begrenzten Hypothese einer geheimnisvollen Autonomie, die das Kulturelle unter gewissen Umständen besitzt und die auch Situationen nicht ausschließt, in denen die Kultur einige Schritte voraus ist und ihrerseits für einen kurzen Zeitraum als »determinierend« erscheint. Erst wenn von vornherein entschieden ist, daß die dergestalt herzustellende Beziehung keine interessante oder wichtige Frage mehr darstellt, können wir davon sprechen, daß, wie Adorno sagt, das Kind mit dem Bade ausgeschüttet wird.

Natürlich meint Adorno es auch umgekehrt, im Geiste seiner Veblen-Analyse: Kultur als »Überbau« zu begreifen heißt bereits, das Kind mit dem Bade ausgeschüttet zu haben, liegt doch die Schlußfolgerung nahe, Kultur sei immer so etwas wie eine funktionale Lüge, die »eine menschenwürdige Gesellschaft vortäuscht, die nicht existiert« (MM, 47), so daß es angesichts dessen günstiger wäre, sich dieser Illusionen zu begeben und die Forderung zu erheben, »daß die Verhältnisse durchaus auf ihren materiellen Ursprung reduziert, rücksichtslos und unverhüllt nach der Interessenlage zwischen den Beteiligten gestaltet werden müßten« (MM, 48). So verkehrt sich eine (vollkommen angemessene) Anprangerung der Illusion in eine neue Illusion ganz eigener Art: »dieser Gedanke, gleich allem Wettern über die Lüge, hat eine verdächtige Neigung, selber zur Ideologie zu werden« (ebd.). Ein marxistischer Materialismus neigt, von seiner eigenen Schwerkraft gedrängt, zu einem anti-ästhetischen Anti-Kulturalismus, in dem er sich auf merkwürdige Weise mit dem Ressentiment seiner faschistischen Gegner trifft:

> Die Hervorhebung des materiellen Elements gegenüber dem Geist als Lüge entwickelt ohnehin eine Art bedenklicher Wahlverwandtschaft mit der politischen Ökonomie, deren immanente Kritik man betreibt, vergleichbar dem Einverständnis zwischen Polizei und Unterwelt. (MM, 49)

Wie man sich vorstellen kann, ist dies genau die Art von paradigmatischer Situation und widersprüchlichem Dilemma, wofür eine »negative Dialektik« zuvörderst entworfen wurde:

> Nennt man die materielle Realität die Welt des Tauschwerts, Kultur aber, was immer dessen Herrschaft zu akzeptieren sich weigert, so ist solche Weigerung zwar scheinhaft, solange das Bestehende besteht... [jedoch] der Lüge der Warenwelt gegenüber wird noch die Lüge zum Korrektiv, die jene denunziert. Daß die Kultur bis heute mißlang, ist keine Rechtfertigung dafür, ihr Mißlingen zu befördern...« (MM, 49)

Die methodologische Schlußfolgerung – welche nicht nur für die Kulturkritik *, sondern für das Denken auf all seinen Ebenen gilt – besagt, daß wir die Kultur (als Idee wie auch als Erscheinungsform) zugleich am Leben erhalten und rücksichtslos kritisieren müssen, ohne einem von beiden den endgültigen Vorzug zu geben. Es verhält sich mit der Kultur wie mit der Philosophie, die ja bekanntermaßen weiterlebt, »weil der Augenblick ihrer Verwirklichung versäumt ward« (ND, 13). Es liegt, wie wir noch sehen werden, eine utopische Kraft darin, die unmögliche Idee des Philosophierens (wie auch des Hervorbringens von Kultur) am Leben zu erhalten, selbst wenn man gleichzeitig die notwendige Verfehltheit solchen Tuns in dieser Zeit erbarmungslos decouvriert. (Auf gleiche Weise müßte, meinem Vorschlag entsprechend, der stigmatisierende Terminus des Überbaus beibehalten werden, um uns an eine Kluft zu erinnern, die nicht dadurch überbrückt wird, daß man sie einfach vergißt.) Denn wie die Philosophie, so trägt auch die Kultur das Zeichen der Erbsünde – der Teilung zwischen geistiger und körperlicher Arbeit – mit sich:

> Kulturkritik kann aber nur darum so eindringlich der Kultur ihren Verfall als Verletzung der reinen Autonomie des Geistes, als Prostitution vorwerfen, weil eben Kultur selber in der radikalen Trennung geistiger und körperlicher Arbeit entspringt und aus dieser Trennung, der Erbsünde gleichsam, ihre Kräfte zieht. Wenn Kultur die Trennung bloß verleugnet und unmittelbare Verbundenheit mimt, fällt sie hinter ihren Begriff zurück. (Adorno 1955, 18)

Diese Adornos Kulturtheorie gewidmete Abschweifung sollte hervorheben, daß in ihrer dilemmatischen Struktur die gleichen Widersprüche wirksam sind, denen wir im philosophischen Denken, in der Analyse des »Begriffs«, begegneten. Denn dieser kann weder unbesehen als autonomes Instrument zur Erfassung einer von ihm verschiedenen Realität gelten, noch nach Art der Wissenssoziologie und der vulgären Ideologiekritik * aufgrund jener Dimension von Lüge und Illusion entlarvt werden, die in unserer Gesellschaft ihm zu eigen ist. Noch unklar bleibt, was es für konkrete Situationen bedeuten könnte, mittels eines Begriffs zu denken, der durch seine eigene Form gewissermaßen »falsch« ist. Was die besonderen Widersprüche angeht, in die die Wissenssoziologie und die soziologische Kulturkritik sich verwickelt finden, so gründen diese eher in einer tieferen philosophischen Idee der *Heteronomie* von Kritik selbst – dem Paradox der möglichen Distanz eines Teils, des Geistes, vom Ganzen, dem es als Teil angehört –; ein Problem, das wir später untersuchen.

Fünf

»Es ist dem philosophischen Schrifttum eigen«, heißt es bei Walter Benjamin in einem Text, der im gegenwärtigen Zusammenhang für uns von größter Bedeutung ist, »mit jeder Wendung von neuem vor der Frage der Darstellung zu stehen« (Benjamin 1972, 7). Diese Frage der philosophischen *Präsentation* oder *Darstellung*, der Form, in der die philosophische Begrifflichkeit im Verlauf des Textes dargelegt wird, wie auch der traditionellen Gattungen dieser Form (Benjamin erwähnt die pseudo-euklidische »Beweisführung« Spinozas, das große System des neunzehnten Jahrhunderts, den die mystische Lehre übermittelnden esoterischen Essay und den scholastischen Traktat) – diese Frage also wird bei Adorno wiederkehren, als Spur und Schlüssel zu der Art und Weise, in der der philosophische Begriff mitsamt seinen Wahrheiten und Unwahrheiten »in Bewegung gesetzt« werden kann (um Marx' eigenen versteckten Hinweis auf seine Darstellung* zu zitieren).

Das Problem der Darstellung* wird uns auch eine abschließende Einsicht in den Status der »Totalität« ermöglichen, von der wir sagten, daß zum einen der Begriff, der in mancher Hinsicht ihr Leibeigener ist, ihre Unwahrheit und ihre Herrschaftsform reproduziert, und zum anderen sie selbst in gewisser Weise undenkbar und – gerade in unserer gegenwärtigen Bedeutung des Wortes – undarstellbar ist. Doch enthält jeglicher isolierte Gedanke über irgendeinen Gegenstand (was wir durchweg in pompöser Weise den »Begriff« genannt haben) – mag er ansonsten noch so genau und passend sein – seine Unwahrheit unsichtbar in seiner Form selbst (Identität und Tausch): über ihn zu sprechen heißt, über seinen Gehalt zu sprechen, und wenn man sich darauf einstellt, so verbleibt man innerhalb einer newtonischen Welt, der die andere Seite des Gedankens praktisch per definitionem verborgen ist. Von daher könnte man versucht sein anzunehmen, daß die formale Unwahrheit der individuellen Begriffe sichtbar zu machen sei, wenn man ihre Verbindungen und wechselseitigen Beziehungen aufdeckt. Doch wäre das daraus möglicherweise entstehende System – vergleichbar Hegels »objektivem Geist«: das große absolute Gewebe aller Irrtümer,

Täuschungen und leidenschaftlicher Überzeugungen, die in jedem Augenblick der Menschheitsgeschichte für wahr gehalten und ausgesprochen werden – nicht auch (wenn wir ihm die Gültigkeit als Nachbild der objektiven Totalität absprechen) so etwas wie eine Darstellung, allerhöchstens der Gegenstand einer strukturellen Soziologie der Wissensformen *(epistemes)* unserer Epoche?

In beiden Entwürfen – im System unserer Begriffe oder im System der Gegenstände, denen diese Begriffe zu entsprechen suchen – wird auf unheilvolle Weise das Trugbild des Systems selbst wieder eingeführt, ganz zu schweigen von der alten Subjekt-Objekt-Antithese, von der wir zumindest wissen, daß sie zwar nicht zu beseitigen, aber auch nicht auf so unmittelbare Weise anzugehen ist, sondern nur provisorisch durch eine List ausgetrickst werden kann (wozu uns Adornos Dialektik als Lehrbuch und Gebrauchsanweisung dienen könnte).

Es sieht so aus, als sollten diese totalisierenden Dilemmata einer systemisch orientierten Philosophie (wobei vorausgesetzt wird, daß wirkliche Philosophie, in Ansehung ihres Objekts, immer diesen Impuls verspürt) in der *Negativen Dialektik* durch das Ausagieren (oder die Mimesis) einer Art von Pseudo-Totalität entwaffnet werden (die schamanistischen Obertöne dieser Formulierung leiten ihre Berechtigung aus den an Frazer orientierten stammesgeschichtlichen Spekulationen ab, die sich in der *Dialektik der Aufklärung* finden lassen). Pseudo-Totalität heißt: die Illusion des totalen Systems wird durch die systematischen Verbindungen und Querverweise, die zwischen einer Reihe von Begriffen hergestellt worden sind, hervorgerufen und befördert, während der düstere Bann des Systems selbst urplötzlich durch die Erkenntnis ausgetrieben wird, daß die Darstellungsordnung unverbindlich war und auch auf ganz andere Weise hätte arrangiert werden können, so daß, wie bei einem Orakel, alle Elemente vorhanden sind, während die Form ihrer Anordnung, die schließlich zustandegekommene Matrix, nur eine Sache des Zufalls ist. Diese Art der Darstellung*, die ihre eigene provisorische Architektonik gerade zu untergraben sucht, nannte Benjamin Konfiguration oder Konstellation, Termini, denen Adorno den etwas umständlicheren des »Modells« hinzufügte und ihn in dreifacher Form in der zweiten Hälfte der *Negativen Dialektik* erläuterte.

Bevor wir jedoch diese besondere Struktur zu charakterisieren suchen, müssen wir uns noch mit einer Klassifizierung auseinandersetzen, die mit der Idee des Fragments sich verbindet. Von ihr wird oftmals in Verbindung mit Benjamin wie auch mit Adorno leichthin gesprochen, bisweilen wird sie undeutlich auf Nietzsches Aphorismus, wo nicht gar auf Schlegels Ästhetik bezogen.[14] Daß diese impressionistische Idee uns nicht sehr weit trägt, dürfte schon aus den angestellten Vergleichen erhellen; gibt es doch, wie ein erster Blick erweist, nicht sehr viel Fragmentarisches an einer »einfachen Form« wie dem Aphorismus, der ganz und gar von einer Ästhetik der Geschlossenheit beherrscht wird. Das »Fragmentarische« des modernen Denkens oder der Erfahrung könnte ein aufschlußreiches Moment für eine weitere Kulturkritik* dieser modernen Zeiten sein, aber nur, wenn der Einsicht stattgegeben wird, daß die Fragmentarisierung die Situation und das Dilemma ist, auf welche das moderne Denken antwortet, nicht aber eine allgemeine Eigenschaft oder Qualität dieses Denkens. Denn dann würde gerade die Universalität dieses Phänomens alles andere als nützlich sein, um das Besondere an Adorno oder Benjamin zu bezeichnen. Zudem kann ein kurzer Text wie der bereits erwähnte »Kind mit dem Bade« nicht sinnvoll als fragmentarisch bezeichnet werden: er ist eine vollständige Darlegung von erstaunlicher Geschlossenheit, während viele der angeblichen Fragmente Benjamins lediglich posthum aufgefundene Notizen und Bemerkungen sind, die er normalerweise in Essays umformte, welche, wie idiosynkratisch auch immer, einer diskursiven Gattungslogik gehorchten.

Sicher läßt sich einiges an Klarheit aus der Unterscheidung zwischen dem Fragmentarischen und dem Diskontinuierlichen gewinnen, war doch das Diskontinuierliche eine grundlegende Tatsache im Leben Adornos wie auch Benjamins, die bisweilen durch die Leerstellen und Lücken zwischen den Absätzen ins Licht gerückt, bisweilen verschärft wurde durch deren Abwesenheit und (vor allem bei Adorno) durch die gewollte Eliminierung praktisch aller Absätze, so daß die anschwellende Wasserwand des Textes uns durch verwirrende Verschiebungen und Veränderungen seiner Thematiken und Materialien fortträgt. Die Unterscheidung drängt sich auch deswegen auf, weil die Idee des Fragmentarischen den Gegenstand zu bezeichnen scheint, während die Idee der Diskontinuität die Entfernung zwischen jenen Gegenständen betont: die Sterne, die zu einer Konstellation sich fügen, werden normalerweise nicht als »fragmentarisch« gedacht, jedenfalls nicht ohne vorherige metaphorische Balanceakte. Deutlich scheint, daß die Idee der Konfiguration, der Konstellation, des Modells eine entsprechende Mikro-Kategorie erforderlich macht: eine Art und Weise, mit den Elementen oder Bausteinen ebenso dramatisch umzugehen, wie ein Schnappschuß, der jenen Sternenhimmel aus großer Entfernung im Bilde festbannt, dies für die dort herrschenden Relationen leistet. Wir werden gleich zu der Frage zurückkehren, wie der individuelle »Begriff« in diesem momentanen und provisorischen »totalen System« positioniert wird. Später jedoch wird, was über die gesamte formale Darstellung* solcher Konstellationen sich sagen läßt, ergänzt werden durch die Betrachtung der »mimetischen« Sätze, aus denen die Darstellung besteht.

Bekanntermaßen hat Benjamin diese Form in zwei bedeutenden Werken veranschaulicht, von denen eines wortwörtlich »fragmentarisch« blieb, weil er zu früh verstarb, um es zu vollenden. Diese beiden Werke sind der *Ursprung des deutschen Trauerspiels* und das legendäre *Passagenwerk* (»Paris – die Hauptstadt des XIX. Jahrhunderts«), fast tausend Seiten umfassend und 1982 in Buchform publiziert. Für gewöhnlich werden diese beiden Ansätze nach Maßgabe ihres philosophischen Standpunktes voneinander unterschieden. So gilt das Trauerspiel-Buch, vor allem wegen der Gewichtigkeit jener dunklen und rätselhaften »Vorrede«, aus der wir bereits zitierten, im allgemeinen als idealistisch, während das Passagenprojekt, aufgrund seiner Materialien wie auch unseres biographischen Wissens, das wir aus jener Zeit über den Autor besitzen, marxistisch und materialistisch sein und einen »Beitrag« zur Entwicklung des historischen Materialismus gerade im Bereich der Kulturgeschichtsschreibung leisten soll. Dies ist sicher im großen und ganzen nicht falsch, scheint mir aber, was Überzeugung, intellektuelle Entwicklung und ideologische Bindung anlangt, von sehr unausgegorenen Voraussetzungen auszugehen, die möglicherweise neu zu bedenken sind.

Eine andere Voraussetzung, die mit den eben genannten eng zusammenhängt und, wie diese, beharrlich an einer sehr traditionellen Konzeption des individuellen Subjekts festhält, dreht sich um die Frage des »Einflusses«. Daß Benjamin auf Adorno einen entschiedenen Einfluß ausübte, ist durch das bahnbrechende Werk von Susan Buck-Morss zweifelsfrei nachgewiesen.[15] Doch ist Einfluß nichts weiter als der Transfer eines neuen Gedankens von einer Person zu einer anderen? In diesem Falle wäre es vielleicht günstiger, von neuen Interessen (um nicht zu sagen, einer gänzlich neuen Problematik) zu sprechen, die im

Geiste des Individuums erwachen, welches am Empfängerpol des jeweiligen »Einflusses« sich befindet. Vielleicht aber eröffnet Adornos allgegenwärtiges Thema der »Mimesis« neue Wege zur Verwendung dieser Vorstellung, die etwas tatsächlich sich Ereignendes bezeichnet und es zugleich falsch interpretiert. In dieser neuen Bedeutung würde »Einfluß« die Art und Weise beschreiben, in der die Gestalt des Pädagogen mittels ihrer eigenen Praxis dem Schüler zeigt, wie er weiter denken und wie weit er mit den bereits verfügbaren Gedanken gehen kann. Anders gesagt (was für uns aber dasselbe ist): was läßt sich sonst noch *schreiben* und welche Möglichkeiten der Formen des Schreibens und der Darstellung* sind möglich, die eine unerwartete Befreiung bringen von den Tabus und Beschränkungen auswendig gelernter Formen, welche der Natur der Dinge einbeschrieben zu sein scheinen? Auf diese Weise jedenfalls möchte ich Benjamins »Einfluß« auf Adorno verstehen, als eine solche Befreiung durch Mimesis und als den praktischen Beweis für die Möglichkeit einer anderen Art des Schreibens – was schließlich heißt, einer anderen Art des Denkens. An diesem Punkt nun verliert der – im Vergleich zum »Materialismus« des *Passagenwerks* – angeblich idealistische Gehalt des Trauerspiel-Buchs an Bedeutung gegenüber der Konzeption jener philosophischen Form, die beiden gemeinsam ist und die Benjamin in Adornos Geist als eine philosophische Ästhetik und Ambition offensichtlich zu erwecken vermochte.

Wir müssen also von neuem mit der berühmten »Erkenntniskritischen Vorrede« zum Trauerspiel-Buch beginnen, um die Termini zu erfassen, in denen Benjamin zu jener Zeit seine eigene Praxis des Schreibens dachte. Die »Vorrede« beginnt mit der fundamentalen Unterscheidung zwischen Wahrheit und Erkenntnis, die, obwohl etwas ihr Ähnliches überall im modernen Denken sich findet, noch nicht ihren Philosophiehistoriker gefunden hat. (So ist sie, als einleitende Unterscheidung, vielen Formen des Existentialismus gemein, liegt aber auch den Entgegensetzungen von Ideologie und Wissenschaft in der marxistischen Tradition zugrunde und findet schließlich ihr Echo in Adornos auf bestimmte Werke bezogene Scheidung des »Wahrheitsgehalts« von jenem ideologischen falschen Bewußtsein, das mit ihm koexistieren kann; wir werden dies noch anhand des Buches über Wagner erläutern.)

Diese Entgegensetzung wird dann schrittweise neu zusammengefügt, entlang der Linie einer Form/Inhalt-Unterscheidung zwischen der »Idee« und dem »Begriff«, welche so bei Adorno nicht wieder auftaucht, obwohl ihre Auswirkungen, wie ich noch zeigen werde, deutlich fühlbar sind. Adorno vermeidet das Wort *Idee* – während der Terminus *Begriff* sein gesamtes Werk durchzieht –, und diese Vermeidung übersetzt sich ohne Schwierigkeiten in unser eigenes Unbehagen an der Begrifflichkeit des Transzendenten oder des Metaphysischen. Diesem Unbehagen möchte ich durch den Vorschlag Ausdruck verleihen, daß wir (obwohl Platon hier explizit beschworen wird) die allzu leichte Lösung verschieben, Benjamins Position als »platonisch« zu bezeichnen, verweist diese Charakterisierung doch sofort auf einen Bereich des vergangenen Denkens, der uns, wie die damit verbundene Kategorie des »Mystizismus« praktisch per definitionem unzugänglich ist. Natürlich ist die Unterscheidung zwischen »Idee« und »Begriff« von außerordentlicher Bedeutung für Kant und, wie immer dialektisch umgeformt, auch für Hegel, doch bildet sie nicht unbedingt den lebendigsten und nützlichsten Teil ihres Erbes. Von daher scheint es am besten zu sein, alle derartigen traditionellen Konnotation von Anfang an beiseite zu lassen und Benjamins eigenem Argumentationsgang eine unverbrauchte Bedeutung abzugewinnen.

Begriffe stehen auf der Seite der Dinge und der Erkenntnis derselben, Ideen stehen auf der Seite der »Wahrheit«. Mithin sind Begriffe Instrumente zur Analyse von Erscheinungsformen, und ebenso Vermittlungen, durch die die empirische Realität – die sonst im Sumpf der unmittelbaren Erfahrung und des Hier-und-Jetzt steckenbliebe – Zugang zum Bereich der Wahrheit gewinnt: so weit Kant! Begriffe sind daher ihrem Wesen nach immer vielfältig:

> Die Phänomene gehen [...] nicht integral in ihrem rohen empirischen Bestande, dem der Schein sich beimischt, sondern in ihren Elementen allein, gerettet, in das Reich der Ideen ein. Ihrer falschen Einheit entäußern sie sich, um aufgeteilt an der echten der Wahrheit teilzuhaben. In dieser ihrer Aufteilung unterstehen die Phänomene den Begriffen. Die sind es, welche an den Dingen die Lösung in die Elemente vollziehen. (Benjamin 1972, 15)

Von daher sieht es so aus, als bestünde die grundlegende Mission des Begriffs darin, die augenscheinliche Einheit der gewöhnlichen Wirklichkeit(en) zu zerstören und sie mittels Analyse in einen Schwarm von Begriffen auseinander zu dividieren, um die

Begriffe dann wiederum auf eine neue und ungewöhnliche Weise zusammenzubringen. Die individuellen Begriffe bleiben auf die vielfältigen Aspekte der jeweiligen Wirklichkeit fixiert und ausgerichtet, doch scheint gerade ihre Vielfältigkeit (kein einzelner »gleicht« dem Gegenstand oder kann beanspruchen, mit ihm »identisch« zu sein) ihnen ihre vermittelnde Funktion zu verleihen, die Benjamin auf eigenartige Weise zwiefältig beschreibt:

> Durch ihre Vermittlerrolle leihen die Begriffe den Phänomenen Anteil am Sein der Ideen. Und eben diese Vermittlerrolle macht sie tauglich zu der anderen, gleich ursprünglichen Aufgabe der Philosophie, zur Darstellung der Ideen. (Ebd.)

Wäre hier von Mystizismus zu sprechen, so läge er zweifellos in dieser Annahme, daß die »Kontemplation« der Ideen (»Wahrheit«) von ihrer Präsentation oder Darstellung im philosophischen Text abgetrennt werden kann: selbst wenn man darauf bestände, zwischen dem Denken einerseits und dem Schreiben oder der Sprache andererseits zu unterscheiden, bedürfte es keines großen Scharfsinns oder Aufwandes, »Denken« als Faustskizze und Testlauf (Heideggers Vor-Wurf*) des Schreibens, der Darstellung* oder des Ausdrucks sich vorzustellen. Jedenfalls unternimmt Benjamin kurz darauf Anstrengungen, alle Obertöne und Nebenschwingungen des Kontemplativen und jener statischen intuitiv-perzeptiven Anschauung* auszuschalten, die auch Adorno immer wieder zurückgewiesen hat; zugleich hat auch die unermüdliche Betonung der Darstellung*, in der die erstaunliche Originalität dieses Textes liegt, den Anschein, als sollte die Möglichkeit einer Erfahrung von Wahrheit, die von ihrer zeit- und sprachgebundenen Auslegung zu trennen sei, von vornherein unterbunden werden:

> Erkenntnis ist ein Haben. [...] Diesem Besitztum ist Darstellung sekundär. Es existiert nicht bereits als ein Sich-Darstellendes. Gerade dies aber gilt von der Wahrheit. Methode, für die Erkenntnis ein Weg, den Gegenstand des Innehabens – und sei's durch die Erzeugung im Bewußtsein – zu gewinnen, ist für die Wahrheit Darstellung ihrer selbst und daher als Form mit ihr gegeben. (Ebd., 10)

Mit diesen Bestimmungen gelangen wir ins Herz des Problems, zur Beziehung zwischen der Darstellung und der Idee. Nunmehr sind plötzlich, blitzlichtartig, die großen Formulierungen möglich und stehen ohne Maske da:

> Die Ideen verhalten sich zu den Dingen wie die Sternbilder zu den Sternen. Das besagt zunächst: sie sind weder deren Begriffe noch deren Gesetze. (Ebd., 16)

Mithin ist die Idee einfach das »System« der Begriffe, das Verhältnis zwischen einer Gruppe von Begriffen, und hat als solches keinen eigenen Gehalt, ist (im Unterschied zum Begriff) kein Quasi-Gegenstand und auch nicht die Darstellung eines solchen. »Die Ideen sind in der Welt der Phänomene nicht gegeben« (ebd., 17), sie haben ebensowenig eine »reale Existenz« wie die Konstellationen am Himmel. Zugleich wird deutlich, daß die philosophische Darstellung* darin besteht, die Konstellation aufzuspüren, indem sie die Linien zwischen den zu einer »Konfiguration« gefügten empirischen Begriffen nachzeichnet. Doch die Begriffe stellen *Aspekte* der empirischen Realität dar, während die Idee (und ihre philosophische Notation) die *Beziehungen* zwischen ihnen darstellt. Auch muß hier die Art und Weise betont werden, mit der Benjamins charakteristische Sprache die Versuchung des Subjektiven zu vermeiden trachtet und rhetorische Fragen, die eine solche »Idee« in den menschlichen Geist zurückversetzen könnten (existiert die Konstellation nicht nur als Projektion des menschlichen Betrachters? und ist nicht die Beziehung zwischen Phänomenen und ihren Begriffen wesentlich eine Leistung, zumindest aber eine Operation des Geistes selbst?), von vornherein abblockt (ohne eine befriedigende Antwort auf sie zu geben). Dergestalt könnte die pseudo-platonische Sprache als Versuch gelesen werden, hinter die Linien der großen Kantischen »Lösung« zu gelangen und ihr zuvorzukommen.

Doch bleibt noch ein Zweifel bestehen, und wir müssen den Gehalt dieser geheimnisvollen Ideen, deren Form nun als geklärt erscheint, in den Griff bekommen. Ungeachtet der Warnung – und in Abwesenheit jeglicher Beispiele oder Veranschaulichungen – scheint sich der Rückfall in das platonische Denken unabweisbar aufzudrängen und wir fragen uns weiterhin, ob nicht Benjamins »Ideen« letzten Endes »lediglich« die alten platonischen Abstraktionen des Guten oder Schönen oder Gerechten sind (vergleichbar dem, was bei Kant Freiheit, Gott und Unsterblichkeit der Seele genannt wird). Doch ist dies beileibe nicht die Art des Philosophierens, an die Benjamin denkt, obwohl er einen eigentümlichen Umweg macht, um es zu überlisten. Denn der nächste Gegenstand der »Vorrede« läßt das Trugbild des Benjaminschen Mystizismus mit aller Macht erstehen, geht es doch um die Neuinszenierung des archetypischen Motivs der magischen Sprache, um den Akt des Benennens, der Namengebung, bei dem, nicht ganz unerwartet, Adam auftaucht, um Platon zu ersetzen:

> Als ein Ideenhaftes ist das Sein der Wahrheit verschieden von der Seinsart der Erscheinungen. Also erfordert die Struktur der Wahrheit ein Sein, das an Intentionslosigkeit dem schlichten der Dinge gleicht, an Bestandhaftigkeit aber ihm überlegen wäre. Nicht als ein Meinen, welches durch die Empirie seine Bestimmung fände, sondern als die das Wesen dieser Empirie erst prägende Gewalt besteht die Wahrheit. Das aller Phänomenalität entrückte Sein, dem allein diese Gewalt eignet, ist das des Namens. Es bestimmt die Gegebenheit der Ideen. Gegeben aber sind sie nicht sowohl in einer Ursprache, denn in einem Urvernehmen, in welchem die Worte ihren benennenden Adel unverloren an die erkennenden Bedeutung besitzen. (Ebd., 17f.)
>
> Wie die Ideen intentionslos im Benennen sich geben, so haben sie in philosophischer Kontemplation sich zu erneuern. (Ebd., 19)

Wir können nun schneller vorangehen; wie der Kontext der »Vorrede« bereits vermuten läßt (und Benjamin teilt es uns selbst ein paar Seiten weiter mit), ist das »Trauerspiel« so ein »Name« und eine »Idee« und wird nun zum Gegenstand einer philosophischen Darstellung* sui generis, die aus »empirischen« Begriffen eine riesenhafte Konstellation entwirft. Rückblickend erkennen wir, daß ein ähnlicher Name, eine ähnliche Idee auch der Vorstellung der »Passage« im späteren Werk zugrundeliegt. Und plötzlich ist das traditionelle Repertoire der platonischen Abstraktionen – was immer ihr gesellschaftlicher und historischer Gehalt zu Platons Zeit gewesen sein mag – von Grund auf in eine Flut von modernen »Ideen« umgeformt, die sehr viel konkreter und historischer sind, wie etwa das *Kapital* (»capital«) als solches, oder die Bürokratie, oder die Diktatur, ja selbst Natur oder Geschichte in ihren modernen Bedeutungen, oder schließlich »Paris – die Hauptstadt [engl. 'capital', d.Ü.] des XIX. Jahrhunderts«!

Diese neuen »Ideen« sollten nicht so verstanden werden, daß in ihnen der »Sturz« der platonischen Problematik in die säkulare Dynamik der modernen Zeiten sich anzeigt. Vielmehr führen diese neuen Abstraktionen – die wie Adornos System oder

Totalität zugleich ganz und gar nicht-empirisch (nicht unmittelbar oder als Erkenntnis gegeben) als auch für uns die realsten Dinge in der Welt sind, Dinge, die uns auf die absoluteste Weise bedrängen – zu neuen »erkenntnistheoretischen« Problemen, auf die Benjamins gewollt archaische Lösung eine unverbrauchte Antwort bereithält, die in der *Negativen Dialektik* wieder aufgenommen wird. Von daher würde der diskursive Kontext der »Vorrede« angemessener erfaßt, wenn man ihn mit Webers schwerfälligem Versuch, die soziologischen »Idealtypen« theoretisch zu erfassen, in eine Linie stellt, statt ihn auf die der älteren philosophischen Tradition verhafteten platonischen oder selbst hegelianischen Vorläufer zu beziehen.

Bevor wir nachweisen, daß Adorno diesem Gedanken der Konstellation oder Konfiguration die Treue bewahrt hat, müssen noch einige abschließende Charakterzüge der Benjaminschen Konzeption festgehalten werden. Zunächst wird Benjamin, dem die quer zur Tradition stehende Originalität seines Vorschlags sehr wohl bewußt war, diesen von traditionellen Konzeptionen der Abstraktion – das Allgemeine und das Besondere oder das Typische – aufs Schärfste zu unterscheiden suchen, weil sonst seine ganze Argumentation bezüglich der Idee und der Begriffe auf vertraute logische Kategorien zurückführbar wäre. So müssen etwa die individuellen Begriffe, die verschiedene Aspekte der empirischen Realität erfassen und deren Konfiguration die Idee dieser Realität ausmacht, das Reale in seinen Extremen ergreifen und somit gerade nicht repräsentativ, charakteristisch, typisch oder durchschnittlich sein; das Reale kann nur in seinen letzthinnigen, erschütternden Äußerungsformen, nicht in seinem kleinsten gemeinsamen Nenner erfaßt werden (vgl. Benjamin 1972, 16). Diese die Normalität verkehrende Betonung des Atypischen und der Dissonanz zwischen »Gattung« und »Art« wäre schon ausreichend, um Benjamin von Platon wie auch von Weber entschieden abzugrenzen; der Geist dieses Denkens kann am unmittelbarsten in der literarischen Problematik des Trauerspiel-Buchs ergriffen werden, wo Benjamin es für sinnvoller hält, einer Gattung von ihren extremsten und am wenigsten charakteristischen Hervorbringungen her sich zu nähern, als von den minderrangigen epigonalen Werken auszugehen. Doch wird es auch angemessen sein, Benjamins methodologische Beharrlichkeit in Adornos so ganz anders geartete Sprache zu übersetzen, um dabei hervorzuheben, auf welche Weise die Begrifflichkeit in unserer Zeit sich notwendig dem

Nominalistischen annähert und, ihrer eigenen Schwerkraft folgend, sich an den je einzelnen Fällen und Ereignissen festmacht und nicht, wie zuvor, an ihren bleichen Abstraktionen, die für uns leere Worte geworden sind.

In der Tat sind es Worte, die die zweite Frage stellen, bei der wir einen Augenblick verweilen müssen. Es scheint mir nämlich wiewohl nicht übermäßig einfallsreich so doch unverzichtbar und auch im Geiste Benjamins zu sein, seinen Darlegungen ein weiteres Moment hinzuzufügen, das sich mit der Frage befaßt, auf welche Weise die Sprache der Idee notwendig sich mit der der Begriffe überschneidet. Es ist alles andere als wünschenswert, durch den terminologischen Gestus der Diskussion sich zur Bemühung verleiten zu lassen, die Wörter je nach ihrer auf Ideen oder auf Begriffe bezogenen Verwendungsweise in verschiedene Gruppen einzuteilen: eine dergestalt mit dem Zeichen der Weihe versehenen Auflistung würde uns in jeder Hinsicht auf das platonische System zurückverweisen. Denn wenn wir konkret darüber nachdenken, so wird schnell augenfällig, daß dieselben Wörter fortwährend wechselnden Plazierungen ausgesetzt sind. So kann etwa die Untersuchung einer bestimmten Art von existentieller Metaphysik damit befaßt sein, die objektive Existenz des »Tragischen« als Idee zu setzen (wie in Unamunos *Über das tragische Lebensgefühl* oder Raymond Williams' *Modern Tragedy*). Aber das »Tragische« bezeichnet bei Benjamin lediglich einen – möglicherweise extremen – Charakterzug der Realität der Form, der, neu formuliert, in eine Gruppe von Begriffen eingeht, die dann zum Namen des allumfassenden Phänomens, das heißt: der Idee, zusammengeschlossen werden. Obwohl also das Trauerspiel-Buch selbst die Existenz einer Idee des Trauerspiels/der Tragödie bezeugt, hat der Begriff des »Tragischen« in unserem Gegenbeispiel mit dieser Idee nichts gemein und operiert insgesamt auf einer ganz anderen Ebene.

Gleichermaßen könnte es für nützlich befunden werden, über den Begriff des »Freien« (wie in »Freihandel«, »Vertragsfreiheit« usw.) zu einer allgemeinen Idee des Marktes vorzustoßen: ein solcher Begriff würde seinen Platz in einer umfassenden Konstellation finden, aber nur wenig mit dem ganz anders gearteten Ding, der Idee der Freiheit zu tun haben (deren Kartographie, wie wir bald sehen werden, Adorno ausgearbeitet hat). Wir können uns sogar auf Benjamins eigenen Text als Autorität berufen, wenn wir seiner Darlegung diese neue methodologische Komplikation hinzufügen, hat er doch, in einer bereits zitierten

Passage, das Wort für eine Idee als *Namen* bestimmt. Und nun können wir besser verstehen, warum das Benennen für seine Argumentation und für seine Unterscheidung zwischen Ideen und Begriffen von so entscheidender Bedeutung ist. In der Idee besitzen, wie wir uns erinnern, »die Worte ihren benennenden Adel unverloren an die erkennende Bedeutung«. Das Wort »Freiheit« wird, anders gesagt, zum Namen einer Idee, wohingegen das Attribut »frei« mit einem solchen Benennen nicht in Zusammenhang steht, sondern als nicht-benennendes Wort eine Funktion im Erkenntnisprozeß und im Erkennen des Objekts besitzt.

Abschließend sei diese Darlegung vervollständigt, indem wir ihr Benjamins idiosynkratische Beschreibung der Beziehungen zwischen Ideen als solchen hinzufügen. Deren Gestalt verbleibt im Bereich des Astronomischen, und zwar deswegen, um sie von der Beziehung zu unterscheiden, die zwischen den Begriffen existiert und die als Konstellation beschrieben wurde. Unter den Ideen aber herrscht Autonomie mit Harmonie vereint:

> Diese stehen, wie bloße Worte es nie vermögen, in vollendeter Isolierung für sich. Und so bekennen die Ideen das Gesetz, das da besagt: Alle Wesenheiten existieren in vollendeter Selbständigkeit und Unberührtheit, nicht von den Phänomenen allein, sondern zumal voneinander. Wie die Harmonie der Sphären auf den Umläufen der einander nicht berührenden Gestirne, so beruht der Bestand des mundus intelligibilis auf der unaufhebbaren Distanz zwischen den reinen Wesenheiten. Jede Idee ist eine Sonne und verhält sich zu ihresgleichen wie eben Sonnen sich zueinander verhalten. (Benjamin 1972, 19)

Sie sind insofern aufeinander bezogen, als jede von ihnen (auch) ein Stern ist; ein Stern aber, der wie eine Sonne an einem bestimmten Himmel steht, wird dadurch jeglichem Vergleich enthoben, wird zum Horizont einer ganzen Welt und zur einzig wahren Wirklichkeit, zum einzig wahren Bezugspunkt, wie Derrida es einmal ausgedrückt hat. Innerhalb dieser Hegemonie ist nur die eine und einzige Sonne erfaßbar und kann nicht in einem Atemzug mit dem glitzernden Schwarm genannt werden, den die Erkenntnis vergebens als andere Sonnen ausweist. Begriffe sind jene entfernten Sterne, deren Juxtaposition in der Gestalt der Konstellation erfaßt werden kann, während Ideen, seien sie auch mannigfaltig und ebenso diskontinuierlich, keinen vergleichbaren jenseitigen Standort bieten, von dem aus ihre sternengleiche Koexistenz ergriffen werden könnte. Das besagt, um zu unserer Ausgangsfrage zurückzukehren, daß sie nicht in die Form des philosophischen Systems eingebunden werden können und daß die philosophische Belichtung einer jeglichen einzelnen Idee die anderen verlöschen läßt. Von daher sind die Diskontinuitäten der *Negativen Dialektik* in dieser Benjaminschen Figur bereits implizit enthalten. Sie kehren jedoch, wie wir noch sehen werden, in etwas expliziterer Form im Bereich der Adornoschen Ästhetik wieder.

Sechs

Adorno setzt andere, alternierende Bilder ein, um die Konstellation als Form der philosophischen Darstellung* zu beleuchten, obwohl sie in der *Negativen Dialektik* eine zentrale Stellung einnimmt (ND, 161–166) und dort, auf eher lockere Weise, als Methode gepriesen wird, die den historischen Gehalt des *Begriffs* zum Vorschein bringt (Adorno, darauf wurde hingewiesen, verläßt den Sprachbezirk der Idee und kehrt zu eher hegelianischen Gefilden zurück):

> Erkenntnis des Gegenstands in seiner Konstellation ist die des Prozesses, den er in sich aufspeichert. Als Konstellation umkreist der theoretische Gedanke den Begriff, den er öffnen möchte, hoffend, daß er aufspringe etwa wie die Schlösser wohlverwahrter Kassenschränke: nicht nur durch einen Einzelschlüssel oder eine Einzelnummer sondern eine Nummernkombination. (ND, 163f.)

Wir haben uns bereits davon überzeugt, daß der Inhalt dieses Schrankes nichts mit den Ergebnissen einer »Ideengeschichte« oder einer »Wissenssoziologie« zu tun hat. Vor dem Hintergrund dessen aber, daß Benjamins der Moderne verpflichtete Leser immer verwirrt waren ob seines Beharrens auf der »Zeitlosigkeit« der Ideen, deren geschichtliches und gesellschaftliches Wesen wir hier zu erweisen suchten, lohnt es sich zu betrachten, wie Adorno hier die mit der Figur der Konstellation vermachte Räumlichkeit argumentativ gegen die »lineare Kausalität« wendet, dies aber im Namen der Geschichte selbst tut (er verweist in diesem Zusammenhang auf Weber, der die Methode der Konstellation unbewußt verwendet habe):

> Gerade die zunehmende Integrationstendenz des kapitalistischen Systems jedoch, dessen Momente zu einem stets vollständigeren Funktionszusammenhang sich verschlingen, macht die alte Frage nach der Ursache gegenüber der Konstellation immer prekärer; nicht erst Erkenntniskritik, der reale Gang der Geschichte nötigt zum Aufsuchen von Konstellationen. (ND, 166)

Unterdessen operieren, so vermutet Adorno, die Wissenschaften selbst »weniger mit Kausalketten als Kausalnetzen« (ND, 261). Dies aber ist eine ganz andere Art von Zeitlosigkeit als die platonische Ewigkeit der Ideen, und es scheint völlig angemessen, sie mit dem Namen zu verbinden, den sie in einer anderen Abteilung des zeitgenössischen Denkens erhalten hat: nämlich mit dem des *Synchronischen*. Gemeint ist damit nicht eine Stillstellung der Zeit oder der Geschichte, sondern ein Denken, das nicht auf Zeitlichkeit an sich zielt, zeitlos ist in seiner vorübergehenden Aufhebung der Kategorie von Zeit und Zeitlichkeit, nicht aber in seiner transzendenten Unveränderbarkeit. Sind wir schon so weit gegangen, dann können wir auch diese Auffassung von kausalen Vernetzungen und Konstellationen mit Althussers struktureller Kausalität identifizieren: eine Schnittstelle, deren Bedeutung durch Althussers Interesse für das Problem der Darstellung* bei Marx noch verstärkt wird. Allerdings sind die formalen Ergebnisse, die sich daraus für Althussers eigene philosophische Praxis ergeben, anders gelagert als bei Adorno.

Es gibt jedoch noch andere, nicht-astronomische Gedankenbilder für diese Praxis, die nicht weniger instruktiv sind. Ihnen muß jedoch ein Vorschlag vorausgeschickt werden: ich denke, es wäre für all jene von uns, die über Adorno schreiben, hilfreich, mit aller Strenge und Selbstdisziplin und für einen nicht festgelegten Zeitraum jene unvermeidlichen musikalischen Analogien zu vermeiden, die in der Literatur über Adorno praktisch zum Gemeinplatz geworden sind. Wir sollten uns ihrer nur dann bedienen, wenn es absolut unumgänglich ist. Und genau das ist hier unerwarteterweise der Fall: tatsächlich bietet die *Negative Dialektik* drei komplette Demonstrationen dessen, was wir die Methode der Konstellation genannt haben; es sind dies die drei das Buch beschließenden Abhandlungen über Freiheit, Geschichte und »Metaphysik«. Diese Kapitel werden jedoch explizit als »Modelle« bezeichnet, ein Terminus, der mir bei diesem sprachlich doch so reflektierten Autor in ästhetischer und philosophischer Hinsicht immer unangemessen zu sein schien. Normalerweise nämlich ist Adornos Verhältnis zum verdinglichten Trägheitsmoment reiner Terminologie von gespannter Wachsamkeit geprägt, mißtrauisch und immer auf dem Sprung, die dialektische Flucht zu ergreifen. Der Terminus »Modell« jedoch scheint gerade auf ein solches Trägheitsmoment zu verweisen und überdies den verdinglichtesten Formen des sozial-/wissenschaftlichen Diskurses entlehnt zu sein. Natürlich steht die

Soziologie immer vor Adornos geistigem Auge, doch was von ihr vergegenwärtigt wird, sind häufiger ihre konstitutiven Grenzen und die ihr durch Geschichte eingeprägte Form der Spezialisierung, nicht aber ihr Recht, die Philosophie, gerade was Termini und Benennungen angeht, aus dem Felde zu schlagen.

Es könnte höchstens so scheinen, als spiegelte die Unbeholfenheit dieses Wortes ein Unbehagen Adornos an seiner eigenen Praxis, das er selbst im allgemeinen auf andere Personen verschob (vor allem, etwa im Kapitel über »Freiheit«, auf Kant und Sartre, vgl. ND, 223 ff.). Dies Unbehagen betrifft das Dilemma des philosophischen *Beispiels,* dessen Beliebigkeit die Autorität des Begriffs, den es illustrieren sollte, sofort disqualifiziert. Doch ist es schwierig, die drei »Modelle« anders zu lesen denn als »Beispiele« für die neue Methode, welche damit sofort in jene »Methodologie« umgeformt wird, zu der die Methode niemals hatte werden wollen. Ein Stern kann zweifellos als Beispiel für »Sternenheit« im allgemeinen dienen, die Sonne aber kann kein Beispiel für irgendetwas sein. Dergestalt könnte der Terminus »Modell« unbewußt, durch die Art und Weise, in der er die Aufmerksamkeit auf sich lenkt, diesen Fehler eingestehen.

Alles verändert sich jedoch, wenn wir entdecken, daß das Wort »Modell« für Adorno de facto von spezifisch *musikalischer* Provenienz ist. Schönberg verwendete das Wort zunächst in einer lockeren und eher landläufigen Bedeutung im Sinne von »Übungen« (eines seiner Bücher heißt *Modelle für Anfänger*) und verlieh ihm später eine zunehmend speziellere und ausdrücklichere Bedeutung, die für unseren Zusammenhang aufschlußreich ist. Beim späteren Schönberg bezeichnet »Modell« das Rohmaterial einer bestimmten Komposition oder ihren thematischen Ausgangspunkt, das heißt für die Zwölftonmusik die jeweilige Reihe selbst, die bestimmte Ordnung und Konfiguration der zwölf Noten der Tonskala, welche, im vorhinein ausgewählt und angeordnet, insofern zur Komposition *werden,* als die letztere »nurmehr« eine ausgearbeitete Reihe von – sowohl vertikalen als auch horizontalen – Variationen und Permutationen des Ausgangspunktes darstellt. Was in der klassischen Musik getrennt wurde – die Eingangs»themen« und ihre spätere »Entwicklung« – ist hier wieder zusammengefügt. Zur Bedeutung von Beethoven hat Adorno in der *Philosophie der neuen Musik* folgendes zu sagen:

> Nun, im Zusammenhang mit der Durchführung, dient sie [die Variation] der Herstellung universaler, konkret-unschematischer Beziehungen. Die Variation wird dynamisiert. Wohl hält sie auch jetzt noch das Ausgangsmaterial – Schönberg nennt es 'Modell' – als identisches fest. Es ist alles 'dasselbe'. Aber der Sinn dieser Identität reflektiert sich als Nicht-Identität. So geartet ist das Ausgangsmaterial, daß es festhalten zugleich es verändern heißt. 'Ist' es doch gar nicht an sich, sondern nur im Hinblick auf die Möglichkeit des Ganzen. (PM, 54)

Wenn die philosophische Analogie, die wir Adorno im Licht dieser neuen Bedeutung des Wortes »Modell« zugeschrieben haben, als richtig sich erweist, so könnte eine bestimmte frühere oder klassische Philosophie auf eben dieselbe Art und Weise beschrieben werden: als die scheinbare Trennung eines thematischen »Ausgangsmaterials« – die philosophische Idee oder das Problem – von seiner späteren Entwicklung – der philosophischen Argumentation und Beurteilung. Diese Trennung bedeutet, daß der zur Diskussion stehende Begriff dem philosophischen Text vorausgeht, während der Text ihn durch»denkt«, kritisiert und abwandelt, das Problem löst oder verwirft. Ein solcher Text hat vermutlich eine der Sonatenform vergleichbare narrative Zeit; in beiden Fällen gibt es einen Höhepunkt und eine entscheidende Wendung – im Text wird die Klimax der philosophischen Argumentation erreicht –, worauf dann eine Coda den Prozeß zum Ende führt, indem sie die Schlußfolgerungen zieht. (Natürlich erhöht Adorno in der gerade zitierten Passage die Wertigkeit dieser Darlegung, weil er auch nachweisen möchte, daß etwas der Schönbergschen Lösung Vergleichbares schon bei Beethoven heimlich am Werke ist; auf ähnliche Weise könnte man zeigen wollen, daß bestimmte entscheidende Texte der klassischen Philosophie bereits Darstellungsformen einer »negative Dialektik« sind, ohne sich dessen bewußt zu sein.)

Beizubehalten ist jedoch die Implikation, daß eine »Zwölfton«-Philosophie in ihrer Arbeitsweise von den klassischen Texten sich unterscheidet: der Begriff oder das Problem existieren nicht unabhängig von der Darstellung*, sondern sind bereits untrennbar mit ihr verbunden; es gibt keine begrifflichen Ereignisse, keine »Argumentationen« der traditionellen Art, die zu Höhepunkten der Wahrheit führen; der Text wird zu einer unendlichen Variation, in der alles in jedem Augenblick wiederaufgenommen wird; der Abschluß wird erst dann erreicht, wenn alle möglichen Variationen durchgespielt sind. Es mag, vor dem Hintergrund der numerologischen Besessenheit, die manche der von Adorno bewunderten Künstler kennzeichnet (wie etwa Thomas Mann oder Schönberg selbst), nicht überflüssig sein, darauf hinzuweisen, daß das dritte und abschließende »Modell« der *Negativen Dialektik,* die »Meditationen zur Metaphysik«, in zwölf numerierte Abschnitte oder »Kapitel« unterteilt ist – eine für Adorno ungewöhnliche Verfahrensweise.

Sieben

All dies jedoch definiert zuvörderst die umfassendere Tendenz von Adornos Umgang mit Begriffen, die Art und Weise, in der eine Zwölfton-Philosophie die Konfigurationen und Konstellationen durchspielt, die sie auf ihrem Weg mit einem Schlag findet und erfindet. Doch in das Gewebe dieser Philosophie dringt man mittels einer solchen Beschreibung, die, wie wir sagten, in gewissem Maße auch auf Benjamins Projekte zutreffen könnte, nicht ein. Das zutiefst Originelle an Adorno liegt, als Praxis und philosophische Mikro-Politik, die mit Benjamin letztlich nicht mehr sehr viel zu tun hat, in seiner Entfaltung des dialektischen Satzes selbst, mit dem sogar die Energie von Marx' großen syntaktischen Chiasmen nur eine bedingte Familienähnlichkeit aufweist. Hier wäre der eigentliche Vorläufer nicht Benjamin und sicherlich nicht Nietzsche, sondern der außerordentliche österreichische Rhetoriker Karl Kraus, der nicht aufgrund von Übersetzungsproblemen im englischen Sprachgebiet so schamlos ignoriert wird, sondern vielleicht deshalb, weil seine bemerkenswertesten Äußerungen, die den journalistischen Wahrnehmungsweisen der damaligen Wiener Zeitungen und seiner eigenen Zeitschrift, *Die Fackel,* entsprangen, dazu neigen, ihren jeweiligen Kontext zu zerreißen und den essayistischen Rahmen, der den Vorwand für ihre Produktion bot, zu sprengen, so daß die Schriften von Kraus eigentlich unlesbar sind, mit Ausnahme einzelner rhetorischer Satzperioden:

> In dieser großen Zeit, die ich noch gekannt habe, wie sie so klein war; die wieder kleinwerden wird, wenn ihr dazu noch Zeit bleibt; und die wir, weil im Bereich organischen Wachstums derlei Verwandlung nicht möglich ist, lieber als eine dicke Zeit und wahrlich auch schwere Zeit ansprechen wollen; in dieser Zeit, in der eben das geschieht, was man sich nicht vorstellen konnte, und in der geschehen muß, was man sich nicht mehr vorstellen kann, und könnte man es, es geschähe nicht –; in dieser ernsten Zeit, die sich zu Tod gelacht hat vor der Möglichkeit, daß man sie ernst nehmen könnte; von ihrer Tragik überrascht, nach Zerstreuung langt, und sich selbst auf frischer Tat ertappend, nach Worten sucht; in dieser lauten Zeit, die da dröhnt von der schauerlichen Symphonie der Taten, die Berichte hervorbringen, und der Berichte, welche Taten ver-

> schulden: in dieser da mögen Sie von mir kein eigenes Wort erwarten. Keines außer diesem, das eben noch Schweigen vor Mißdeutung bewahrt. (Kraus 1914)

Was Adorno hier fand, so lautet mein Vorschlag, ist das Paradigma einer expressiven Syntax, in der die tatsächliche Maschinerie der Satzstruktur mit ihrer endlosen Vielfalt in den Dienst gepreßt und dazu mobilisiert wird, Bedeutungen zu übermitteln, die ihren unmittelbaren Gehalt als bloße Kommunikation und Denotation weit überschreiten. Weit mehr noch als für Adorno selbst könnte für Kraus Benjamins Idee, daß »Sprache sich durch sich selbst mitteilt« Gültigkeit besitzen, und vielleicht auch seine idiosynkratische Auffassung von der Sprache als »nicht-repräsentationaler Mimesis«.

Es ist nicht klar, in welchem Ausmaß Adorno die Möglichkeiten entdeckte, die in dem von Benjamin selten verwendeten Konzept der Mimesis enthalten waren; sicher ist, daß er ihm eine sehr viel umfassendere Bedeutung beilegte als Benjamin – vielleicht eine zu umfassende (die in der *Dialektik der Aufklärung* schließlich eine ganze Anthropologie nach sich zog) –, und zugleich diese Bedeutung um ein Weniges anders akzentuierte. Wenn überhaupt, wird die Vergleichbarkeit durch ein anderes Benjaminsches Denkwort geleistet, gibt es doch nichts bei dem älteren Autor, das so viele rein formale Analogien zum besonderen Status der *Mimesis* bei Adorno böte – einem grundlegenden Begriff, der niemals definiert oder argumentativ ausgewiesen, sondern auf den immer nur namentlich angespielt wird, so als sei er den Texten immer schon vorangegangen – wie Benjamins Konzept der *Aura*, die sonst gar nichts damit zu tun hat.[16] Es ist so, als habe bei beiden Autoren eine Art von unterdrücktem Verlangen nach Fundamentalität mittels dieser magischen Begriffe sich seinen Weg zurück in ihr Schreiben gebahnt. Die Begriffe werden heraufbeschworen, um alles zu erklären, ohne daß sie ihrerseits jemals erklärt würden, bis wir schließlich zu der Überzeugung gelangen, daß sie überhaupt nicht erklärt oder begründet werden können, sondern auf die Wurzel einer archaischen privaten Besessenheit deuten, vergleichbar den Ur-Tönen und Namen der großen modernen Dichter. Von daher sind »Aura« und »Mimesis« das Unterpfand, das dem Einzigartigen und Besonderen überlassen wird, damit ein außerordentlich universalisierendes Denken und eine ebensolche Sprache ihren Geschäften nachgehen können.

Doch gibt es eine Bedeutung des sonst so vielgestaltigen Terminus »Mimesis«, welche die *Negative Dialektik* näher zu bestimmen und zu verwenden uns erlaubt. Der Preis dafür liegt allerdings in einer Reduktion und einer Spezialisierung, die die Verwendung radikal von Adornos anderen Entfaltungen des bedeutungsgesättigten Wortes abschneidet. Auf dem Höhepunkt seiner Diskussion der Kausalität, in einem Abschnitt, der den sorgfältigsten Kommentar verdiente, spielt Adorno auf vielschichtige Weise die Subjekt-Objekt-Dialektik durch, die gerade in jener »Dialektik der Aufklärung« waltet, welche den Begriff der Kausalität allererst hervorgebracht hat, um mit seiner Hilfe die in der dinglichen Welt operierenden objektiven Verhältnisse, Hierarchien, Interaktionen, Über- und Unterordnungen in den Griff zu bekommen. Es ist dabei gar nicht der Mechanismus der Projektion (ein späteres und korrumpiertes psychisches Phänomen, das am umfangreichsten im Antisemitismus-Kapitel der *Dialektik der Aufklärung* abgehandelt wird), an den Adorno denkt, wenn er eine bestimmte notwendige »Affinität« zwischen dem Subjekt und den Dingen evoziert, die durch jegliche Erkenntnisform vorausgesetzt wird: die Aufklärung baut darauf, wie sie zugleich versucht, sie auszulöschen:

> Das Bewußtsein weiß von seinem Anderen so viel, wie es ihm ähnlich ist, nicht indem es sich samt der Ähnlichkeit ausstreicht. [...] Je weniger es an Affinität zu den Sachen duldet, desto rücksichtsloser identifiziert es. (ND, 265)

Alle diese Erwägungen wären in einer genuinen Kritik des Kausalitätsbegriffs am Werke, die für Adorno auch ein privilegierter Standort ist, von dem aus sich beobachten läßt, wie die Identität auf das Nicht-Identische wirkt. Über den Begriff selbst sagt er dann:

> Kausalität wird in solcher Kritik reflektiert. In ihr vollzieht Denken Mimikry an den Bann der Dinge, den es um diese gelegt hat, an der Schwelle einer Sympathie, vor welcher der Bann verschwände. Die Subjektivität der Kausalität ist wahlverwandt den Objekten als Ahnung dessen, was ihnen vom Subjekt widerfuhr. (Ebd.)

Dies Konzept einer Mimikry – einer starken Form der Mimesis –, die gerade die technischen Begriffe von Philosophie und Wissenschaft selbst durchwaltet, ein mimetischer Impuls, der sie verwirrt und den sie (im streng freudianischen Sinn) zu verleugnen, wenn nicht gar zu unterdrücken suchen, scheint mir nützliche Hinweise auf Adornos eigene philosophische Praxis zu liefern, die in diesem Sinne ein de facto psychoanalytisches Agieren oder Therapieren, ein *Abreagieren* genau jenes unterdrückten mimetischen Impulses wäre, was uns in die Lage versetzte, noch einmal eine ältere Beziehung des nachahmenden Subjekts zu seinem Anderen, seinem Wesen zu erfassen: eine Beziehung, die wir als solche in den »modernen Zeiten« nicht wiederherstellen oder wiedererfinden können, so wenig, wie die freudianische Therapie uns dazu ermuntert, wirklich wieder zu Kindern zu werden, deren erinnernde Rückgewinnung – ja, deren Anamnese – jedoch in sich selbst therapeutisch ist.

Ob die Philosophie wirklich dazu in der Lage ist, ob die energischste oder formal einfallsreichste oder sinnträchtigste philosophische Satzstruktur dergleichen im Geist des Lesers hervorzubringen vermag, steht zu bezweifeln, und dieser Zweifel wird auch nicht dadurch vermindert, geschweige denn zum Ausdruck gebracht, daß Adorno, als treuer Gefolgsmann Benjamins, Aspekte der Rezeption systematisch aus seiner Ästhetik, und von daher implizit auch aus seinen Darlegungen über die Macht, die den Texten der »Kritischen Theorie« eignet, ausblendet. Besser gesagt, verfügt er in Nietzsches Lehre vom Ressentiment über eine weitreichende Interpretation dessen, was es heißt, abgelehnt zu werden bzw. auf Widerstand zu stoßen (s. u., Teil II). Die Rezeption aber, oder die Möglichkeit eines Subjekts, in unserer Zeit überhaupt eine kritische Haltung einzunehmen, wird der außerordentlichen Entwicklungsbahn des individuellen Subjekts einbeschrieben und im allgemeinen dem anachronistischen Überleben eines älteren Individualismus und überkommener Klassenhaltungen zugeschrieben, die sich in die neue Welt des totalen Systems und der »verwalteten« oder bürokratischen Gesellschaft hinübergerettet haben (ND, 48ff.). Soll heißen: die Möglichkeit der Rezeption entspringt für Adorno im großen und ganzen dem Zufall von Klassenprivilegien, die das kritische Subjekt von dem Prozeß der gesellschaftlichen und systemischen Gleichschaltung* fernhalten.

Nichtsdestotrotz scheint es, unter Hintansetzung der möglichen Wirkungen, plausibel, Adornos Sätze in bezug auf ihre mimetische Komponente zu untersuchen, worum es ohnehin des öfteren geht, wenn philosophische Praxis mit dem Seitenblick auf ästhetische Strukturen beschrieben wird:

> Nicht anders vermag der Begriff die Sache dessen zu vertreten, was er verdrängte, der Mimesis, als indem er in seinen eigenen Verhaltensweisen etwas von dieser sich zueignet, ohne sich an sie zu verlieren. (ND, 24)

Doch läßt die Gewalt dieses Satzes sich nicht angemessen erfühlen, wenn wir nicht das näher bestimmende Wort hervorheben und uns daran erinnern, daß Adorno jeglicher Annäherung der Philosophie an ästhetische Texte, an das Schauspiel, die Kunst, die Belletristik insgesamt, feindlich gesonnen war. Diese absolute Unterscheidung des philosophischen Denkens von der künstlerischen Produktion – ein Fremdkörper im intellektuellen Klima der Gegenwart – ist der Preis, der für das Aufspüren jener Charakterzüge des philosophischen Arguments, die tatsächlich mit der Praxis der Kunst etwas gemeinsam haben, gezahlt werden muß:

> Worin der Gedanke hinaus ist über das, woran er widerstehend sich bindet, ist seine Freiheit. Sie folgt dem Ausdrucksdrang des Subjekts. Das Bedürfnis, Leiden beredt werden zu lassen, ist Bedingung aller Wahrheit. Denn Leiden ist Objektivität, die auf dem Subjekt lastet; was es als sein Subjektivstes erfährt, sein Ausdruck, ist objektiv vermittelt. (ND, 27)

Hier bereits, in der philosophischen Verteidigung eines mimetischen Momentes in der Philosophie, hat das Mimetische damit begonnen, sich in Adornos Sprache Ausdruck zu verschaffen. Dies läßt sich erläutern, wenn wir die Terminologie der Mimesis durch eine andere, jüngeren Datums, ersetzen, die in ihren jetzigen Formen Adorno noch nicht zugänglich war und die, wie jeder Akt des Umkodierens, sein Denken einer gewissen interpretativen Gewalt aussetzt. Dies ist die Sprache des *Narrativen*. Denn auf den ersten Blick, und jenseits der mit Kratylos sich verbindenden Theorie einzelner Wörter oder Namen (wie sie etwa in der poetischen Diktion eine Rolle spielen), ist nicht ersichtlich, auf welche Weise Sätze überhaupt als mimetisch bezeichnet werden können, ohne daß man einen mühseligen Umweg über das sie hervorbringende Sprachsystem auf sich nimmt, einen Umweg, der letztlich auf eine vergleichende Betrachtung der verschiedenen möglichen Strukturen der menschlichen Sprache hinausläuft. Ein solcher Umweg, der das Werk eines Humboldt oder eines Whorf zu einem gewaltigen Monument oder Gebirgszug werden läßt, erlaubt dem Analytiker, den einzigartigen syntaktischen Geist einer gegebenen Sprache oder eines Sprachensystems als eine Form der Mimesis zu begreifen, in der das Verhältnis der jeweiligen Sprecher zum Sein und zur Welt insgesamt seinen Ausdruck findet (wie etwa im Zeitensystem, in der An- oder Abwesenheit von Subjekten und Objekten, in der Benennung usw.). Ohne diese umfassende Perspektive (die manchem Versuch, etwa das Verhältnis der Dialektik zur Struktur der deutschen Sprache zu erfassen, implizit sein mag) können die mimetischen Möglichkeiten des einzelnen Satzes nur in dem Maße erfaßt werden, in dem sie dazu neigen, sich zu Mikro-Narrationen zu formen und gleichsam den Gehalt dessen, was in ihnen abstrakt als philosophisches Denken oder Argumentieren erfaßt wird, nach außen zu tragen.

Sicher aber findet sich diese Tendenz in starkem Maße bei Adorno selbst, der dem Gehalt seiner philosophischen Entwürfe ein nahezu gestisches Bild der Interaktion ihrer Bestandteile hinzufügt. Wird Aufklärung – das heißt, Vernunft im allgemeinen und die innere Triebkraft jeglichen abstrakten Denkens im besonderen – als Form von Herrschaft verstanden, so bringt das von vornherein ein reiches narratives Schema hervor, das Handlungsträger und -motive und gewaltsam-dramatische Ereignisse umfaßt: etwas, das direkt an der Oberfläche liegt, wenn wir uns, wie in der folgenden Bemerkung, die Entstehungsmomente der abendländischen Vernunft selbst vor Augen führen:

> Was an dem zu Begreifenden vor der Identität des Begriffs zurückweicht, nötigt diesen zur outrierten Veranstaltung, daß nur ja an der unangreifbaren Lückenlosigkeit, Geschlossenheit und Akribie des Denkprodukts kein Zweifel sich rege. (ND, 31)

Als wäre dies nicht bereits bedenklich genug, geht die Mikro-Narration nun noch mehr ins Detail, und die Nebel der Homologie heben sich, um den Dschungel selbst zu enthüllen:

> Das [cartesisch-rationalistische] System, in dem der souveräne Geist sich verklärt wähnte, hat seine Urgeschichte im Vorgeistigen, dem animalischen Leben der Gattung. Raubtiere sind hungrig; der Sprung aufs Opfer ist schwierig, oft gefährlich. Damit das Tier ihn wagt, bedarf es wohl zusätzlicher Impulse. Diese fusionieren sich mit der Unlust des Hungers zur Wut aufs Opfer, deren Ausdruck dieses zweckmäßig wiederum schreckt und lähmt. Beim Fortschritt zur Humanität wird das rationalisiert durch Projektion. (ND, 31)

Dies ist ein Bild, dessen philosophischer Argumentationsgang eine bestimmte Anthropologie vorauszusetzen scheint (wir haben unser Unbehagen an solchen Charakterzügen von Adornos Denken bereits kundgetan), wobei andererseits diese anthropologischen Komponenten auch, nach Art der russischen Formalisten, als der Gehalt gesehen werden können, in den Adorno sich hineinsteigern mußte, um lebendige Sätze dieser Art niederzuschreiben. In dem Falle wäre die interessantere Fortsetzung dieser Dimension seiner Arbeit – nicht »Anthropologie« als vorausgesetzte Annahme über das Wesen des Menschen, sondern die gesamte, wahrhaft philosophische Meditation über das Verhältnis zwischen Natur- und Menschheitsgeschichte – dem zu vergleichen, was die Formalisten eine »Motivation des Entwurfs« nannten, eine Überzeugung, welche die eigene Ästhetik post festum rechtfertigt. Jedenfalls finden wir in dem mit der Naturgeschichte befaßten »Modell« die Schlußwendung der oben skizzierten Mikro-Narration, eine Wiederaneignung des Narrativen für begriffliche und philosophische Verwendungsweisen. Hier sei vor allem auf jenen Satz verwiesen, der die Erörterung, welches Verhältnis der Selbsterhaltungs»trieb« (für Adorno der Urfluch unserer eigenen gefallenen Welt) zu den Bewußtseinsstrukturen, wo nicht zum »falschen Bewußtsein« selbst besitzt, krönend abschließt: »hätte der Löwe eines [ein falsches Bewußtsein], so wäre seine Wut auf die Antilope, die er fressen will, Ideologie« (ND, 340).

Es ist von daher die mimetische Komponente des individuellen philosophischen Satzes – seine Tendenz, das Begriffliche in das Narrative zu transformieren –, die endlich den isolierten abstrakten Begriff aus seiner schlechten Identität heraussprengt und ihm gewissermaßen erlaubt, zugleich von innen wie von außen gedacht zu werden: dergestalt wird ein ideativer Gehalt auf mimetische Weise in eine quasi-narrative Darstellung verwandelt. Und genau diese Mikro-Arbeit, die der Satz dem Einzelbegriff angedeihen läßt, unterminiert dessen augenscheinliche rationale Autonomie und bereitet ihn (um auf die musikalische Analogie zurückzukommen) auf seine vielgestaltigen Positionen in der umfassenderen Bewegung der Konstellation oder des »Modells« vor. Das Mimetische oder Narrative kann als eine Art homöopathischer Strategie gedacht werden, die, indem sie die im abstrakten Denken versteckte ursprüngliche Herrschaft aufdeckt, das Gift der Abstraktion unschädlich macht und dadurch einen potentiellen oder utopischen Wahrheitsgehalt freisetzt.

Es muß unbedingt hinzugefügt werden, daß die Bedeutung, die Adorno dieser Art des mimetischen Philosophierens beimißt, ihn keineswegs zu einem bloßen »Schriftsteller« macht und nicht die Ersetzung der Philosophie durch Ästhetik impliziert, denn der mimetische Impuls eignet beiden Formen, nimmt aber in jeder verschiedene Gestalt an. Adorno polemisierte in der *Negativen Dialektik* ohnehin gegen die Überwindung der Philosophie durch Literatur: »Doch selbst bei äußerster Anstrengung, solche in den Sachen geronnene Geschichte sprachlich auszudrücken, bleiben die verwendeten Worte Begriffe« (ND, 59).

Es muß aber die Form der Sätze nunmehr auch als eine eigenständige Form des Philosophierens gesehen werden:[17] wir werden uns später noch, um ein Beispiel zu geben, mit der unerwarteten Bedeutung jener der Tierwelt entlehnten Bilder befassen, deren zuvor zitiertes den Imperialismus des Begriffs veranschaulichte. (Tatsächlich klingt hier das Thema der ganzen Dimension der Naturgeschichte als wesentlicher Bestandteil von Adornos philosophischem »System« an.) Ein Gleiches läßt sich nun über die ökonomischen Bilder und Figuren sagen, die den Sätzen eine Geschlossenheit verleihen, welche sie in veritable Aphorismen verwandelt. Auch der das Einzelne mit metaphorischer Lebendigkeit in Szene setzende Vergleich schließt eine ganze Ökonomie ein, die sich bei Adorno üblicherweise um das Verhältnis zwischen individuellen Subjekten und den tendentiellen Gesetzen des Spät- oder Monopolkapitalismus dreht. Wir haben bereits auf einen proto-ökonomischen Bereich von philosophischer Bedeutung hingewiesen: auf die Konzepte des Begriffs und der Identität, die der Marxschen Werttheorie im einfachen Warenaustausch entsprechen. Eine umfassende zweite Dimension der ökonomischen Logik aber dreht sich um die vielschichtigere und dialektische Beziehung zwischen dem Einzelnen und dem Allgemeinen, die geeigneterweise in zwei Hauptgruppen aufgespalten werden kann, von denen die erste mit der Arbeitsteilung im individuellen Subjekt befaßt ist, während die zweite die unsichere Position der Individuation selbst unter monopolistischen Bedingungen eindrucksvoll in Szene setzt.

Dergestalt ist, wenn wir uns der zweiten Gruppe zuerst zuwenden, das traditionelle Bild des Rebellen nicht nur in objektiver Hinsicht schwankend, sondern vielleicht sogar in subjektiver Hinsicht illusorisch. So sagen Adorno und Horkheimer etwa über den Hollywood-Rebellen (und dachten dabei offensichtlich an Orson Welles), daß selbst seine Dissidenz noch als Stil oder Exzentrizität vom System aufgefangen werden könne: »Was widersteht, darf überleben nur, indem es sich eingliedert. Einmal in seiner Differenz von der Kulturindustrie registriert, gehört es schon dazu wie der Bodenreformer zum Kapitalismus.« (DA, 140.) Der Reformer wird ausgetrickst, »kooptiert«, die revolutionärsten Forderungen der Bauern finden sich eingebunden in eine Marktstrategie, die den Großgrundbesitz gerade deshalb liquidieren will, um Privateigentum zu schaffen und ein von nun an landloses Proletariat zu hegen. Das heroische Gleichnis umfaßt diesen ganzen epischen Prozeß, der ein Einführungstext über die marxistische Analyse der Agrarreform sein könnte; es umfaßt aber auch die Programmvorschau auf eine ganze Geschichte des neueren Films, in der die stilistische Innovation à la Welles als Form eines Marketing-Versuchs gesehen wird, der Hollywood die Veränderung und Modernisierung seiner Techniken gestattet, während die Innovation selbst auf die innere Struktur des Klischeeprodukts zurückverlagert werden kann.[18] Andererseits kann all dies auch mit Hilfe der ersten (oben erwähnten) Analysemethode beschrieben werden, die sich auf die interne Arbeitsteilung bezieht: »Kein Ringkampf ohne Richter: die ganze Balgerei ist inszeniert von der ins Individuum eingewanderten Gesellschaft, die zugleich den Kampf überwacht und mitspielt« (MM, 175).

Der gewöhnlichere Fall ist aber der des individuellen Subjekts als Anachronismus: der Vergleich zielt hier auf das Kleingewerbe im Zeitalter der Trusts und Monopole. »Die Möglichkeit, zum ökonomischen Subjekt, Unternehmer, Eigentümer zu werden, ist vollends liquidiert« (DA, 162), ebenso aber das psychische Subjekt, das einmal autonome Kunst oder unabhängiges Denken und Handeln hervorbrachte, wenn es nicht, wo es überlebt, zum Fossil wird, zu einer Laune der Natur:

> Indem die große Industrie durch Abschaffung des unabhängigen ökonomischen Subjekts, teils durch Einziehung der selbständigen Unternehmer, teils durch Transformation der Arbeiter in Gewerkschaftsobjekte unaufhaltsam der moralischen Entscheidung den wirtschaftlichen Boden entzieht, muß auch die Reflexion verkümmern. (DA, 208)

Doch eröffnet diese ökonomische Homologie (die nun eine umfassende Theorie der Psyche unter monopolkapitalistischen Bedingungen ist, siehe v.a. DA, 212ff.) eine ganze Reihe von

Möglichkeiten. So kann sie zum Beispiel in Dienst genommen werden, um über das Wesen und die Beschaffenheit der im Monopolkapitalismus übriggebliebenen Entwicklungsmöglichkeiten des Individuums Rechenschaft zu geben:

> In den Fetischcharakter flüchtet sich unterm Kapitalismus die Utopie des Qualitativen: was vermöge seiner Differenz und Einzigkeit nicht eingeht ins herrschende Tauschverhältnis. (MM, 155)

Auf vergleichbare Weise wird, lakonischer, das vertrautere Thema der Verdinglichung angeschlagen: »Je mehr Verdinglichung, desto mehr Subjektivismus« (WA, 92); eine Maxime, die, so fügt Adorno hinzu, »wie für die Erkenntnis so für die Instrumentation« gilt.

Doch kann diese Homologie auch nach ihren eigenen Möglichkeitsbedingungen befragt werden, und an diesem Punkt gerät das Verhältnis zwischen individueller Psyche, Privateigentum und Zeit selbst allmählich ins Blickfeld: »Historisch ist der Zeitbegriff selber auf Grund der Eigentumsordnung gebildet« (MM, 98, siehe auch ND, 360). In dieser Form jedoch bleibt der Satz abstrakt-affirmativ, ist eine rein philosophische und relativ statische Aussage. Er wird erst dann zu einer mimetischen Sprachfigur, wenn das »Subjekt« das Kraftfeld des Spätkapitalismus betritt, in dem die Verbindung zwischen persönlicher Identität und Privateigentum aufzubrechen droht, und genau hier wird eine Tendenz sichtbar, deren Geschichte erzählt werden kann:

> Der Einzelne ist damit [mit dem Eigentum] gleichsam bloß von der Klasse belehnt, und die Verfügenden sind bereit, es zurückzunehmen, sobald allgemeines Eigentum seinem Prinzip selber gefährlich werden könnte, das gerade in der Vorenthaltung besteht. (MM, 77)

Schließlich kann die Figur ihre eigene globale Theorie aus sich selbst hervorbringen, und diese wiederum wird ihr zur Figur für ihre eigene Existenz: so geschieht es, wenn in einem der erstaunlichsten Aphorismen der *Minima Moralia* die Figuren, die von der tendentiellen Beschränkung des individuellen Subjekts und seiner zunehmenden Beeinflussung durch die gesellschaftliche Arbeitsteilung reden, zur Sprache des *Kapital* zurückfinden und Adorno von einer »organischen Zusammensetzung des Kapitals« im psychischen Subjekt selbst sprechen kann, das heißt, von einem zunehmend höheren Anteil an geistiger Maschinerie und instrumentellen Operationen gegenüber der lebendigen menschlichen Arbeit, der freien Subjektivität, die eine immer geringere Rolle spielt. Die schöpferischen Kräfte des Menschen schrumpfen auf die Kontrolle von Maschinen zurück und die Vernunft degeneriert zum sporadischen organischen Impuls: »Der Wille zum Leben sieht sich auf die Verneinung des Willens zum Leben verwiesen: Selbsterhaltung annulliert Leben an der Subjektivität.« (MM, 308)

Doch diese besondere Sprachfigur schützt sich selbst explizit vor Mißdeutungen; es geht in ihr nicht, wie Adorno präzisiert, um die These von der »'Mechanisierung' des Menschen«, die diesen »als ein Statisches denkt, das durch 'Beeinflussung' von außen, Anpassung an ihm äußerliche Produktionsbedingungen gewissen Deformationen« unterliegt (ebd., 307f.). Vielmehr ist die Figur selbst dialektisch und umfaßt Marx' Analyse der organischen Zusammensetzung des Kapitals als solche.

Diese »dialektischen Tropen« also setzen auf der Ebene des individuellen Satzes die (in einem vorhergehenden Kapitel beschriebenen) Beziehungen zwischen dem Allgemeinen oder der Totalität und dem Einzelnen in Bewegung. Sie bestätigen das zuvor Behauptete: daß der der Totalität oder dem sozialen System entsprechende Terminus nicht lediglich in der Form geronnener Erkenntnis oder vorab existierender Überzeugungen vorausgesetzt, sondern selbst durch das näher bestimmt wird, was seinem Gegen-Teil, dem individuellen Subjekt, widerfährt. Von daher enthalten diese Sprachfiguren Informationen über ein bestimmtes (und einen bestimmten) Moment der gesellschaftlichen Totalität in ihrer monopolistischen Phase: in der Tat erlaubt das Festhalten am »staatskapitalistischen« Wirtschaftsmodell,[19] das mittlerweile durch die Entwicklung des multinationalen Kapitalismus überholt ist, eine maßstäbliche Beschreibung des »beschädigten Subjekts«, über die wir nicht mehr verfügen, einen Maßstab, dessen »Registratur« Bilder umfaßt, in denen die Einschränkung des Raumes, der tendenziellen Ausgrenzung, der Vernichtung von Möglichkeiten und schöpferischen Innovationen durch verstärkte Wiederholung und Immer-Gleichheit sich verdeutlicht. Dieser Prozeß konnte von Adorno (und Horkheimer) in narrativer oder mimetischer Form aufgezeichnet werden, weil sie in jener Übergangsepoche lebten, in der kleinere Handels- und Geschäftsunternehmen noch sichtbar waren, so daß ihr einstiger Untergang auf einer späteren Stufe ein dramatisches, für den Beobachter noch wahrnehmbares, Symptom bleibt. Dies ist natürlich ein Vorteil gegenüber unserer eigenen Epoche, in der die gesellschaftliche Vereinheitlichung viel weiter fortgeschritten ist, man sich der Vergangenheit viel entschiedener entledigt hat und diese Art von zeitlicher oder modernistischer Dialektik unwirksam geworden zu sein scheint.

Acht

Tatsächlich ist die *Negative Dialektik* weit davon entfernt, eine »offene« oder aleatorische Komposition darzustellen; vielmehr imitiert sie – aus großer Entfernung, mit radikal anderen Baumaterialien und mit jener »großartigen Erosion der Konturen«, von der Gide, auf Nietzsche sich berufend, so gern sprach – den Grundriß von Kants *Kritik der reinen Vernunft.* (Ich bin versucht zu sagen, daß sie das Kantische Werk *umhüllt* wie eine postmoderne Rekonstruktion – gläserne Verkleidungen, Bögen – ein älteres Baudenkmal; allerdings gehört Adorno nicht zur Postmoderne und die passendere Analogie wäre Thomas Manns Transformation von Goethes *Faust.)* Die gebräuchlichen und mißbräuchlichen Verwendungsweisen dessen, was wir Dialektik nennen, was sich mit ihr gedanklich erfassen und nicht erfassen läßt, und insbesondere das Verhältnis zu den logischen Formen von Identität und Nicht-Identität – all dies steht für Kants grundlegende Beschäftigung mit der Vernunft selbst und ihren rechtmäßigen wie unrechtmäßigen Funktionen.

So ist denn die Unrechtmäßigkeit der transzendentalen Spekulation, das dogmatische oder theologische Umherwandern zwischen Wesenheiten, über die wir nichts wissen können (in Kants für uns überholtem Sprachgebrauch, die transzendentale *Dialektik),* ein Ort des Irrtums, der Versuchung und der Verwirrung, der in der säkularen Welt unserer Jahrhundertmitte ganz sicher Heidegger gebührt, dem in der *Negativen Dialektik* erneut ein substantieller Abschnitt gewidmet ist. (Wir werden ihn hier nicht näher untersuchen, obwohl eine feindselig eingestellte Kritik vom »Fixpunkt der steten Polemik gegen Heidegger« [Bubner 1983, 36] gesprochen hat.) Kants anderer Gegner, der Empirismus – dessen Überwindung bekanntermaßen für ihn von überaus großer inhaltlicher Bedeutung war –, kann in Adornos Epoche nur jener sehr viel entmenschlichtere Gegenstand sein, den er Positivismus nennt. Er spielt in Adornos Argumentation eine bedeutende Rolle, allerdings eher im Hinblick auf eine historische Situation (Adorno spricht dabei auch von Nominalismus), nicht so sehr als eine erstzunehmende philosophische Position (wie die von Hume), mit der er eine Verständigung anstreben müßte.

Derweil bilden die Struktur der »Dialektik der Aufklärung« selbst, als einer abgeleiteten und Ableitungen ermöglichenden Deduktion, wie auch der rätselhafte Begriff der »Mimesis« Anspielungen, die zumindest so allgegenwärtig und oft so explizierbar sind wie die Kantischen Schemata und Kategorien, während zuguterletzt die drei großen transzendentalen Ideen, deren wesenhafte Undenkbarkeit so erschöpfend nachgewiesen wie ihre Unverzichtbarkeit bekräftigt wurde – Unsterblichkeit, Freiheit und Gott – ihr Pendant in den drei »Modellen« besitzen, mit denen die *Negative Dialektik* schließt. Die Unsterblichkeit kehrt natürlich im Schlußabschnitt wieder, der von der Un/Möglichkeit der Metaphysik handelt: eine höchst un-Kantische Neufassung von Kants zentraler Problematik für unsere Zeit. Bei Kant taucht diese besondere »Idee«, dieser notwendige aber argumentativ nicht zu verteidigende transzendentale Wert wieder auf, um das Versagen der Paralogismen der reinen Vernunft zu beleuchten, die die substantielle Existenz der Seele (welche für die Einheit des Subjekts, die berühmte »transzendentale Einheit der Apperzeption« steht) zu begründen unfähig waren.

Demgegenüber korrespondiert die Freiheit dem Problem der Antinomien der reinen Vernunft, das heißt, der Unmöglichkeit, die Kausalzusammenhänge im Universum nachzuweisen, sichere Aussagen über seinen Anfang und sein Ende, seine Begrenztheit oder Unendlichkeit zu treffen usw. Die Bedeutung dessen, was wir heute für ein subjektives oder psychologisches Problem (Freiheit) erachten würden, wird mittels der Antinomien der Kausalität selbst erhellt, wie auch die Frage, ob ein und dieselbe Ereignisfolge auf zwei unterschiedliche und miteinander unvereinbare Weisen interpretiert werden könnte: zum einen als Kausalreihe (die, wie wir heute sagen könnten, gleichermaßen durch die Momente des Gesellschaftlichen wie auch des Psychoanalytischen determiniert ist), zum anderen als Verkettung von freien Wahl- und Reaktionsmöglichkeiten. Der springende Punkt liegt darin, daß dies Problem für Kant nicht subjektiver, sondern objektiver Provenienz ist und in Adornos Hang zum Objektiven, seiner systematischen Entwöhnung des/vom Subjektiven mittels der »Präponderanz des Objekts« einen deutlichen Widerhall findet. Man könnte sogar sagen, daß Adorno hier über das von Kant gesteckte Ziel hinausschießt, weil er in diesem Zusammenhang die Ethik und jene ethischen Paradoxien, die Kant in einem anderen Teil seines Triptychons plazierte, mit einbegreift (von daher erklärt sich, daß Adorno nicht eigens eine »Kritik der praktischen Vernunft« verfaßte, denn diese ist im betreffenden Modell der *Negativen Dialektik* implizit bereits enthalten).

Die Idee Gottes schließlich – jenes »Ideal der reinen Vernunft«, das die Kontingenz der empirischen Welt durch seine Notwendigkeit vervollständigt, wie es zugleich das Wesen und die Existenz der Einzeldinge jener Welt begründet – wird im post-kantianischen und post-hegelianischen Kontext Adornos zur Problematik des Hegelschen Weltgeistes, zur Frage nach dem Wesen der Universalien und des Universellen (oder Allgemeinen) an sich (die traditionelle Funktion der älteren Gottesidee). In dieser Fragestellung entfaltet sich aber auch der Begriff der Geschichte selbst, den Adorno, wie wir noch sehen werden, dialektisch neu problematisiert, indem er sie auf die »Identität« und »Nicht-Identität« zwischen Natur- und Menschheitsgeschichte bezieht. Und es gibt noch andere Berührungspunkte zwischen den beiden Texten, deren vollständige Aufzählung (mit Kant zu sprechen) eine nützliche und erfreuliche, an dieser Stelle aber voll und ganz entbehrliche Beschäftigung wäre.

Dieses ehrgeizige Unternehmen arbeitet also nicht die Möglichkeitsbedingungen für die Gültigkeit des Marxismus selbst aus, so wie Kants *Kritik* es für die Naturwissenschaft der damaligen Zeit tat, es ist in diesem Sinne keine Philosophie des Marxismus oder ein Ausformen seiner philosophischen Bauelemente und Untermauerungen (dergleichen hat Lukács' *Geschichte und Klassenbewußtsein* auf sehr viel idiosynkratischere und weniger traditionelle Weise geleistet). Seine philosophischen Schlußfolgerungen – zu formulieren als die dreifache Herausbildung neuer Konzeptionen (wo nicht gar transzendentaler *Ideen*), die von Sterblichkeit und Materialismus handeln, von der wesenhaften Unreinheit oder Heteronomie der Ethik und des Handelns und von der Tiefenschicht der Naturgeschichte, die die Menschheitsgeschichte durchzieht – sind allenfalls philosophische Ergänzungen einer marxistischen Geschichtsauffassung selbst. Angesichts ihres umfassenden Geltungsbereiches, der praktisch die gesamte menschliche Aktivität umfaßt und mit den philosophischen Grundlagen der Einzeldisziplinen in seinem Anspruch, sie alle zu begründen, rivalisiert, fallen die drei Konzeptionen Adornos noch jenseits oder außerhalb dieses umfassenderen Bereichs. In diesem Sinne läßt sich sagen, daß Adornos »kritische« oder »negativ-dialektische« Philosophie – die wir nun nicht mehr als eine bestimmte Methode ansehen, sondern als eine Reihe von substantiellen philosophischen Ergebnissen und Begriffen – dem entspricht, was Sartre (nicht sehr glücklich) eine »Ideologie« nannte, das heißt ein Korrektiv zum Marxismus als der einzigen unüberschreitbaren Philosophie unserer Zeit (vgl. Sartre 1964, 9ff.), ein Mittel gegen dessen dogmatische Verhärtungen und eine Erinnerung an jene Problematik, die jenseits seiner offiziellen Grenzen liegt und des öfteren unter dem Titel »subjektiver Faktor«, Bewußtsein oder Kultur firmiert.

Andererseits läßt die Parallele zu Kant auch vermuten, daß Adornos spätere Beschäftigung mit der »Nicht-Identität« und insbesondere die Rolle, welche die Natur und das Naturschöne in der *Ästhetischen Theorie* übernehmen, selbst als ein (sehr Kantisches) Überschreiten jener Grenzen gesehen werden kann, die solchen »transzendentalen Ideen« zugewiesen sind, als ein Fehltritt, der gerade durch die Blockierung selbst (die bei Adorno das bezeichnet, was die Identität von der Nicht-Identität trennt) hervorgerufen worden ist: tatsächlich hätte der atheistische und skeptische Kant Ideen dieser Art verworfen, deren Rückkunft der deistische Kant begrüßt.

Wenn, abschließend gesagt, die hier beschriebene versteckte – ich würde lieber sagen »subtextuelle« statt »intertextuelle« – Gestaltungskraft der Kantischen *Kritik* plausibel erscheint, dann wird zugleich klar, warum wir den Adorno des Essay-Manifests (und des offenen Werks, der fragmentarischen Untersuchung) kaum bei seinem Wort nehmen können. Diese »Modelle« scheinen nunmehr kaum zufällig gewählt, sondern eine tiefere und eher systematische logische Beziehung zu besitzen und zumindest an der inneren Kohärenz von Kants eigenem Text insofern »teilzuhaben«, als dieser ein grundlegendes historisches Symptom und eine geologische Aufwerfung des Denkens in der frühbürgerlichen Epoche darstellt.

Wollte man also jene wunderbare Formulierung für bare Münze nehmen, welche besagt, die essayistische Zueignung der Begriffe

> wäre am ehesten vergleichbar dem Verhalten von einem, der in fremdem Land gezwungen ist, dessen Sprache zu sprechen, anstatt schulgerecht aus Elementen sie zusammenzustümpern (NL, 21),

dann wäre über die »Essays« der *Negativen Dialektik* zu bemerken, daß sie zumindest eine indoeuropäische Sprache zu sprechen versuchen, die mit der Muttersprache des Autors verwandt ist.

Neun

Doch ist Freiheit – verstanden als freier Wille, Determinismus, Verantwortlichkeit und Wahl, all das, was uns zuletzt vor langer Zeit in Sartres Existentialismus begegnete – heute ein eher altmodisches Problem; besser gesagt, erscheint der ganze Zusammenhang, dem es entspringt, als antiquiert und gemahnt an eine Zeit, in der es Psychoanalyse und Behaviorismus noch nicht gab oder riecht sogar leicht nach verstaubtester akademischer Philosophie, die sich in irgendwelchen seit langer Zeit nicht mehr aufgeschlagenen Bänden über Ethik befindet. Von daher paßt es zu Adorno, daß er uns einlädt, über die Bedeutung des Altmodischen, Unzeitgemäßen in Philosophie und Kultur nachzudenken, und sei es nur, damit wir uns lebhafter vor Augen führen können, auf welche Weise dieses »Problem« schon im großen Eröffnungszug der *Negativen Dialektik* enthalten war, im Schauspiel der Philosophie, die »sich am Leben erhält« und sich selbst überlebt. An anderer Stelle, in den *Minima Moralia*, findet sich eine bemerkenswerte Meditation über Ibsen und den Feminismus (Nr. 57, »Ausgrabung«). Was an *Nora oder Ein Puppenheim* altmodisch erscheint, sagt Adorno dort, ist nicht die unzeitgemäß gewordene gesellschaftliche Problematik, sondern vielmehr die Tatsache, daß sie altmodisch *ist* – mit anderen Worten, daß sie ungelöst fortexistiert, auf eine Weise jedoch, die wir verdrängen möchten. Das Veraltetsein wäre dann das Zeichen der Unterdrückung – »die Scham, die den Nachgeborenen im Angesicht der früheren Möglichkeit ergreift, der er zum Leben zu helfen versäumte« (MM, 116). Ebendies gilt auch für die Moralphilosophie und insbesondere für Kant: sie stehen als Anzeichen und Erinnerung für einen Augenblick in der Vergangenheit, in dem es plausibler und »realistischer« schien, über die Freiheit des Subjekts und seiner Handlungen zu spekulieren, als dies heute der Fall ist.

Von der Geschichtlichkeit des Begriffs handelte jedoch schon ein früheres Kapitel der *Negativen Dialektik:*

> Das Urteil, jemand sei ein freier Mann, bezieht sich, emphatisch gedacht, auf den Begriff der Freiheit. Der ist jedoch seinerseits ebensowohl

> mehr, als was von jenem Mann prädiziert ward, wie jener Mann, durch andere Bestimmungen, mehr ist denn der Begriff seiner Freiheit. Ihr Begriff sagt nicht nur, daß er auf alle einzelnen, als frei definierten Männer angewendet werden könne. Ihn nährt die Idee eines Zustands, in welchem die Einzelnen Qualitäten hätten, die heut und hier keinem zuzusprechen wären. Einen als frei rühmen, hat sein Spezifisches in dem sous-entendu, daß ihm ein Unmögliches zugesprochen wird, weil es an ihm sich manifestiert; dies zugleich Auffällige und Geheime beseelt jedes identifizierende Urteil, das irgend sich verlohnt. Der Begriff der Freiheit bleibt hinter sich zurück, sobald er empirisch angewandt wird. (ND, 151f.)

Mithin liegt die Zeitlichkeit des Begriffs nicht nur in seiner vergangenen Geschichte, sondern auch in seiner Zukunft, als »gebrochenes Versprechen« und als utopischer Gedanke, der über das Ziel hinausschießt und irrtümlich sich vorstellt, universell geworden zu sein.

Die drängendste formale Frage, die von diesem »Modell« (wie auch von den anderen) erhoben wird, richtet sich auf die zeitliche Darstellung* einer solchen besonderen Entität, ganz zu schweigen vom Problem der ihr eigenen Antinomien und inneren Widersprüche. Bereits Kant vertrat die Auffassung, Freiheit gehöre zu den (heute so genannten) »Scheinproblemen«, wollte damit aber keineswegs die Sache ad acta gelegt wissen, wie es der Positivismus getan zu haben scheint, ungeachtet der Tatsache, daß das Wort weiterhin im Bereich der Jurisdiktion und der Strafprozeßordnung wie auch in bezug auf manche »ethischen« Dilemmata, die noch von Zeit zu Zeit auftauchen, verwendet wird. Die *Negative Dialektik* zielt nicht darauf ab, dies alte Problem auf exakte Weise zu »lösen« und ebensowenig will sie eine neue und weniger widersprüchliche »Philosophie« der Freiheit hervorbringen, als sie in den älteren Bemühungen der philosophischen Tradition sich finden läßt.

> Zu reflektieren wäre über die in Rede stehenden Gegenstände nicht derart, daß man über sie als ein Seiendes oder Nichtseiendes urteilt, sondern indem man die Unmöglichkeit, sie dingfest zu machen, ebenso wie die Nötigung, sie zu denken, in ihre eigene Bestimmung hineinnimmt. (ND, 209f.)

Im Falle von Kants Freiheitsauffassung – in der freies Handeln mit der Kausalität der Erscheinungswelt (wo das, was ich aus freien Stücken zu tun vermeine, in Wirklichkeit durch meinen

Körper, unter dem Gesetz der Schwerkraft usw. getan wird) unvereinbar ist oder zumindest einem anderen Maßstab gehorcht, so daß der preußische Philosoph die Sprache und Begrifflichkeit der Freiheit dem Bereich der ansichseienden Dinge zuweist, während er sie für die Welt der Erscheinungen als »regulative Idee« beibehält – kann Adorno immer noch von Horkheimers alten Lektionen über ideologische Analyse profitieren:

> Seit dem siebzehnten Jahrhundert hatte die große Philosophie Freiheit als ihr eigentümlichstes Interesse bestimmt; unterm unausdrücklichen Mandat der bürgerlichen Klasse, sie durchsichtig zu begründen. Jenes Interesse jedoch ist in sich antagonistisch. Es geht gegen die alte Unterdrückung und befördert die neue, welche im rationalen Prinzip selbst steckt. Gesucht wird eine gemeinsame Formel für Freiheit und Unterdrückung: jene wird an die Rationalität zediert, die sie einschränkt, und von der Empirie entfernt, in der man sie gar nicht verwirklicht sehen will. (ND, 211 f.)

Allerdings ist die Sache damit nicht ein für alle Mal erledigt, denn die ideologische Funktion muß immer vom »Wahrheitsgehalt« unterschieden werden (eine Differenz, die in den ästhetischen Schriften einen deutlicheren und einfacheren Ausdruck findet). Zugleich erweist sich selbst im Bereich der Ideologie Kants erfinderische Befriedigung der zwei gegensätzlichen ideologischen Bedürfnisse als kaum mehr denn ein vorläufiger Rastplatz an einer Straße, die nach seiner Zeit nur noch abwärts führen konnte, stand doch damals gerade die Psychologie – als empirische Kausalwissenschaft – erst am Anfang ihrer Kolonisierung der Subjektivität, die in unserer Zeit solche Dimensionen angenommen hat, daß man sich fragt, wo »Freiheit« überhaupt noch angesiedelt sein könnte, ganz zu schweigen davon, was darunter einmal zu verstehen war. Ironischerweise jedoch klingen selbst Reflektionen über den Determinismus »archaisch, wie aus den Frühzeiten des revolutionären Bürgertums« (ND, 213): »Die Gleichgültigkeit gegen die Freiheit, ihren Begriff und die Sache selbst, wird gezeitigt von der Integration der Gesellschaft, die den Subjekten widerfährt, als wäre sie unwiderstehlich« (ebd.). Doch muß auch dies, genau wie ein historischer Prozeß, als Ideologie und als Wahl beschrieben werden; bezeichnenderweise also fügt Adorno diesen Satz hinzu: »Ihr Interesse daran, daß für sie gesorgt werde, hat das an einer Freiheit gelähmt, die sie als Schutzlosigkeit fürchten« (ebd.).

Der Rest dieses ersten Abschnittes versucht jedoch zu zeigen, auf welche Weise in einem ganzen Spektrum von Konzeptionen der Unfreiheit doch ein gewisser Freiheitsbegriff vorausgesetzt wird. Die durchgehende Auffassung, daß die beiden Gegensätze dialektisch ineinander übergehen, wird später zur praktischen Empfehlung, im ethischen Denken von einer entschiedenen Heteronomie auszugehen. Hier aber wird die Einheit der Gegensätze genealogisch fixiert:

> Identität des Selbst und Selbstentfremdung begleiten einander von Anbeginn; darum ist der Begriff Selbstentfremdung schlecht romantisch. Bedingung von Freiheit, ist Identität unmittelbar zugleich das Prinzip des Determinismus. (ND, 214)

Doch Gesellschaft, das Prinzip der Identität und der Integration wie auch der repressiven Aufspaltung der Psyche, erfordert und setzt Freiheit als ihre eigene Vorbedingung; während das psychische Ich auf jene Anamnese der archaisch-infantilen Instinkte sich gründet und von ihr zehrt, die zu kontrollieren und zu beherrschen seine Funktion ausmacht. Selbst Kants Darstellung * – sein zurückhaltendes Beibringen von »Beispielen« in der Form elementarer ethischer »Texte« und Problemstellungen – inszeniert die instabile und doch unvermeidliche Vermittlung zwischen einem reinen Begriff von Freiheit und dessen kontingenten Begleitumständen, die auf lange Sicht jegliche Verallgemeinerung verbietet.

Zugleich aber gilt auch das Gegenteil des eben Gesagten, und so kommt Adorno am Ende dieses Abschnittes zu der erstaunlichen Feststellung, daß selbst die offensichtlich unangemessene Kantische Konzeption des »Willens« (»als ein Vermögen gedacht, der Vorstellung gewisser Gesetze gemäß zu handeln«, zit.n. ND, 224f.) diesen, wenn er sichtbar sich äußert, mit einer Art merkwürdiger Ergänzung (Adorno nennt es »das Hinzutretende«) versieht, in der Freiheit aufs lebendigste normalen Handlungen und bewußten oder gewählten Verhaltensweisen hinzugefügt wird. Doch um was es sich dabei handelt, könnte in moderner Terminologie ebenso leicht als von oben wie als von unten kommend beschrieben werden:

> Der Impuls, intramental und somatisch in eins, treibt über die Bewußtseinssphäre hinaus, der er doch auch angehört. Mit ihm reicht Freiheit in die Erfahrung hinein; das beseelt ihren Begriff als den eines Standes, der

> so wenig blinde Natur wäre wie unterdrückte. Ihr Phantasma, das Vernunft von keinem Beweis kausaler Interdependenz sich verkümmern läßt, ist das einer Versöhnung von Geist und Natur. Es ist der Vernunft nicht so fremd, wie es unter dem Aspekt von deren Kantischer Gleichsetzung mit dem Willen erscheint; fällt nicht vom Himmel. Der philosophischen Reflexion scheint es ein schlechthin Anderes, weil der auf die reine praktische Vernunft gebrachte Wille eine Abstraktion ist. Das Hinzutretende ist der Name für das, was von jener Abstraktion ausgemerzt ward; real wäre Wille ohne es überhaupt nicht. Zwischen den Polen eines längst Gewesenen, fast unkenntlich Gewordenen und dessen, was einmal sein könnte, blitzt es auf. (ND, 226)

Diese Wiederbelebung der alten Willensmetaphysik – die man durch Sartre endgültig überwunden glaubte; zeigt er doch, daß das, was wir für die Ausübung »bewußter« Willenskraft halten, nur ein Spiel ist, welches wir im Bereich einer allgemeineren, nicht-reflexiven freien Wahl mit uns selber spielen, und das nur entfaltet wird, damit wir uns im Glanze des ausgeübten Willens sonnen (oder, öfter noch, im Versuch seiner Durchsetzung scheitern) können – scheint etwas zu berühren, das eher einem ontologischen Seinssprung ähnelt als der Hingabe an eine verdoppelte Anstrengung.

Wie dem auch sein mag, der nächste Abschnitt des Freiheitsmodells wendet sich der Umkehrung dieser Argumentation zu und sucht aufzulisten, auf welche Weise alle Freiheitsbegriffe zugleich ihre eigene Unfreiheit enthalten. Dies scheint Kant, auf der individuell-persönlichen und der gesellschaftlichen Ebene in einer besonders bedauerlichen (wenn auch heute vielleicht komischen) Manier zu inszenieren: »Kant, wie die Idealisten nach ihm, kann Freiheit ohne Zwang nicht ertragen« (ND, 229). Selbst wenn aber, andererseits, der reine Formalismus von Pflicht und Gesetz oftmals (vor allem in seinen deutschen Versionen) bei Kant selbst und in der Aufklärung rüde und unterdrückerische Züge trägt, »lebt trotz und wegen seiner Abstraktheit selbst ein Inhaltliches, die Idee der Egalität in ihm fort« (ND, 233). Doch erfordert ebendiese abstrakte Allgemeinheit kontingente Zusammenhänge, um überhaupt existieren zu können: in diesem Kantischen Sinn ist Freiheit dialektisch mit dem Zufall identisch:

> Freiheit bedürfte des bei Kant Heteronomen. Ohne ein nach dem Kriterium reiner Vernunft Zufälliges wäre so wenig Freiheit wie ohne das vernünftige Urteil. Die absolute Scheidung zwischen Freiheit und Zufall

> ist so willkürlich wie die absolute zwischen Freiheit und Rationalität. Nach einem undialektischen Maß von Gesetzlichkeit erscheint an Freiheit stets etwas kontingent; sie verlangt Reflexion, welche über die partikularen Kategorien Gesetz und Zufall sich erhebt. (ND, 234)

Nebenbei bemerkt verdeutlichen Adornos sporadische, aber vom Thema faszinierte Betrachtungen zum Problem des Zufalls, die sein gesamtes Werk durchziehen, daß sie in hohem Maße durch jene spekulativen Gedankenentwicklungen angeregt wurden, die sich in Lukács' *Geschichte und Klassenbewußtsein* finden (vor allem im Aufsatz über »Die Verdinglichung und das Bewußtsein des Proletariats«).

Um aber seiner eigenen dialektischen und heteronomen Freiheitskonzeption ein Fundament zu verschaffen, muß Adorno zunächst Kants »Dritte Antinomie« auflösen, die nachzuweisen beansprucht, daß der Begriff der phänomenalen Freiheit wie auch sein Gegenteil (Kausalität ohne Freiheit) zugleich unmöglich sind, und die von daher eine Kluft zwischen beiden aufreißt, welche durch keine Dialektik überbrückt werden kann. Indem Adorno diese Aufgabe in Angriff nimmt, ergreift er aber zugleich die Gelegenheit, jene gleichfalls untragbare Lösung zurückzuweisen, in der seiner Ansicht nach bei Marx Theorie und Praxis so in eins fallen, daß erstere zum Verschwinden gebracht wird. Erwartungsgemäß ist dies die Gelegenheit, ein die Frankfurter Schule kennzeichnendes Plädoyer für das Kontemplative an und für sich zu halten.

Der Argumentationsgang ist jedoch insofern von größtem Interesse, als Adorno sich danach auf die andere Spalte der Antinomie konzentriert, um nunmehr nicht die Freiheit, sondern die Kausalität zu retten. Die ideologische und klassenbezogene Befangenheit Kants (und der Deutschen allgemein) wird erneut durch seine Gleichsetzung von Kausalität und Gesetz ins Licht gerückt: alles, was geschieht, setzt einen vorigen Zustand voraus, »auf den es unausbleiblich nach einer Regel folgt« (Kant, zitiert von Adorno; ND, 243). Substantiell ist dieser an Zwanghaftigkeit gemahnende Kausalitätsbegriff, was das »Befolgen von Regeln« angeht, mit Kants Definition von Freiheit identisch und sollte von daher lieber »dem von Zwang Unterschiedenen« gelten (ND, 245). Doch das Versagen der Kantischen Vorgehensweise und die augenfällige Ableitung der transzendentalen Beschreibung von Freiheit aus dem phänomenalen anstelle des noumenalen Bereichs (ND, 250f.) öffnet nun die grundlegenden

Strukturen der Kantischen Ethik und vor allem die des Kategorischen Imperativs selbst einer im eigentlichen Sinne gesellschaftlichen Ableitung; insbesondere bezieht sich die auf der Unterscheidung von Zwecken und Mitteln beruhende logische Argumentation auf eine geschichtlich originäre gesellschaftliche Erfahrung:

> Der von Kant entscheidend urgierte Unterschied von Mittel und Zweck ist gesellschaftlich, der zwischen den Subjekten als der Ware Arbeitskraft, aus denen Wert herauszuwirtschaften ist, und den Menschen, die noch als solche Ware die Subjekte bleiben, um derentwillen das gesamte Getriebe in Gang gesetzt ist, das sie vergißt und nur beiher befriedigt. (ND, 252)

Das utopische Moment des Kantischen Imperativs scheint für Adorno befleckt worden zu sein, nicht nur, weil die Chance, ihn (im politischen Universalismus der bürgerlichen Revolution) zu verwirklichen, vertan wurde, sondern auch aufgrund des hartnäckig repressiven Charakters der Lehre, die, einem universellen Moralgesetz folgend, das so abstrakt ist wie das Gesetz des ausgeschlossenen Widerspruchs, nichts zu schaffen haben mag mit Glück oder gar Freude. Schließlich aber kann dies ebensowohl Kant selbst, der Aufklärung und der deutschen Bourgeoisie oder dem preußischen Staat des achtzehnten Jahrhunderts zugeschrieben werden wie dem tieferen Wirken des Identitätsprinzips, und genau darauf bezieht sich natürlich Adornos letztgültige Widerlegung der »Dritten Antinomie«:

> Das Subjekt braucht nur die ihm unausweichliche Alternative von Freiheit oder Unfreiheit des Willens zu stellen und ist schon verloren. Jede drastische These ist falsch. Im Innersten koinzidieren die vom Determinismus und die von der Freiheit. Beide proklamieren Identität. (ND, 259)

Doch sind beide Thesen zugleich auch wahr:

> Die Antinomie zwischen der Determination des Individuums und der ihr kontradiktorischen gesellschaftlichen Verantwortung ist kein falscher Gebrauch der Begriffe sondern real, die moralische Gestalt der Unversöhntheit von Allgemeinem und Besonderem. (Ebd.)

Diese neue Antinomie aber – die von Adorno stammt und nicht von Kant – treibt nun sein Denken vorwärts zu ihrer endgültigen

Formulierung und zur ausgefeiltesten Darlegung seiner Konzeption von Heteronomie:

> Freiheit selbst aber ist derart mit der Unfreiheit verfilzt, daß sie von dieser nicht bloß inhibiert wird, sondern sie zur Bedingung ihres eigenen Begriffs hat. So wenig wie irgend ein anderer einzelner, ist dieser als Absolutes auszusondern. Ohne die Einheit und den Zwang von Vernunft wäre nie ein der Freiheit Ähnliches auch nur gedacht worden, geschweige denn gewesen; das dokumentiert sich in der Philosophie. Kein Modell von Freiheit ist verfügbar, als daß Bewußtsein, wie in die gesellschaftliche Gesamtverfassung, so durch diese hindurch in die Komplexion des Individuums eingriffe. Das ist darum nicht durchaus schimärisch, weil Bewußtsein seinerseits abgezweigte Triebenergie, selber auch Impuls, auch ein Moment dessen ist, worein sie eingreift. Wäre jene Affinität [zwischen dem Universellen und dem Empirischen, zwischen der Freiheit und der Welt der Phänomene, F.J.], die Kant krampfhaft verleugnet, nicht, so wäre ebensowenig die Idee von Freiheit, um derentwillen er die Affinität nicht Wort haben will. (ND, 260)

Diese Lehre vom Gemischten oder Unreinen – oder, auf einer anderen Sprachebene, die Lehre der Identität von Identität und Nicht-Identität – werden wir in der Ästhetik wiederfinden, der die Kunstwerke oder Monaden zugleich in sich geschlossene Formen und durch die Gesellschaft gesättigte Gegenstände sind, auf die sie fortwährend verweisen (in der strengen semantischen Bedeutung des Wortes). Doch zieht sie ihre Kraft (wie wir bald sehen werden) aus Adornos philosophisch originärer Entfaltung des Begriffs der Naturgeschichte (in die, wie das obige Zitat zeigt, das »Bewußtsein«, soweit es »abgezweigte Triebenergie« ist, wieder eingebettet wird).

Nachdem dieser Höhepunkt erreicht ist, schreitet Adornos Reflexion wie in einer Coda den anderen Abhang des heteronomen Begriffs hinab: »Wie der Idee von Freiheit scheint es auch ihrem Widerpart zu ergehen, dem Begriff der Kausalität« (ND, 260); er denkt dabei hauptsächlich an den tiefgreifenden Wandel von der für Kant noch entscheidenden linearen Kausalität hin zu einer im wesentlichen synchronen Konzeption, die »weniger mit Kausalketten als Kausalnetzen« operiert (ebd., 261).

> Kausalität hat sich gleichsam auf die Totalität zurückgezogen; inmitten ihres Systems wird sie ununterscheidbar. [...] Jeder [Zustand] hängt horizontal wie vertikal mit allen zusammen, tingiert alle, wird von allen tingiert. Die Lehre, in der zuletzt Aufklärung Kausalität als entschei-

> dende politische Waffe benutzte, die Marxische von Überbau und Unterbau, bleibt unschuldig fast hinter einem Zustand zurück, in dem wie die Apparaturen der Produktion, der Distribution und der Beherrschung, so auch ökonomische und soziale Beziehungen und Ideologien unentwirrbar ineinander sind, und in dem die lebendigen Menschen zu einem Stück Ideologie wurden. Wo diese zum Seienden nicht mehr als Rechtfertigendes oder Komplementäres hinzugefügt wird, sondern in den Schein übergeht, was ist, sei unausweichlich und damit legitimiert, zielt Kritik daneben, die mit der eindeutigen Kausalrelation von Überbau und Unterbau operiert. In der totalen Gesellschaft ist alles gleich nah zum Mittelpunkt; sie ist so durchschaubar, ihre Apologie so fadenscheinig, wie die aussterben, welche sie durchschauen. (ND, 262f.)

Innerhalb einer solchen Kausalität – dem »magischen Bann« des Spätkapitalismus, wie wir noch sehen werden – stehen Subjekt und Freiheit (ohne Kant zu nahe treten zu wollen) in einer gewissen Affinität zueinander, deren objektive Dimension einzig die Enthüllung der Wahrheit des Subjekts gestattet. »Affinität« ist in diesem Sinn »bestimmte Negation«, das heißt »kritische Theorie«, »negative Dialektik«; sie ist auch, in einer bisher noch nicht entfalteten Bedeutung, Mimesis:

> In ihr [in Affinität als Kritik, F.J.] vollzieht Denken Mimikry an den Bann der Dinge, den es um diese gelegt hat, an der Schwelle einer Sympathie, vor welcher der Bann verschwände. Die Subjektivität der Kausalität ist wahlverwandt den Objekten als Ahnung dessen, was ihnen vom Subjekt widerfuhr. (ND, 265)

Von der Mimesis läßt sich nun präzisieren, daß sie eine bestimmte Umkehrung oder ein Korrektiv von Vicos Prinzip des *verum factum* darstellt, insofern sie nicht nur eine Einsicht in das Wesen dessen gewährt, was die Menschen und ihre Gesellschaftsordnung der Welt angetan haben, sondern zugleich ein entferntes Gefühl dafür vermittelt, wie sie wieder instandgesetzt werden könnte. So läßt der Gedanke auf seltsame Weise Brechts Theorie der Verfremdung widerhallen, die durch den Nachweis, daß das von uns für natürlich gehaltene in Wirklichkeit gesellschaftlich und Ergebnis menschlicher Praxis ist, die Aufmerksamkeit dafür wiedererwecken wollte, daß diese Praxis gleichermaßen in der Lage wäre, in die Gesellschaft einzugreifen.

Zwei letzte Abschnitte, gleichsam alternative Schlußwendungen, betrachten einerseits die zeitgenössischen Alternativen (Psychoanalyse, Personalismus, Existentialismus) zur Kantischen Ethik oder zur Ethik überhaupt, andererseits die Lehre von der intelligiblen Welt und dem intelligiblen Charakter, die Kant in den Bereich der Noumena oder der Dinge-an-sich verweist. Im ersten dieser beiden Schlußabschnitte wird die Heteronomie der Ethik noch einmal in der Auseinandersetzung über die Hinrichtung von Nazi-Kriegsverbrechern mit aller Entschiedenheit bekräftigt:

> Darin konzentriert sich der jüngste Stand der moralischen Dialektik: der Freispruch wäre das nackte Unrecht, die gerechte Sühne würde vom Prinzip zuschlagender Gewalt sich anstecken lassen, dem zu widerstehen allein Humanität ist. Benjamins Satz, der Vollzug der Todesstrafe könne moralisch sein, niemals ihre Rechtfertigung, prophezeit diese Dialektik. (ND, 280)

Im zweiten Schlußabschnitt klingt, zusammen mit einer systematischen Zurückweisung des »Heldentums« moralischer oder ethischer Seinsweisen als solcher, das Motiv der Utopie noch einmal an:

> Wollte man es wagen, dem Kantischen X des intelligiblen Charakters seinen wahren Inhalt zu verleihen, der sich gegen die totale Unbestimmtheit des aporetischen Begriffs behauptet, so wäre er wohl das geschichtlich fortgeschrittenste, punktuell aufleuchtende, rasch verlöschende Bewußtsein, dem der Impuls innewohnt, das Richtige zu tun. Er ist die konkrete, intermittierende Vorwegnahme der Möglichkeit, weder fremd den Menschen noch mit ihnen identisch. (ND, 290)

Fehlt diese in sich selbst nur intermittierende Antizipation der Zukunft, so ist, notiert Adorno, keine Ethik in sich und aus sich heraus wirklich durchführbar: wir versuchen entweder, das System insgesamt zu verändern oder »so zu leben, daß man glauben darf, ein gutes Tier gewesen zu sein« (ND, 292).

Diese Schlußwendung des Freiheitsmodells bringt uns jedoch de facto zu den *Minima Moralia* der unmittelbaren Nachkriegszeit zurück, deren eine zentrale Programmatik darin bestand, auf fast Kantische Weise die Durchführbarkeit der Ethik durch die Darlegung ihrer Antinomien zu bestreiten. In einer Reihe von »Modellen« in kleinstem Maßstab wird, mit bemerkenswert ökonomischem Einsatz der Mittel und mit ebenso bemerkenswertem dialektischen Takt, aufgelistet, was in unserer Zeit zu leben in sich selbst unmöglich geworden ist: Heirat (Nr. 10, »Getrennt-vereint«), Konvention (Nr. 16, »Zur Dialektik des

Takts«), richtiger Umgang mit Dingen (Nr. 18, »Asyl für Obdachlose«) und Liebe (Nr. 110, »Constanze«). Die Heirat etwa ist durch ihre instutionelle Verbindung mit dem ökonomischen Interesse korrumpiert, jedoch auf eine Weise, daß selbst bei fehlendem Interesse, welches den Zufälligkeiten des persönlichen Reichtums der Heiratenden geschuldet ist, die Institution weiterhin ihrer eigenen Logik folgt. Das gilt selbst für die Reichen und Privilegierten, die kein Interesse zu verfolgen brauchten, denn sie »sind es gerade, denen die Verfolgung des Interesses zur zweiten Natur wurde – sonst behaupteten sie nicht das Privileg« (MM, 29).

Die Konvention wiederum – das heißt, eine bestimmte vorab geregelte künstliche Distanz zwischen sozialen Akteuren – ist in allen Bereichen (von der Kunst bis zur Ethik) ein Übergangsphänomen, da sie frei gewählt werden und sich somit von den traditionellen, von außen auferlegten Beschränkungen und Normen unterscheiden muß, während der Impuls, sich von diesen Beschränkungen zu befreien, notwendigerweise in der Zerstörung der Konvention selbst endet. Und unsere Beziehung zu Besitztümern und der Welt der Gegenstände ist durch neue, monopolisierte Formen des Eigentums wie auch durch die »Fülle der Konsumgüter« fragwürdig geworden und führt zu einer

> lieblosen Nichtachtung für die Dinge, die notwendig auch gegen die Menschen sich kehrt, und die Antithesis ist schon in dem Augenblick, in dem man sie ausspricht, eine Ideologie für die, welche mit schlechtem Gewissen das Ihre behalten wollen. (MM, 42)

Die Liebe wiederum sucht ihren Weg zwischen dem Erfordernis egoistischer, »asozialer« Spontaneität und der Tatsache, daß es die bürgerliche Gesellschaft selbst ist, die Liebe als nicht sozial definiert:

> Jene [Liebe] aber, die, unterm Schein der unreflektierten Spontaneität und stolz auf die vorgebliche Aufrichtigkeit, sich ganz und gar dem überläßt, was sie für die Stimme des Herzens hält, und wegläuft, sobald sie jene Stimme nicht mehr zu vernehmen meint, ist in solcher souveränen Unabhängigkeit gerade das Werkzeug der Gesellschaft. (MM, 227)

Was alle diese Fabeln uns zu bedenken geben, ist nicht nur das widersprüchliche Wesen des Phänomens, noch lediglich die Unmöglichkeit, eine nicht-widersprüchliche Ethik zu entwickeln, um diesen Bereich zu beherrschen, sondern vor allem das explanatorische Verbindungsstück zu einem historischen Stadium der Gesellschaftsordnung, deren Besonderheiten alleine für diese Sackgassen einstehen, so wie, auf unmittelbarere Weise, jene Geschichte auch den Ursprung des Wertes beleuchtet, den wir suchen, aber in den sozialen Gegebenheiten nicht mehr verwirklichbar finden. So dienen diese Fabeln dem Aufweis, daß man nicht mittels der Ethik aus der Ethik »herausgelangt«, daß ethische Dilemmata, wie eine Reihe von lapidaren Schlußfolgerungen nahelegt, gesellschaftlicher und politischer Provenienz sind: »Es gibt kein richtiges Leben im falschen« (MM, 42), oder: »Keine Emanzipation ohne die der Gesellschaft« (MM, 228).

Doch findet in all diesen Fällen die Verknüpfung zwischen dem ethischen Dilemma und dem gesellschaftlichen Widerspruch ihren Ausdruck in bezug auf das, was wir die Krise des Nominalismus genannt haben, das heißt, der in der modernen Gesellschaft herrschenden Spannung zwischen dem Bereich des Allgemeinen und den Wirklichkeiten des Besonderen. »Das Allgemeine erweist sich bei der Scheidung als das Schandmal des Besonderen, weil das Besondere, die Ehe, das wahre Allgemeine in dieser Gesellschaft nicht zu verwirklichen vermag« (MM, 31). Unterdessen gerät die befreite Konvention, der »emanzipierte Takt [...] in Schwierigkeiten wie der Nominalismus allerorten« (MM, 37).

Ein bemerkenswerter und ausführlicher Aphorismus (Nr. 116, »Und höre nur, wie bös er war«) zieht die umfassendere Schlußfolgerung, indem er über die ständig weiter aufklaffende Distanz zwischen abstrakt anmutenden Ereignissen, vor allem kollektiven Katastrophen großen Ausmaßes und den mikrologischen Geschehnissen, die für uns selbst von Wichtigkeit sind, reflektiert. Nur in letzteren können Formen von Sympathie spontan aufscheinen. »Wo das Unmittelbare sich selber setzt und verschanzt, setzt eben dadurch die schlechte Mittelbarkeit der Gesellschaft hintersinnig sich durch« (MM, 240) – ein Sachverhalt, der, wie Adorno sagt, die »Lehre von der Staatsräson, die Trennung von Moral und Politik« nicht unberührt läßt (ebd., 237). Doch ist dies auch, wie er weiterhin zeigt, nicht ohne Bedeutung für die Probleme der ästhetischen Darstellung (und wird in den zentralen Abschnitten, die sich mit der kulturellen Darstellung und insbesondere mit dem Problem der historischen und politischen Darstellung in unserer Zeit befassen, weiter ausgeführt; vgl. Nr. 94, »Staatsaktion«). Doch wird diese Diagnose

– die mit Benjamins Analyse des Zusammenbruchs der traditionellen Erfahrungsformen die engsten Berührungspunkte aufweist – über die ästhetischen Widersprüche und die Krise der Darstellung hinaus auf den eher gesellschaftlichen und philosophischen Gesichtspunkt der verschiedenen Bereiche der Autonomie und Semi-Autonomie im modernen Leben ausgedehnt.

Was die bereits zitierten Aphorismen der Ethik nachweisen – daß sie bei aller augenscheinlichen Autonomie und dem Anspruch auf eigene spezifische Denkweisen und geistige Lösungen von Antinomien beherrscht wird, die die Eingangsprämisse der Autonomie des Ethischen selbst widerlegen –, erweist sich nun als eine Lektion, deren Lehren man aus einer Vielzahl von Bereichen ziehen kann, von der Kultur (Nr. 22, »Kind mit dem Bade«) bis zur Volkskunst (Nr. 131, »Wolf als Großmutter«) und von der Politik bis zur Philosophie. Die moderne Gesellschaft ist, wie wir seitdem von Luhmann (1982) gehört haben, zunehmender Differenzierung und der relativen Verselbständigung eines ganzen Spektrums von gesellschaftlichen Ebenen und Aktivitäten ausgesetzt, wie etwa der »Befreiung« der Kultur vom Heiligen oder der »Befreiung« der Politik von der Ethik. Aus einer anderen Perspektive jedoch besteht die säkulare Gesellschaft als solche aus der Koexistenz und der internen Überschneidung oder Identifikation all dieser Dinge, was jedoch nicht besagt, daß Gesellschaft als autonomes Objekt eine empirische Existenz besäße und unabhängig von ihren diversen Ebenen untersucht werden könnte. Von daher ist die Semi-Autonomie ihrer Bereiche und Ebenen ebenso wahr wie falsch; die Dialektik findet ihre Berufung in dem Versuch, beide Seiten, die Gültigkeit und die erschlichene ideologische Erscheinung zu respektieren und miteinander in Beziehung zu setzen. Dies tut sie, wie die Miniatur-»Modelle« der *Minima Moralia* bezeugen, indem sie die Autonomie eines säkularen Bereichs wie der Ethik anerkennt, dessen praktische Abhängigkeit von der gesellschaftlichen Totalität sie sodann aus den Widersprüchen ableitet, welche aus dem Versuch sich ergeben, die Ethik mit einer autonomen Theorie auszustatten. Die Heteronomie des Freiheitsbegriffs ist dergestalt nur ein Sonderfall dieser allgemeineren Kritik der Autonomie gesellschaftlicher Bereiche und Ebenen (und philosophischer Nebendisziplinen).

Zehn

Im zweiten »Modell« der *Negativen Dialektik* (»Weltgeist und Naturgeschichte. Exkurs zu Hegel«) finden wir nun Adornos nachdrücklichste »Verteidigung« der Marxschen Geschichtsauffassung als solcher. Diese Charakterisierung muß jedoch sofort in zweierlei Hinsicht präzisiert werden, denn wie wir bereits festgestellt haben, argumentiert Adorno niemals in dieser Weise systematisch oder »nachdrücklich«. Von daher wird dies Kapitel der *Negativen Dialektik* nicht seine grundlegenden Annahmen »über« Geschichte preisgeben und insbesondere seine Konzeption des Spätkapitalismus als eines ökonomischen Systems nicht näher beleuchten, sondern vielmehr den *Begriff* der Geschichte und den *Begriff* des Spätkapitalismus (da diese bereits bei Hegel, Marx und anderswo sich finden lassen) analysieren. Dabei werden diese Ideen von wechselnden Seiten beleuchtet, ihre sich verändernden ideologischen Implikationen ausgelotet, die kontextgebundenen Paradoxien ihres Gebrauchs (die sowohl Paralogismen als auch Antinomien umfassen) aufgewiesen, und schließlich wird ein Vorschlag unterbreitet, auf welche Weise der unmögliche und doch unverzichtbare Begriff gehandhabt werden kann.

Diese augenscheinlich aleatorische und doch umfassende Verfahrensweise – man könnte sie so etwas wie eine konstellative Kritik nennen – schließt eine systematische Verortung von Hegel (dessen Vorurteil gegen das Einzelne und Besondere auf ebenso erbarmungslose wie unverbrauchte Weise und ohne die sonst obligatorische Häme gegen den preußischen Staat aufgespürt wird) ebenso ein wie von Marx, dessen Betonung der Notwendigkeit, nicht zuletzt vor dem Hintergrund unserer eigenen Situation, scharfem Tadel unterliegt: »Der heraufziehenden Katastrophe korrespondiert eher die Vermutung einer irrationalen Katastrophe in den Anfängen« (ND, 315). Doch hat das Kapitel eine Unterströmung und gleichsam ein thematisches *telos*, das sich von denen der anderen beiden Modelle grundlegend unterscheidet (hätten wir uns musikalische Analogien nicht verboten, wäre es verlockend, hier die formalen Unterschiede zwischen den verschiedenen Sätzen einer Sonate wiederzuentdecken): wofür im

Endeffekt gestritten wird, ist die letzthinnige Objektivität jener abwesenden und unsichtbaren Totalität namens Geschichte, was schließlich bedeutet, daß wir stetigen (wenn auch nicht exakten) Kurs nehmen auf die bereits versprochene Konzeption der Naturgeschichte.

Auch der zweite Charakterzug des Kapitels wird diejenigen enttäuschen, die darin direkte Aussagen über Adornos »Theorie« der Geschichte suchen. Er betrifft die Terminologie oder, wenn man so will, die philosophische Thematik der Diskussion, in deren zentralem Brennpunkt keineswegs die offenkundigen Probleme jener zwei zeitgenössischen bêtes noires – der Begriff der Totalität und der sogenannten »linearen Geschichte« – stehen (die im gewöhnlichen Verständnis mit Hegel assoziiert werden). Ebensowenig sind diese Themen oder Termini eigens an der Argumentation beteiligt, die sich vielmehr dem anderen großen Problem des Allgemeinen und Besonderen zuwendet. So werden also Totalität und historische und narrative Kausalität vor dem Hintergrund dieses ganz anders gearteten Problems bedacht und neu formuliert.

Unterdessen wird wohl kaum überraschen, daß innerhalb eines solchen theoretischen Rahmens die eigentliche zentrale Problematik, die aus dem Verhältnis zwischen dem Allgemeinen und dem Besonderen resultiert – die Mechanismen nämlich, die ihr Zusammenspiel behindern und ihren Gegensatz in eine allgemeine (gleichermaßen existentielle, gesellschaftliche, ästhetische und philosophische) Krise verwandeln –, jene ist, die Adorno als Posivitismus bezeichnet (zusammen mit dessen Begleiter, dem »Nominalismus«). Es scheint mir wünschenswert, diesen Terminus in einer so umfassenden kulturellen und intellektuellen Weise wie nur möglich zu verstehen; insbesondere bezeichnet er – und das gilt bereits für Adornos Epoche – kaum noch positivistische Philosophen als solche, sondern vielmehr die allgemeinere positivistische Tradition in den Sozialwissenschaften. Zugleich hat sich unsere eigene Situation bezüglich Philosophie und Soziologie in den über zwanzig Jahren, die seit der Veröffentlichung der *Negativen Dialektik* verstrichen sind, merklich verändert: Personalbestand und Moden haben gewechselt und möglicherweise auch die tieferliegenden Tendenzen. Wir werden nicht begreifen, wie nützlich Adornos Diagnose des Positivismus für uns ist, wenn wir nicht erkennen, daß die von ihm so etikettierten Tendenzen sich seit seinem Tode eher verstärkt haben und nunmehr, im praktischen Niedergang seiner

Philosophie wie dem des dialektischen Denkens allgemein, gewissermaßen hegemonial und unangreifbar geworden sind – und von daher etwas anders aussehen.

Mithin sollte unter »Positivismus« im allgemeinen die Hingabe an empirische Tatsachen und welthafte Phänomene verstanden werden, worin das Abstrakte – die Interpretation ebenso wie allgemeine Ideen, umfassendere synchrone kollektive Einheiten ebenso wie diachrone Narrationen oder Genealogien – zunehmenden Beschränkungen unterworfen oder gar, als Überbleibsel älterer traditioneller, »metaphysischer« oder einfach altmodischer und antiquierter Gedanken und Kategorien, systematisch verfolgt und ausgerottet wird. Doch muß diese Diagnose – die, wie bereits angedeutet, auf eine Vielfalt von zeitgenössischen Phänomenen ausgeweitet werden kann – genauestens unterschieden werden von (unzweifelhaft damit verwandten) konservativen oder reaktionären Klagen über das Verschwinden von Werten, Moral usw., das Veralten der Platonischen (oder sogar Kantischen) Ideen, den Zusammenbruch kollektiver Identitäten (wobei hier die Nation oder die »abendländische Zivilisation« im Vordergrund stehen), oder den Verfall konventioneller Formen in Kultur oder Sitte.[20]

Diese Klagegesänge über die modernen Zeiten und ihren Verfall sind denen Adornos – der in manchen eher nörglerischen Bemerkungen der *Minima Moralia* ohne Zweifel einen ähnlichen Ton anzuschlagen weiß – so eng verwandt wie die erste aristokratische und reaktionäre Kritik am Kapitalismus den linken und radikalen Analysen der neuen Gesellschaftsordnung, die einige Jahrzehnte später auftauchten. Der grundlegende strukturelle Unterschied liegt im jeweiligen Status des »Allgemeinen«: für die Konservativen existiert dieser Terminus bereits und besitzt (traditionellen) Gehalt – somit kann die Krise dessen, was Adorno Positivismus nennt, einfach dadurch behoben werden, daß man die älteren kollektiven Institutionen mit neuer Kraft erfüllt und zugleich die Kräfte, die jene Werte allererst untergraben haben, aufspürt und die Agenten und Verfechter eines schlechten »Nominalismus« und einer antinomischen Sichtweise ausrottet.

Allerdings gehorcht Adornos Konzeption des Verhältnisses zwischen Universalien und Einzeldingen (bzw. zwischen Allgemeinem und Besonderen) nicht diesem hierarchischen oder aristotelischen Typus, der die einen den anderen in der klassischen Form der Rangordnung subsumiert. Zum einen sind die Universalien von der Krise genauso betroffen wie die Einzeldinge und sind nun »schlechte« oder unheilvolle Universalien, waren es vielleicht immer schon: wenn die Philosophie dazu berufen ist, ihre Operationen erneut zu benennen und sichtbar zu machen, so nicht, um ihr Loblied zu singen, sondern um sie ein für alle Mal von der Bildfläche zu entfernen. Ebensowenig ist die Denkfigur der Subsumtion – Zeichen und Spur von Gewalt und Herrschaft – dazu angetan, eine und sei's ideale Versöhnung* zwischen dem Allgemeinen und dem Besonderen vorstellbar werden zu lassen. Doch zielt die Argumentation ohnehin auf etwas anderes als den Begriff einer solchen Subsumtion oder logischen »Versöhnung«, versucht vielmehr, indem sie die Spannungen zwischen Besonderem und Allgemeinem verschärft und alles, was an Unvereinbarkeiten zwischen ihnen besteht, als geschichtlichen Widerspruch und als Form geistigen Leidens bewußt zu machen, die Unterdrückung jener Spannung – wie sie in der positivistischen Verabschiedung der Universalien als rein metaphysischer Restbestände oder in Heideggers Mystik des Allgemeinen an sich deutlich wird – als eine Form der Gewalt zu brandmarken, als Herrschaft des Allgemeinen über das Besondere, die jedoch in der unproblematischen Erscheinung der Alltagswirklichkeit eine friedliche Form sich anverwandelt.

So beginnt der »Exkurs« auf angemessene Weise mit der Unzufriedenheit, die das Besondere – womit in diesem Anfangskontext das individuelle, personale Subjekt gemeint ist – angesichts all dessen empfindet, das ihn (oder sie) zu nachdrücklich an die unsichtbar prägende Macht der Geschichte gemahnt, die überall das Existierende oder die für sich bestehende Tatsache überschreitet, so wie sie ihre Allgegenwart auch in den Gehalten meines Bewußtseins verrät, dessen Gesellschaftlichkeit bis in meine Sprache hineinreicht, so daß nichts von all dem wirklich mir gehört. Die Geburt der Geschichte ereignet sich gerade in jener Anerkennung der Totalität, deren Existenz in den unerklärlichen Bahnen, auf denen die individuellen Subjekte und Objekte einem unbekannten Ziel entgegengehen, unabweisbar sich aufdrängt. Dies, was Hegel den Weltgeist* nannte (bekanntlich sah er ihn einst in Fleisch und Blut auf dem Rücken eines Pferdes, als die kurze Epoche Napoleons ihren triumphierenden Anfang nahm), ist jedoch deshalb mit einer solchen seltsamen, unsichtbaren Macht ausgestattet,

> weil über die Jahrtausende das Bewegungsgesetz der Gesellschaft von ihren Einzelsubjekten abstrahierte. Sie hat sie ebenso real zu bloßen Exekutoren, zu bloßen Teilhabern an gesellschaftlichem Reichtum und gesellschaftlichem Kampf erniedrigt, wie, nicht minder real, nichts ohne sie und ihre Spontaneitäten wäre. (ND, 297)

Diese »aufgehäufte Arbeit« der Abstraktion ist das Kapital, das, wie Feuerbachs Gott oder Durkheims Kollektivität, Geschichte oder Gesellschaft mit ihrer wirklichen Macht ausstattet: der Gott dieser Welt, den wir jedoch, im Unterschied zu Hegel, nicht anbeten dürfen. Mit den Wechselfällen des Weltgeistes nimmt das Individuelle zu oder ab: »Perioden des mit dem Weltgeist Seins, substantielleres Glück als das individuelle, möchte man der Entfesselung der Produktivkräfte assoziieren« (ND, 299), während Adorno andererseits eifrig damit beschäftigt ist, die ungebärdigen Dummheiten menschlicher Kollektive, wie zum Beispiel Gremien, aufzulisten: »ihre Invarianz ist lediglich Memento dessen, wie wenig in der Geschichte an der Gewalt des Allgemeinen sich änderte, wie sehr sie stets noch Vorgeschichte ist« (ND, 301). All dies verhärtet sich plötzlich zum Gesetz und gerinnt zu den Antinomien der Jurisdiktion und ihrer Institutionen, zu einem sittlich Allgemeinen, von dem Hegel, wie wir amüsiert vernehmen, uns versichert, daß »das subjektive Gewissen [es] 'mit Grund' als das sich Feindseligste ansehe« (ND, 302) – was Kant offensichtlich als vorteilhaft ansah. Aber das Gesetz ist nur die offensichtliche und sichtbare Abstraktion all derer, in denen die Individualität wie in einer Zwangsjacke steckt. Doch diese Lektion möchte, wie zu Beginn des Kapitels hervorgehoben wurde, keiner vernehmen: »Der Vormacht des Allgemeinen ins Auge zu sehen, schädigt psychologisch den Narzißmus aller Einzelnen und den demokratisch organisierter Gesellschaften bis zum Unerträglichen« (ND, 304).

Der nächste Abschnitt ruft in aller Kürze das grundlegende Prinzip von Adornos (wie auch von Hegels und Durkheims) Denken ins Gedächtnis – »die Gleichsetzung logischer hier, geschichtsphilosophischer und gesellschaftlicher Kategorien dort« (ND, 309), während der folgende zur historiographischen Frage selbst zurückkehrt (ist eine Universalgeschichte möglich?), die er zurecht mit dem Problem der Notwendigkeit verknüpft. Doch ruft in unserer Zeit die Kategorie der Notwendigkeit die damit im Widerspruch stehende historiographische Betonung der Diskontinuität wach, als die Form, die der Nominalismus im Bereich individuellen und kollektiven Geschichtenerzählens annimmt: der Tod, oder die Generationenfolge brechen, zusammen mit der Demographie, das auf, was anderenfalls die Logik eines nahtlosen Gewebes von Handlungen und Konsequenzen besessen hätte. Diesen alles andere als universellen instinktiven Einwänden, die zur Zeit der sogenannten Hegelschen »Meistererzählung« (wenn sie nicht »lineare Geschichte« genannt wird) entgegengehalten werden, stimmt Adorno zu, um sich zugleich auf seine charakteristische Art und Weise davon zu distanzieren, weil das Schlimmste immer angenommen werden kann: »Keine Universalgeschichte führt vom Wilden zur Humanität, sehr wohl eine von der Steinschleuder zur Megabombe« (ND, 312). Doch die Frage, die er mit Marx stellen möchte, ist die, ob es nicht besser (politisch besser? wirkungsvoller?) wäre, Geschichte im Hinblick auf Kontingenz statt Notwendigkeit zu denken und den Abstieg in die Gewalt, die Staatsmacht, das Kapital einer Katastrophe zuzurechnen, die gar nicht hätte stattfinden müssen (das war Lévi-Strauss' Haltung zur Entstehung der »Zivilisation«), statt bereits diese erste Entwicklung des Antagonismus als »unvermeidlich« zu betrachten.

Es folgt eine Reihe quälender Hegel-Zitate, die dessen enthusiastische Parteinahme für das Allgemeine mehr als ausführlich belegen, aber auch dazu verwendet werden, die seltsame Entzeitlichung zu verdeutlichen, die diese Parteinahme für seine Konzeption von Zeit mit sich bringt und die ihn schließlich zur Stillstellung seiner eigenen Dialektik nötigt. Ein neuer Abschnitt zeigt dann, daß Hegel von einer Anklage immerhin freigesprochen werden kann: es gibt bei ihm keine Meistererzählungen! Die Geschichte des Geistes* – als eine Dialektik des Überbaus höchst beeindruckend – bedurfte, um historiographischen Gehalt anzunehmen, einer bedeutsamen Vermittlung, die, ungeachtet der ihr eigenen Dynamik und Semi-Autonomie, nicht funktioniert, nämlich des Volksgeistes*, einer Entität, die wir heute als Prinzip des *Nationalen* ebensogut wie als Prinzip dieses oder jenen *Volkes* bezeichnen könnten. Doch die Anerkennung dieser kontingenten Tatsache – der Vielheit von Nationen und Völkern, die sich zwei Jahrhunderte später, im Spätkapitalismus, gleich geblieben zu sein scheint – führt in den Plan einer Universalgeschichte eine strukturelle Zweideutigkeit ein. Wenn nämlich Nationen Allgemeinheiten sind, soweit es die existentiellen Individuen – ihre Subjekte – betrifft, dann sind sie selbst, in Hinblick auf ein angenommenes umfassendes historisches telos, Individuen. Sie besitzen zuviel Individualität, um auf Stadien oder Momente von etwas anderem reduziert werden zu können, und Adornos Analyse verbindet auf höchst bemerkenswerte Weise diesen Zusammenbruch mit der Dysfunktionalität des großen Hegelschen Begriffs der »List der Vernunft« (auch bekannt als »List der Geschichte«):

> Hegel hat die Fiktion des historischen Fürsichseins von Individualität wie die jeglicher unvermittelten Unmittelbarkeit durchschaut und das Individuum, vermöge der auf Kants Geschichtsphilosophie zurückdatierenden Theorie der List der Vernunft, als den Agenten des Allgemeinen eingestuft, als welcher es über die Jahrhunderte sich verdient machte. Dabei dachte er, gemäß einer durchgängigen Denkstruktur, die seine Konzeption von Dialektik skelettiert zugleich und revoziert, das Verhältnis von Weltgeist und Einzelnem samt ihrer Vermittlung als invariant; hörig auch er einer Klasse, die selbst ihre dynamischen Kategorien verewigen muß, um nicht das Bewußtsein der Grenze ihres Fortbestandes zu erreichen. Ihn leitet das Bild des Individuums in der individualistischen Gesellschaft. Es ist adäquat, weil das Prinzip der Tauschgesellschaft nur durch die Individuation der einzelnen Kontrahenten hindurch sich realisierte; weil also das principium individuationis buchstäblich ihr Prinzip, ihr Allgemeines war. Inadäquat ist es, weil in dem totalen Funktionszusammenhang, welcher der Form der Individuation bedarf, die Individuen [in Hegels Theorie, F.J.] zu bloßen Ausführungsorganen des Allgemeinen relegiert sind. (ND, 334)

Hier fällt Marxens Schatten über Hegels Nationalstaaten, und ein neues, von dem der Sprache oder der Nationalkultur verschiedenes Prinzip der Weltgeschichte bildet sich heraus: der universelle »Bann«, den der Tauschwert über alle Individualität und über die gefrorene Landschaft isolierter Einzeldinge ausspricht. Wie man sich vorstellen kann, wird Adorno von der Vision dieses Zauberbanns auf den wenigen noch folgenden Seiten zu seinen beredsamsten Formulierungen beflügelt.

Ein kurzer vorletzter Abschnitt kehrt zur Subjektivität des geschichtlichen Individuums zurück. Diese wird durch die moderne Psychologie und die Psychoanalyse tendentiell verkürzt, weil sie die strukturelle Herabminderung des psychischen Subjekts symptomatisch beleuchten, ohne auf den Kern vorzustoßen: auf das Glück selbst, das wir einzig in der Negation denken können. Die gewaltig strömende Bewegung dieses Exkurses, in der das Allgemeine und das Einzelne gleichermaßen, wenn auch nicht auf symmetrische Weise, in ihrer Wahrheit und Wirklichkeit als objektiv sich erwiesen haben, mündet nun endlich in die lang erwartete Schlußsequenz ein: in das Problem der Naturgeschichte selbst.

Elf

Denn die verschiedenen bei Adorno auftretenden Hintergrunderzählungen müssen durch eine ergänzt werden, die ebensoviel »grundlegender« wie rätselhafter ist. Es ist oft bemerkt worden,[21] daß der akademische Vortrag von 1931 mit dem Titel »Die Aktualität der Philosophie« in vielerlei Hinsicht als eine Skizze jenes Programms betrachtet werden kann, das in vollständiger Form mehr als dreißig Jahre später in der *Negativen Dialektik* seinen Niederschlag fand. Der andere bedeutende Text aus jener Zeit, »Die Idee der Naturgeschichte« (1932) wurde mit weniger Aufmerksamkeit bedacht und bleibt so etwas wie ein Rätsel. Man kann nicht sagen, daß er in den reifen Schriften seine Ausarbeitung und Verkörperung gefunden hätte; sicher kehren die letzten Seiten des Hegel-Kapitels der *Negativen Dialektik* explizit zum Thema der Naturgeschichte zurück, wiederholen das Motiv aber lediglich und geben dadurch dem von Adornos Kritikern und Feinden oft und leise geäußerten Verdacht neue Nahrung, daß er konstitutiv unfähig gewesen sei, den einzelnen Gedankenblitz und die fokussierte Einsicht in die tragfähige Dauer des voll entwickelten philosophischen Argumentationsganges umzuwandeln. Aber vielleicht war er in der Lage, etwas anderes daraus zu machen.

In der Tat scheint mir »Die Idee der Naturgeschichte« einen methodologischen Vorschlag zu machen und keine Thesenreihe zur Thematik aufzustellen. Wir sind heute, nach der außergewöhnlichen Renaissance evolutionären Denkens und der von Stephen Jay Gould und anderen geleisteten eindrucksvollen Neuinterpretation von Darwin, eher in der Lage zu begreifen, was mit der strategischen aber unklar motivierten Wiederaufnahme des Problems durch die Frankfurter Schule jener Zeit vermacht sein könnte. Marx' eigenes Verhältnis zu Darwin ist bekannt; daß er den ersten Band des *Kapital* (1867) – wiewohl erfolglos – dem Autor der *Origin of Species* (1857) widmete, war noch etwas mehr als ein Gruß, den der eine Begründer einer kopernikanischen Revolution einem anderen zukommen ließ. Gemeint war damit die Bestätigung, daß die Menschheitsgeschichte – zum ersten Mal durch den Historischen Materialismus wissenschaftlich in die Freiheit entbunden – der Naturgeschichte subsumiert wird, die ihrerseits seither untrennbar mit Darwins theoretischen Anstrengungen verbunden ist. Marx selber faßt, wie er im Vorwort zum ersten Band des *Kapital* mitteilt, »die Entwicklung der ökonomischen Gesellschaftsformation als einen naturgeschichtlichen Prozeß« auf (MEW 23, 16). Doch war dies ein zweideutiges Vorhaben, und gerade der Begriff des Klassenkampfes selbst konnte sich, in der düsteren Atmosphäre des Sozialdarwinismus und seinem ideologischen Leitmotiv vom Überleben der Stärksten, als anfällig für die fahlen Halbschatten und Tönungen des Protofaschismus erweisen.

Für uns Heutige, die wir von der glückseligen Insel einer postmodernen fernen Zukunft zurückschauen, haben Abhandlungen über die Vorgeschichte des Planeten und seiner Fauna und Flora eine seltsame und bedeutungslose Irrealität an sich: nur die alte Unterscheidung von Wissenschaft und Wahrheit vermag vielleicht über eine Situation Rechenschaft zu geben, in der wir der Richtigkeit der jeweiligen Tatsachen – dem, was unsere Lehrbücher uns über das Pleistozän und George Washington erzählen – pflichtschuldigst, doch ohne wirkliche Überzeugung, unseren Tribut zollen. Wir erinnern das Archäologische als eine Sequenz aus dem Disneyfilm *Fantasia;* und wenn die Alten auch fest an ihre Sagen und abergläubischen Vorstellungen »glaubten«, so müssen sie doch um ihre Lächerlichkeit gewußt haben; gleichermaßen verhalten wir uns »ungläubig« gegenüber diesen Fakten und Hypothesen, die wissenschaftlichen Disziplinen entstammen, von denen wir wissen, daß sie im großen und ganzen ihre Richtigkeit haben.[22] Das liegt daran, daß unser historischer Metabolismus eine ernsthafte Verwandlung erfahren hat; die Organe, mit denen wir die Zeit registrieren, können nur immer kleiner werdende, immer unmittelbarere empirische Segmente erfassen; der Schematismus unserer transzendentalen historischen Einbildungskraft umgreift immer weniger Material und kann nur noch Geschichten verarbeiten, die kurz genug sind, um mittels des Fernsehens verifiziert zu werden. Die größeren, abstrakteren Gedanken – und was wäre totalisierender als die Naturgeschichte? – fallen aus der Apparatur heraus; sie sind vielleicht wahr, aber nicht mehr darstellbar – sie heraufzubeschwören ist mehr als nur altmodisch, es ist eine Art von gesellschaftlichem Fauxpas. Auch ist dieser erstaunliche Triumph eines endgültigen Positivismus – der, wie der Islam oder das Christentum, in ein paar Jahren die Welt erobert hat – in sich selbst nicht notwendigerweise von Vorteil für die ideologischen Interessen der Machtstruktur; es wäre wünschenswert gewesen, noch ein paar Mythen zu erschließen, und Daniel Bell und andere finden auf einmal, daß ein bißchen Religion gar nicht so schlecht wäre. Aber das läuft nicht mehr, und selbst die neuen Krankheiten können nicht die Einbildungskraft auf unzulässige Weise beleben, indem die Pestseuchen des Mittelalters oder des klassischen Zeitalters heraufbeschworen werden. Dennoch bezeichnet, wenn überhaupt, die Pest den Punkt, an dem Menschheits- und Naturgeschichte sich auf höchst dramatische Weise und in aller Sichtbarkeit überschneiden.

Denn es gibt einen Albtraum der Naturgeschichte, der noch grauenvoller ist als der Nachtmahr der Menschheitsgeschichte und der vom Geist der Postmoderne auf recht erfolgreiche Weise unterdrückt werden konnte (mit Ausnahme des biologischen Todes selbst). Die Gründe dafür sind alles andere als geheimnisvoll: gibt es eine bessere Strategie, der Erinnerung an den Albtraum der Natur aus dem Wege zu gehen, als die, Natur gänzlich zu eliminieren? Doch ein Blick in die Zwischenräume, der nicht nur die zwischen allen Lebewesen herrschende Hackordnung offenbart, ein ewiges Grauen von Herrschaft und Hierarchie, das wenigstens dazu dient, die ihm Unterworfenen am Leben zu lassen, sondern auch und schließlich die Gewalt der Natur selbst erkennen läßt, Organismen, die darauf festgelegt sind, ihr ganzes waches Leben hindurch zu fressen und sich gegenseitig aufzufressen (wie Adorno es am häufigsten charakterisiert) – diese schwindelerregende Perspektive bringt ein Ekelgefühl mit sich, das noch tiefer geht als der Anblick der Bosheit, mit der die Menschen versuchen, ihr eigenes gegenseitiges Abschlachten mit kultureller Würde zu versehen. Einiges davon wird an den Tieren erkennbar, die hier und da noch unter uns leben; und es ist eher selten bemerkt worden, daß die Frankfurter Schule praktisch als einzige unter den westlichen Marxisten über die Beherrschung der Natur nachdachte und, gerade wenn man an ihren Beitrag über die Rechte der Tiere denkt, zu den philosophischen Vorfahren der Ökologiebewegung zählen kann. Die lange Reflexion über »Mensch und Tier« im Anhang der *Dialektik der Aufklärung* (die möglicherweise Horkheimer zuzuschreiben ist) ist sicherlich eine der zentralen »Konstellationen« dieses Buches (wobei Adornos *Minima Moralia* ebenfalls einige bemerkenswerte Gedanken über Tiere enthalten):

> Jedes Tier erinnert an ein abgründiges Unglück, das in der Urzeit sich ereignet hat. [...] Die gleichgeschalteten Massen werden ihrer eigenen Transformation, an der sie doch krampfhaft mitwirken, so wenig gewahr, daß sie deren symbolischer Schaustellung nicht mehr bedürfen. Unter den kleinen Nachrichten auf der zweiten und dritten Seite der Zeitungen, deren erste mit den grauenvollen Ruhmestaten der Menschen angefüllt ist, stehen zuweilen die Zirkusbrände und Vergiftungen der großen Tiere zu lesen. [...] ...noch der Widerwille Goethes gegen die Affen wies auf die Grenzen seiner Humanität. [...] Natur an sich ist weder gut, wie die alte, noch edel, wie die neue Romantik es will. Als Vorbild und Ziel bedeutet sie den Widergeist, die Lüge und Bestialität [...]. (DA, 264/267f./269/271)

Es vermag wohl nicht zu überraschen, daß dieses Gruppenbild auch die »Frauenfrage« beleuchtet und somit ein seltenes, aber kennzeichnendes Exemplar des Proto-Feminismus der Frankfurter Schule darstellt, indem es zu bedenken gibt, daß auch und vor allem das soziale Geschlecht *(gender)* jenen Punkt markiert, an dem Menschheits- und Naturgeschichte auf verwirrende Weise sich überschneiden, und uns an das hohe Risiko gemahnt, das wir eingehen, wenn wir den Knoten aufzulösen suchen.

In dieser Form jedoch bleibt die Naturgeschichte eine »Anschauung« der Natur oder, anders gesagt, eine Weltanschauung* – das heißt, eine Ideologie und eine Anthropologie –, die irgendwo zwischen Hobbes und Robert Ardrey oder der Soziobiologie angesiedelt ist; die damit konkurrierende »Anschauung« – zum Beispiel die von Rousseau – ist nicht weniger ästhetisch als ihre Alternative, und es tut auch nichts zur Sache, daß die Frankfurter Schule in mancher Hinsicht beide Versionen in der Forderung, am Ende der von Marx so genannten »Vorgeschichte« zu einer Natur ohne Herrschaft zurückzukehren, miteinander kombiniert. Wir haben gelernt, den jeweiligen Status und die Struktur solcher »Weltanschauungen« – in deren (wenn man so will) Darstellungen das anschauende Subjekt persönlich miteinbezogen ist – von jenem selteneren und ganz anderen Gegenstand zu unterscheiden, der mit Wissenschaft assoziiert wird. Hier finden wir, so scheint es, einen Diskurs ohne Subjekt und eine Art, Phänomene wie etwa historische Abfolgen oder diachronischen Wandel zu denken, die Repräsentation oder Darstellung als solche nicht mit einbegreift. Offensichtlich sollte dies die von Althusser und seinen Anhängern entfachte Diskussion um die Marxschen Frühschriften ans Licht bringen: sie als »humanistisch« zu brandmarken hieß letztlich, sie als ideologisch zu kennzeichnen und zu betonen, daß die Anschauung der menschlichen Natur und ihrer Fähigkeiten wie auch der Möglichkeit der *Entfremdung* im Bereich des Anthropologischen verblieb. Ebenso offensichtlich sollte damit nicht gesagt werden, daß eine solche ideologische Anschauung der menschlichen Natur notwendigerweise falsch (oder gar unattraktiv) sein müsse; gemeint war lediglich, daß sie als Diskurs auf der gleichen Ebene fungierte wie die konkurrierenden »Anschauungen« (Stirners Existentialismus, Schopenhauers Pessimismus; Hobbes und Rousseau winkten noch sehr lebendig aus den Kulissen). Das *Kapital,* das keine Darstellung als solche war und dem Subjekt – dem berauschten Betrachter, dem Zeugen und solipsistischen, aber kontemplativen Opfer des metaphysischen Schauspiels – keinen Platz einräumte, bildete mithin einen Diskurstyp aus, der sich von dem des frühen Marx so grundlegend unterschied, wie Darwin selbst vom Sozialdarwinismus.

Ist aber nicht jede Rückkehr zur Naturgeschichte, jeder Versuch, die »natürliche« Grundlage und Sichtweise der Menschheitsgeschichte wiederzuerlangen, von einem solchen Rückfall in diese oder jene urtümliche »Weltanschauung« bedroht? Wenn wir solche Bilder vermeiden wollen, wäre es dann nicht besser, es Vico gleichzutun und die Menschheitsgeschichte von der Geschichte der Natur zu trennen, uns auf den menschlichen Schauplatz, den Bereich der menschlichen Praxis, zu beschränken und die Natur »in ihrem Sein sein zu lassen«? Doch muß gerade diese Alternative der Frankfurter Schule zutiefst idealistisch erschienen sein, weil sie Biologie und Tod, die nackte *Tatsache* der Generationenfolge (über deren *Gehalt* die Geschichte unschwer Rechenschaft geben kann) ebenso ausklammert wie schließlich das, was Sartre die kontingente metaphysische Tatsache des Mangels selbst genannt hat, den Überlebenskampf gegen die Natur (als die ursprüngliche Voraussetzung, auf welche die zutiefst historischen Entitäten der Produktion und der Produktionsweisen sich gründen). Aber würden diese, Natur und Biologie ergänzenden, Zusätze mehr erbringen als einige weitere Bände über die Geschichte der Protein- und Kalorienzufuhr, über die seit Urzeiten bestehende Anfälligkeit gegen Mikroben oder über die vergleichbare Muskelenergie von Frauen und Männern im Verlauf der Geschichte?

Adornos Vorschlag ist deshalb so originell, weil er diese Alternativen auf unerwartete Weise durchkreuzt, indem er davon ausgeht, daß wir den metaphysischen Impuls zwar nicht vollständig unterdrücken können, dies andererseits jedoch auch gar nicht wünschenswert wäre, weil darin der Triumph von Positivismus und Empirismus sichtbar zum Ausdruck käme (ein Thema, auf das das letzte Kapitel der *Negativen Dialektik* zurückkommt). Die labile Koexistenz, zu der die Metaphysik und ihre Auflösung bei Kant finden, ist eine bewundernswerte, aber unbrauchbare Analogie. Zugleich werden wir nicht aufhören, Sozial- oder Naturgeschichte (das heißt, die »Human-« und die Naturwissenschaften) zu betreiben, dies jedoch, wie immer wir die Forderung nach ihrer Vereinigung anerkennen mögen, auch weiterhin auf lediglich alternierende Weise tun. Unter diesen Umständen bietet sich, will man an der Idee der Naturgeschichte festhalten, folgende provisorische Lösung an:

> Am Gedanken wäre es [...], alle Natur, und was immer sich als solche installiert, als Geschichte zu sehen und alle Geschichte als Natur, 'das geschichtliche Sein in seiner äußersten geschichtlichen Bestimmtheit, da, wo es am geschichtlichsten ist, selber als ein naturhaftes Sein zu begreifen, oder die Natur da, wo sie als Natur scheinbar am tiefsten in sich verharrt, begreifen als ein geschichtliches Sein'.[23] (ND, 350)

Der Dualismus kann, anders gesagt, nicht durch die Inbesitznahme eines Gedankens oder durch einen Frontalangriff beseitigt werden, weil solche Dualismen ohnehin das Zeichen und die Narbe tiefgreifender historischen Entwicklungen und Widersprüche darstellen, doch können seine Pole sich dialektisch gegenseitig kurzschließen. So taucht die Marxische Konzeption der Produktionsweisen in den unheimlichen Halbschatten einer ganz anders gearteten Dimension ein, wenn wir ihre Ergebnisse nicht nur durch das Teleskop des Lévi-Strauss'schen Astronomen-Anthropologen betrachten, sondern sie vor allem mit den vom Körper losgelösten Augen des kosmischen Reisenden aus Olaf Stapledons *Star Maker* sehen, die sich von einer Milchstraße zur anderen bewegen und zu Zivilisationen gelangen, deren Bevölkerungen uns biologisch immer unähnlicher werden: von Hominoiden über »Nautiloiden« hin zu symbiotischen Existenzweisen, krabbenähnlichen Wesen und empfindungsfähigem pflanzlichen Leben. Doch wenn der Blick von der Kreisbahn des Merkur den Fatalismus zu verstärken beginnt, weil die Überzeugung wächst, daß die gesellschaftlichen Lebensformen und Entwicklungen durch biologische Kontingenzen begrenzt sind, dann ist es an der Zeit, dieses geistige Experiment umzuwälzen, und die Naturalisierung der Geschichte ins Gegenteil zu verkehren, indem die Natur selbst entnaturalisiert und als eine Art gesellschaftlicher Entität betrachtet wird.

An diesem Punkt schrumpft die (unveränderte) Darwinsche Wirklichkeit auf die geistigen Handlungen Darwins selbst und auf die im englischen Frühkapitalismus liegenden gesellschaftlichen Voraussetzungen für seine »Entdeckungen« zusammen: als das »Geschichtliche« der Natur erweist sich nun plötzlich unsere Fähigkeit, sie als gesellschaftliche Entität zu entdecken oder darzustellen und sie aus der gesellschaftlichen Welt der Menschen hinauszuprojizieren. (Daß eine solche Transformation der Natur – oder der wissenschaftlichen Entdeckung – in eine gesellschaftliche Tatsache nichts »Relativistisches« an sich hat, genauer, daß gesellschaftliche Determination und wissenschaftliche »Wahrheit« im Gedanken koexistieren können, ist eine jener grundlegenden Paradoxien, denen die zeitgenössische Geschichtsforschung, Soziologie und Wissenschaftstheorie nachgehen.)

Worum es hier geht, ist eine wechselseitige Entkontextualisierung der beiden miteinander unvereinbaren Pole des Dualismus von Natur und Geschichte, doch muß dies ganz offensichtlich – Adornos eigene Formulierung legt es nahe – ein fortwährender Prozeß sein, in dem keiner der beiden Termini je zur Ruhe kommt und auch eine endgültige Synthesis nicht erreicht wird. Die spärlichen Hinweise auf Lukács' frühe Formulierung von der Gesellschaft als »zweiter Natur« (in *Die Theorie des Romans)* teilen uns darüber, wie ein solcher Prozeß beschaffen sein müßte, nicht allzu viel mit. Schließlich dämmert uns, daß die *Dialektik der Aufklärung* selbst die Darstellung und Ausarbeitung dieses Prozesses ist; eine Einsicht, die viel dazu beitragen könnte, diesen eigenartigen und idiosynkratischen Text aufzuhellen. Tatsächlich haben viele von uns sich lange Zeit mit einem Problem herumgequält, das nunmehr einer falschen Fragestellung sich zu verdanken scheint, nämlich der, ob das Buch »im wesentlichen« Positionen von Nietzsche oder von Marx, oder faktisch Webersche Ideen und Grundsätze vertrete. Vielleicht, so spekulierten wir manchmal, ist es gar eine Synthese all dieser Ansätze (so wie Lukács zwei Jahrzehnte zuvor im Verdinglichungsbegriff die Synthese zwischen einem gewissen Marx und einem gewissen Weber herstellte); doch führte eine solche Hypothese nur zur verwirrenden theoretischen Zusatzfrage, wie man denn den »Erfolg« oder »Mißerfolg« dieser neuen chemischen Zusammensetzung verifizieren könne.

Denn die *Dialektik der Aufklärung* beginnt mit Furcht und Verletzbarkeit[24] angesichts dessen, was mit Natur selbst noch gar nichts zu tun hat, doch wird die zeitliche Dimension dieses Anfangs – der, wäre er (wie bei Hobbes oder Rousseau) mythisch im emphatischen Sinne des Wortes, die oftmalige und oftmals verdutzte Charakterisierung der *Dialektik der Aufklärung* als Inszenierung eines eigenständigen Mythos beglaubigen könnte – sogleich durch eine dialektische Operation berichtigt und aufgesprengt, die mittlerweile zumeist mit den Synchronien des Poststrukturalismus in Verbindung gebracht wird (vor allem, seit Althusser die maßgeschneiderte Formulierung dafür geprägt hat, wenn er vom »Immer-schon« spricht). Tatsächlich präzisieren Adorno und Horkheimer, daß es gerade der Prozeß der Beherrschung von Furcht und Verwundbarkeit ist, durch den die zeitliche Abfolge, zusammen mit dem geschichtlichen *telos*, überhaupt erst in Gang gesetzt wird.

In diesem Sinne bringt die Gegenwart – die zeitgemäßeste Form der Dialektik der Aufklärung – die Vergangenheit hervor, und insbesondere jene unmittelbare Vergangenheit ihrer eigenen Gegenwart, welche nun als archaisch, altmodisch, mythisch, abergläubisch, obsolet oder einfach als »natürlich« gebrandmarkt wird. Doch besitzt dies seine Gültigkeit, soweit wir in die Vergangenheit zurückblicken können, und im Grunde könnte die hier lancierte zeitliche Dialektik eine bessere Analogie in der Optik finden, wo mit jeder Verschiebung der visuellen Aufmerksamkeit sich ein neues seitliches Feld herstellt, das der Wahrnehmung für immer entrückt ist. Ob dergleichen mit der von Marx angenommenen Abfolge der Produktionsweisen und vor allem mit der Vorstellung einer ursprünglich-kommunistischen Stammesgesellschaft vereinbar ist – ja, ob die marxistische Konzeption nicht selbst dem nostalgischen Verlangen nach einem Goldenen Zeitalter Raum gibt (im Auftrag der rousseauistischen Tradition, wie sie etwa Sahlins' (1972) außerordentliche Theorie der »Ersten Überflußgesellschaft« vermittelt) – bleibt abzuwarten.

Festzuhalten ist, daß die besondere Originalität von Adornos und Horkheimers Konzeption einer »Dialektik der Aufklärung« darin liegt, daß sie jeglichen Anfang oder terminus a quo ausschließt und »Aufklärung« als einen »immer-schon« stattfindenden Prozeß beschreibt. Strukturell erzeugt er die Illusion, das ihm Vorangegangene (welches ebenfalls eine Form der Aufklärung war) sei jener »originäre« Moment des Mythos und der archaischen Einheit mit der Natur gewesen, die zu zerstören die »eigentliche« Aufklärung berufen ist. Wenn es also darum geht, eine historische Geschichte zu erzählen, müssen wir die *Dialektik der Aufklärung* als eine Narration ohne Anfang lesen, in der der »Sturz« oder die Dissoziation immer schon gegenwärtig ist. Wenn wir uns aber dazu entschließen, das Buch als eine Diagnose der Besonderheiten, strukturellen Grenzen und Pathologien der historischen Anschauung oder Narration selbst zu lesen, dann können wir den etwas anders gelagerten Schluß ziehen, daß das seltsame Nachbild der »ursprünglichen Einheit« immer im nachhinein auf das projiziert wird, was das historische Auge gerade als Gegenwart wahrnimmt, so daß es als deren »unvermeidliche« Vergangenheit erscheint, die spurlos verschwindet, wenn die direkte Anschauung ihrerseits darauf verschoben wird.

Das dramatischste Paradox, mit dessen Hilfe diese »Dialektik« durchgespielt wird, ist jedoch, angemessenerweise, die Diskussion des Mythos selbst, zusammen mit dem anthropologischen Beiwerk der rituellen und schamanistischen Techniken (das Adorno und Horkheimer bei Frazer gefunden haben mögen). Denn auch dabei handelt es sich um »Aufklärung«: das Ziel und die Funktion des Schamanen – darin ist er den Philosophen und Wissenschaftlern der späteren Geschichte vergleichbar – besteht in der Kontrolle der Natur (er soll die Fruchtbarkeit begünstigen, Regen bringen, die Götter versöhnlich stimmen). Ebenso müssen die mit dem Heiligen verbundenen Techniken eine Geschichte haben, die mit der allgemeineren Dialektik der Aufklärung insoweit im Einklang steht, als die wirksameren Religionen die ursprünglicheren und archaischeren verdrängen und bereits die Entstehung von Riten und Zeremonien selbst – zu schweigen von ihrer Kodifizierung und Verfeinerung – ein »Fortschritt« der Aufklärung ist. Das ist natürlich auch eine pikante Wendung gegen die traditionell-aufklärerischen Narrationen (das achtzehnte Jahrhundert sah sich als die Geißel all dessen, was vom Heiligen und vom Aberglauben im allgemeinen noch übriggeblieben war); doch die Begründung dafür, daß Medizinmänner der abendländischen Vernunft und Wissenschaft subsumiert werden, liegt, wie wir gleich sehen, in der Struktur der Rituale selbst.

In ihrer Beschreibung identifizieren Adorno und Horkheimer diese fortwährende Präsenz von Kontrolle und Herrschaft natürlich unmittelbar mit der Vernunft (allerdings im Sinne dessen, was Hegel den Verstand* und Sartre »analytische Vernunft«

nennen würde), die dann, in ihren späteren und der Gegenwart näheren Stadien in einem allgemeineren und kulturell umfassenderen Sinn als Positivismus gebrandmarkt wird (so muß sie, unter anderem, in ihrer Programmatik und ihren geistigen Verfahrensweisen das Selbstbewußtsein radikal eliminieren; vgl. DA, 4). Damit aber die Arbeitsweise dieses einzigen, totalisierenden, tendentiell vereinheitlichten Prozesses in einer Vielzahl von gesellschaftlichen Materialien und geschichtlichen Entwicklungen (deren jede, prägnant und narrativ formuliert, zu seiner Allegorie werden kann) der Beobachtung zugänglich wird, betonen Adorno und Horkheimer in ihrem einführenden Kapitel (»Begriff der Aufklärung«) die in all seinen Formen sich durchhaltende Identität dieses Prozesses, und nicht die Identifikation mit der einen oder anderen dieser Formen. Einige dieser Themen tauchen, direkter philosophisch verarbeitet, in der *Negativen Dialektik* wieder auf, allerdings in einem breiter gestreuten Kontext, so daß die beiden Texte sich gegenseitig ergänzen: der erste bringt die Argumentation zum Ausdruck, während der zweite eher auf die existentielle, gesellschaftliche und historische Bedeutsamkeit abzielt. Doch beginnen beide mit der Thematik von Identität und Äquivalenz (an diesem Punkt wird das Ritual selbst als ein Prozeß der mimetischen Ersetzung enthüllt, der somit dem entspricht, was in den späteren Stadien des wissenschaftlichen Denkens geschieht); und diese erste Darlegung dessen, was Adorno später als »Bann« bezeichnen wird, führt logischerweise weiter zu den Auswirkungen auf Zeit und Notwendigkeit, vor allem aber auf die *Wiederholung* als einer Struktur, die das Leben und Denken der Menschen (und die Benjaminsche Erfahrung) in der vollbrachten Aufklärung und ihrer Naturbeherrschung formt.

Daß dies in objektiver wie auch subjektiver Hinsicht zu verstehen sei, wird von den Autoren immer wieder und nicht zuletzt im Bilde des Odysseus hervorgehoben, dessen »Findigkeit« die Voraussetzung bildet für seine gleichermaßen gut entwickelte Selbstbeherrschung. Denn die Herrschaft über das Selbst geht Hand in Hand mit der Herrschaft über die äußere Natur; noch die bescheidenste Kontrolle über bedrohliche Kräfte in der Außenwelt setzt alle Ausgangsformen psychischer Unterdrükkung voraus (deren unauflösliche Verbindung mit der »Zivilisation« Freud in seiner Schrift über *Das Unbehagen in der Kultur* dargelegt hat): auch diese zählen mithin zu den Formen und Errungenschaften der Aufklärung und können in der pädagogischen Disziplinierung und Erziehung der Kinder (oder in der der nationalen Kulturen, wie es Norbert Elias beschreibt) beobachtet und rekapituliert werden. Doch läßt sich diese Unterdrückung, diese Herrschaft über die innere Natur (die man auch, mit Lacan, als die Konstruktion des Subjekts bezeichnen kann) am angemessensten erfassen, wenn man sie, auf etwas andere Weise, als die Transformation des Subjekts in ein Instrument und eine Waffe, ein Mittel begreift. Was vom Subjekt als Selbstzweck übrig bleibt (der eher als die große Utopie des ziellosen Sich-treiben-Lassens und In-den-Himmel-Blickens – siehe den Aphorismus »Sur l'eau« in den *Minima Moralia* – verstanden werden sollte und nicht im Sinne des selbst schon von Disziplin und Unterdrückung zehrenden Kantischen Imperativs) ist mithin wenig mehr als seine fortgesetzte Existenz, anders gesagt, seine Selbsterhaltung, die für Adorno immer das Zeichen der Gewalt ist, deren Abwesenheit, wäre sie denn möglich oder auch nur denkbar, sofort die Utopie Wirklichkeit werden ließe (»unverändert fast« wird dann die Welt sein, sagt Adorno, und folgt damit Benjamins Äußerungen über die talmudistische Konzeption einer vom Messias verklärten Welt).[25]

Wollte man über die Folgen spekulieren, die eine so umfassende Beseitigung des Bedürfnisses nach einem Überlebensinstinkt mit sich brächte, so würde das weit über die Grenzen von Adornos sozialer Lebens- und Klassenwelt (oder der unsrigen) hinausführen und in eine Utopie von Außenseitern und komischen Käuzen führen, in der die Zwänge der Uniformität und Konformität aufgehoben sind und die Menschen wie Pflanzen im Naturzustand wuchern: nicht jedoch die von Thomas More, denen Gesellschaftlichkeit durch das Wunder des utopischen Textes selbst implantiert wurde, sondern jene, die zu Beginn von Altmans *Popeye* auftreten und die, unbehindert von den Zwängen einer ansonsten tyrannischen Geselligkeit, zu den Neurotikern, Besessenen, Paranoikern und Schizophrenen aufblühen, die unsere Gesellschaft für krank erachtet, während sie, in einer Welt wahrer Freiheit, die Flora und Fauna der »menschlichen Natur« selbst ausmachen könnten.

Drei große Dimensionen der »Zivilisation« werden von Adorno und Horkheimer in bezug auf die Dialektik der Aufklärung als tendentielle Geschichten *(histories)* neu formuliert: Sprache, Denken und Philosophie, Gesellschaft und Arbeitsteilung. Die »Geschichte« der Sprache (die in sich die Kunst einschließt) steuert einen paradigmatischen Kurs, der vom heiligen

Namen zum Nominalismus, der endgültigen Entsakralisierung der Sprache im Positivismus, führt und schließlich in das Prosaische und Wissenschaftliche einmündet. In einem späteren Stadium, das sich mit dem ersten noch überschneidet, wird der Vorgang aktenkundig, wenn wir ihn in bezug auf das abstrakte Denken neu formulieren, das seine endgültige Form im Positivismus und der Mathematik findet. Mit der Arbeitsteilung jedoch und mit dem Kapitalismus, in dem die unterschiedlichen Produktionsweisen kulminieren, wird die Gesellschaft selbst zu jener Totalität und jenem Schicksal, das einstmals ihrer Antagonistin, der Natur, zugeschrieben wurde. An diesem Punkt nun nehmen die an Paradoxien reichen Formulierungen der Autoren die verwirrendsten Chiasmen von Rousseaus Zweitem Diskurs wieder auf: »die Gewalt des Systems über die Menschen [wächst] mit jedem Schritt [...], der sie aus der Gewalt der Natur herausführt« (DA, 45).

Doch nicht einmal Rousseau schlug die, ohnehin unmögliche, Rückkehr in den Naturzustand vor (ein für Horkheimer und Adorno ebensowenig gangbarer Weg), sondern den sehr viel unvollkommeneren Gesellschaftsvertrag; und hier halten es auch Horkheimer und Adorno noch für möglich, den Bann der Aufklärung zu brechen: in der Zelebrierung der Dialektik als »bestimmter Negation« (DA, 30), in der Beschwörung der Marcuse abgelauschten Wiedergutmachung, dem »Eingedenken der Natur im Subjekt« (DA, 47), schließlich in der direkten Forderung nach »umwälzender wahrer Praxis« (DA, 48), jenseits derer eine Utopie liegen könnte, die Unterdrückung und Zwang nicht kennt.

Wiewohl nun dieses dicht geschriebene Kapitel eine Vielzahl von Wegen und Richtungen einschlägt, so wird doch, da sein Thema die Äquivalenz ist, alles auf diese reduziert. Die Leistungen der Aufklärung gelten ihm als Formen monotoner Wiederholung, sie unterwirft ihre diversen Rohmaterialien einer einzigen unbeugsamen Logik, die alle menschliche Geschichte zur reinen Wiederholung stempelt. Allerdings entfaltet die vorherrschende Form, die die Beschreibungen dieses Prozesses hier annehmen, noch nicht den Kode der Identität, den wir in der *Negativen Dialektik* wirken sahen; zu identifizieren wäre sie wohl eher mit der von Weber beschriebenen Ersetzung der Ziele durch Mittel, einer Bewegung, die er Rationalisierung nennt und die bei Adorno und Horkheimer instrumentelle Vernunft heißt. Sicherlich aber bieten Webers historiographische Illustrationen dieses Prozesses (von der Religionssoziologie bis zur Geschichte des Rechtssystems)[26] nichts, was sich mit dem Kommentar zur *Odyssee* in der *Dialektik der Aufklärung* vergleichen ließe, wo die Abenteuer des griechischen Helden in dem Sinne zu Allegorien der verschiedenen Stadien der »Zivilisation« werden, in dem die Monster und Fabelwesen, denen er begegnet und die er bekämpft, an die vielen archaischen Produktionsweisen gemahnen und zugleich tiefer gelegene, instinktivere Seelenschichten bezeichnen, die die Vernunft in ihrer Fortentwicklung zurückdrängen muß.

Daß die gesellschaftlichen Folgen solcher Unterdrückung – Wut, Ressentiment, kultureller Neid – dann im Antisemitismus-Kapitel ihren Platz finden sollten, ist nur logisch, während die aufklärerische Reduktion der Ethik selbst zu einem instrumentellen und manchmal unmenschlichen Überbleibsel (die im Kant und Sade gewidmeten Kapitel beschrieben wird) mit Webers eigenem Programm vermutlich weniger in Einklang zu bringen ist, obwohl er von dieser These sicher überrascht gewesen wäre. (Der unauflösliche Widerspruch in der zeitgenössischen Ethik wird, wie wir gesehen haben, später von den *Minima Moralia* auf etwas andere Weise verhandelt.) Dennoch lassen auch diese Kapitel die Nähe zu einer durch und durch Weberschen Auffassung spüren, was an dem eisern repetitiven Charakter, mit dem die Aufklärung tendentiell sich ausbreitet, ebenso deutlich wird wie an den wesentlichen politischen Termini – Herrschaft, Gewalt, Macht –, mit denen diese Tendenz beschrieben wird. Dieses Gefühl einer Wahlverwandtschaft mit Weber läßt die Frage, ob die Geschichtsauffassung der *Dialektik der Aufklärung* mit dem Marxismus vereinbar sei, nur umso drängender erscheinen.

Bevor wir uns jedoch dieser Frage zuwenden, soll noch von zwei Charakterzügen der bei Horkheimer und Adorno skizzierten »Geschichtsanschauung« die Rede sein, die das Bild eines Mechanismus à la Weber, der sich während des ganzen Geschichtsverlaufs auf immer höheren Stufen der Verfeinerung reproduziert, als zu simpel erscheinen lassen. Hierbei geht es zum einen um die Intervention des »Mimesis«-Begriffs, dessen Beziehung zur Aufklärung nicht von vornherein offensichtlich ist, zum anderen um die berühmte Analyse der sogenannten Kulturindustrie, deren Funktion hier unklar erscheint, obwohl ihre Trostlosigkeit und ihr Pessimismus mit dem Gesamttenor in Einklang steht. (Was die »Aufzeichnungen und Entwürfe« betitelten Zusätze angeht, so neigen sie dazu, die repetitive Struktur der Analyse zu bestätigen, die von daher an einem beliebigen Punkt angehalten werden oder immer weitergeführt werden kann; in diesem Sinne können die *Minima Moralia* als Fortsetzung gesehen werden, und als Zeichen des Gefühls, daß immer noch nicht alles gesagt ist.)

Das Rätselhafteste an der »Mimesis« ist nicht der Gehalt dieses Begriffs, sondern sein Status, auf den überall in der *Dialektik der Aufklärung* angespielt wird (als wüßten wir schon, was damit gemeint ist), während wir in späteren Werken auf diesen Band als die vollständige offizielle philosophische Darstellung eben jenes Begriffs verwiesen werden. Die philosophischen Traditionen des klassischen Altertums sind vor allem nützlich, um begriffliche Unterschiede zu bestimmen: insbesondere wird die Nachahmung im platonischen oder aristotelischen Sinne als ein Handwerk begriffen, aus dem potentialiter ein Produkt hervorgeht (vgl. Vernant 1965, Cahn 1984). Das unterscheidet sich für Adorno grundlegend von der reinen Aktivität der Mimesis, die auf der einen Seite von der bloßen Mimikry und auf der anderen von Frazers Begriff der »sympathetischen Magie« begrenzt wird (und hier vor allem vom auf der Metapher beruhenden imitativen Typ, der den metonymischen Formen der homöopathischen oder »ansteckenden« Magie entgegengesetzt ist, zu denen Adorno sich eher gleichgültig verhält). Obwohl der (in dieser Form relativ junge) Begriff des Narrativen in Adornos Denken keine formale Rolle spielt, haben wir doch bereits gesehen, daß zwischen dem, was wir das Narrative nennen, und dem, worauf er das Wort Mimesis bezieht, eine tiefe Verwandtschaft besteht. Dergestalt ersetzt »Mimesis« die Metapher als eine für Adornos Denken grundlegende Kategorie und fungiert oftmals als ein angemessenerer Ersatz für die ursprüngliche Beziehung zwischen Subjekt und Objekt (die im Posthegelianismus so oft verdinglicht wurde): »Mimesis« verhindert das dualistische Denken, indem sie den Dualismus beim Namen nennt und seine Wirkungsweise deutlich macht (wie der Begriff der »Instrumentalisierung« dies für die Webersche Dialektik von Zwecken und Mitteln zu leisten schien).

Was der Begriff aber durch seine überbordenden Implikationen zusätzlich zu enthalten scheint, sind Momente des Anthropologischen, vermittelt er doch den Eindruck, Mimesis sei eine archaische Aktivität dergestalt, daß sie zumindest implizit Gefahr läuft, irgendeiner Konzeption der menschlichen Natur zugeordnet zu werden (was der Begriff der Metapher selbst oder die abstrakte Subjekt-Objekt-Beziehung niemals nahegelegt hat). Hier eröffnet sich eine Tiefenperspektive, wenn der Begriff entfaltet wird, ein historischer Raum, der die Proto-Narration einer Genese oder einer Genealogie erfordert; doch wird dadurch auch der Anschein des »Immer-schon« dieser besonderen Welt verstärkt, die sich so verhält, als wäre sie uns bereits bekannt und von einem anderen Ort gekommen, wo ihre Existenz längst beglaubigt ward. (Es entbehrte nicht der Ironie, wenn Adornos grundsätzliche und unbeirrbare Abneigung gegen Definitionen – eine Sache, für die er mit Recht die Autorität von Kant und Hegel gewinnt – hauptsächlich durch den Vorsatz motiviert wäre, diese besondere Definition von vornherein zu umgehen.)

Doch spielt die Mimesis in der *Dialektik der Aufklärung* eine strukturell eigenartige Rolle, denn sie vor allem bezeichnet den Punkt, an dem das Problem, ob die Geschichte der sogenannten abendländischen Vernunft kontinuierlich oder diskontinuierlich verlaufen ist, mit Entschiedenheit sich stellt. Die berühmte Formulierung, Odysseus sei das »Urbild [...] des bürgerlichen Individuums« (DA, 50), ist eine reine Nebensächlichkeit, die lediglich zu sehr unbestimmten Vorahnungen Anlaß gibt, daß der Zusammenhang zwischen klassenbezogenen und ökonomischen Materialien einerseits und den Interpretationen andererseits bei der Frankfurter Schule im allgemeinen nicht ganz reibungslos sein möchte; die nachklassische Auffassung von Odysseus als einem Helden der Kultur würde schon ausreichen, um die Formulierung zu rechtfertigen. Aber die meisten modernen Traditionen der Geschichtsschreibung (von idealistischen Ideengeschichten bis zu marxistischen Auffassungen) haben mit so hinreichender Entschiedenheit auf der strukturellen Besonderheit der abendländischen Wissenschaft (mit anderen Worten: des Kapitalismus) beharrt, daß die größere Nebensächlichkeit der *Dialektik der Aufklärung* – die Entstehung der Aufklärung in prähistorischer Zeit und die annähernde Gleichsetzung von Wissenschaftlern mit Schamanen und Vertretern des Animismus – denn doch der näheren Begründung bedürfte.

Bildet, anders gesagt, die Menschheitsgeschichte ein einziges, umfassendes Kontinuum, das in diesem Falle vor allem durch die Allgegenwärtigkeit der Macht in Form von Gewalt und Herrschaft, das heißt: durch das *Politische* zusammengehalten würde – oder gibt es in ihr einen fundamentalen Bruch oder Sprung oder Wandel, der in jenem »kleineren Vorgebirge von Asien«, in

Europa also, zur Entstehung eines rein *ökonomischen* und säkularisierten Systems und zur Herausbildung der Wissenschaft als der ersten rein säkularisierten Form menschlichen Denkens führte? Die zweite Alternative jedoch, die kaum einen absoluten Bruch postulieren kann, erfordert die Einführung einer Dialektik, in der der kategoriale Rahmen der gleiche bleibt, aber, da er den Übergang vom ersten zum zweiten Moment absichert, modifiziert wird (ich bin der Ansicht, daß die moderne Dialektik de facto aus dem Problem entstand, wie dieser gesellschaftliche und historische doppelte Maßstab im achtzehnten und frühen neunzehnten Jahrhundert begrifflich zu fassen sei).

In diesem Fall nun ist es gerade der Begriff der Mimesis, der diese Dialektik ermöglicht: die Wende zur sogenannten abendländischen Wissenschaft erscheint nun als Resultat des anti-mimetischen Tabus und der anti-mimetischen Regression, das heißt, als Übergang von einer auf sinnlicher Wahrnehmung beruhenden, qualitativ orientierten »Wissenschaft« hin zu Notationssystemen und Analysen, die ihre Grundlage in Geometrie und Mathematik finden. Doch bleibt bei dieser Beschreibung, die die Besonderheit der »Wissenschaft« auf ihre Darstellungs- und Sprachformen verschiebt, die Kontinuität zwischen Wissenschaft und Ritual – als Herrschaftsformen – erhalten. In jedem Fall ist es wohl eher der Psychoanalyse als Hegel oder Marx geschuldet, wenn wir heute bereit sind, ein und dem selben Impuls und dem, wodurch er unterdrückt wird, dialektische Kontinuität zuzusprechen, und den mimetischen Impuls wie auch das antimimetische Tabu als ein einziges Phänomen (mit gegenteiligen Wirkungen) anzusehen. Zugleich kann die psychoanalytische Konstruktion Adorno dazu ermächtigen, das Prinzip (im Kapitel über Antisemitismus) weiterzuentwickeln und im Hinblick auf eben diesen unterdrückten Impuls von einer »Wiederkehr des Verdrängten« zu sprechen. Und schließlich läßt sich ein recht ungewöhnlicher »Gegensinn der Urworte« an Adornos eigener Ambivalenz dem Tabu gegenüber ablesen: seine Haltung ist, ganz im Geiste der auf Weber sich berufenden Rationalitätskritik, deutlich ablehnend, wenn es um die Wissenschaft geht, wird aber eigenartig positiv und mystisch, wenn es, mit einer ganz geringen Problemverlagerung, um das »Bilderverbot« geht, mittels dessen unsere Scheu davor, die Utopie auszumalen oder vom Glück auch nur zu reden, gerechtfertigt wird.

Diese kontinuierliche Geschichte von Herrschaft und Beherrschung, die in der *Dialektik der Aufklärung* dargelegt wird, hat nun noch einen zweiten offenkundigen Haken, der sich angegelegentlich des Kapitels über die »Kulturindustrie« bemerkbar macht, dessen Bedeutung sich weniger aus der Perspektive einer allgemeinen Kritik an westlicher Wissenschaft (oder am Positivismus) zu erschließen scheint als vielmehr aus einer Sichtweise, in der sich die Wahrnehmung amerikanischer Verhältnisse dokumentiert. Diese amerikanische Perspektive ist aber zugleich die der (von Pollock und Grossmann entwickelten) Theorie des »staatsmonopolistischen« Kapitalismus, welche Adorno und Horkheimer dazu dient, ihre Konvergenztheorie der Entsprechungen zwischen den Vereinigten Staaten des New Deal und Hollywoods einerseits und Nazideutschland andererseits zu untermauern. Solche im Kapitel häufig auftauchenden Vergleiche werden weniger fromme Entrüstung auslösen, wenn man begreift, daß das, worauf sie – neben den Ähnlichkeiten zwischen dem repressiven Konformismus Amerikas und dem schnellen Abwürgen der Opposition unter Hitler – eigentlich abzielen, heute ohnehin von den meisten Autoritäten anerkannt wird: die Neuartigkeit einer im Entstehen begriffenen Medientechnologie, die vor allem in den USA und Deutschland vorangetrieben wird und hier wie dort bedeutsamen Einfluß auf die Strukturen der Öffentlichkeit gewinnt.[27]

In den *Minima Moralia* zeigt sich, wie diese Kritik an den Vereinigten Staaten aussieht, wenn die »Konvergenz«-Hypothese entfällt und eine auf konventionellere Weise europäisch grundierte Sichtweise wieder die Oberhand gewinnt. Jetzt nämlich liegt der einzige Kontrapunkt sozusagen zwischen Proust und Hollywood, zwischen gesellschaftlichen und kulturellen Beobachtungen, die sich von der Atmosphäre der Zwanziger Jahre und von der Fortdauer einer älteren aristokratischen Tradition in Europa nähren, und solchen, die den rohen und unverfrorenen Materialismus des amerikanischen Lebens (wie er sich vor allem in den Augen der Emigranten darstellt) beklagen. Dieser Gegensatz wird auch an ökonomischen Formen festgemacht, jedoch auf weniger theoretisch bestimmte Weise: »In Europa hatte die vorbürgerliche Vergangenheit überlebt in der Scham, für persönliche Leistungen oder Gefälligkeiten sich bezahlen zu lassen« (MM, 259). Darin ist alles enthalten: von den unmittelbaren Reaktionen auf die Amerikaner und ihre Kultur (ein »würdeloses Volk«) über den Schrecken der Lohnarbeit (schrecklich insbesondere für Intellektuelle) bis hin zum fast metaphysischen Thema der Selbsterhaltung als einem über die menschliche Gattung verhängten Schicksal. In diesem Zusammenhang erscheint die hin und wieder geäußerte Einschätzung, der Antikapitalismus von Marxisten wie Adorno habe mit dem Mandarinentum von Gelehrten mehr zu tun als mit der Arbeiterklasse, nicht unplausibel.

Doch ist die Sichtweise des Kapitels über »Kulturindustrie« anders ausgerichtet, sie berührt das Ökonomische als solches kaum und zeichnet die Angehörigen der Arbeiterklasse als einfältige Opfer (»die, an denen ohnehin alles sich rächt, die Zurückgebliebenen«, DA, 147). Man kann, so denke ich, die Intention dieses Kapitels verdeutlichen und einige weniger zielgerichtete Einwände dagegen zerstreuen, wenn man erkennt, daß ihm überhaupt nicht um eine Theorie der Kultur geht, jedenfalls nicht in der Bedeutung, die das Wort für uns spätestens seit Raymond Williams angenommen hat. Doch selbst für die Anthropologen wie auch für Benjamin bildet die Kultur eine Schutz- und Anpassungszone, in der die infrastrukturellen Härten der Natur oder des Wirtschaftssystems vermittelt, rationalisiert, gemildert und bisweilen in utopischer oder antizipatorischer Manier verklärt werden: für Benjamin wehrt die Kultur die kaleidoskopischen Schocks ab, denen die Wahrnehmung in den Großstädten des neunzehnten Jahrhunderts ausgesetzt ist; sie ist ganz offensichtlich eine Brutstätte des falschen Bewußtseins, aber auch eines Bedürfnisses nach Schmuck und Luxus, in dem der Wille zu einer Freiheit jenseits der reinen Notwendigkeit seinen Ausdruck findet.

Es ist wichtig, festzuhalten, daß Adorno unter »Kultur« etwas ganz anderes versteht; das Kapitel über »Kulturindustrie« beschäftigt sich mit individuellen Werken oder Charakteren – von Toscanini bis zu Victor Mature und Betty Grable, es beleuchtet die individuelle Subjektivität und ihre tendentielle Reduktion und Subsumtion, aber es umfaßt keinen Begriff der Kultur als einer besonderen Struktur oder Sphäre innerhalb der Gesellschaft. Deshalb ist es ein Fehler, anzunehmen, daß Adornos »elitäre« Kritik an der »Kulturindustrie« auf irgendeine Weise seine Haltung gegenüber der »Massenkultur« definiert, wenn man diese nicht als eine Reihe kommerzieller Produkte sondern als einen sozialen Lebensbereich begreift: ungeachtet der gewaltigen Veränderungen und Wandlungen, denen die »Massenkultur« seit dem Hollywood der vierziger Jahre und bis in die Postmoderne ausgesetzt war, hat Adorno die Kultur in keinerlei Hinsicht als gesellschaftlichen Lebensbereich aufgefaßt, und eben hier müßten die Einwände gegen seine Theorie ansetzen (sofern nicht – umgekehrt – der gegenwärtige Begriff der Kultur selbst als Reflex der ungeheuren Ausweitung der kulturellen Sphäre und der Akkulteration des Alltagslebens seit den sechziger Jahren zu betrachten ist).

Wenn jedoch das falsch gestellte Problem einer Adornoschen Kultur-»Theorie« entfällt, so wird deutlich, wie das Kapitel dem Gesamtplan der *Dialektik der Aufklärung* sich einfügt. Es verfolgt, auf welch unerbittliche Weise die »Aufklärung« (oder, wenn man eine andere Version vorzieht, der »Positivismus«) in der Moderne auf den Geist selbst, auf die individuelle Subjektivität sich ausdehnt und sie durchdringt. Die freche Ironie, mit der auf Kant Bezug genommen wird (die Kulturindustrie hat für ihre Produkte eine stromlinienförmige Version des Kantischen Schematismus entwickelt; vgl. DA, 132) zieht ihre Dichte aus der privilegierten Position, welche die Ästhetik in der Epoche des klassischen deutschen Idealismus und in den Anfängen des Kapitalismus einnahm: eine Position, die nicht auf irgendeinem Kanon von Meisterwerken beruhte, sondern in dem Raum gründete, den sie der Entfaltung einer nicht-entfremdeten Subjektivität, die weder Geschäft noch Wissenschaft, weder Moralität noch reine Vernunft war, damals noch zu bieten vermochte. Genau diese Enklave wird nun – als eine Art letzter Grenze und unerforschtem Territorium für die Dialektik der Aufklärung – von der Kulturindustrie allmählich kolonisiert. Von daher werden individuelle »Kunst«-Werke minderen Ranges hier nicht aus rein ästhetischen Gründen bewertet, nicht einem rigiden »Maßstab« der Hochkunst unterworfen (wir werden in unserer Untersuchung der *Ästhetischen Theorie* sehen, daß dieser »Maßstab« die Produkte der Kulturindustrie in ihrer Gesamtheit ausschließt), sondern gelten vielmehr als mannigfache Symptome der Herabminderung von Subjektivität.

Abgesehen davon ist die Kulturindustrie in der Sicht von Horkheimer und Adorno weder Kunst noch Kultur, sondern reines Geschäft und von daher ein Bereich, an dem die tendentielle Konvergenz von Monopolisierung und Instrumentalisierung deutlicher sich zeigt als in anderen Sparten des Warenaustauschs. In theoretischer Hinsicht ist gerade dies Kapitel zusätzlich bedeutsam und interessant, weil wir hier die experimentelle Kombination zweier Analysearten finden, die oft miteinander verwechselt werden, jedoch weniger Gemeinsamkeiten aufweisen, als gewöhnlich angenommen: die Instrumentalisierung und die Verwandlung aller Gegenstände in Waren *(commodification)*. Die letzten Seiten des Kapitels über Kulturindustrie beschäftigen sich mit dem Radio und werfen das paradoxe Problem auf, was mit einer Ware geschieht, die zur freien Verfügung steht: sind (und das kann auch auf Fernsehbilder ausgedehnt werden) diese Angebote dadurch in geringerem oder größerem Maße Waren (und gibt es Abstufungen in der Warenstruktur)? Die selben Seiten inszenieren aber auch den Höhepunkt in der Narration, die von der Sprache und ihrer Auflösung handelt und im ersten Kapitel (»Begriff der Aufklärung«) ihren Anfang nahm: denn der erste magische Name kommt nicht in den Verdinglichungen der wissenschaftlichen Sprache zur Ruhe, sondern hier, mit Hitler und der amerikanischen Radioindustrie, in der endgültigen Form einer Sprache, die zum reinen Markennamen wird.

Wir müssen nun versuchen, diese riesige Klammer, in der die Besonderheiten der *Dialektik der Aufklärung* aufgelistet wurden, zu schließen, um diesem einflußreichen Text einen Ort in Adornos Gesamtwerk zuzuweisen. All die oben beschriebenen Charakteristika werden erhellt, wenn wir dieses Buch im Hinblick auf Adornos These vom Wechsel zwischen Natur- und Sozialgeschichte begreifen. Dann nämlich wird es zur naturhistorischen Variante einer eher marxistischen Sozialgeschichte. Diese beiden Alternativen kann man sich nun als äußerst umfangreiche Programme einer Neubestimmung vorstellen, die sich gegenseitig nicht widersprechen, ihre jeweiligen Ergebnisse jedoch in zwei miteinander unvereinbaren Sprachen formulieren. Daß es eines Wechsels zwischen diesen Sprachen bedarf, ergibt sich aus der Erkenntnis, daß zwischen ihnen heute keine Synthese denkbar erscheint, zugleich aber, wie bereits bemerkt, jede für sich isoliert in die Irre führt. Von daher erübrigt sich die Annahme, daß die *Dialektik der Aufklärung*, weil sie nicht-marxistische Erklärungsformen benutzt, sich jenseits des Marxismus stellt oder die im wesentlichen marxistischen Programme der Frankfurter Schule aus den dreißiger Jahren widerruft (folgte man dieser Interpretation, so würde man entweder Adornos spätere Arbeiten, insbesondere die *Negative Dialektik*, oder den Gebrauch, den die radikale Studentenbewegung von diesem frühen Text und seinen Vorläufern machte, nur noch unter Schwierigkeiten erklären können).[28]

Denn die Perspektive der Naturgeschichte, die eine auf anderen Erklärungsweisen beruhende theoretische Alternative zu sein scheint, ist de facto eher eine Art von *Verfremdung (defamiliarisation)*, so als würde man die gleichen Phänomene (samt ihren Erklärungen) gleichsam von der Umlaufbahn des Merkur aus betrachten.

> [Der Geist] ist im Dasein entsprungen, als Organ, sich am Leben zu erhalten. Indem jedoch Dasein im Geist sich reflektiert, wird er zugleich ein anderes. Das Daseiende negiert sich als Eingedenken seiner selbst. Solche Negation ist das Element des Geistes. Ihm selber wiederum positive Existenz, wäre es auch höherer Ordnung, zuzuschreiben, lieferte ihn an das aus, wogegen er steht. (MM, 328)

Diese wesentlich anthropologische Sicht auf das Bewußtsein täuscht einen Blick von außerhalb, aus der Perspektive des Beobachters vom Mars vor und subsumiert jeglichen konkret-historischen Gehalt des Geistes, in welchem Stadium er auch immer beobachtet wurde. In jedem dieser Stadien »reflektiert« eine bestimmte technologische Bewußtseinsebene die Arbeitsteilung, löst »Probleme, die aus der Evolution der Produktionsweise sich ergeben«, bringt eine bestimmte Klasse von Intellektuellen hervor, spannt ein Auffangnetz von Ideologien aus, deren Funktionen mit der anstehenden Klassenanordnung sich im Einklang befinden. Die anthropologische Perspektive weiß zur Analyse dieses konkreten Moments wenig zu sagen, kann den Ergebnissen einer im eigentlichen Sinn sozioökonomischen Theorie wenig hinzufügen. Sie greift ein, wenn wir versucht sind, die idealistische Sicht auf den Gegenstand – den Geist oder das Bewußtsein – zu verewigen: eine Sicht, die für dessen begrenzte Analyse provisorisch erforderlich ist, danach aber wieder in die umfassendere materialistische Anschauung der Naturwissenschaft aufgelöst werden muß, bevor zur Annahme von autonomen oder unabhängigen »Entitäten« – wie Geist oder Kultur, oder auch Politik oder Ökonomie selbst – verleitet, die vielmehr als Momente innerhalb einer dialektischen Totalität anzusehen sind. Die Naturgeschichte greift also in jenen (von uns bereits untersuchten) Momenten methodologischer Widersprüchlichkeit ein, in denen es sich als unmöglich erweist, die »Kulturkritik« oder die »Soziologie der Ideen« (oder, auf andere Weise, die Ethik per se) zu Einzeldisziplinen zu machen, die keine inneren Widersprüche aufweisen.

Aber die anthropologische Perspektive selbst – wie etwa der Widerhall des »Mimesis«-Begriffs – erfordert natürlich einen

Kode oder ein Vokabular, das sich von dem des Sozioökonomischen unterscheidet, und sie betont eher die Herrschaft als die Produktion. Diese Nebentöne in der *Dialektik der Aufklärung* haben oft zur Vermutung Anlaß gegeben, es handle sich dabei um Einflüsse, die von Nietzsche oder Weber oder gar vom Sozialdarwinismus herrühren. Unserer Hypothese zufolge, die im wesentlichen die einer Strategie der Neuformulierung ist, liegt jedoch im Entschluß, eine bestimmte Produktionsweise als Art der Naturbeherrschung zu verstehen, nichts besonders Exklusives, vorausgesetzt, daß diese neue Beschreibung an die Naturgeschichte erinnern soll und keine neue, eigenständige Theorie darstellt. Folgt man Adornos methodologischer Regel, so wäre im nächsten Schritt »Herrschaft« selbst als ein wesentlich gesellschaftlicher und historischer Begriff zu entlarven und der Gehalt dieser ganzen historiographischen Linie revidiert und im Hinblick auf das Gesellschaftliche erneut umformuliert werden. Wird aber Natur als erster oder grundlegender Kode verabsolutiert, dann verkommt sie noch schneller zur Ideologie als die viel offensichtlicheren klassengebundenen Ideologien der Geschichte und wird im nächsten Kapitel ohne Umschweife entlassen, »auch wo sie sich zum Urgestein des Seins wird, als Projektion des schlechten kulturellen Verlangens, es müsse in allem Wandel doch beim Selben bleiben« (ND, 359). So sind wir wieder bei der grundlegenden Differenzierung angelangt, von der wir ausgingen, einer Dialektik der Geschichte, in der selbst die Gesetze des Wandels auf jeder neuen Stufe verändert werden, und jener anderen Art der »Dialektik« – welche die der Aufklärung genannt wurde – in der die Wiederholung ein monotones Gesetz ihres scheinbaren Wachstums in der Zeit darstellt. Aber wie läßt sich bestimmen, ob diese Wiederholung ein Verhängnis ist oder eine Angst, die eine Wunscherfüllung nährt?

Da nun mittlerweile die Beziehung zwischen ökologischer und sozialistischer Politik auf der Tagesordnung steht und auch im Marxismus Natur und Naturwissenschaft auf mannigfache Weise neu problematisiert worden sind (während zuvor der größte Teil des sogenannten westlichen Marxismus für die Wissenschaft kein Interesse zeigte), erscheinen auch Adornos Äußerungen zur Naturgeschichte in einem anderen Licht. So kann dieser neue dialektische Doppelmaßstab und die alternierende diskursive Beziehung, die Adorno ins Spiel bringt, nicht nur konventionelle Sichtweisen über die vorgeblich wissenschaftsfeindliche Haltung der Frankfurter Schule in Frage stellen (die Vernunftkritik mit einem Aufruf zur Naturgeschichte verband!), sondern auch zu einer neuen Strategie und einem neuen Paradigma anregen.

Die endgültigen Termini einer jeden vor dem Hintergrund der Natur entworfenen Geschichtsanschauung betreffen jedoch den unablässigen Strom der Generationen selbst, die fortwährende Verwandlung des Flusses von Organismen, in den man nicht zweimal steigt, die schwindelerregende Perspektive von Kafkas *Josefine*-Erzählung und die Allgegenwärtigkeit von Vergehen und Tod – was mit dem unübersetzbaren deutschen Wort Vergängnis* bezeichnet wird, mit dem der Abschnitt über Naturgeschichte und das gesamte Kapitel »Weltgeist und Naturgeschichte« ihr signifikantes Ende finden. Eine solche Sprache aber, die den Staub der menschlichen Ereignisse und Handlungen auf das Gewimmel des Nicht-Menschlichen reduziert, würde es darauf angelegt haben, uns gänzlich aus der – sei's menschlichen, sei's natürlichen – Geschichte in den Bereich der Metaphysik selbst zu führen. Und genau diesem Bereich wendet sich Adorno im letzten »Modell« der *Negativen Dialektik* zu.

Zwölf

Adornos letzter Satz in dieser Komposition kommt einem »literarischen« Text am nächsten – das heißt, einem Text, der thematisch, nicht philosophisch zu lesen ist –, mit dem Ergebnis, daß jede Lesart sich von den anderen »um ein Geringes« unterscheiden wird. Die Ursache für diese kaum wahrnehmbare Differenz liegt zweifellos im Inhalt des Kapitels, das Standpunkte zur Frage der »Metaphysik« darlegt, die miteinander unvereinbar, und zugleich unhaltbar und unvermeidbar sind und im Widerspruch zueinander stehen. Der daraus sich ergebende Rhythmus ist somit ganz verschieden von der Rotation des Begriffs selbst im Kapitel über »Freiheit«, wo die Differenzen auf interne Weise aus dem Untersuchungsgegenstand erwachsen, verschieden auch von dem Impuls zur Naturgeschichte, den wir im vorigen Abschnitt erörterten. Aber selbst bei den drei transzendentalen Ideen von Kant hat sich herausgestellt, daß sie sehr unterschiedliche Arten der internen Dysfunktion entwarfen: die Paralogismen waren ganz und gar nicht das Selbe wie die Antinomien, während die Unmöglichkeit des ontologischen Gottesbeweises ein wiederum ganz anders geartetes Thema zum Abschluß brachte. Von daher dürfen wir uns diesem letzten Modell nicht mit der Erwartung nähern, vergleichbare Schlüsse ziehen oder vergleichbare Ergebnisse in Händen halten zu können: diese waren ohnehin schon in den ersten beiden Modellen jeweils verschieden, wobei die strukturelle Lehre von der radikalen Unreinheit oder Heteronomie der Ethik auf etwas wesentlich Fundamentaleres zielte als die methodologische Forderung nach dem Wechsel zwischen Natur- und Sozialgeschichte.

Das Kapitel über »Metaphysik« jedoch scheint Adornos eigene Paralogismen in sich zu bergen: der Tod ist überall und allgegenwärtig, insbesondere vielleicht in dieser spätkapitalistischen Gesellschaft nach Auschwitz, andererseits aber scheinen wir jeden Gedanken daran aus dem Gewebe des Alltagslebens entfernt zu haben. Der überragende Wert, den Kant für uns besitzt, liegt in der Art und Weise, mit der er dem letztmöglichen metaphysischen Bedürfnis in der säkularisierten Gesellschaft der Moderne konkreten Ausdruck verleiht; zugleich aber ist er auch der erste Positivist und öffnet ein ganzes Arsenal von Argumenten für die Eliminierung des Metaphysischen an sich. Die Metaphysik ist nicht, wie Comte dachte, ein Zusammenbruchsstadium in der Säkularisierung der Theologie; sie verkörpert vielmehr ihren eigenen spezifischen Wert – Wahrheit –, doch in diesem Fall ist die Theologie vielleicht im Vorteil, insofern ihr höchster Wert – der Körper – zugleich materialistisch und transzendental ist. Was nun ein vorgeblich »drittes Stadium« des Denkens betrifft – die Dialektik –, so ist diese unverzichtbar nur unter der Bedingung ihrer Selbstaufhebung: diese letzte, logische Stufe der »negativen Dialektik« scheint mir das einzige Moment zu sein, an dem Habermas' Befürchtung, diese tiefgreifende Kritik der Vernunft könnte in der Sackgasse des Irrationalismus enden, potentiell sich rechtfertigen ließe, wiewohl das rationale und dialektische Denken bei Adorno nicht vom Instinkt und ebensowenig von der Verlockung falscher Unmittelbarkeiten durchkreuzt wird, sondern vielmehr vom Materialismus und dem körperlichen Verlangen.

Was ich von diesem verwirrend suggestiven Kapitel bewahren möchte, ist vor allem eine gewisse Spannung zwischen zwei Arten von Zeitlichkeit, die Adornos Denken und Erfahrung prägen: zum einen die Zeitlichkeit des konstitutiv Unvollständigen, die in der Unabgeschlossenheit, der Nicht-Erfüllung ihre Belohnung findet, zum anderen die Zeitlichkeit des Überlebens oder der ungleichen Entwicklung – die Zeitlichkeit von Proust und die Zeitlichkeit von Auschwitz (oder der Philosophie selbst). Bei beiden handelt es sich somit um Formen zeitlicher Erfahrung, die jegliche Illusion einer vollen Präsenz, einer endgültigen Befriedigung, Versöhnung oder geschichtlichen Harmonie ausschließen – die eine mittels der Zukunft, die andere mittels der Vergangenheit. Die erste dieser seltsamen ex-zentrischen Formen scheint sich schließlich der Erfahrung des individuellen Subjekts zuzuwenden, während die zweite die Erfahrung der Geschichte und ihres »Endes« in sich faßt, sei dies die Katastrophe oder die gelungene Revolution und die utopische Gesellschaft.

Denn die philosophische Berufung auf Tod und Leiden trägt bei Adorno paradoxe Züge und hat nichts von der Mystik des Heideggerschen »Seins zum Tode« oder von einer morbiden Hingabe an den Gegenstand selbst. Was Adorno zutiefst berührt zu haben scheint, ist nicht die Tatsache von Auschwitz allein – die, wie grauenhaft auch immer sie die Imagination affiziert haben mag, keine narrensichere Garantie für eine entsprechende

Reaktion bietet (so wenig, wie irgendeine andere geschichtliche Greueltat, die wir bisweilen begreifen und bisweilen nicht) –, sondern die bestimmte Art und Weise, mit der er Auschwitz erfuhr, anders gesagt, die Art und Weise, mit der seine eigene Lebenserfahrung ihm das Faktum vermittelte. Dies ist auch im Hinblick auf sein eher distanziertes Verhältnis zum Judentum zu verstehen; so schien Adorno als »Halbjude« keine Bedenken gehabt zu haben, in den Sommermonaten der dreißiger Jahre in ein nunmehr von Hitler beherrschtes Deutschland zurückzukehren. So könnte man die besondere Form, in der er das lebte, was er von Auschwitz erfuhr, »unerwartetes Überleben« nennen: was ihn zutiefst erschreckt zu haben scheint, war nicht die nachträgliche Erkenntnis der eigenen Gefährdung oder die Möglichkeit, in der Gaskammer zu enden, unabhängig davon, ob er sich selbst als jüdisch empfand. Vielmehr war es die Vorstellung, daß er durch die gleiche Art von Zufall (und ohne es zu jener Zeit zu ahnen) sich unerwarteterweise als jemand erwies, der die in den Gaskammern Ermordeten überlebt hatte. Das ist eine Erfahrung von »Tod« und »Sterblichkeit«, die nicht durch die plastische Vorstellung der Todesangst übermittelt wird, sondern durch das Leben selbst und die Schuld des Weiterlebens, durch das Leben als reines Zufallsgeschenk, durch die Leere einer im Frieden lebenden Existenz, welche das Gefühl vermittelt, sie besetze den Platz, der von jemand anderem hätte eingenommen werden sollen. Dieser aber ist jetzt tot. »Das Leben lebt nicht.« Dieser berühmte Satz, den wir zuvor (und durchaus nicht falsch) in der Weise gelesen haben, daß er die verstümmelte und beschädigte Lebensweise der Menschen im Spätkapitalismus bezeichnet, kann nun auch als Ausdruck des grundlosen Überlebens der Existenz, ihrer Ziel- und Sinnlosigkeit nach dem Völkermord verstanden werden. Dabei sei vorausgesetzt, daß, im Gegensatz zu jenen zeitgenössischen Ideologen, die den Judenmord für ihren Antikommunismus funktionalisierten, Adorno und Horkheimer davon ausgingen, daß vom Faschismus schweigen solle, wer vom Kapitalismus nicht reden wolle (den verschiedenen ökonomischen Theorien der Frankfurter Schule zufolge blieb der »Ausnahmefall« Nazideutschland im wesentlichen innerhalb der Logik des Monopol- oder Staatskapitalismus).

Zu bemerken ist nun aber eine strukturelle Homologie zwischen dieser Form des »unerwarteten Überlebens« in Schuld und rückwirkender Angst und jenem gleichermaßen wohlbekannten Überleben der Philosophie als solcher, mit dem uns einer der berühmtesten Sätze, die Adorno je schrieb, gleich zu Beginn der *Negativen Dialektik* konfrontiert: »Philosophie, die einmal überholt schien, erhält sich am Leben, weil der Augenblick ihrer Verwirklichung versäumt ward« (ND, 13). Diese komplizierte Behauptung, die die fehlgeschlagene Revolution in den entwickelten kapitalistischen Ländern quittiert und doch zugleich der Marxschen Vision, in einer sozialistischen Gesellschaft könnten Theorie und Praxis letztlich zusammenfallen, einen Wechsel ausstellt,[29] dient auch als philosophische Grundlage für jene systematische Ablehnung unmittelbarer Praxis- und Politikformen, die der Verteidigung des autonomen Moments kritischer Theorie als solcher implizit ist. Was so oft als besonderes Plädoyer für die Intellektuellen und für das Kontemplative als Privileg und klassengebundenen Luxus erscheint, hat seine Quelle in dieser Vorstellung von einer notwendigen historischen Unausgeglichenheit, die ähnliche Anschauungen von Bloch oder Trotzky weit übersteigt und problematisiert, bis sie schließlich sogar den Begriff des Notwendigen in der Geschichte verwirft. Doch haftet dieser Distanz zum Leben (wie auch der Geltendmachung künstlerischer Autonomie) eine gewisse private Schuld an, wie die erhellende Szene, »in der Shaw auf dem Weg zum Theater einem Bettler seinen Ausweis hinhielt und pressiert 'Presse' dazu sagte« (ND, 354), bezeugt.

Ich habe in der Einleitung bemerkt, daß diese kritische und kontemplative Distanz zur Praxis[30] mit der Entstehung neuer akademischer Spielräume in den sechziger Jahren und mit Adornos antipositivistischem Kampf im Universitätsfeld der restaurativen Bundesrepublik zu einer anderen Art von durchaus eigenständiger Praxis wurde; das heißt, daß die gesellschaftliche Rolle des Intellektuellen sich, ablesbar an seiner eigenen, persönlichen Laufbahn, einem tiefgreifenden Wandel unterzieht, der vom Emigranten zum Professor führt. Die Rhythmen dieses geschichtlichen Auf und Ab – anscheinend eine Bestätigung des Bildes vom triumphierenden Positivismus, das die *Dialektik der Aufklärung* gerade durch ihre Ferne von den Paradigmen einer marxistischen Dialektik des Gesellschaftlichen entwirft – machen sich in unserer Zeit daran, beide »Positionen« abzuschaffen, zum einen, indem sie das Eingedenken an Auschwitz in jüdischen Nationalismus und Neo-Ethnizismus umwandeln, zum anderen, indem sie den letzten noch vorstellbaren archimedischen Raum für kritische Theorie oder negatives Denken in der anschwellenden Flut einer allgegenwärtigen (von Sloterdijk beschriebenen) »zynischen Vernunft« ertränken. »[D]ie Gesellschaft scheint mit dem tödlichen Ausgleich der Spannungen beträchtlich der Entropie zuvorkommen zu wollen« (MM, 160).

Die andere Form zeitlicher Asynchronität – von dieser ersten durch ein *»presque rien«* getrennt, das ihre vollständige Verwandlung bedeutet – ist wohl das, was für Adorno mit dem Namen von Proust vermacht ist, der als erster die »Identität von Identität und Nicht-Identität« im Bereich des Existentiellen schreibend entfaltete und die besondere Eigenschaft einer Erfahrung registrierte, die einzig in ihrer Neuerfahrung ausgelebt werden kann, wodurch die Möglichkeit einer voll und ganz befriedigten Erfahrung zugleich bestätigt und geleugnet wird. Dergleichen scheint für Adorno die andere Dimension der Metaphysik als solcher gewesen zu sein, bei der die Kontemplation des Todes und die Meditation über die Möglichkeit des Glücks in eins fallen:

> Was metaphysische Erfahrung sei, wird, wer es verschmäht, diese auf angebliche religiöse Urerlebnisse abzuziehen, am ehesten wie Proust sich vergegenwärtigen, an dem Glück etwa, das Namen von Dörfern verheißen wie Otterbach, Watterbach, Reuenthal, Monbrunn. Man glaubt, wenn man hingeht, so wäre man in dem Erfüllten, als ob es wäre. Ist man wirklich dort, so weicht das Versprochene zurück wie der Regenbogen. Dennoch ist man nicht enttäuscht; eher fühlt man, nun wäre man zu nah, und darum sähe man es nicht. (ND, 364)

Doch unterscheidet sich in Adornos Allegorie des Existentiellen diese Verkörperung der Erfüllung durch ihr eigenes Versagen nicht grundlegend von der Verzweiflung selbst, wobei das Versprechen der Erfüllung in ihrer Verleugnung gleichermaßen aufrechterhalten wird. Tatsächlich stößt Adorno nirgendwo sonst mit einer so transzendentalen Formulierung (deren genuine Verwandtschaft mit Benjamin und Bloch ein seltenes Ereignis in seinem Werk ist) an die Grenzen der metaphysischen Spekulation wie in der Gleichsetzung des Glücks mit einem »vergeblichen Warten«, einem Glücksversprechen, das, unerfüllt bleibend, mit dem Nihilismus und der Negativität in eins fällt: hier finden sich Passagen aus Alban Bergs *Wozzeck* und *Lulu* mit dem literarischen Ausdruck Proustischer Antizipation zusammen. Wie man sich vorstellen kann, finden sich auch in den *Minima Moralia* Annotationen zu dieser Thematik, Kindheitserinnerungen vor allem, wie etwa in »Heliotrop«: »Dem, zu dessen Eltern Logierbesuch kommt, schlägt das Herz mit größerer Erwartung als je vor Weihnachten« (MM, 234; vgl. aber auch 143, 157, 224). Die religiösen und auf Erlösung bezogenen Analogien sind jedoch vor allem bedeutsam, insofern sie das vertraute »Bilderverbot«, auf das wir gleich zurückkommen, erneut zur Geltung bringen. In politischer Hinsicht jedoch ist die Konzeption einer unvermeidbaren, das Verlangen gleichwohl stillenden, Nichterfüllung offensichtlich zweideutig (wobei ebendieses »Bilderverbot« nichtsdestotrotz einen weiten Weg auf sich nehmen würde, um diesem Vorwurf zu begegnen). Im allgemeinen jedoch ist Adorno klug genug, diese existentielle und metaphysische Dialektik (zusammen mit der Ethik selbst) sorgfältig von einem politischen Materialismus zu trennen: »daß keiner mehr hungern soll« (MM, 206). Erst wenn dies garantiert ist, können wir uns der Utopie des »Sur l'eau« hingeben: »Rien faire comme une bête, auf dem Wasser liegen und friedlich in den Himmel schauen [. . .]« (MM, 208).

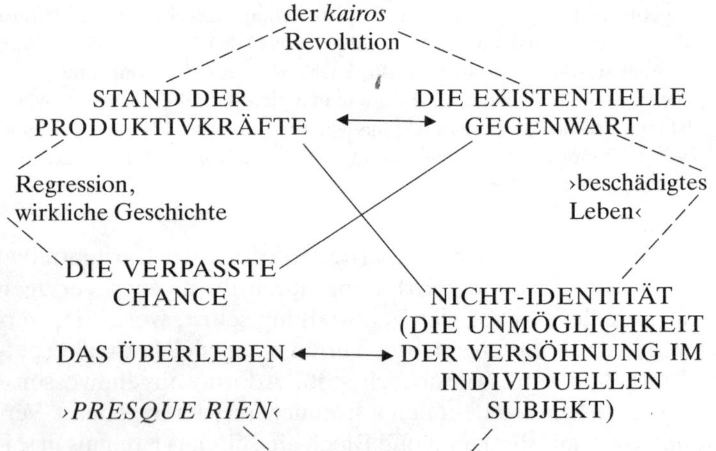

Das Diagramm ist in dem Maße verfrüht, indem es vorwegnimmt, was wir erst in der *Ästhetischen Theorie* entdecken werden: nämlich das entschiedene (und sehr orthodoxe) Beharren auf der Bedeutung, die der Produktivität und den Produktivkräften zukommt. Es ist nicht die Möglichkeit der Revolution oder der gelingenden Transformation des gesellschaftlichen Systems (von der zu sagen, daß sie in der Konzeption der »verpaßten

Gelegenheit« vorausgesetzt würde, die Sache auf philosophischem Klippschulniveau diskutiert), sondern einzig die Konzeption der Produktivkräfte, die bei Adorno wie auch bei Marx einen Geschichtsbegriff stützt, der, während die Erste Welt selbstzufrieden und mit Waren vollgestopft, sein »Ende« feiert, in den Schuldnernationen der Dritten Welt mit dräuendem Flügelschlag sich rührt. Nur zu diesem Preis können die Windungen und Rückschläge der wirklichen geschichtlichen Welt abgelesen werden, während der »existentielle« Bereich des verstümmelten und beschädigten Subjekts (wir bewegen uns hier immer noch auf dem Feld des Anti-Helden und der »Anomie«) seine Bedeutung und Resonanz aus den Situationen der Über- und Unterentwicklung bezieht, in relativer Selbständigkeit gegenüber der längsten *durée*, der bewußtlosen biologischen Schicht der Naturgeschichte selbst.

Einer solchen »Weltanschauung« scheint jegliche Transzendenz zu fehlen und es ließe sich in der Tat von diesem letzten Kapitel der *Negativen Dialektik* behaupten, daß es sich mit dem Metaphysischen nur insoweit befaßt, als es das Verbot seiner bildlichen Darstellung und seines offenkundigen Ausdrucks betrifft, was bisweilen auf die ebenso eingeschliffene wie mystische Formel vom Typ »nicht dies – noch jenes« hinausläuft. In den nachdrücklichsten Momenten aber scheinen wir an jene endgültigen Grenzen zum Un-Denkbaren zu stoßen, die Kant vermessen und sorgfältig markiert hat, was Hegel zu der Bemerkung veranlaßte, daß er diese, wenn er als Grenzen sie zu denken imstande sei, damit auch schon überwunden habe. Hitler jedoch machte die Metaphysik materialistisch und schloß den sterblichen Körper unwiderruflich in alle derartigen Spekulationen ein, wobei der Zeitpunkt allerdings besonderer Berücksichtigung bedarf: »Nach dem insgeheim längst ratifizierten Niedergang der objektiven Religionen, die verheißen hatten, dem Tod den Stachel zu nehmen, wird er heute vollends zu dem ganz Fremden durch den gesellschaftlich determinierten Niedergang kontinuierlicher Erfahrung überhaupt« (ND, 361). Zugleich ist der »absolute Tod« unausdenkbar. »Seine Idee spottet des Denkens kaum weniger als die von Unsterblichkeit« (ND, 362). Damit unterstellt Adorno nicht (wie der späte Horkheimer) verborgene religiöse Impulse, sondern zielt ganz einfach, zugleich mit Kants These von der Unsterblichkeit, darauf ab, daß wir zwar um unseren eigenen Tod wissen, aber, weil unsere Vorstellungskraft hier versagt, dies Wissen niemals in unsere bewußten

Handlungen mit einbeziehen: dergestalt setzen unsere Pläne unsere eigene Unsterblichkeit voraus, obwohl diese für säkulare Wesen, wie wir sind, der Denkbarkeit sich entzieht, ja vielleicht immer entzogen hat. Die Schlußfolgerung, zu der dieser Paralogismus mit aller Macht hindrängt, ist kein Glaubensakt, sondern die Kritik am Positivismus, die Anprangerung der anti-metaphysischen »gegenwärtigen Situation«, die es nicht erlaubt, diese unmögliche und widersprüchliche Spannung im Denken mit jener schockierenden Gewalt zu empfinden, die ihr angemessen wäre. Die Dialektik ist dann genau dieser Schritt über den unmöglichen Gedanken hinaus, dessen Unmöglichkeit selbst sie zu ihrem eigenen Ausgangspunkt macht, statt den Knoten auf verzweifelte Weise mit nicht-rationalen Mitteln auflösen zu wollen.

Dergestalt bringen sogar die Metaphysik selbst und die »letzten Dinge« uns zu einer Kritik an dieser Gesellschaft und ihrem Bann zurück: »Anstelle der Kantischen erkenntnistheoretischen Frage, wie Metaphysik möglich sei, tritt die geschichtsphilosophische, ob metaphysische Erfahrung überhaupt noch möglich ist« (ND, 362f.). Diese Frage kann natürlich auch, wie bereits bemerkt, in der Sprache der *Natur*geschichte beantwortet werden:

> Die Gleichgültigkeit des Bewußtseins gegen die metaphysischen Fragen [...] ist aber schwerlich für die Metaphysik selbst gleichgültig. Es versteckt darin sich ein Horror, der, verdrängten die Menschen ihn nicht, ihnen den Atem verschlüge. Man könnte zu anthropologischen Spekulationen darüber sich verleiten lassen, ob nicht der entwicklungsgeschichtliche Umschlag, welcher der Gattung Mensch das offene Bewußtsein und damit das des Todes verschaffte, einer gleichwohl fortwährenden animalischen Verfassung widerspricht, die es nicht erlaubt, jenes Bewußtsein zu ertragen. (ND, 386)

Doch enthüllt die Perspektive der menschlichen – das heißt, der sozioökonomischen – Geschichte so etwas wie ein Gewebe von Handlungen, in das so etwas wie eine Verschwörung, mit Agenten, eingelassen ist (meine Formulierung, nicht die von Adorno). Die Narration wendet sich nun dem Schicksal der Philosophie zu, dessen Gradmesser ihre metaphysische Funktion ist, oder, anders gesagt, das, was für gewöhnlich *Wahrheit* genannt wurde. Mit diesem Bezug auf die Tradition ist Adorno jedoch nicht so weit vom Poststrukturalismus entfernt, wie man sich vielleicht vorstellen möchte, denn sein Thema ist auch die

Unmöglichkeit von »Wahrheit« in unserer Zeit, die Entkräftung der Kategorie selbst und die Schwäche der damit verbundenen geistigen Operationen und Urteile.

Es ist ein Thema, dessen verbale Darstellung ihn zu einigen seiner großartigsten und verächtlichsten Formulierungen bringt: »Daß Carnap und Mieses wahrer seien als Kant und Hegel, könnte selbst dann nicht die Wahrheit sein, wenn es zuträfe« (ND, 375). Es ist ein Paradoxon, das sich dem Leben der toten Kulturen zuwendet und sich Gadamers Beschäftigung mit der »historischen Wirksamkeit« der Tradition mit einer nicht-historistischen Sichtweise nähert, obwohl die Perspektive der Sozialgeschichte das Denken notwendig an seine historische Funktion und seinen Kontext bindet. So ist Kants »Block« – die Kritik aller metaphysischen Illusionen und Scheingründe der eher »transzendentalen« Verfahrensweisen des Geistes, ein »System von Haltesignalen« (ND, 378), wie Adorno es en passant nennt – offensichtlich Bestandteil eines umfassenderen gesellschaftlichen Prozesses und einer größeren »List der Geschichte«:

> Gegründet ist der gesellschaftliche Verdacht, jener Block, die Schranke vorm Absoluten, sei eins mit der Not von Arbeit, welche die Menschen real im gleichen Bann hält, den Kant zur Philosophie verklärt. Die Gefangenschaft in der Immanenz, zu der er, so redlich wie grausam, den Geist verdammt, ist die in der Selbsterhaltung, wie sie den Menschen eine Gesellschaft auferlegt, die nichts konserviert als die Versagung, deren es schon nicht mehr bedürfte. (ND, 379f.)

Kant jedoch bezeichnet auch den Ort, an dem der metaphysische Impuls zum letzten Mal bewahrt und beseelt ist, weniger in den drei großen transzendentalen Ideen als in der unmöglichen Konzeption der Dinge an sich als eines *mundus intelligibilis* (der Adorno einen bemerkenswerten Abschnitt widmet).

Das Paradoxe dieses Ansatzes (das schon im nunmehr wohlbekannten ersten Satz der *Negativen Dialektik* enthalten war) liegt in der Art und Weise, mit der philologische oder historistische Fragen über die Denkform des philosophischen Kanons hier zu Möglichkeiten einer kompromißlosen Kritik an der Gesellschaftsordnung und am Spätkapitalismus umgeformt werden: so als wäre die alte Rhetorik des Relevanten oder Vordringlichen hier dialektisch ins Gegenteil verkehrt und das, was aus zeitgenössischer Sicht als augenfällig »irrelevant« erschien, wird nun zur vordringlichsten und brennendsten Problematik der gegenwärtigen Situation. Wir haben bereits bemerkt, daß nur eine marxistische Sicht der Geschichte die diesen bisweilen nörglerischen Beschwerden zugrundeliegende Haltung von der eines (zumeist rechtsgerichteten) laudator temporis acti unterscheiden kann. Hinzuzufügen wäre nun eine andere Art von Vorwurf, nämlich der, daß dieser Perspektive eine gewisse philosophische Selbstbezüglichkeit zu eigen sei, die Gefahr läuft, alle Analysen Adornos (zu welcher Thematik auch immer) in eine rein formale Reflexion über die Grenzen und Möglichkeiten gegenwärtiger Philosophie, das heißt: über Adornos eigene Praxis, zurückzuverwandeln. Dieser Blickwinkel läßt mehr als alle anderen erkennen, inwieweit Adornos Werk der Moderne angehört (vor allem weil sie sofort das große zentrale Problem der Moderne, nämlich das der Darstellung, aufwirft). Hierin scheint mir der stärkste generelle Einwand zu liegen, der gegen Adornos Philosophie als einer kohärenten Position erhoben werden kann; er ist von außen wahrscheinlich nicht zu parieren, sondern nur dadurch, daß man mit dieser Position in gewisser Weise philosophisch solidarisch ist (was heute, wie ich im letzten Teil erklären werde, die Form einer Theorie der Postmoderne annehmen muß).

Aber indem die Metaphysik auf diese verzweifelte und negative Weise noch einmal ihre Kräfte wiedererlangt, wandelt sie sich zugleich zu etwas anderem – nämlich der Theologie, deren zweifaches Verhältnis zum Materialismus Adornos ungeheuerlichste Äußerungen konstatieren, wenn sie zum einen das Körperliche, zum anderen das Bilderverbot* betonen, auf das wir nun zurückkommen und das den zusätzlichen Vorteil hat, die Theologie in diesem Zusammenhang ihres ganzen theologischen Gehalts zu berauben. Die Idee war bereits auf den brillanten letzten Seiten des methodologischen Abschnitts der *Negativen Dialektik* entwickelt worden. Dort wurde noch der unannehmbarste aller kantisch-idealistischen Dualismen (die von den Kategorien zu Anschauungen und Begriffen geordneten direkten »Sinneseindrücke«) mitsamt der ihr verwandten Lehre Humes von den »Wahrnehmungen« folgendermaßen gepriesen:

> Aber in ihr zittert ein letztes Mal das somatische Moment erkenntnistheoretisch nach, bis es vollends ausgetrieben wird. In der Erkenntnis überlebt es als deren Unruhe, die sie in Bewegung bringt und in ihrem Fortgang unbesänftigt sich reproduziert; unglückliches Bewußtsein ist keine verblendete Eitelkeit des Geistes, sondern ihm inhärent, die ein-

> zige authentische Würde, die er in der Trennung vom Leib empfing. Sie erinnert ihn, negativ, an seinen leibhaften Aspekt; allein daß er dessen fähig ist, verleiht irgend ihm Hoffnung. (ND, 201)

Was ebenso, möchte man hinzufügen, vom Wunsch, vom Verlangen, vom Bedürfnis gilt, denn genau damit schließt die *Negative Dialektik:* mit der Behauptung einer tieferen Affinität zwischen dem Philosophieren und dem bloßen körperlichen Bedürfnis. Hier jedoch ist die Behauptung von etwas paradoxerer Art; der Materialismus, heißt es, müsse »bilderlos« sein. Selbst wenn man das Bilderverbot unter Berufung auf Proust beschwört – dessen ganze Landschaftsdarstellung darauf abzielt, am bemerkenswertesten in den unvergleichlichen Seiten über Venedig –, so wäre es vielleicht nützlicher (und für die Subjekte einer Gesellschaft der Bilder und des Spektakels angemessener), die Einmischung der Bilder selbst zu beschreiben. Selbst das Phänomenologische ist noch davon bedroht, die innere Erfahrung in ein Bild dieser Erfahrung zu verkehren, während der Vulgärmaterialismus, als eine eigenständige Philosophie, durch sein äußerliches Verhältnis zu unserer tieferen materialistischen Erfahrung gekennzeichnet ist, das heißt, durch eine Verkehrung dieser Erfahrung in ein Bild oder zumindest eine Darstellung. So möchte Adornos Materialismus vor allem das Moment der Darstellung selbst eliminieren; die Vermittlung durch das Bild muß aus der Erfüllung und der somatischen Verwirklichung des Objekts ausgeschlossen werden:

> Bewußtsein, das zwischen sich und das, was es denkt, ein Drittes, Bilder schöbe, reproduzierte unvermerkt den Idealismus; ein Corpus von Vorstellungen substituierte den Gegenstand der Erkenntnis, und die subjektive Willkür solcher Vorstellungen ist die der Verordnenden. Die materialistische Sehnsucht, die Sache zu begreifen, will das Gegenteil: nur bilderlos wäre das volle Objekt zu denken. Solche Bilderlosigkeit konvergiert mit dem theologischen Bilderverbot. Der Materialismus säkularisierte es, indem er nicht gestattete, die Utopie positiv auszumalen; das ist der Gehalt seiner Negativität. Mit der Theologie kommt er dort überein, wo er am materialistischsten ist. Seine Sehnsucht wäre die Auferstehung des Fleisches [...]. (ND, 204f.)

In der Moderne selbst stößt die Darstellung, vergleichbar einem ästhetischen Kantischen Block, an ihre äußeren Grenzen: »mais il voulait cela dans un autre monde [...]« (A. Malraux: *La Condition humaine)* ... »but not here, not now!« (E.M. Forster: *A*

Passage to India) ... Wären solche Ideen als Philosophie möglich, dann wäre an diesem Punkt schließlich kein Unterschied mehr zwischen Adorno und Bloch. Sie sind es aber nicht, und die *Negative Dialektik* schließt eher bescheiden mit dem Wunsch, die Dialektik möge sich, in ihrer letzten Handlung, selbst ganz und gar aufheben. Hier nun scheint die Mystik der Natur und des »Nicht-Identischen«, die sich in der *Ästhetischen Theorie* noch bedrohlicher erhebt, erneut Habermas' Prophezeiung, die letztlich anti-rationale Stoßrichtung dieser Philosophie betreffend, zu bewahrheiten.

De facto aber sollte das Bilderverbot die Berufung auf alle in dieser Art repräsentationale Metaphysik aus der Philosophie ausschließen. Denn diese kann – nunmehr im Bewußtsein ihrer Geschichtlichkeit – sich selbst als ein Instrument begreifen, mit dem die Temperatur der Geschichte selbst gemessen wird: nicht in dem Sinne, daß sie ihren geschichtlichen Moment auf irgendeine Weise positivistisch »reflektiert«, sondern daß dieser Moment in ihr, wie in den Kunstwerken, lebendig bleibt, bei denen wir aufgefordert sind, »das Gedicht als geschichtsphilosophische Sonnenuhr« zu begreifen (NL, 60), als eine Sonnenuhr, die die Stadien der kollektiven Selbstverwirklichung und Widersprüchlichkeit markiert, aber gleichsam von innen, aus der Erfahrung der Geschichte heraus und nicht indem sie von außerhalb die Zeichen des materiellen Fortschritts zusammenzählt. Eine »Flaschenpost« (PM, 120)? Vielleicht auch das, und auf diese Weise charakterisierte Adorno Schönbergs Musik, die, unhörbar, die Geheimnisse des zwanzigsten Jahrhunderts in eine unvorstellbare Zukunft forttrug. Doch finden wir zweifellos in dem Tribut, den Adorno seinem Lehrer Siegfried Kracauer mit wahrhaft Dantischem Tonfall zollte, eine Lehre, die wir nun selbst auf das anwenden müssen, was Adorno uns hinterließ:

> Von Anbeginn erfuhr ich, unter seiner Anleitung, das Werk [die *Kritik der reinen Vernunft]* nicht als eine bloße Erkenntnistheorie, als Analyse der Bedingungen wissenschaftlicher Urteile, sondern als eine Art chiffrierter Schrift, aus der der geschichtliche Stand des Geistes herauszuarbeiten war, mit der vagen Erwartung, daß dabei etwas von der Wahrheit selber zu gewinnen sei. (NL, 388)

Teil II
Die Parabel von den Ruderern

Eins

Adornos Ästhetik ist von einer grundlegenden Spannung gekennzeichnet: zum einen verfolgt er das für ihn zentrale Vorhaben, die Analyse ästhetischer Phänomene zu entsubjektivieren, zum anderen ist er – was sich bei jeglichem Versuch, den traditionellen Rahmen der philosophischen Ästhetik beizubehalten, wohl gar nicht vermeiden läßt – auf die Beschreibung ästhetischer *Erfahrung* bedacht: ein letztes Überbleibsel absolut subjektiver Kategorien, das der Entsubjektivierung nicht anheimfallen soll. Natürlich zieht sich unter solchen Bedingungen die ästhetische Erfahrung ins Unsagbare und Unaussprechliche zurück, denn alles, was in bezug auf sie sich sagen, formulieren oder thematisieren läßt, gerät sofort ins Kraftfeld der entsubjektivierenden Dialektik und wird in Symptome und Zeugnisse *objektiver* Prozesse umgewandelt:

> Der Geist der Kunstwerke ist, ohne alle Rücksicht auf eine Philosophie des objektiven oder subjektiven Geistes, objektiv, ihr eigener Gehalt, und er entscheidet über sie: Geist der Sache selbst, der durch die Erscheinung erscheint. Seine Objektivität hat ihr Maß an der Gewalt, mit der er die Erscheinung infiltriert. (ÄT, 135)

Das konkrete Detail der *Ästhetischen Theorie* ist mithin das unerwartete, unvorhersehbare Ergebnis des Aufeinandertreffens dieser beiden gegensätzlichen Impulse. Wir wollen es zunächst auf etwas allgemeinere Weise charakterisieren. Das Vorhaben, unser Denken über Ästhetik zu entsubjektivieren, kann auf eine Vielzahl von Parametern bezogen werden, deren historisch umfangreichster sicherlich in der Abwendung der zeitgenössischen Philosophie von dem liegt, was nunmehr als »Philosophie(n) des Subjekts« bekannt ist – das heißt, von dem frühmodernen Versuch, Wahrheit im Bewußtsein, im transzendentalen Subjekt und einer Vielzahl anderer subjektiver Erfahrungen und Phänomene zu verankern. Diese Abkehr von der und Wendung gegen die Subjektivität kann genealogisch in einer Reihe von Narrationen verortet werden, die, je nachdem, mit dem Strukturalismus beginnen, mit Heidegger, mit Nietzsche oder sogar mit Hegel oder Kant selbst. Der Antisubjektivismus ist insofern objektiv zweideutig, als gegen ihn der Vorwurf sich erheben ließe, er würde die Tendenzen und Interessen des modernen Staates und des Monopolkapitalismus auf seine Art betreiben, setzen diese doch darauf, durch die Kräfte des Marktes das Individuum zu verplanen, die individuellen und subjektiven Wahlmöglichkeiten in der Epoche der organisierten Gesellschaft zu reduzieren, das ältere autonome Ich, ebenso jedoch das Unbewußte und das Begehren zu durchdringen und zu kolonisieren.

DieSchwierigkeit, diese Interpretation, welche die Objektivationstendenz der modernen Philosophie gegen den Strich bürstet, zu bekräftigen, liegt in der Tatsache, daß keine Formen des Subjekts oder der Subjektivität sich mehr reaktivieren lassen, um dieser Tendenz Paroli zu bieten; denn einerseits sind Regression und Rückfall in den Mythos und in archaische Formen der Subjektivität keine politische Antwort auf die Macht und Entwicklung des Spätkapitalismus, zum anderen sind sie vermutlich allesamt durch dessen verobjektivierende Tendenzen gebrandmarkt und beschädigt und somit, anders gesagt, ebensowohl Symptome jenes Prozesses als auch Formen des Widerstands gegen ihn.

Innerhalb des Bereiches der Kultur kann dieser Anti-Subjektivismus des zeitgenössischen Denkens – der nicht nur eine Sache der Philosophie sondern auch und vielmehr eine Sache der Interpretation im weitesten Sinne ist – auch in einer ganz anderen Sprache beschrieben werden: als eine dem Wesen nach materialistische Zurückweisung des Idealismus und seiner Ideologien. Doch umgeht diese Beschreibung nicht das soeben aufgezeigte negative, ja paranoide Szenario, dem sie jederzeit subsumiert und von dem sie ins Gegenteil verkehrt werden kann, so daß materialistische Intellektuelle, dank einer Hegelschen »List der Vernunft«, sich unwissentlich zu Handlangern objektiver Gesellschaftsprozesse zu machen scheinen. Doch ermöglicht es dieser zweite Rahmen, den ersten in den Bereich der Kultur und Ideologie, der Texte und des »Alltagslebens«, des Überbaus und seiner Dynamik zu verschieben (wobei der Überbau hier im Gegensatz zu einer Infrastruktur steht, die auf unmittelbarere Weise ein ihr ähnliches Denken mitsamt seinen Kategorien hervorbringt).

Dergestalt kann man, wenn man will, die materialistisch orientierten Untersuchungen zur Kultur, die sich in den letzten Jahrzehnten entwickelt haben, als Bestandteil eines umfassenderen Projektes sehen, das auf die Eliminierung des älteren Subjekts und seiner archaischen Ideologien zielt; wenn man aber an den Vorrang der materiellen Dynamik von Kultur glaubt, ist schwer vorstellbar, daß die Intellektuellen einem anderen Projekt als diesem sich verpflichtet fühlen könnten; zudem vermittelt sich hier die perspektivische Annahme, daß eine solche entmystifizierende Untersuchung zuguterletzt auch jene gesellschaftlichen und politischen Kräfte des Spätkapitalismus entlarven würde, für die der kulturelle Anti-Subjektivismus auf kurze Sicht als nützlich sich hätte erweisen können. Wie dem auch sei, Adornos verschiedene Zielobjekte unter den traditionellen und modernen ästhetischen Kategorien – der Geniebegriff, das Werk als subjektiver oder lyrischer Ausdruck, die Psychologie des Ästhetischen (von Aristoteles bis zur Rezeptionstheorie), traditionelle Psychoanalyse wie auch konventionelle Lesweisen von Kant, die »Religion« der Kunst (vom l'art pour l'art bis zur Auffassung von der kompensatorischen Funktion der Kultur), die Theorie der »Intentionalität«, und selbst die philosophische (auch Hegelianische) Wiederaneignung und Auflösung der Kunst im Dienst verschiedener Bedeutungssysteme – sind in der Zwischenzeit, seit dem *New Criticism,* auch zu Zielobjekten der zeitgenössischen Literatur- und Kulturtheorie geworden. Und selbst die bisher letzte Schraubendrehung in der zeitgenössischen Theorie fehlt bei Adornos spekulativen Erforschungen nicht, jene Position nämlich, die davon ausgeht, daß Sprache in all ihren Formen etwas Nicht-Subjektives sei, und sprachzentrierte Analysen das wirksamste Gegenmittel zu den älteren subjektzentrierten Kategorien darstellten (vgl. unten, Teil III, Kapitel 7). In dieser Hinsicht ist die *Ästhetische Theorie* auch eine Rekapitulation, wenn nicht eine Zusammenfassung dessen, womit sich ein Großteil der heutigen Kunst- und Kulturtheorie in der Hauptsache beschäftigt.

Auf der existentiellen und ideologischen Ebene schließlich möchten alle Vertreter der Moderne in einem gewissen Sinn, auf die eine oder andere Weise, den uns von der bürgerlichen Kultur und ihren Werten vermachten Räumen der Innerlichkeit entfliehen: der Kultivierung subjektiven Raffinements und der – durch gesellschaftliche Ausgrenzung und Klassenprivilegien ermöglichten – verstärkten moralischen Diskriminierungen, der Fetischisierung von Erfahrung als einer Art geistigen Privatbesitzes, dem ästhetischen Individualismus, der in einer durch Geschäfte bestimmten Gesellschaft zum privatisierten Ersatz für ein Leben und eine Kultur in Gruppenzusammenhängen wird.[1] Es bleibt im unklaren, ob T.S. Eliot auf all dies anspielte, als er 1919 die nachmals berühmt gewordenen Sätze formulierte: »Poesie ist nicht das Freilassen von Gefühlen, sondern die Flucht vor der Persönlichkeit. Doch wissen natürlich nur diejenigen, welche Persönlichkeit und Gefühle besitzen, was es heißt, vor diesen Dingen zu fliehen« (Eliot 1950, 10f.). Dieser zugespitzte Schlußsatz lenkt natürlich die bezeichnenden anti-subjektivistischen Impulse der Hochmoderne (die von Adorno geteilt werden) zurück in eine für die Epoche gleichermaßen charakteristische Verachtung für die »anonymen« und »uneigentlichen« Massen (eine Haltung, derer man auch Adornos Analyse der sogenannten Kulturindustrie des öfteren bezichtigt hat). Allerdings vermag uns Adornos Dialektik auch zu zeigen, wie der Entthronung des Subjektiven innerhalb des Geistes nachzuspüren ist:

> Die Begriffe des Subjektiven und Objektiven haben sich völlig verkehrt. Objektiv heißt die nicht kontroverse Seite der Erscheinung, ihr unbefragt hingenommener Abdruck, die aus klassifizierten Daten gefügte Fassade, also das Subjektive; und subjektiv nennen sie, was jene durchbricht, in die spezifische Erfahrung der Sache eintritt, der geurteilten Convenus darüber sich entschlägt und die Beziehung auf den Gegenstand anstelle des Majoritätsbeschlusses derer setzt, die ihn nicht einmal anschauen, geschweige denn denken – also das Objektive. Wie windig der formale Einwand subjektiver Relativität ist, stellt sich auf dessen eigentlichem Felde her, dem der ästhetischen Urteile. Wer jemals aus der Kraft seines präzisen Reagierens im Ernst der Disziplin eines Kunstwerks, dessen immanentem Formgesetz, dem Zwang seiner Gestaltung sich unterwirft, dem zergeht der Vorbehalt des bloß Subjektiven seiner Erfahrung wie ein armseliger Schein [...]. (MM, 84f.)

Dies ist eine Verteidigung der Objektivität des Subjektiven, die für die künstlerische Produktion ebenso Gültigkeit besitzt wie für die rezeptive Seite. Daß diese hermeneutische Ungeduld, diese Leidenschaft, jenseits der Subjektivität und der Texte auf eine wirkliche, materielle Welt zu stoßen, im Hinblick auf den Status der Intellektuellen und seine Widersprüchlichkeit erklärt werden kann, raubt ihr nicht den Wahrheitsgehalt, den sie auf anderen Ebenen besitzt: es wäre nicht das erste Mal, daß die ureigensten ideologischen Interessen einer Gruppe zugleich – mittels einer »prästabilierten monadischen Harmonie« oder »List der Vernunft« – den objektiven Tendenzen des Gesellschaftssystems selbst Ausdruck verliehen hätten. Jedenfalls scheint mir Adornos »Objektivierung« des Ästhetischen anderen zeitgenössischen Erfordernissen nachzukommen, die sich nicht nur aus den Widersprüchen des Ästhetischen heute ergeben, sondern, wie wir später noch im Detail zeigen werden, auch aus den Dilemmata des gegenwärtigen historischen Bewußtseins.

Zwei

Nun aber müssen wir jenen Widerspruch in Adornos Denken und jenes so ganz anders geartete Element in der *Ästhetischen Theorie* bedenken, die im Kontext der oben beschriebenen Tendenz zur Entsubjektivierung als Überbleibsel gerade der »Philosophie des Subjekts« erscheinen mögen, gegen welche die Tendenz gerichtet war. Die Rede ist von der Konzeption und der organisierenden, abwesenden Gegenwärtigkeit authentischer ästhetischer *Erfahrung*: im vollendeten Erlebnis der Wahrnehmung, auch der des Hörens (die Musik ist für Adorno immer der letztgültige Testfall der Ästhetik), in der Auseinandersetzung mit der »Form«, in der Zielsetzung, auf der ästhetischen Ebene ein ideales Verstehen * zu erreichen – und so, wie dieser letztere Ausdruck der ästhetischen Erfahrung eine Beziehung zur Geschichte verleiht, so verleiht eine andere Sprache, die Annäherung an den »Wahrheitsgehalt« des Werkes, ihr eine augenscheinlich traditionelle philosophische Dimension.

Natürlich ist die Ausdifferenzierung der ästhetischen Erfahrung immer eine der vorrangigen Beschäftigungen der philosophischen Ästhetik als Disziplin und Tradition gewesen: hier ist einerseits Aristoteles, sind andererseits Kant und seine Nachfolger (eingeschlossen der Lukács der frühen und späten Ästhetik) zu nennen. Hegel jedoch bezeichnet den Einsatz einer ganz anderen Herangehensweise, die darauf abzielt, Kunst vollständig in Philosophie zu transformieren und sie gänzlich der Frage des »Wahrheitsgehalts« zu subsumieren (wodurch so etwas wie das geschichtliche »Ende der Kunst«[2] denkbar wird). Mit Kant verfährt Adorno auf glänzende Weise gewissenlos und anregend: einige Guerrilla-Feldzüge stülpen die *Kritik der Urteilskraft* von innen nach außen und schreiben sie zu einer wahrhaft Kopernikanischen Revolution der neuen anti-subjektiven Ästhetik um (die Kant traditionellerweise unterstellt, er habe das Problem der Ausdifferenzierung ästhetischer Erfahrung als eines subjektiven »Untersuchungsobjekts« praktisch überhaupt erst erfunden); andere Raubzüge wiederum bezeichnen und denunzieren den Kantianismus als die Vorwegnahme des ganzen Manipulationsprogramms der Kulturindustrie (die Schemata, die in Kants

Beschreibung von »Schönheit« auf Dauer gestellt sind, werden zum Vorläufer der »korrumpierten« Klischeehaftigkeit von Hollywood-Filmen und zur Quelle jener plumpen Vertraulichkeit, welche die »Populärmusik« und ihre Fetischisierung des Hörens kennzeichnet).

Aber die *Ästhetische Theorie* ist alles andere als eine Rückkehr zu zu derlei traditionellen Theoretisierungen ästhetischer Erfahrung, ist vielmehr, in mancherlei Hinsicht, eine Kampfansage an die Konzeption und das Ideal einer philosophischen Ästhetik per se (so wie die *Negative Dialektik* auch als Herausforderung an die Struktur traditioneller Philosophie verstanden werden kann). Von daher bedarf der Status von Adornos hartnäckigem Festhalten an einem Begriff »authentischer ästhetischer Erfahrung« der Klärung, und dies gilt auch für die Form des posthum erschienenen Werks, dessen diskursiver oder gattungsbezogener Status im Dunkeln bleibt, und das oftmals, implizit oder explizit, die beunruhigende Frage aufwirft, ob wir eine »philosophische Ästhetik« in irgendeiner Form noch wirklich benötigen oder ob diese »Gattung« oder Form des Denkens nicht letztlich, zumindest was unsere Zeit betrifft, widersprüchlich und unmöglich geworden ist.

Diesbezüglich lassen sich in Adornos Denken zwei Achsen unterscheiden, die sich überschneiden, aber nicht miteinander kombiniert oder gar verschmolzen werden können. Einerseits unterscheidet er systematisch zwischen »Kunst« im allgemeinen und der Erfahrung individueller Kunstwerke: dieser Gegensatz bezeichnet den Raum, in dem die Verfahrensweisen zeitgenössischer Literaturtheorie und -kritik mit dem Projekt einer traditionellen Ästhetik in Konflik geraten, was nicht nur Adornos Werk betrifft. Zumindest im Kräftefeld der Moderne betrachtete die Literaturtheorie es als ihre Aufgabe, die Kunstwerke in ihrer Unvergleichlichkeit und radikalen *Unterschiedlichkeit* zu begreifen und das zu beschreiben und zu identifizieren, was in ihnen je einmalig ist. Aber das formelle ureigenste Interesse der traditionellen Ästhetik zielt auf die Kennzeichnung dessen, was allen authentischen Kunstwerken und ihrer Erfahrung gemeinsam ist; sie will einen gattungsbezogenen Begriff des »Kunstvollen« hervorbringen, in dem die Besonderheit der je einzelnen Werke, von der griechischen Tragödie bis zu Joyce und Picasso, sich auflöst. (Allerdings hat die zeitgenössische Theorie des öfteren die Möglichkeit eines anders gearteten Allgemein- oder Gattungsbegriffs in Erwägung gezogen, der jeweils unterschiedliche Werke – eines Autors oder einer Epoche oder einer Gattung –

umfaßt; doch leitet sich eine solche ästhetische Denkweise, die auf das Geschichtliche, nicht auf das Ewige, zielt, eher von Hegel als von Kant ab und neigte ebenfalls, wenn auch auf andere Art, dazu, die traditionelle Konstitution der ästhetischen Philosophie und ihres »Untersuchungsobjekts« aufzubrechen und zu problematisieren.)

Von daher neigte und neigt die zeitgenössische Theorie dazu, sich umstandslos mit den individuellen Texten zu befassen und die übergreifende Frage nach der »Kunst« oder dem »Ästhetischen« gänzlich beseitezulassen, indem sie sie mit der psychoanalytischen Problematik des Wunsches im allgemeinen oder mit der Dynamik einer Textualität gleichsetzt, wie sie sich durchgängig in anderen, ehemals philosophisch-wissenschaftlichen Bereichen wie denen der Politik, Anthropologie oder Soziologie zeigt. Doch hat Adorno seine Gründe dafür, an einer Frage und einem Problem festzuhalten, das ansonsten zu einer anachronistischen Verlegenheit geworden ist. »Kunst geht auch insofern keineswegs in den Kunstwerken auf, als Künstler immer auch an der Kunst arbeiten, nicht nur an den Werken« (ÄT, 272). Anders gesagt, bleibt die Unterscheidung zwischen der Kunst und dem individuellen Kunstwerk insofern ein Dilemma, als sie sowohl eine Beziehung wie auch einen Gegensatz bezeichnet. Tatsächlich wird später klar werden, daß dies Dilemma auch eine produktive Seite hat, weil diese äußerst konfliktreiche Koexistenz von Kunst und Kunst-Werk – des Werkens an einem individuellen Gegenstand, das zugleich ein Werken am Wesen der Kunst selbst ist (wie in T.S. Eliots Konzeption jener »geringfügigen« Veränderung oder Modifikation, die das neue Werk der gesamten präexistenten »idealen Ordnung« der »existierenden Kunstdenkmäler« zufügt) – der Geschichte den Eintritt in die Ästhetik ermöglicht und Adorno dazu befähigt, seine bemerkenswerte Konzeption der tiefgreifenden Geschichtlichkeit aller individuellen Kunstwerke zu entfalten.

Doch steht in der Differenz von Kunst und Kunstwerk mehr auf dem Spiel als der *interpretative* Zugang zur Geschichte: ihr ist auch das Gesellschaftliche und die Erfahrung des Klassenkampfes einbeschrieben, wie es der ursprüngliche Mythos in Adornos ästhetischer Theorie übermittelt – das Abenteuer mit den Sirenen aus dem zwöften Gesang der *Odyssee.* Indem sie den Schmerz und den Widerspruch jener Unterdrückung des Selbst und der Natur vor Augen führen, die die »Dialektik der Aufklärung« als Preis der Selbsterhaltung einfordert, beschreiben

Adorno und Horkheimer Odysseus' zweifache Lösung, die beiden direkt zusammengehörigen und doch wechselseitig einander widersprechenden Möglichkeiten der Rettung:

> Die eine schreibt er den Gefährten vor. Er verstopft ihnen die Ohren mit Wachs, und sie müssen nach Leibeskräften rudern. Wer bestehen will, darf nicht auf die Lockung des Unwiederbringlichen hören, und er vermag es nur, indem er sie nicht zu hören vermag. Dafür hat die Gesellschaft stets gesorgt. Frisch und konzentriert müssen die Arbeitenden nach vorwärts blicken und liegenlassen, was zur Seite liegt. Den Trieb, der zur Ablenkung drängt, müssen sie verbissen in zusätzliche Anstrengung sublimieren. So werden sie praktisch. – Die andere Möglichkeit wählt Odysseus selber, der Grundherr, der die anderen für sich arbeiten läßt. Er hört, aber ohnmächtig an den Mast gebunden, und je größer die Lockung wird, um so stärker läßt er sich fesseln, so wie nachmals die Bürger auch sich selber das Glück um so hartnäckiger verweigerten, je näher es ihnen mit dem Anwachsen der eigenen Macht rückte. Das Gehörte bleibt für ihn folgenlos, nur mit dem Haupt vermag er zu winken, ihn loszubinden, aber es ist zu spät, die Gefährten, die selbst nicht hören, wissen nur von der Gefahr des Lieds, nicht von seiner Schönheit, und lassen ihn am Mast, um ihn und sich zu retten. Sie reproduzieren das Leben des Unterdrückers in eins mit dem eigenen, und jener vermag nicht mehr aus seiner gesellschaftlichen Rolle herauszutreten. Die Bande, mit denen er sich unwiderruflich an die Praxis gefesselt hat, halten zugleich die Sirenen aus der Praxis fern: ihre Lockung wird zum bloßen Gegenstand der Kontemplation neutralisiert, zur Kunst. Der Gefesselte wohnt einem Konzert bei, reglos lauschend wie später die Konzertbesucher, und sein begeisterter Ruf nach Befreiung verhallt schon als Applaus. So treten Kunstgenuß und Handarbeit im Abschied von der Vorwelt auseinander. (DA, 40f.)

Diese bemerkenswerte Neufassung der Hegelschen Dialektik von Herr und Knecht reproduziert deren ironische Wendung (die »Wahrheit« des Knechts ist der Herr, während die »Wahrheit« des Herrn *»nur«* der Knecht ist): im Endeffekt erfährt Odysseus »Die Kunst«, während seine Arbeiter, die nichts hören, etwas Profunderes über das »individuelle Kunstwerk« lernen, für das sie selbst taub sind: das Unwiederbringliche*, das nicht aus der Vergangenheit zurückgeholt werden kann, der »Wahrheitsgehalt« des Werkes.

Doch werden wir Adornos Konzeption des individuellen Kunstwerks später behandeln; im Augenblick beschäftigt uns der Gattungsbegriff der Kunst, über den die eben zitierte Passage einiges enthüllt. Dazu gehört vor allem die pure Schuld von

Kunst selbst in einer Klassengesellschaft, ihr Dasein als Luxus und Klassenprivileg – ein Grundton, der bruchlos alle ästhetischen Reflexionen Adornos durchzieht und auch dort gegenwärtig ist, wo sein Pulsieren für unsere Wahrnehmung gleichsam zur zweiten Natur geworden ist, so daß wir ihn bisweilen nicht mehr bewußt vernehmen. Diese Schuldhaftigkeit, die mit jedweder künstlerischen Tätigkeit unweigerlich verbunden ist, bildet mithin das tiefere Motiv für die radikale Trennung zwischen der Kunst im allgemeinen und den einzelnen Kunstwerken, die Adorno vornimmt; denn im künstlerischen Prozeß »arbeiten« die Kunstwerke an diesem universellen Schuldgefühl sich ab, widmen sich ihm mit schneidender Schärfe, machen es in der Form eines unlösbaren Widerspruchs bewußt. Sie können den Widerspruch nicht auflösen, aber zu einer gewissen Authentizität gelangen, indem sie ihn als Inhalt und Rohmaterial in sich einschließen, als das, mit dessen Bösartigkeit jedes Kunstwerk immer aufs Neue konfrontiert wird. In diesem Sinne wird die Schuld, von der alle Kunstwerke durchdrungen sind, zu einer der Vermittlungen, die das an sich monadische Werk in seinem innersten Kern auf die ansonsten ihm äußere Gesellschaftsordnung bezieht (doch ist dies, wie wir gleich sehen werden, nur eine Möglichkeit der Vermittlung unter anderen).

Hierin liegt auch der tiefere Grund, warum eine philosophische Ästhetik in unserer Zeit nicht nur unmöglich, sondern unerträglich geworden ist. Denn nicht nur wird die radikale Differenz des Kunstwerks von allgemeinen Theorien des Schönen, der Kunst oder des Ästhetischen sowohl unterdrückt als auch verfehlt, auch der Wille zum Transästhetischen, zu einer Wahrheit jenseits des Werks und einer Hinwendung zur Welt in etwas allgemeinerem Sinne – der über bloße »Kunst« hinausreichende Anspruch von Joyce oder Aischylos, von Dante oder Bo Djü-i, sich mit der Welt selbst auseinanderzusetzen – bleibt in einer traditionellen philosophischen Ästhetik unberücksichtigt und unsichtbar. Hier nun ist die Gelegenheit, zum ersten Mal das Hauptthema und -paradoxon der *Ästhetischen Theorie* anzuschlagen – ein Prinzip, dessen Entwicklung wir noch verfolgen werden, und dessen erste, provisorische Formulierung so lautet: »Wird sie [die Kunst] strikt ästhetisch wahrgenommen, so wird sie ästhetisch nicht recht wahrgenommen« (ÄT, 17).

Was aber die Schuld der Kunst im allgemeinen betrifft, so muß das bisher Gesagte ins Gegenteil verkehrt und neu angeordnet werden: die universelle Transformation, die hier von einer wirklich gelungenen und kraftvollen philosophischen Ästhetik zu erreichen ist, wandelt alle individuellen Werke in ihrer Differenz und ihren verschiedenen transästhetischen Bestrebungen zu einer einzigen langen, ununterbrochenen »ästhetischen Erfahrung« und stößt uns dabei brutal in eine soziale Welt voller Qual und Elend, in der der nicht zu rechtfertigende Luxus des Kunstgenusses in jedem Augenblick zum ununterdrückbaren und unvermeidlichen Schuldbewußtsein wird. Doch liegt in dem, was wir über die zeitgenössische Theorie sagten, auch das Gegenteil beschlossen: daß nämlich eine umstandslos auf den »Wahrheitsgehalt« der Werke zielende Betrachtungsweise ebenfalls diese objektive Schuld, die eine Tatsache unserer Welt darstellt, zu umgehen sucht. Im Hinblick auf die metaphysische Unschuld dieses theoretischen Umgangs mit Kunstwerken könnte man Adornos Formulierung ohne weiteres umkehren, um zu zeigen, auf welche Weise in der rein transästhetischen Wahrnehmung der Kunst, die einzig auf deren Wahrheitsgehalt sich richtet, auch der letztere verfehlt wird und die transästhetische Dimension selbst in solcher Wahrnehmung verlorengeht.

Zwei abschließende Bemerkungen zu diesem immer noch provisorischen Motiv: erstens wird es im ästhetischen Bereich die Form dessen annehmen, was Adorno anderenorts die »bestimmte Negation« genannt hat, die einzig authentische Form kritischen Denkens in unserer Zeit – mit anderen Worten, ein Bewußtsein von Widersprüchlichkeit, das deren Auflösung widersteht, sich weigert, den Widerspruch entweder in einem satirischen Positivismus oder zynischem Empirismus oder in der utopischen Positivität verschwinden zu lassen. Wenn es gelingt, die Kunst als zugleich ästhetisch und anti-ästhetisch zu denken, dann ist in diesem Bereich die Ebene der bestimmten Negation erreicht. Der zweite Gedanke muß jedoch darauf aufmerksam machen, daß Adornos unnachgiebige Ablehnung politischer Kunst genau dieser zwieschlächtigen Haltung entspringt: denn er wendet sich hier nicht nur gegen die Freizeitvergnügungen des Ästheten, sondern auch gegen die Unduldsamkeit und das Banausentum des Militanten. Doch müssen wir diese zusätzliche Auffassung und Konsequenz hier noch nicht kommentieren; sie ist ohnehin komplizierter und paradoxer als sie in dieser kahlen Form erscheinen mag.

Allerdings sind diese Bemerkungen noch verfrüht: unser erster forschender Blick galt dem Status, den der Begriff der Kunst im allgemeinen bei Adorno besitzt, und damit wurde auch das

Verhältnis zwischen seinem Diskurs und dessen Form zu dem der traditionellen Ästhetik ins Auge gefaßt. Die unerwartete Wendung in seiner Position kann nun folgendermaßen charakterisiert werden: die Beschäftigung mit dem Wesen der Kunst – die Grundlegung der Ästhetik und zugleich das uninteressanteste Thema in einer Situation, in der nur die individuellen Kunstwerke interessant und authentisch sind – muß nichtsdestotrotz aufrechterhalten und fortgeführt werden, denn die tiefgreifende Schuldhaftigkeit des Ästhetischen kann in erster Linie dort erfaßt und identifiziert werden, wo es um die Kunst im allgemeinen, als gesellschaftliche Tätigkeit geht. Dergestalt ist die *Ästhetische Theorie* immer noch eine »Ästhetik«, gleichsam im Negativen und dank ihrer Verpflichtung auf eine gesellschaftliche Perspektive, in der die Folgenlosigkeit des Ästhetischen eine unentrinnbare Realität darstellt.

Doch müssen wir uns nun der zweiten Achse von Adornos Denken über Kunst zuwenden, die in dialektischer Spannung zu dieser ersten, dem Gegensatz von Kunst und Kunstwerk(en), steht. In der zweiten Sichtweise jedoch wird die Kunst, die nun die einzelnen Kunstwerke umfaßt, ja gerade aus ihnen besteht, all dem entgegengesetzt, was nicht Kunst ist, oder, genauer gesagt, allem »Kulturellen«, das nicht »wirklich« Kunst ist. Diese Voraussetzung der *Ästhetischen Theorie* muß zunächst in ihrer ganzen Schockhaftigkeit herausgestellt werden: alle Kunst ist »große Kunst«; es gibt keine Abstufungen in der ästhetischen Erfahrung, noch kann diese selbst jemals unvollständig, partiell, mittelmäßig oder nur ein Versprechen sein; es gibt nur die Sache selbst oder ihre Abwesenheit, das heißt in diesem Bereich die einzige Art von Erfahrung, über die zu sprechen sich lohnt, sofern man die verwirrende Klausel hinzufügt, daß, gesetzt den Fall, es könne über diese Erfahrung überhaupt nicht in irgendeinem erklärend-propädeutischen Sinne gesprochen werden, man bereits wissen müsse, worum es geht, weil es einem sonst niemand zu sagen vermag. In diesem Sinne setzt die *Ästhetische Theorie* eine ursprüngliche Akkumulation des Kapitals ästhetischer Erfahrung voraus; sie spricht über Erfahrungen, die man bereits gemacht hat, ihre Sätze spielen auf das schon Bekannte und Vertraute an, und sie steht und fällt mit der Zustimmung zu und dem Interesse an ihren Beschreibungen. Ein brillanter literaturtheoretischer Essay könnte Möglichkeiten aufzeigen, wie ein bis dato undurchsichtiger, langweiliger oder ärgerlich schlechter Text (neu) zu lesen sei, wodurch er uns zu einer neuen (gleichsam erstmaligen) Lektüre-Erfahrung verhilft, ja in unserem Geist sogar das Entstehen einer neuen Ästhetik oder Poetik auszulösen vermag. Die *Ästhetische Theorie* hat damit nichts im Sinn – und bleibt also auch in dieser Hinsicht innerhalb der Grenzen der philosophischen Ästhetik als einer nachträglichen Erhellung dessen, was im Vorwege schon empfunden wurde.

Doch können wir ebensogut unsere Verlegenheit angesichts dieser ersten, so herrischen methodologischen Entscheidung eingestehen: Kunst ist per definitionem »große Kunst«. Zuerst sei bemerkt, daß diese Position ebenso unmittelbar alle traditionellen Wertungsfragen ausschließt, der Wert wird hier von vornherein vorausgesetzt (in einer Art Umkehrung von Northrop Fryes methodologischer Entscheidung, alle Typen des Narrativen ungeachtet ihres möglichen »Werts« in Betracht zu ziehen). Allerdings taucht das Wertungsproblem in einer eher historisch-gesellschaftlichen Form später wieder auf. Unterdessen läßt sich der Spottgeist des Erzgegners Brecht, des Versuchers (und Verderbers von Benjamin) nicht so einfach exorzieren, erinnert man sich doch mancher Szenen aus seinen Stücken, vor allem der Betrunkenen in *Mahagonny*, die mit Erstaunen auf das mechanische Klavier starren und ausrufen: »Das ist die ewige Kunst!«*

Es sollte hinzugefügt werden, daß Adorno systematisch einen Raum schafft für das, was in der Entwicklung der zeitgenössischen kommerziellen und Massenkultur fast ganz unterdrückt worden ist, nämlich die »leichteren« Formen der Kunst (wie etwa im Falle der »leichten [d.h. der komischen] Oper« oder Operette): Komponisten wie Lehár sind auf ihre Weise nicht weniger technisch brillant und bewundernswert als die »Meister«: »'Leichte' Kunst als solche, Zerstreuung, ist keine Verfallsform« (DA, 143). Doch ist es ein Raum innerhalb einer spezifisch bürgerlichen Kultur, der von der Entwicklungstendenz dieser Kultur ausgelöscht wird:

> Leichte Kunst hat die autonome als Schatten begleitet. Sie ist das gesellschaftlich schlechte Gewissen der ernsten. Was diese auf Grund ihrer gesellschaftlichen Voraussetzungen an Wahrheit verfehlen mußte, gibt jener den Schein sachlichen Rechts. Die Spaltung selbst ist die Wahrheit: sie spricht zumindest die Negativität der Kultur aus, zu der die Sphären sich addieren. Der Gegensatz läßt am wenigsten sich versöhnen, indem man die leichte in die ernste aufnimmt oder umgekehrt. Das aber versucht die Kulturindustrie. (DA, 143f.)

Die berühmte Bemerkung über die zwei Hälften, die sich nicht zum Ganzen zusammenfügen, bezieht sich von daher nicht auf ernste Kunst und Massenkultur, sondern nur auf den Unterschied zwischen ernster und leichter Kunst, deren anfängliche Ausdifferenzierung durch die Kommerzialisierung beseitigt wird (vgl. auch ÄT, 465). Zugleich finden auch bestimmte traditionelle Formen einen Ort, man denke etwa an die Rolle, die Märchen (oder archaisierende Spätprodukte wie der *Struwwelpeter*) spielen. Doch wird man auch hier keine politisch beruhigenden Spuren eines Populismus finden; vielmehr ist die grundlegende Vermittlung dieses neuen Gegensatzes – zwischen Massenkultur und traditioneller oder »Volkskunst« – eher trostlos, in historiographischer Hinsicht aber auch vielschichtig und »nicht-linear«. Die grundlegenden gesellschaftlichen Verhältnisse in der Volkskunst »sind die von Herren und Knechten, Profitierenden und Benachteiligten, aber in unmittelbarer, nicht ganz vergegenständlichter Gestalt« (»Wolf als Großmutter«, MM, 272). Was an diesen älteren Formen ideologisch war, enthüllt sich im nachhinein anhand der ideologischen Struktur der neuen Massenkultur:

> Der Film hat rückwirkende Kraft: sein optimistisches Grauen legt am Märchen zutage, was immer schon dem Unrecht diente, und läßt in den gemaßregelten Bösewichtern das Antlitz derer dämmern, welche die integrale Gesellschaft verurteilt und welche zu verurteilen von je der Traum der Vergesellschaftung war. (MM, 272)

Brechts Rekurs auf das Traditionelle und Archaische war von Zielen geleitet, die sich so furchtbar nicht von diesem unterschieden.

In Wirklichkeit aber sollten diese Positionen von Adorno – die so leicht auf »elitäre« Anschauungen, auf »Ästhetizismus« oder ein reaktionäres Gelehrtentum reduzierbar sind, die aus der Perspektive der demokratisierten Massenkultur des postmodernen Superstaates veraltet und kulturell fremdartig wirken – vielleicht eher als Wendungen gegen eine Vielzahl anderer imaginärer oder idealtypischer Protagonisten in Szene gesetzt werden. Jedenfalls werden im folgenden die verschiedenen Positionen zu Charakteren und ihr abstraktes Ballett erweist sich als auf andere Bereiche übertragbar, die der Kunst denkbar fernstehen.

Der erste Schritt, der eine genuine Kunsterfahrung gegen all das absetzt, was ihr *nicht* gleichkommt, scheint jeder um das Problem der Erfahrung zentrierten Philosophie zu eigen zu sein, denn sie muß ihre bestimmende Grenze notwendigerweise in dem erreichen, was sie nicht ist (»omnis determinatio est negatio«). Doch treffen wir hinsichtlich der »Erfahrung« auf eine besonders paradoxe Situation, weil das, was nicht Erfahrung ist, per definitionem nicht erkannt oder formuliert werden kann, so daß solche Philosophien nicht dazu in der Lage sind, sich über ihre eigenen Grenzen Rechenschaft abzulegen. So tauchen denn interessante, nicht-reflexive Strategien auf: in Merleau-Pontys Phänomenologie zum Beispiel findet die Erfahrung des Körpers ihren archimedischen Punkt außerhalb ihrer selbst in den Grenz- und Ausnahmefällen des sogenannten »Phantomgliedes«, das heißt in den fortdauernden Empfindungen »in« amputierten Gliedmaßen. Nur mittels der abwesenden Gegenwärtigkeit solcher entfernten Bereiche kann Merleau-Ponty seine Beschreibungen des gesamten phänomenologischen Körpers systematisieren.

In anderen existentialistischen Theorien erscheint das Problem der Grenzlinie in zwei aufeinander bezogenen, aber unterschiedlichen Bereichen: dem der Bedeutung und dem des Todes. Nur aus einem von außen kommenden Blickwinkel können die jedem Lebensentwurf innewohnenden situativen Bedeutungen als reine Konstruktionen ohne natürliche Grundlage enthüllt werden: doch neigt dieser Blickwinkel – der zum Beispiel innerhalb der Lebenswelt des Existentialphilosophen nicht gegeben ist – dazu, in die Positivität abzudriften, so daß die ursprüngliche Abwesenheit von Bedeutung sich allmählich in einen Begriff und eine eigenständige Philosophie – das sogenannte »Absurde« – verwandelt. Zugleich hat bei Sartre der Tod – eine andere konstitutive Grenze dieser Art – aufgehört, etwas zu sein, was sich (wie noch Heideggers »Sein zum Tode«*) als ein erregendes Geheimnis im Leben betrachten ließe, und wird zur bedeutungslosen anderen Seite, zu einem Ereignis, das per definitionem außerhalb des Lebens liegt und von daher gleichsam aufhört, uns etwas anzugehen. (Heideggers »Lösung« des Problems der Grenzen kehrt, darauf hat zuletzt Habermas hingewiesen, zu einer mythischen Geschichte zurück, indem er die »Außenseite« unserer gefallenen Welt des Seienden in eine unterdrückte und vergessene Ursprungszeit verweist, in eine genuine Erfahrung und Gegenwärtigkeit des Geheimnisses oder der Seinsfrage, für die uns in der geschichtlichen Zeit sogar das Gedächtnis abhanden gekommen ist.)

So kommt es, daß Adorno im Zusammenhang mit der Beschreibung eines der konstitutiven Charakterzüge der Kunst als Spiel und Rätsel das Argument vom »Phantomglied« wiederholt und das »Studium amusischer Menschen« empfiehlt (ÄT, 183):

> Unmöglich, Amusischen zu erklären, was Kunst sei; die intellektuelle Einsicht können sie nicht in ihre lebendige Erfahrung einbringen. So überwertig ist ihnen das Realitätsprinzip, daß es das ästhetische Verhalten schlechthin tabuiert; aufgestachelt durch die kulturelle Approbation der Kunst geht Amusie häufig in Aggression über, und nicht zuletzt diese veranlaßt das allgemeine Bewußtsein heute zur Entkunstung der Kunst. ['Entkunstung' meint hier, daß die Kunst aller ihrer konventionellen künstlerischen Charakterzüge und Signale, z. B. des 'Scheins', der ästhetischen Illusion und Fiktionalität, entkleidet wird, während man zugleich versucht, solche ästhetische Tätigkeit zu rechtfertigen, indem man sie als etwas anderes ausgibt, wie etwa in Happenings, Werbeanzeigen, bestimmten Formen politischer Kunst usw. – F.J.]

Die hier eingeführten Erklärungsmuster – das »Realitätsprinzip«, die »kulturelle Approbation der Kunst«, die Beziehung zur »Aggression« – eröffnen eine Vielzahl gesellschaftlicher und historischer Formen, in welche die »Amusie« übergehen kann (und die wir gleich noch untersuchen werden). Doch verdankt sich (wie wir bereits zeigten) diese erste umfassend verneinende Position ausschließlich der Logik von Adornos Untersuchung. An diesem Zitat nun wird deutlich, auf welche Weise diese Verneinung im Text als eine bestimmte Art von *Leser(in)* entworfen wird – nämlich als jemand, der die *Ästhetische Theorie* zur Hand nimmt, ohne überhaupt schon zu wissen, was Ästhetik ist, und der darüberhinaus aus welchen »konstitutiven« oder »wesensmäßigen« Gründen auch immer unfähig sein soll, überhaupt ästhetische Erfahrung zu »besitzen«.

Anthropologisch ist natürlich so ein Leser gar nicht vorstellbar, es wäre ein Wesen ohne alle Negativität (im Hegelschen Sinne), so vollständig in das Unmittelbare versenkt, daß sein Bewußtsein selbst jener relativen und winzigen Distanz zur Welt ermangelte, die wir den »höheren« Tieren zuschreiben. So ist denn Phantasie, die Befähigung zur Fiktion oder zur geistigen Kraft, sich bildhaft vorzustellen, was nicht (und gar noch nicht oder nicht mehr) existiert, kein zufälliges, zusätzliches Vermögen des menschlichen Bewußtseins, sondern praktisch sein konstituierender Charakterzug. Doch sind, wie ich bereits erwähnte, alle Versuche, Bewußtsein zu »definieren« (so wie zum

Beispiel Sartres Definition des Bewußtseins als Verneinung und Distanz notwendigerweise durch die Beschreibung des »Imaginären« hindurchgehen muß), dazu verurteilt, diese unvorstellbare verneinende Position zu entwickeln, um ihr Geschäft betreiben zu können. Gleichermaßen benötigen Beschreibungen der Sprache in einem äußeren Grenzbereich die phantastische und in sich widersprüchliche Darstellung nicht-sprachlicher Wesen, vergleichbar den »Großen Gelehrten von Lagado« bei Swift, deren Plan, die Sprache zu eliminieren und durch die »Dinge selbst« zu ersetzen (die sie dann, um miteinander kommunizieren zu können, mit sich herumschleppen), Adorno als Sinnbild für die Quintessenz positivistischen Denkens gedient haben mag.

So wird Adornos privativer Terminus sehr schnell die Züge dessen annehmen, was die narrative Semiotik als »Oberflächensymptomatik« *(surface manifestation)* bezeichnet; er wird zu einer »lebensechten« Gestalt mit den dazugehörigen gesellschaftlichen und historischen Bestimmungen (ein Prozeß, dessen Beginn wir schon in der oben zitierten Passage bemerkt haben). Doch zunächst ist der aller ästhetischen Sensibilität beraubte »amusische Mensch«* so etwas wie der im Text konstituierte Andere: jener endgültige Nicht-Leser, gegen den man Argumente ins Feld führt oder den man, wenn diese nicht verfangen (was per definitionem klar ist), schmäht und lächerlich macht, um sich als mit dem »eigentlichen« Leser solidarisch zu bekunden, der dadurch ermuntert wird, gegen diesen Anderen die vom Text selbst entwickelte Sichtweise zu übernehmen. Es ist verführerisch, sich vorzustellen, daß alle Texte – zumindest in den Anfangsstadien der Herausbildung von Gattungen, das heißt, im Prozeß der Institutionalisierung – sich dergestalt veranlaßt sehen, den »schlechten« oder »unerwünschten« Leser in der Form gerade solcher verneinenden Positionen mit einzubeziehen. Natürlich müssen dies keine anthropomorphen »Charaktere« in einer Narration, sondern können als dramatis personae selbst sichtbar sein, wie zum Beispiel in jenen Werken der Science fiction oder der Gattungen des Okkulten, die den Rationalisten, den Skeptiker, den Ungläubigen systematisch *in* den Text mit einschließen, um ihn zu widerlegen und so unerwünschte Lesweisen zu neutralisieren.

In einem gewissen Sinne hat natürlich die amusische Position bei Adorno in einer grundlegenden Narration »Aktanten-« oder »Protagonistenstatus« erreicht: im Bilde der Ruderer aus der Sirenenepisode der *Odyssee,* deren Wachsstöpsel sie zu Menschen machen, die wissen, daß es so etwas wie Kunst gibt, sich aber keinen Begriff von ihrer Erfahrung machen können. Wie die klassenbezogene Allegorie von den Sirenen verdeutlicht, können diese amusischen Menschen in einem weiter gefaßten, gesellschaftlichen Sinn mit den arbeitenden Massen identifiziert werden. Sie tauchen in einer anderen erstaunlichen Passage der *Dialektik der Aufklärung* auf, in der Adorno und Horkheimer die (nicht zu verwirklichende) Annahme diskutieren, man könne die gesamte Kulturindustrie einfach mit einem Schlag abschalten, ohne daß irgend jemand sich daran stören würde:

> Würde der größte Teil der Radios und Kinos stillgelegt, so müßten wahrscheinlich die Konsumenten gar nicht so viel entbehren. [...] Solche Stillegung wäre keine reaktionäre Maschinenstürmerei. Das Nachsehen hätten nicht so sehr die Enthusiasten als die, an denen ohnehin alles sich rächt, die Zurückgebliebenen. Der Hausfrau gewährt das Dunkel des Kinos trotz der Filme, die sie weiter integrieren sollen, ein Asyl, wo sie ein paar Stunden unkontrolliert dabeisitzen kann, wie sie einmal, als es noch Wohnungen und Feierabend gab, zum Fenster hinausblickte. Die Beschäftigungslosen der großen Zentren finden Kühle im Sommer, Wärme im Winter an den Stätten der regulierten Temperatur. (DA, 147)

Dieser Populismus (den wir wahrscheinlich Horkheimer verdanken) unterscheidet sich sichtbar vom Konservatismus der damaligen Epoche, der den »Massenmenschen« oder die Unechtheit der industriellen Massenkultur analysierte (Heideggers »Man« oder Ortega y Gassets »Aufstand der Massen«), ist aber gleichwohl ideologisch darauf bezogen. Hier jedoch kündigen sich bereits die »Randexistenzen« der zeitgenössischen radikalen Rhetorik an – in den Frauen und Arbeitslosen und nicht zuletzt im Pathos jener schlechthinnigen Opfer, der geistig Zurückgebliebenen, denen Döblins *Berlin Alexanderplatz* ein Denkmal errichtet hat. Die wohltuende Dunkelheit der großen Kinosäle wird so zum feierabendlichen Ruheort der Ruderer des Odysseus, die den elektrisierenden Bildern auf der Leinwand nicht mehr Aufmerksamkeit schenken als einst dem Gesang der Sirenen.

Und wenn sie es doch tun? An diesem Punkt spaltet sich Adornos negative oder privative Position der Nicht-Kunst, der Menschen, die zu ästhetischer Erfahrung überhaupt nicht fähig sind, und tritt in die reale Geschichte ein. Und mit dieser Zweiteilung taucht allmählich die berühmte Konzeption der Kulturindustrie selbst auf. Denn nun müssen neben denen, die zur Erfahrung von Kunst unfähig sind, diejenigen einen Platz bekommen, die glauben, diese Erfahrung zu besitzen, und es muß eine Charakteristik und Analyse der Ersatzkunst im Hinblick auf all jene Zuschauer und Zuhörer entworfen werden, die, von ihrer Teilhabe an kultureller Erfahrung überzeugt, dennoch nicht wissen, was Kunst ist und niemals eine »genuine ästhetische Erfahrung« genossen haben und nicht einmal ein Bewußtsein davon erlangt haben, daß dies alles ihnen vorenthalten worden ist.

In der *Ästhetischen Theorie* spielt die »Kulturindustrie« keine bedeutende Rolle, sondern wurde ex negativo schon vorausgesetzt. Tatsächlich bildet der frühere Text ein höchst ernstzunehmendes philosophisches Problem für das spätere Projekt als ganzes: wie verfährt man mit der Ausnahme oder dem möglichen Mittelweg einer Art von »ästhetischer Erfahrung«, die weder genuin ist (eine augenscheinliche »Kunst«, die offensichtlich nicht »große Kunst« im Sinne von Adorno ist), noch einfach der Nicht-Kunst zugerechnet werden kann. Die *Dialektik der Aufklärung* begegnet diesem strukturellen Problem im Vorwege: sie entzieht sich dem Dilemma der theoretischen Bestimmung einer Kunst, die nicht »wirklich« Kunst ist (und auch nicht direkt »schlechte Kunst«, weil das ein Nicht-Begriff wäre) und einer wirklichen Erfahrung, die nicht wirklich ästhetisch, aber auch sonst nicht bestimmbar (und, Kants Terminologie zufolge, weder praktisch noch erkenntnistheoretisch) ist. Wenn man, wie Adorno es hier ebenfalls tut, sagt, daß diese in der Massenkultur sich gründende Erfahrung de facto die der Warenform ist, betont man zugleich ihre Objektivität (es ist keine »Pseudo-Erfahrung«), bringt aber noch nicht die Beziehung dieses neuen Kodes (des Warenfetischismus) zu den bisher untersuchten traditionell-ästhetischen Kategorien zum Ausdruck.

Drei

Aber es ist heute schwierig, Adornos äußerst einflußreichen, ja sogar provokativen und berüchtigten Begriff der Kulturindustrie zu diskutieren, ohne die Geschichte seiner »Schicksale« zu erwähnen. Zwar wurde er in der *Dialektik der Aufklärung* in einer Sprache skizziert, die das Philosophische mit dem Soziologischen zu verbinden suchte, doch kann dieser Ur-Text (zusammen mit den *Minima Moralia)* auch als ein Werk wiedergelesen (oder neu formuliert) werden, das einer älteren literarischen Gattung entstammt: nämlich jener Reiseliteratur, die manche Europäer als Ergebnis ihrer oftmals von tiefem Erschrecken gekennzeichneten Begegnung mit der neuen Demokratie in Nordamerika und insbesondere mit der Ursprünglichkeit ihrer politischen, gesellschaftlichen und kulturellen Formen hervorgebracht haben. Anders als in Europa nämlich entstanden diese Formen unabhängig vom Klassenkampf mit einem aristokratischen ancien régime, dessen Einfluß auf die Alte Welt noch bis in die jüngste Zeit in den Anzeichen und Überresten einer vorbürgerlichen Kulturkonzeption sich erhalten hatte (auch dort, wo, wie in Bourdieus »feinen Unterschieden« solche aristokratischen Formen und Kategorien vom Bürgertum selbst übernommen und reorganisiert wurden). Doch war der anthropologische Schock, den diese mitteleuropäischen Gelehrten in der Begegnung mit der Andersheit der Massendemokratie in der neuen Welt erfuhren, auch noch auf einzigartige Weise durch eine unvorhersehbare geschichtliche Konstellation bedingt: durch den gleichzeitigen Aufstieg des Hitlerfaschismus in Europa.

Heutzutage erscheint dieses Zusammentreffen weniger paradox und zufällig. Wenn es sich wirklich so verhält, wie die Historiker heute offenbar annehmen, daß der Hitlerismus de facto Deutschlands lange vertagte bürgerliche Revolution war, und daß seine gewaltsame und kleinbürgerliche soziale, politische und kulturelle Nivellierung* objektiv in der Zerstörung der letzten Überreste aristokratischer Formen resultierte, dann hängen die beiden Phänomene – die amerikanische Massendemokratie und das Interregnum der Nazis in Deutschland – sehr eng miteinander zusammen. Doch lag die Originalität von Horkheimer und

Adorno darin, daß sie zuerst diese beiden Phänomene auf der kulturellen Ebene miteinander verknüpften und mit einer Unbeugsamkeit, die zweifellos als eine Form des politischen Engagements anzusehen ist, auf der Untrennbarkeit von Kulturindustrie und Faschismus beharrten. Und sie haben ihre amerikanischen und deutschen Beispiele und Veranschaulichungen auf eine so provokative Weise miteinander vermischt, daß die Empörung darüber nicht ausbleiben konnte. So wird denn der den Zweiten Weltkrieg beschließende Sieg der Kulturindustrie über ihren Nazikonkurrenten und -rivalen als Variante innerhalb eines einzigen Paradigmas verstanden, nicht als Sieg des einen Paradigmas über das andere.

Ursprünglich also war der Begriff der Kulturindustrie der mittels einer neuen philosophischen Stilisierung und Abstraktion verhüllte Ausdruck einer jener Tocqueville-Dickens-Trollope-Reiseberichte aus den Vereinigten Staaten, deren gattungsbedingte Ähnlichkeit es den amerikanischen Intellektuellen immer leicht machte, sie als Formen des Snobismus und des aristokratischen Vorurteils abzutun. Doch für andere, eher linksgerichtete amerikanische Intellektuelle, die von der Ausnahmestellung der USA weniger überzeugt waren, konnte die von Adorno und Horkheimer geäußerte Kritik auch – mittels der bereits erwähnten Identifikation von Massenkultur und Warenform – zur Grundlage für eine Kulturkritik des Kapitalismus selbst werden. Diese Kulturkritik entwickelte sich in den Vereinigten Staaten unabhängig von den ästhetischen Werten der Moderne, die noch bei Adorno und Horkheimer deren philosophische Grundlage bildete; allerdings war in den fünfziger Jahren die künstlerische Moderne hegemonial und verbindlich geworden und hatte das Universitätssystem erobert. In den darauffolgenden Jahren (die bald die Sechziger werden sollten) veränderten sich einige dieser Variablen und mit ihnen die Situation der Kulturkritik selbst. Die Feststellung scheint nicht unfair, daß dieses Forschungsgebiet, mitsamt seinen Motivationen und Werten, seitdem mit der Linken in diesem Lande in Verbindung gebracht wird (und erst seit sehr kurzer Zeit haben die bis dahin episodischen Formen einer Kulturkritik von rechts an Legitimität gewonnen).

Doch entdeckte die amerikanische Linke, als sie in den sechziger Jahren ihre gesellschaftliche Wiedergeburt erlebte, zugleich ihre älteren populistischen Traditionen neu und begann, ihre kulturellen Positionen in einem wesentlich vom Populismus bestimmten Idiom neu zu bestimmen. Zugleich verknöchern die nunmehr akademisch abgesegneten, hauptsächlich europäisch dominierten Traditionen der ästhetischen Moderne und geraten in den Ruf des reinen (d. h. schlechten) »Akademismus«. In der Folge vermischt sich die Ablehnung dieser Moderne durch die populistische Linke mit einem Anti-Intellektualismus, der in der vom Geschäft beherrschten amerikanischen Gesellschaft paradoxerweise bei der Linken wie bei der Rechten politische Tradition besitzt, während schließlich die Moderne selbst als künstlerische Bewegung – aus was für umfassenderen sozioökonomischen Gründen auch immer – in dieser Epoche oder kurz vorher an ihr Ende gelangt (und das bedeutet die Auflösung jenes Augenblicks, in dem, wie Adorno es beschreibt, die Kunst – zu verstehen als moderne, technisch avancierte Kunst – als »a priori politisch links« galt [ÄT, 377]).

Doch nun muß ein weiterer Charakterzug der neuen Massenkultur der sechziger Jahre (der sich bis in unsere eigene geschichtliche Epoche hinein verlängert) in der Beschreibung berücksichtigt werden: jetzt nämlich wird die sogenannte Populärkultur technisch weiterentwickelt (und zwar, wie wir noch sehen werden, durchaus im Geiste von Adornos Beschreibung der Moderne). Zweifellos ist diese Formulierung insofern ungenau und undialektisch, als sie unterstellt, die »technische Weiterentwicklung« habe bereits stattgefunden und die Massenkultur hätte nur den Weg dorthin noch finden müssen. Vielmehr gab es in Wirklichkeit sowohl in der Massenkultur als auch in der Technologie einen simultanen Sprung nach vorn, in dem zum ersten Mal die beiden Entwicklungen ganz bewußt miteinander verbunden wurden, und dies resultierte in der gemeinsamen Entstehung der (heute von uns so genannten) Medien und der neuen medienorientierten Kultur. Diese Entwicklung muß hervorgehoben werden, damit die *Dialektik der Aufklärung* in eine geschichtliche Perspektive zurückversetzt und als etwas gelesen werden kann, das geschichtlich *geworden* ist, ungeachtet aller anderen Ansprüche, die die Argumentation an uns stellen mag. Worum handelt es sich bei den Produkten von Adornos Kulturindustrie? Da ist einmal der standardisierte Hollywood-Genrefilm der B-Kategorie (vor seiner Erneuerung durch die *auteur theory* vom stilprägenden Einfluß des Regisseurs), da sind weiter die *radio comedies* und Seifenopern vom Typ der dreißiger und vierziger Jahre (wie etwa »Fibber McGee« und »Molly«), und da ist in der Musik Paul Whiteman (der eigentliche Referenzpunkt für das, was Adorno »Jazz« nennt, und der wenig gemein hat mit dem Reichtum einer schwarzen Kultur, die wir erst lange danach entdeckten). Die Kulturindustrie hat gleichfalls etwas mit Toscanini zu tun (dessen gegenwärtige Neubewertung in vielerlei Hinsicht durch Adorno selbst vorweggenommen wurde; vgl. Horowitz 1987 und Adorno 1978a) und antizipiert wohl auch die ersten Fernsehprogramme der späten vierziger Jahre (wie etwa Milton Berle). Von der Nostalgie abgesehen, die solche Artefakte jüngst zu würdigen sich anschickte, ist der strukturelle Bruch zwischen ihren Formen und denen unserer eigenen Massenkultur offensichtlich genug, um es gerechtfertigt erscheinen zu lassen, daß wir zwischen dem durch sie inspirierten analytischen Denken (oder der »bestimmten Negation«) und der Theorie, welche die gegenwärtige Massenkultur zu erfordern schien, einen ähnlichen und gleichermaßen historischen Bruch konstatieren.

Diese Theorie kann als populistisch charakterisiert werden, insoweit sie zunehmende Ungeduld gegenüber Manipulationstheorien zeigt, in denen ein passives Publikum sich Formen einer warenästhetischen und kommerziell produzierten Kultur unterwirft, deren Selbstidentifikationen es als »Ablenkung« oder »Unterhaltung« billigt und verinnerlicht. Solche Rezeptionstheorien werden durch neuere Konzeptionen des Lesens in Zweifel gezogen, während Foucaults Beschreibung des universellen Gewebes der Mikro-Macht in den gegenwärtigen Gesellschaften (eine Beschreibung, deren düsterer und totalisierender Charakter alle Theoreme der Frankfurter Schule bei weitem übertrifft) paradoxerweise zu Gegenentwürfen von »Widerstandsformen« führt, die mit der französischen Quelle kaum noch etwas gemein haben (dort nämlich ist Widerstand immer ein atomisierter, individueller und verzweifelter, d.h. zum Scheitern verurteilter Guerrilla-Akt). Die auf Massenkultur bezogenen Theorien des Widerstands, des Umformulierens, der Aneignung des kommerziellen Textes durch Gruppen, für die er in der Form gar nicht gedacht war, scheint eher etwas von den tieferen utopischen Impulsen widerzuspiegeln, die in der kulturellen Produktion *und* Konsumtion ihr Werk betreiben – dort, wo, wie Bloch uns gezeigt hat, der Maulwurf der Kollektivität sich immer noch durch die frivolen individuellen Vergnügungen einer privatisierten und atomisierten Gesellschaft fortwühlt.

Mithin sind die utopischen Ursprünge solcher Theorien (via Marcuse) in den soziopolitischen Theorien der Neuen Linken sehr viel offenkundiger: hier werden gerade der Universalismus der Warenform und das durch den Spätkapitalismus erweckte Konsumtionsbegehren auf paradoxe Weise zur Triebkraft für eine tiefere Unzufriedenheit, die das System selbst zu unterminieren vermag. Philosophisch schreibt Habermas, zumindest zum Teil, diese Position fort, denn für ihn enthalten die Versprechen der bürgerlichen Revolution sowie der bürgerlichen Legalität und Demokratie ein Potential, das zum Wandel und zur Evolution der Gesellschaft führen kann. Jedenfalls entbehrt es nicht der Ironie, daß die utopische Komponente jener Theorien der Massenkultur, die den manipulationstheoretischen Ansatz der Frankfurter Schule ersetzten, sich letztlich von deren anderer, utopischer Seite herleitet.

Die nachträgliche Theoretisierung der neuen Formen der Massenkultur als Manifestationen der »Postmoderne« scheint diese neuen Positionen zu vervollständigen und zugleich tiefgreifend in Frage zu stellen. Die technologische Perfektion der heutigen Massenkultur (in einem postmodernen »Image«, dem die Hochtechnologie auch als Inhalt einbeschrieben ist, und das zugleich, als Warenform, das technologisch Neue als den direkten Gegenstand der kulturellen Konsumtion bezeichnet) scheint in der Tat die neue Würde all dieser kommerziellen Kunstobjekte plausibler zu machen; in ihnen vereinigt sich nun eine Art Karikatur von Adornos Konzeption der Kunst als technischer Innovation mit der Anerkenntnis der tieferen, unbewußten utopischen Weisheit eben jener konsumierenden Massen, deren »Geschmack« sie bestätigt. Derweil gibt das faktische Verschwinden dessen, was Adorno der Massenkultur als »Hochkultur« entgegensetzte – der Modernismus selbst – den Blick frei und hinterläßt den Eindruck einer nunmehr universalisierten Kultur, deren Logik nicht mehr die alten Wertgegensätze von »hoch« und »niedrig« kennt, sondern ein Kontinuum beschreibt, das von der »Kunst« bis zur »Unterhaltung« reicht.

Der archimedische Punkt einer »genuin ästhetischen Erfahrung«, von dem aus die Strukturen der kommerziellen Kunst kritisch demaskiert werden, ist also verschwunden, nicht dagegen das altehrwürdige Problem des wahren und falschen Glücks (von Plato bis Marcuse), und ebensowenig die Frage, ob es eine tiefere Befriedigung vermittelt, 35 Stunden in der Woche ein technisch perfektes und elegant gestyltes Fernsehprogramm zu verfolgen als 35 Stunden in der Woche ein Programm vom Typ

»Kulturindustrie der fünfziger Jahre« zu sehen. In einem Zeitalter der allgemeinen Entpolitisierung nimmt, so sollte man meinen, der tiefere utopische Gehalt des postmodernen Fernsehens eine etwas andere Bedeutung an, während sogar der Begriff des Utopischen selbst – als politische Version des Unbewußten – weiterhin dem theoretischen Problem sich konfrontiert sieht, was in einem solchen Zusammenhang Unterdrückung heißen könnte; insbesondere wäre noch zu bestimmen, welcher politische Gehalt Werken zugesprochen werden könnte, bei denen einzig die unbewußte Bedeutung politisch ist. Solche Texte könnten gesellschaftliche Symptome eines tieferen politischen und kollektiven Bedürfnisses oder Verlangens sein, ohne in sich selbst irgendeine politische oder politisierende Funktion zu besitzen. Vielleicht benötigen wir heute, da der Triumph weiterer utopischer Theorien der Massenkultur vollständig und praktisch hegemonial erscheint, das Korrektiv einer neuen Manipulationstheorie und einer Theorie des im eigentlichen Sinne postmodernen Warenuniversalismus (die sich von Adornos und Horkheimers nun schon historischem Ansatz in jedem Fall unterscheiden müßten).

De facto jedoch arbeitet das Kapitel über die »Kulturindustrie« überhaupt keine Kulturtheorie im modernen Sinne aus, und die erregten Reaktionen, die es so oft auslöste, verdankten sich ebensooft dem Mißverständnis, es ginge genau darum. Man muß jedoch nur Raymond Williams' bereits klassische Darstellung der »Hegemonie« noch einmal lesen, um zu erkennen, daß es in Adornos (und Horkheimers) Werk dafür keinen entsprechenden Begriff gibt:

> ein ganzes Ensemble von Praxen und Erwartungen, das die Gesamtheit unserer Lebensformen umfaßt: unsere Sinnes- und Arbeitsenergien, die Art und Weise, wie wir uns selbst und unsere Welt wahrnehmen. Sie ist ein gelebtes System von Bedeutungen und Werten – konstitutiv und konstituierend –, die in dem Maße, in dem sie als Praxen erfahren werden, sich wechselseitig zu bestätigen scheinen. Dergestalt vermittelt sie für die meisten Menschen in der Gesellschaft ein Gefühl der Realität; der absoluten, weil erfahrenen Realität, über die hinauszugehen den meisten Menschen, in den meisten Lebensbereichen, sehr schwer fällt. Sie ist, heißt das, eine 'Kultur' im strengsten Sinne [...]. (Williams 1977, 110)

Der Kontrast wird noch schärfer sichtbar, wenn Williams auf sein eigentliches Thema zurückkommt (denn in der zitierten Passage ging es vor allem um Hegemonie und nicht um Kultur!) und hinzufügt: »aber eine Kultur, die auch als die gelebte Herrschaft und Unterordnung bestimmter Klassen gesehen werden muß«. Dergleichen wäre zweifellos dem Problem der Kulturindustrie selbst angemessen gewesen, wenn Horkheimer und Adorno es überhaupt in dieser Weise hätten begrifflich erfassen können. Doch konnten sie es unter anderem auch deswegen nicht, weil, wie die *Minima Moralia* bezeugen, die Erfahrung des »beschädigten Lebens« – ebenso aber Weimar und der Nazismus und sogar die rüde materialistischen Vereinigten Staaten – für die Festigkeit, mit der diese gesellschaftliche Reproduktion vermittelt wird, keinen Raum läßt. Erst Negt und Kluge bieten eine deutsche Entsprechung zu den Tönen, die in der oben zitierten Passage von Williams angeschlagen werden (vgl. Jameson 1988b). Ebenso ist es möglich, daß das traditionelle Äquivalent, Bildung*, ein allzu undurchsichtiger Begriff ist, der zu sehr nach der Selbstzufriedenheit der »unreifen« deutschen Bourgeoisie schmeckt, als daß Adorno und Horkheimer versucht worden wären, ihn zu verwenden.

So ist die »Kulturindustrie« keine Theorie der Kultur, sondern die Theorie einer *Industrie*, eines Zweiges der miteinander verquickten Monopole des Spätkapitalismus, der Geld aus dem schlägt, was für gewöhnlich Kultur genannt wurde. Es geht hier um die Kommerzialisierung des Lebens, und die beiden Autoren sind näher an einer Theorie des »Alltagslebens« als einer der Kultur selbst im zeitgenössischen Sinn, wie wir sie bei Williams, ungeachtet ihrer augenscheinlichen nostalgischen Momente, vorfinden, entspricht sie doch einer Kulturalisierung der gesellschaftlichen Lebensbereiche, die viel durchgängiger und »totaler« ist, als man es in den dreißiger Jahren hätte erkennen können (denn damals fing die Entwicklung mit dem sogenannten Fordismus, der industriellen Massenproduktion von Kulturgütern, gerade erst an). In diesem Sinne bleiben Adorno und Horkheimer der »Moderne« verhaftet, weil sie, bei aller Voraussicht, mit der sie Entwicklungen beschrieben, die später zu einer von Bildern beherrschten Gesellschaft *(image-society)* führten, doch kaum die dialektische Umwandlung von Quantität in Qualität absehen konnten, die die Intensivierung des Prozesses nach sich ziehen sollte. Von daher ist ihre Theorie keine Kulturkritik*, sondern eine Ideologiekritik*: wie im klassischen Marxismus ist

»Ideologie« hier immer noch der entscheidende Begriff, der noch nicht (wie etwa in Althussers Version) durch die Anforderungen einer postmodernen Gesellschaftsordnung modifiziert worden ist.

Vier

In jedem Fall bietet die von Adorno und Horkheimer ausgearbeitete Theorie der Kulturindustrie eine Beschreibung der Erfahrung von Massenkultur, die nicht einfach auf eine rein schulmeisterliche oder elitäre Beschimpfung der »schlechten Kunst« reduziert werden kann. Allerdings zielt die Argumentation der Philosophen darauf ab, die durch Massenkultur strukturierte »Erfahrung« von ihrem genuin ästhetischen Gegenstück abzuheben, indem »Unterhaltung«, »Amusement« und sogar »Vergnügen« von dem abgetrennt werden, was in der Kunst geschieht und nicht mittels dieser Termini beschrieben werden kann. In der Tat werden die schlimmsten Befürchtungen all derer, für die eine urdeutsche Dialektik praktisch per definitionem ihrem Wesen nach humorlos ist,[3] durch die obsessiven Ausfälle gegen das Lachen bestätigt, die in diesem Buch so reichlich zu finden sind. Allerdings erscheint dieses seltsame Vorurteil in etwas anderem Licht, wenn man erkennt, daß das Lachen hier vor allem als »homerisches Gelächter« verstanden wird, als wüste, zähneblekkende Prahlerei dem Opfer gegenüber. Zudem nimmt Adorno von solchen Anprangerungen des nur bösartigen »Spaßes« das wirklich Clowneske, wie etwa die Marx Brothers, aus und beharrt ferner in erstaunlicher Weise auf der tieferen unbekümmerten »Albernheit«, die aller wahren Kunst eigne.

Die Analyse des Vergnügens vollzieht sich jedoch im Rahmen der Theorie des entfremdeten Arbeitsprozesses; sie ist bis in die Gegenwart durch eine Vielzahl von Diskussionen über die Kolonisierung und den Warencharakter von Freizeit und Muße fortgeführt worden:

> Amusement ist die Verlängerung der Arbeit unterm Spätkapitalismus. Es wird von dem gesucht, der dem mechanisierten Arbeitsprozeß ausweichen will, um ihm von neuem gewachsen zu sein. Zugleich aber hat die Mechanisierung solche Macht über den Freizeitler und sein Glück, sie bestimmt so gründlich die Fabrikation der Amüsierwaren, daß er nichts anderes mehr erfahren kann als die Nachbilder des Arbeitsvorgangs selbst. Der vorgebliche Inhalt ist bloß verblaßter Vordergrund; was sich einprägt, ist die automatisierte Abfolge genormter Verrichtungen.

> Dem Arbeitsvorgang in Fabrik und Büro ist auszuweichen nur in der Angleichung an ihn in der Muße. Daran krankt unheilbar alles Amusement. Das Vergnügen erstarrt zur Langeweile, weil es, um Vergnügen zu bleiben, nicht wieder Anstrengung kosten soll und daher streng in den ausgefahrenen Assoziationsgeleisen sich bewegt. (DA, 145)

Das zuletzt erwähnte Wort »Assoziation« werden wir im Auge behalten und der historischen Bedeutung seiner philosophischen Konnotation weiter nachgehen, fungiert es doch als Vermittlung zwischen dem Arbeitsprozeß und einer Erfahrung von Amusement, die, welcher Art auch immer, den Werken der Massenkultur zugesprochen wird. Denn selbst die unnachgiebigste Manipulationstheorie (und die von Adorno und Horkheimer entwickelte ist um einiges subtiler) muß das Erfahrungsmoment anerkennen, das in der Hypnotisierung der Massen vor dem Fernsehgerät liegt, mag es danach auch als Bestechung, Suchtverhalten, falsches Vergnügen oder ähnliches abgetan werden. Die große Definition der Kunst, die Adorno und Horkheimer von Stendhal übernehmen und zu ihrer eigenen machen – Kunst als Glücksversprechen, als »promesse de bonheur« – legt jedoch nahe, daß für sie in dem Versuch, gerade mit dem falschen Glück, dem trügerischen Vergnügen theoretisch ins reine zu kommen, sehr viel auf dem Spiel steht (während die utopischen Positionen eines Bloch oder Marcuse davon ausgehen, daß solcher falschen Erfahrung das wahre Glück oder Vergnügen auf irgendeine Weise einbeschrieben ist).[4]

De facto machen Adorno und Horkheimer den einzigen wirklich konsequenten und rigorosen Zug, der ihnen möglich ist: sie ziehen einen entschiedenen Trennungstrich zwischen Vergnügen und Glück, während sie zugleich beiden Momenten die Möglichkeit absprechen, als Formen einer eigenständigen Erfahrung oder Vollkommenheit zu gelten. Dadurch wird das Vergnügen zu einer auf Natur sich gründenden Fluchtbewegung, die keinen Haltepunkt kennt:

> Vergnügen heißt allemal: nicht daran denken müssen, das Leiden vergessen, noch wo es gezeigt wird. Ohnmacht liegt ihm zu Grunde. Es ist in der Tat Flucht, aber nicht, wie es behauptet, Flucht vor der schlechten Realität, sondern vor dem letzten Gedanken an Widerstand, den jene noch übriggelassen hat. (DA, 153)

In dieser Form wird das, was vom Vergnügen im älteren Sinne noch übrig ist, zur Staffage für die endgültigen Opfer, »an denen sich ohnehin alles rächt«. Und was das Geheimnis der Sexualität angeht – die so oft für den Prototyp des Vergnügens im allgemeinen gehalten und bisweilen (en passant sogar von Adorno selbst) der Erfahrung von Kunst angeähnelt wird –, so könnte es als angeraten erscheinen, ihr, auf wahrhaft Lacansche Weise, jegliche Beziehung aufs Vergnügen zu bestreiten:

> Lust jedoch ist streng: res severa verum gaudium. Die Ideologie der Klöster, daß nicht Askese, sondern der Geschlechtsakt den Verzicht auf die erreichbare Seligkeit bekunde, wird negativ vom Ernst des Liebenden bestätigt, der ahnungsvoll an den entrinnenden Augenblick sein Leben hängt. Kulturindustrie setzt joviale Versagung anstelle des Schmerzes, der in Rausch wie Askese gegenwärtig ist. (DA, 149)

Schmerz als die Wahrheit des Vergnügens: mit diesem tief empfundenen Paradoxon rühren wir an den dialektischen Kern von Adornos Konzeption der Erfahrung und seinen Begriff der Authentizität. Auch der damit verwandte Glücksbegriff folgt, wie wir noch sehen werden, diesem Muster, doch gleichsam auf einem zeitlichen oder geschichtlichen Kontinuum, fast im Geiste des Blochschen »Noch-nicht«: nur als noch nicht Existierendes, als noch nicht Mögliches oder Erreichbares ist Glück hier und jetzt möglich. Wirkungsmächtig wird die Formulierung von Stendhal, wenn wir ihre konstitutive Unvollständigkeit betonen: Kunst ist nicht Glück, sondern dessen *Versprechen*. Die Frankfurter Schule übersetzt das in ihren eigenen, unerbittlicheren Stil: »Das ist das Geheimnis der ästhetischen Sublimierung: Erfüllung als gebrochene darzustellen« (DA, 148). Das Unechte in den Angeboten der Kulturindustrie besteht also nicht darin, daß sie Überreste von Erfahrung enthalten, sondern daß sie zugleich eine Ideologie des Glücks verkörpern: die Vorstellung, daß Vergnügen oder Glück (»Unterhaltung« wäre deren flüchtige Verbindung) bereits existiert und zur Konsumtion bereitsteht.

Hier finden wir eine entscheidende thematische Unterscheidung zwischen »genuiner Kunst« und dem, was die Kulturindustrie anbietet: beide widmen sich, gleichsam in ihrem Sein selbst, dem Problem und der Möglichkeit von Glück: gewährt aber wird es von beiden nicht. Doch während die Kunst ihm durch Verneinung und Leiden, durch die Inszenierung seiner Unmöglichkeit treu bleibt, versichert die Kulturindustrie, daß es tatsächlich stattfindet: »Geboten wird nicht Italien, sondern der Augenschein, daß es existiert« (DA, 157).

Hier nun müssen wir auf die Implikation des Wortes »Assoziation« zurückkommen, wobei es weniger um die von Locke herrührende Traditionslinie selbst geht, als vielmehr um die letzte Wendung und Lösung, die sie durch Kant, in der Theorie der Kategorien und Verstandesschemata, erfährt. Hier ist, wie bereits erwähnt, der Punkt, an dem die Klischeehaftigkeit der Produkte Hollywoods und der Kulturindustrie mit maliziöser Ausgelassenheit als Karikatur und letzthinniges Ergebnis der *Kritik der reinen Vernunft* hingestellt wird:

> Die Leistung, die der kantische Schematismus noch von den Subjekten erwartet hatte, nämlich die sinnliche Mannigfaltigkeit vorweg auf die fundamentalen Begriffe zu beziehen, wird dem Subjekt von der Industrie abgenommen. Sie betreibt den Schematismus als ersten Dienst am Kunden. In der Seele sollte ein geheimer Mechanismus wirken, der die unmittelbaren Daten bereits so präpariert, daß sie ins System der Reinen Vernunft hineinpassen. Das Geheimnis ist heute enträtselt. (DA, 132)

Sicherlich ist die kantische Problematik mit dieser speziellen Anwendung und Aneignung ihrer Mechanismen nicht ausgeschöpft, denn die Frage der Wahrnehmungsschemata (und ihres Gegenspielers, einer Art von ästhetischem *Nominalismus*) stellt sich auch in bezug auf die »genuine Kunst« und taucht in der *Ästhetischen Theorie* hin und wieder als das Problem von »Allgemeinem« und »Besonderen« auf. Hier jedoch stellt der kantisch aufgefaßte Schematismus die entscheidende Vermittlung zwischen dem Arbeitsprozeß und der »korrumpierten« Unterhaltung dar, die das Nämliche – Wiederholung und Vertrautheit – zu ihrem Element macht: hier ist die Taylorisierung, die Rationalisierung von Arbeitsprozeß und Massenproduktion, auf fast ununterscheidbare Weise sowohl in der Produktion als auch in der Rezeption gegenwärtig (deren Identifikation bei Adorno allerdings üblich ist und für die »Hochkunst« gleichermaßen gilt, die in mancher Hinsicht eine selbstbewußtere Version dieser Synthese bildet und als so etwas wie eine Rezeption der Produktion charakterisiert wird, wobei es sich hier um die fortgeschrittene Produktion, um »Hoch«-Technologie handelt).

Hier nun scheinen wir über eine unkomplizierte Analyse massenkultureller Artefakte im Zeichen des Universalismus der Warenform hinauszugehen; präziser ausgedrückt, verlagert sich an diesem Punkt das Gewicht von der ideologischen Dimension der Ware – das heißt, von den »religiösen« Geheimnissen des Warenfetischismus – hin zu dem, was man bei Marx ihre existentielle oder gar metaphysische Dimension nennen könnte: nämlich die Auswirkungen des Tausches selbst, und insbesondere des *Äquivalenten*tausches als einer neuen, historisch gewachsenen Organisationsform, die in der Realität und der *Abstraktion* (im weitesten erkenntnistheoretischen Sinne) sich durchsetzt. Hier ist natürlich der Punkt, an dem die Analyse der Kulturindustrie auf den Rahmen verweist, innerhalb dessen sie entwickelt wurde: auf die von Weber als Rationalisierung und von Lukács als Verdinglichung bezeichnete »Dialektik der Aufklärung«, das Entstehen von »Identität« als einer geistigen Operation, die, wie wir bereits sahen, zugleich ein grundlegendes Instrument der Herrschaft und der Verkörperung des Willens zur Macht ist.

In der Tat zeichnet das erste Kapitel des *Kapital* den »Äquivalententausch« als das reine Gegenteil eines Naturprozesses, zeigt vielmehr, daß er ein schöpferischer geistiger Akt, eine außerordentliche kulturelle Erfindung und zugleich ein brutaler und revolutionärer Eingriff in die objektive Welt ist: nichts, was in den Sinnen ist, entspricht dem begrifflichen Sprung, durch den der berühmte Rock den ebenso berühmten 10 Ellen Leinwand als »wertgleich« gesetzt wird. Auch kann keine Metaphysik der Zahl, derzufolge schließlich die Gleichheit zwischen einem Pfund Eisen und einem Pfund Federn entdeckt wird, diese neue Wert*form* begründen, deren historische Entwicklung in der sogenannten »allgemeinen Wertform« oder dem Geld kulminiert. Es ist nicht hinreichend gewürdigt worden, daß Marx in den vier Stadien, die der Wert durchläuft, eine ganze Geschichte der Abstraktion als solcher entfaltet, in der die Warenform nur ein lokal begrenzter Faktor ist. Die globale Verallgemeinerung dieser Abstraktion bildet sich am anderen Ende des Zeitkontinuums heraus: in Webers »Rationalisierung«, Simmels »Intellektualisierung« und Lukács' »Verdinglichung«. In diesem Sinne ist »Abstraktion« die Vorbedingung der »Zivilisation« in ihrer ganzen vielfältigen Entwicklung, die das vollständige Spektrum der verschiedenen menschlichen Tätigkeiten umspannt (von der Produktion zur Gesetzgebung, von der Kultur zu den politischen Formen, nicht zu vergessen die Bereiche des Psychischen und die dunkleren »Äquivalente« des unbewußten Begehrens), deren sehr unterschiedliche Geschichten in die Geschichte der Abstraktion selbst eingeschrieben werden können.

In der *Dialektik der Aufklärung* werden diese Bedeutungen von »Äquivalenz« beibehalten: sie schließt Differenz und Heterogenität aus und »schneidet das Inkommensurable weg« (DA, 19), indem sie das Ungleiche gleich macht, die Furcht vor dem Neuen bannt und die Handhabung vergleichbarer und meßbarer Quantitäten gestattet. Andererseits sind Adorno und Horkheimer in der Lage, diesen ursprünglichen Prozeß (welcher die Dynamik von »Aufklärung« als solcher wie auch die von Wissenschaft und »instrumenteller Vernunft« konstituiert) auf eine alternierende Weise zu beschreiben, nämlich als *Mimesis*. Damit eröffnen sie eine thematische Alternative zur Marxschen Lehre vom Äquivalententausch, eine zweite Sprache, einen zweiten Code, der darauf abzielt, die Anthropologie in den Text hineinzuholen (wie wir sahen, ist die Verschränkung von Mythos und Aufklärung die grandioseste dialektische Wendung des Buches). So wird die mimetische Aktivität als authentischer Trieb oder Impuls abgesichert und zugleich diese ganze neue Theorie in das eigentlich Mythische einbezogen, als anthropologische Narration entworfen, die erzählt, auf welche Weise die ursprünglichen mimetischen Impulse in abendländische Wissenschaft verwandelt wurden. Nun ist noch eine »Ursprungsszene« erforderlich: die Urmotivation des Mimetischen wird als Furcht und Ohnmacht angesichts der Natur inszeniert, die (mittels Selbst-Beherrschung) zu beherrschen man sich der ritualistischen Mimesis und danach der Wissenschaft bedient; während der offensichtliche Einbruch der »Moderne«, die Entstehung der Wissenschaft – versinnbildlicht etwa im Übergang von der auf Wahrnehmung beruhenden »Wissenschaft«, der »pensée sauvage«, der Alchemie zum mathematischen und nicht-darstellenden Denken – einem mimetischen Tabu oder »Bilderverbot« zugeschrieben wird, das jedoch selbst dialektischerweise so zutiefst mimetisch (im anthropologischen Sinne) ist wie das, was es zu unterdrücken und auszulöschen sucht.

Ein scharfsinniger Vorschlag von Habermas[5] zielt darauf, daß diese alternative mythische Begrifflichkeit – der Kode des Mimetischen – Adorno und Horkheimer letztlich durch die innere Logik ihrer Positionen aufgezwungen wird: da sie Vernunft und Rationalität unnachgiebig mit »instrumenteller Vernunft« gleichsetzen, haben sie keinen Freiraum mehr für die Entwicklung begrifflicher Alternativen zur »Aufklärung« und sind daher auf eine Art selbstfabriziertes mythisches Denken zurückverwiesen. Des weiteren notiert Habermas die unerkannt gebliebene

Möglichkeit, Mimesis als Interpersonalität zu begreifen und als Raum für zwischenmenschliche Beziehungen (wo Verständigung durch wechselseitige Nachahmung erreicht wird). Diese für Habermas grundlegende Möglichkeit gilt jedoch Adorno und Horkheimer im allgemeinen als ebenso schreckenerregend wie möglicherweise gesellschaftlich und intellektuell vielversprechend, wo nicht gar produktiv.

Zugleich scheint die Theorie der Kulturindustrie sich, was die eher metaphysischen Ausführungen zum mimetischen Impuls angeht, unnötige Beschränkungen aufzuerlegen. Sicher »erklären« diese Ausführungen die tiefere Anziehungskraft einer Massenkultur, die mit der der Kunst nicht zu vergleichen ist; doch sind die Erklärungsmuster zu einfach und zu naturalistisch (die Schematismen der entfremdeten Arbeit werden auf einen tiefer sitzenden menschlichen »Trieb« zurückgeführt), als daß die vielfältigeren Spekulations- und Forschungslinien, welche die moderne Massenkultur offensichtlich erfordert, dabei zum Zuge kommen könnten.[6] Insbesondere ist die Wiederholung in der gegenwärtigen Massenkultur zu einem verwickelteren und interessanteren Phänomen geworden, als sie dies für Adorno und Horkheimer war, und sie scheint offensichtlich andere Vermittlungsformen denkbar zu machen, die mit der Eigentümlichkeit des Alltagslebens im Spätkapitalismus, vor allem aber mit den neueren Strukturen einer Gesellschaft der Bilder oder des Spektakels zusammenhängen und von Adorno und Horkheimer so nicht ausgearbeitet werden konnten (selbst Benjamins im Zeichen der technischen Reproduzierbarkeit des Kunstwerks verfaßte Theorie der Massenkultur vermittelt kaum eine Vorahnung von diesen Dingen). Auch das »Klischeehafte« oder »Stereotype« wird mittlerweile anders gedeutet: die Wiederbelebung der Rede vom »Formelhaften« *(formulaic)*, mit der einige dieser Strukturen der Massenkultur bezeichnet werden sollen, eröffnet plötzlich Analogien zur kulturellen Produktion und Rezeption in nicht- oder vorkapitalistischen Gesellschaften, die aus dem historischen Rahmen der *Dialektik der Aufklärung* gleichermaßen herausfallen.

Fünf

Doch ist unsere Frage, auf welche Weise Adorno das Negative oder »Entgegengesetzte« zur Kunst denkt, noch nicht völlig beantwortet. Tatsächlich haben wir nicht einen, sondern zwei solcher Opposita identifiziert, die als Begriffe nicht vollständig dekkungsgleich sind. Da ist zum einen die Abwesenheit von Kunst überhaupt (»das Amusische«), die Position der Rudergefährten des Odysseus und zum anderen der stärker negativ besetzte Terminus der Anti-Kunst oder »schlechten Kunst« der Kulturindustrie mit ihrem betrogenen und zum Opfer degradierten Publikum:

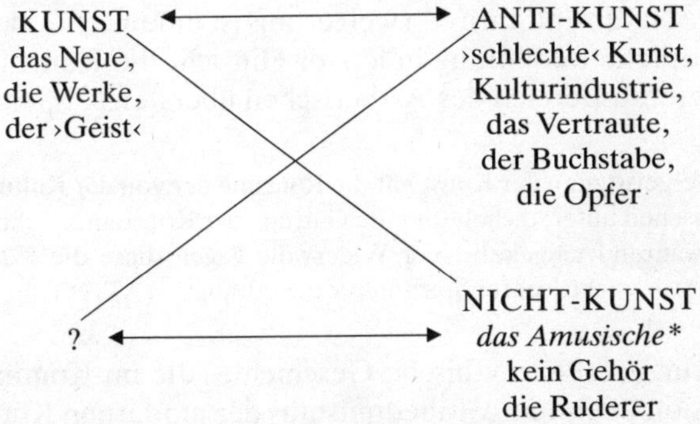

Der fehlende vierte Bezugspunkt in diesem System wird weniger durch eine neue Form der Kultur (oder deren Abwesenheit) gebildet, als durch eine verallgemeinerte Negation der anderen drei Termini. Da es hier um eine ganzes Spcktrum thematischer Ebenen geht, kann diese Verneinung nur allegorisch als ein Charakter in Adornos tieferer ideologischer und phantasmatischer Narration identifiziert werden. So negiert diese »freie Stelle« nicht die »Anti-Kunst« durch das Ende der Kulturindustrie und das Entstehen einer neuen, positiven »Negation der Negation«, sondern vielmehr als Opposition zum Opfertheorem der Kulturindustrie, als Verfechterin dieser Opferstrategie und als Ort der Produktion der Kulturindustrie selbst. Jenseits dessen erweitert sich der Terminus natürlich, um die »Kunstbanausen« im allgemeinen zu umfassen, die, dem Adornoschen Schema zufolge, nicht zu den passiven Konsumenten der Massenkultur gehören, noch zu den Ruderern, die überhaupt keine Sinnesorgane für jegliche Art von Kultur mehr besitzen, vielmehr jene sind, die in ihrem Herzen einen tieferen Haß gegen die Kunst selbst nähren.

Die Banausen sind nicht zuerst und zumeist jene, die nichts von Kunst, besser noch: von moderner Kunst »verstehen«; sie verstehen sie im Gegenteil nur zu gut:

> Was allen für verständlich gilt, ist das unverständlich Gewordene; was die Manipulierten von sich wegschieben, insgeheim ihnen nur allzu verständlich; analog zum Diktum Freuds, das Unheimliche sei unheimlich als das heimlich allzu Vertraute. Darum wird es weggeschoben. (ÄT, 273)

So verstanden können die Banausen nicht unter Hinweis auf Geschmackskategorien begriffen werden, ihr Vorhaben ist weniger passiver Natur und ihre Verweigerung ist eine Geste, deren gesellschaftliche Bedeutung in letzter Hinsicht die Kunst und den begrenzteren Bereich des Ästhetischen übersteigt:

> Die Vergeistigung der Kunst hat die Rancune der von der Kultur Ausgeschlossenen aufgestachelt und die Gattung der Konsumentenkunst initiiert, während umgekehrt der Widerwille gegen diese die Künstler zu immer rücksichtsloserer Spiritualisierung drängte. (ÄT, 28)

Diese kurzgefaßte mythische Geschichte, die im Kontext einer Diskussion über den Antihedonismus der modernen Kunst (und ihrer Berufung zu diesem Antihedonismus) steht, inszeniert den Augenblick, in dem sich ausdifferenziert, was später auf dreifache Weise der Kunst entgegenstehen wird: die Position der von Anfang an Ausgeschlossenen (Odysseus' Ruderer), die Position derer, die den Konsumgenuß fordern als Ersatz für das, von dem sie ausgeschlossen wurden (das Publikum der Kulturindustrie), schließlich die Position derer, die sich des ganzen Prozesses (und dessen, was Odysseus hören kann) sehr wohl bewußt sind und eine allgemeinere Reaktion darauf ersinnen, die es nun zu kennzeichnen gilt: es ist keine andere als die große Gestalt des »Ressentiments«, die Nietzsche am nachhaltigsten in Szene gesetzt hat.

Denn was die Banausen an den (modernen) Kunstwerken, die sie hassen und als unverständlich denunzieren, »nur zu gut begreifen« ist natürlich die höchste Berufung der Kunst selbst – die »promesse de bonheur« in der Form des »gebrochenen Versprechens« der Kunst, welche die Idee des Glücks lebendig erhält, indem sie seine Gegenwärtigkeit leugnet. Und gerade diese letzthinnige Beziehung auf »Glück« und utopische Erfüllung ist in der Leidenschaft des »homme du ressentiment« am Werk und kann sich dergestalt noch auf ganz anderen sozialen Ebenen äußern. De facto findet sich die starke (oder narrative) Äußerungsform des Adornoschen Banausen nicht in der *Ästhetischen Theorie*, und auch nicht im »Kulturindustrie«-Kapitel der *Dialektik der Aufklärung*, sondern in derem letzten Kapitel, das sich mit dem Antisemitismus auseinandersetzt. Diese außerordentliche, utopische Analyse des Antisemitismus als Ausdruck kulturellen Neids kennzeichnet die antisemitische Leidenschaft als Haß auf das Glück selbst:

> Es war der Sinn der Menschenrechte, Glück auch dort zu versprechen, wo keine Macht ist. Weil die betrogenen Massen ahnen, daß dies Versprechen, als allgemeines, Lüge bleibt, solange es Klassen gibt, erregt es ihre Wut; sie fühlen sich verhöhnt. Noch als Möglichkeit, als Idee müssen sie den Gedanken an jenes Glück immer aufs neue verdrängen, sie verleugnen ihn um so wilder, je mehr er an der Zeit ist. Wo immer er inmitten der prinzipiellen Versagung als verwirklicht erscheint, müssen sie die Unterdrückung wiederholen, die der eigenen Sehnsucht galt. Was zum Anlaß solcher Wiederholung wird, wie unglücklich selbst es auch sein mag, Ahasver und Mignon, Fremdes, das ans verheißene Land, Schönheit, die ans Geschlecht erinnert, das als widerwärtig verfemte Tier, das an Promiskuität gemahnt, zieht die Zerstörungslust der Zivilisierten auf sich, die den schmerzlichen Prozeß der Zivilisation nie ganz vollziehen konnten. Denen, die Natur krampfhaft beherrschen, spiegelt die gequälte aufreizend den Schein von ohnmächtigem Glück wider. Der Gedanke an Glück ohne Macht ist unerträglich, weil es überhaupt erst Glück wäre. (DA, 181)

An anderer Stelle in diesem Kapitel (und neben diversen Erklärungsmodellen von eher zweifelhaftem Interesse) entwickeln Adorno und Horkheimer ihre Analyse weiter in Richtung auf die Beziehung zwischen dem Antisemitismus und dem Archaischen (in »Natur« und Gesellschaft) und ihrem eigenen Thema der Mimesis, wobei sie ihre ursprüngliche Konzeption – der Haß gegen das Glücksversprechen – zumindest implizit erweitern, und den Neid auf das, was als weniger entfremdeter Zustand einer älteren Gemeinschaft oder Kollektivität imaginiert wird, mit einbeziehen (ganz im Sinne ihres Kommentars zur *Odyssee*, der den aufklärerischen Geist des Helden in dessen fortwährender Auslöschung und Unterdrückung vorkapitalistischer Form erblickt). Zusammen mit Sartres Theorie des Antisemitismus bleibt diese »utopische« Analyse eine der stärksten und überzeugendsten Diagnosen dessen, was ansonsten auf rein psychologische und irrationale Impulse zurückgeführt (und dabei strukturell dem per definitionem Unbegreifbaren zugewiesen) wurde. Ebenso ist diese Analyse unabhängig von der psychologisierenden Perspektive, die Adorno in der *Authoritarian Personality* vertritt, wo die Bedeutung des »Ressentiments« als sozialer Handlung in eine Theorie der Charakterstruktur eingegliedert wird.

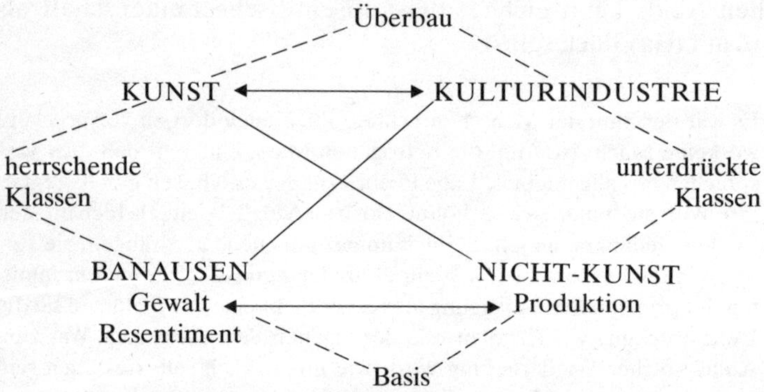

Wenn wir dergestalt den »Antisemiten« als starke Ausdrucksform des »Banausen« im allgemeinen begreifen, so wird dadurch auch die »Konvergenztheorie« der *Dialektik der Aufklärung* etwas deutlicher, in der den Vereinigten Staaten der Hollywood- und New Deal-Ära eine strukturelle Familienähnlichkeit mit Nazideutschland nachgesagt wird. Die tieferliegende Kontinuität liegt genau in dieser Gestalt, die in der Naziordnung Antisemit ist und in den Vereinigten Staaten als die augenscheinlich weniger bösartige Figur des Banausen der Kulturindustrie identifiziert wird: beides sind negative Verkörperungen des durch die Klassengesellschaft selbst erzeugten fundamentalen »Ressentiments«. Zugleich findet die Bewertung der Kunst ihre grundsätzlichere Funktion in eben dieser Diagnose: als der schuldige und instabile Ort eines gesellschaftlichen und individuellen Glücksversprechens innerhalb einer durch Klassen deformierten Gesellschaft, die zu einer immer umfassenderen bürokratischen Kontrolle tendiert. Mit diesem umfassenderen Rahmen ist die Verortung des Ästhetischen nach außen hin abgeschlossen und die *Ästhetische Theorie* geht zu ihrem eigentlichen Thema über: zur Erforschung der inneren Dynamik von Kunst und Form.

Teil III

Die Produktivkraft der Monade

Eins

Die wechselnden und zweideutigen Implikationen dieser Verteidigung der Kunst gegen ihre Feinde oder ihre falschen Äquivalente verändern sich jedoch grundlegend, wenn wir die (oben bereits antizipierte) Bewegung, die von einer allgemeinen Idee der Kunst als Prozeß oder Wert zu den einzelnen Kunstwerken selbst führt, vollenden. Diese Verschiebung, die den Gesamttenor der Diskussion verändert und das zutagefördert, was vom heutigen Standpunkt aus an Adornos kritischer Methode noch immer lebendig und nutzbringend ist, lenkt den Blick auf eines der großen Themen Adornos: den *Nominalismus*, dessen mannigfache Bedeutung hier vorab kurz umrissen werden kann.

Der Nominalismus ist für Adorno zugleich philosophische Richtung und geschichtliches Ereignis. Im Hinblick auf die Ästhetik bedeutet er die Verwerfung der Allgemeinbegriffe oder Universalien, wie etwa Hegels Vergegenständlichung der Kunst zu Gattungen und Stilen (ein dialektischer Fortschritt in Form eines strategischen Rückzugs oder einer Begrenzung; ganz richtig erwähnt Adorno, daß diese Thematik bei Croce zum ersten Mal auftaucht, ohne daß dieser allerdings die Folgen untersucht hätte, die sich dann aus der Entstehung der so genannten »modernen« – das heißt: nominalistischen – Kunst ergaben; vgl. ÄT, 398). Begleitet wird die Ablehnung solcher historisierenden ästhetischen Allgemeinbegriffe (wie etwa Hegels Formen des Symbolischen, Klassischen und Romantischen) von kritisch-gemischten Gefühlen angesichts jener noch beschränkteren Universalien oder Abstraktionen, die die »Ismen« der Avantgarde-Bewegungen darstellen (und die in diesem Buch, ganz gegen den Geist Adornos, entfaltet werden): auch sie besitzen ihre Wahrheit, jedoch als intellektuelle Anzeichen und Symptome des *Neuen*, nicht als Stil- oder Epochenbegriffe, denen die individuellen Kunstwerke subsumiert werden könnten wie in der Philosophie das Einzelne dem Allgemeinen.

Hier kommt Adorno jenem zeitgenössischen (oder postmodernen) Bilderverbot* am nächsten, das gegen den historiographischen Bericht selbst, gegen die verschiedenen Arten von Kunstgeschichte und gegen die umfassenderen historischen Paradigmen von Periodisierung und Evolution verhängt wurde; Momente, aus denen die Unverbrauchtheit des Gegenwärtigen (wie auch die »Gegenwart« der individuellen Kunstwerke) seit Nietzsche fortwährend zu entschwinden scheint. Der Unterschied zwischen Adorno und diesen anti-historischen Ängsten des Poststrukturalismus wird durch die gestaltgebende Präsenz eines Ereignisses (im Begriff des Nominalismus liegt eine mit den geschichtlichen Tendenzen gleichgesetzte Kausalität), aber auch durch die Einwanderung der Geschichte in die Form des Werkes bezeichnet. Dadurch wird das Werk auf sehr viel tiefergehende Weise geschichtlich und gesellschaftlich, als wenn es innerhalb einer größeren geschichtlichen oder gesellschaftlichen Narration lediglich die Funktion eines privilegierten Beispiels eingenommen hätte.

Doch spürt der Nominalismus hinter den falschen »Universalien« eines immer noch historischen Typus die statischeren Allgemeinbegriffe à la Kant auf, die weiter oben bereits erwähnt wurden: für uns gehen solche Schemata heute in einem breiten Spektrum ganz unterschiedlicher Spezialisierungen auf. Begreift man sie als eine Art Proto-Psychologie, so wird die Ästhetik auf die Analyse verschiedener Arten von äußeren Reizen reduziert, von der Maschinerie der Kulturindustrie bis zurück zur aristotelischen Katharsis (die Adorno ganz folgerichtig verwirft; vgl. ÄT, 354). Sieht man sie andererseits als Begriffsnetze und Kategorien, die der sogenannten sinnlichen Wahrnehmung zugrundeliegen, so stellt dies, laut Adorno, den unerlaubten Versuch dar, körperliche Unmittelbarkeit in »vergeistigtere« und idealistische Formen des abstrakten Denkens umzuwandeln. Es ist eine Unterdrückung mittels Sublimierung und eine am Geist sich ausrichtende philosophische Angst vor dem, was in der ästhetischen (oder einer anderen) Erfahrung nicht auf den philosophischen Nenner gebracht werden kann.

Hier nun wird das Kunstwerk in abstrakte Muster aufgelöst, deren Anordnung von den Universalisten ihrer jeweiligen Theorie gemäß variiert werden kann. So kommt es zum Beispiel zu strukturalistischen Beschreibungen, die ihre Grundlage außerhalb der überkommenen psychologischen Kategorien suchen; ferner zu metaphysischen Bedeutungen des gehobenen und äußerst traditionellen hochphilosophischen Typs (der die individuellen Werke – und, Adorno zufolge, sogar ihren jeweiligen Wahrheitsgehalt – durch die Universalien einer religiösen oder existentiellen oder ästhetisierend-religiösen »Erfahrung« ersetzt); oder schließlich zu den je besonderen Allgemeinbegriffen spezialisierter philosophischer Ästhetiken (wie etwa Harmonie, Übereinstimmung, Proportion, ästhetischer Schein, Ausdruck usw.). Solche spezifisch ästhetischen oder formalen Kategorien – die bereits eine Vielzahl unterschiedlicher historischer Erfahrungen des Ästhetischen umfassen – sind jedoch nicht einfach im philosophischen Sinne falsch, denn sie tragen in sich selbst und in ihrer leeren Begrifflichkeit die sedimentierte Erfahrung spezifischer historischer Werke.

Unleugbar bleibt das Projekt einer weiteren philosophischen Ästhetik nach dem Ende der Ästhetik als philosophischer Disziplin in diese tote Begrifflichkeit verstrickt, derer es sich nicht einfach entledigen kann, sondern die es entwirren und für neue Zwecke provisorisch herrichten muß, während es sie zugleich endgültig entwertet und diskreditiert. Was so unterschiedliche Begriffe wie »Proportion« oder »Mimesis« oder »Ausdruck« anstreben – und wozu sie schon aufgrund ihres rein formalen Wesens nicht berechtigt sind und was ihnen mithin verwehrt werden muß –, ist die einheitliche »Definition« des Kunstwerks im allgemeinen (ein Bestreben, das, wie wir wissen, bereits durch die Entdifferenzierung von Kunst und Kunstwerk fehlgeleitet ist). Adorno hat uns gelehrt, dies nicht als eine Beziehung des Allgemeinen auf das Einzelne zu sehen, sondern als einen tiefgreifenden Widerspruch und eine unauflösbare Spannung, die in den einzelnen Kunstwerken genauso zu finden sind wie in der Kunst selbst.

Das besagt allerdings, daß traditionelle ästhetische Begriffe immer noch auf dialektische Weise zum Dienst gepreßt werden können, wenn systematisch abgesichert ist, was ihnen widerspricht und sie der verallgemeinernden Funktion beraubt. Dergestalt wird die Proportion von der Häßlichkeit konterkariert, stellt der Fragmentbegriff den Wert der Harmonie in Frage, muß die Mimesis an ihren unversöhnlichen Gegenpart, den Ausdruck, gekettet werden, während die ästhetische Erscheinung selbst – der unübersetzbare »Schein« [i.O. dt.] – im Augenblick ihres Triumphes durch den allgegenwärtigen Trieb untergraben wird, der zur Überschreitung des Ästhetischen und zur Überwindung des bloßen Scheins drängt (ein Unterfangen, das ebenfalls zu den Gestalten jenes proteushaften Phänomens gehört, welches wir hier als Nominalismus bezeichnen). Diese Ausrufung eines Kriegszustands zwischen der traditionellen Ästhetik und den formalen Begriffen enthüllt sofort ihre geschichtliche Situiertheit und Verwurzelung in spezifischen künstlerischen Praxisformen eines jeweils besonderen historischen Augenblicks.

Doch in dieser Hinsicht muß Adorno auch gegen sich selbst argumentieren: insofern nämlich die *Ästhetische Theorie* noch eine *Ästhetik* im traditionellen Sinne ist, besitzt auch sie eine zentrale, formal-deskriptive Kategorie, nämlich die der *Konstruktion,* und eine spezifisch historische Praxis-Situation – den nominalistischen oder minimalistischen Moment der ästhetischen Moderne (von Schönbergs Expressionismus bis hin zu Becketts Theaterstücken). Ob die von Adorno selbst privilegierte formale Kategorie – die oft genug dem dialektischen Maelstrom der Entgegensetzung zu anderen formalen Kategorien ausgesetzt wird – als Begriff sich in struktureller Hinsicht von der Tradition weit genug absetzen kann, um diese Funktion und organisatorische Mittelpunktstellung auszufüllen, und ob ihr formaler Anspruch über ihren eigenen historisch-ästhetischen Augenblick (der nun so entschieden der Vergangenheit angehört, daß wir mit Recht von unserem eigenen, ganz anders gearteten, sprechen können) hinauszureichen vermag – hierin liegen die grundlegenden Probleme, mit denen die *Ästhetische Theorie* uns konfrontiert.

Doch erschöpft sich das Problem des Nominalismus nicht in diesen begrifflichen Schwierigkeiten, die bis jetzt nur, mit Hegel zu sprechen, auf der Seite des »Begriffs« oder der »Idee« abgehandelt worden sind. Sie haben ihre Entsprechung auf der Seite des psychischen Subjekts: auch dessen Widerstand gegen Universalien ist Nominalismus. In der Tat ist die zeitgenössische (oder poststrukturalistische) Philosophie vielfach mit Beschreibungen oder gar Bewertungen fragmentierter Subjektivität beschäftigt: von der »Dezentrierung des Subjekts«, der »Schizophrenie«, der repressiven Funktion des Ich oder den Illusionen persönlicher Identität oder biographischer Kontinuität bis hin zum »Verschwinden« des Subjekts, seinem Niedergang, seinem »Niveau«-Abfall, seinen Ohnmächten und Zusammenbrüchen, in denen die Folgen der Determination des Bewußtseins durch etwas anderes als es selbst (sei dies das Unbewußte, die Sprache oder eine in Doxa und Ideologie verankerte Andersheit) sporadisch aufblitzt. Von Adornos dialektischem Standpunkt aus sind derlei zeitgenössische Phänomene oder Formulierungen sämtlich Symptome eines Nominalismus, der die Subjektivität selbst durchdrungen und einer Vielzahl von punktuellen subjektiven »Erfahrungen« eine Unmittelbarkeit verliehen hat, die nicht durch ihre Angleichung an etwas Allgemeineres oder Abstrakteres oder intellektuell Gattungsbezogeneres reduziert oder entschärft werden sollte. Das besagt nicht nur, daß der ästhetische Geschmack dieser sporadischen post-zeitgenössischen Subjektivität sich in seiner Art grundlegend von dem einer älteren bürgerlichen oder aristokratischen Öffentlichkeit, die noch über eine befestigtere Identität verfügte, unterscheiden wird: obwohl hierin bereits das Ende jeglicher universellen Ästhetik oder Lehre von ästhetischen Invariablen begründet liegt, geht die Tendenz so weit, die Konzeption ästhetischer Einheit und die Geschlossenheit des Kunstwerks selbst in Frage zu stellen (womit Adornos ästhetisches Projekt ganz entscheidend bedroht ist; hier soll, wie wir noch sehen werden, die Berufung auf Leibniz' Begriff der »Monade« Abhilfe schaffen).

Subjektiver Nominalismus heißt auch, daß diese Fragmente einer früheren Subjektivität nun paradoxerweise selbst objektiv und – neben dem Rohmaterial und den künstlerischen Sprachen, aus denen das Werk traditionellerweise geformt wurde – ihrerseits zu Materialien und Bausteinen, zu Glas und Aluminium bei der Konstruktion des Werkes werden. Wie wir bereits andeuteten, ist diese dialektische Verkehrung des Subjektiven ins Objektive – mit dem, was sie an falschen Problemen aus dem Weg räumt ebenso wie mit den neuen und praktisch unerforschten interpretativen Möglichkeiten, die sie eröffnet – das zentrale Vermächtnis von Adornos ästhetischer Position, darin vergleichbar nur einigen intuitiveren Spekulationen der russischen Formalisten. Daß die vorherrschende Darstellungsweise sich an der Musik orientiert, ist aus dieser Perspektive keine spezialistische Einschränkung, sondern die Entfaltung schöpferischer Analogien mit den anderen Künsten.

Bleibt noch festzuhalten, welche Bedeutung Adorno dem Terminus »Nominalismus« in der *Ästhetischen Theorie* hauptsächlich zuweist: nämlich die eines Ereignisses, insbesondere eines, das der Geschichte der Kunst selbst zustieß. Das historische Paradigma bleibt die uns vertraute Herausbildung der Moderne (wie wir sie aus Marx' Theorie der Warenform und aus Webers Theorie der Rationalisierung kennen) und des Modernismus (wie sie in den Gestaltungsformen der Künstler sich niederschlagen, am sinnfälligsten, aus der europäischen Perspektive, bei Baudelaire). Dieser mythische »Sündenfall« in den Kapitalismus und die Modernisierung war, wie wir gesehen haben, paradoxerweise schon dem Titel der *Dialektik der Aufklärung* einbeschrieben, wo ein repressiver mimetischer und in sich widersprüchlicher Prozeß der Abstraktion und Kontrolle zu den Ursprüngen der Menschheitsgeschichte zurückverfolgt und über Homer hinaus auf die ersten Formen magischer Naturbeherrschung bezogen wird, im achtzehnten Jahrhundert aber plötzlich einen dialektischen Sprung zu vollführen scheint, wobei er seine älteren magischen und abergläubischen, offen mimetischen Formen brutal auslöscht und den mimetischen Prozeß auf einer höheren Abstraktionsebene fortsetzt. Dabei bleibt er, systematisch alle Spuren der Mimesis tilgend, deren tieferem Impuls treu und wird zum (wie Adorno und Horkheimer es nennen) Bilderverbot*, das nun von einem säkularen, skeptischen, mathematisierenden Denken ergeht.

Was am ästhetischen Kontext dieser älteren Beschreibungen wissenschaftlicher Rationalität interessiert, ist die Art und Weise, in der jedes Stadium Geschichtlichkeit und Vergangenheit in dem Moment produziert, in dem es sie auszulöschen beginnt: dergestalt ist wissenschaftlicher »Fortschritt« eher synchron als diachron, weil er nicht nur seine ältere Produktionsweise als pensée sauvage hinwegfegt, sondern mit jedem neuen Ansatz gerade die Stufen, die zu seiner eigenen, nunmehr »rationalistischen« wissenschaftlichen Tätigkeit hinführten, in Formen des Aberglaubens und Überreste von Metaphysik verwandelt. In ihrem früheren Werk beschäftigen Adorno und Horkheimer sich vorwiegend mit der Art und Weise, in der die theoretische Komponente einer solchermaßen aufgeklärten Wissenschaft ihre eigene offizielle Philosophie in unaufgeklärte Mythen verwandelt; so daß sogar der Positivismus selbst, der bei der Verwandlung aller Philosophie in Theologie viel erfolgreicher war als die Marxsche Vision vom Ende und der Verwirklichung der ersteren, in seiner von Comte lancierten Form zu einer ganz besonders hegelianischen oder gar okkulten Spur abergläubischen Irrtums wurde, die nun ihrerseits zu beseitigen war.

Diese Diskussion versucht jedoch, den inneren Fluchtpunkt der Theorie selbst in Szene zu setzen, das ultimative Schwarze Loch, in das die Vernunft, wenn sie sich münchhausengleich an den eigenen Haaren aus dem Sumpf zieht und sich die Leiter unter den Füßen wegstößt, die letzten Spuren ihrer theoretischen Fundamente entläßt und ihre abstrakteste Berufung darin findet, das Denken selbst als eine frühere, archaische und somit entbehrliche Stufe zu beseitigen. Dieser wissenschaftliche »Nominalismus« zielt also auch auf die Vernichtung dessen, was Subjektivität genannt wurde, und so verbindet sich von nun an seine

Dynamik mit der des »Ökonomischen« (in der Marxschen Bedeutung von Arbeitsprozeß und Warenform), insbesondere aber mit der Entstehung von Äquivalenz und Identität. Zudem ist die Herausbildung des »Ästhetischen« am Vorabend der aufklärerischen Moderne – seine radikale Trennung von den Formen des Wissenschaftlich-Rationalen, die Flucht der Sinnenhaftigkeit, des Darstellenden und des Mimetischen in diese neu gebildete Randzone der Verwerfung und Kompensation – in keiner Hinsicht ein zweitrangiger Vorgang, sondern für die Beschreibung von Aufklärung von so wesentlicher Bedeutung, daß hinfort nur die »degenerierte« Kulturindustrie ein lebendiges Bild der Fortsetzung ihrer kolonisierenden Logik bietet.

Trotzdem ist die Zeitlichkeit, die wir der Wissenschaft zugeschrieben haben, auf signifikante Weise der geschichtlichen Dynamik der ästhetischen Monade analog (so wie eine Karikatur auch eine Analogie darstellt); die Paradoxien der ersteren können die ihres Gegenstücks erhellen und insbesondere das schwierige Problem des »Neuen« oder »Novum« beleuchten. Denn in gewisser Weise streicht auch das ästhetisch Neue seine Vorgeschichte durch und verwandelt gerade die Techniken, auf denen seine Innovationen beruhten, in eine altmodische und obsolete Technologie. Hierbei nun soll der Begriff des Synchronischen – wirkungsvoller als die ältere ästhetisierende Terminologie, die von »extrinsisch« und »intrinsisch« sprach – die Illusion zerstören, eine solche Innovation könne von außerhalb entdeckt und registriert werden, aus der bevorzugten Perspektive einer »diachronen« Narration, von der aus wir gelassen beobachten, wie die Technik des Chromatischen (bei Wagner) oder die des »Standpunkts« (bei Henry James) entsteht, wonach wir sie auf unserer Wettkarte eifrig ankreuzen, wenn sie an uns vorüberjagen, und noch Notizen über die verschiedenen Musiker und datierten Bände hinzufügen.

Die dem einzelnen Kunstwerk zukommende Geschichtlichkeit enthält jedoch jene Vergangenheit im Moment ihrer Auslöschung, so daß die Hegelsche Lehre von der Aufhebung* – wie idealistisch sie sich sonst, in einer menschlichen Geschichte voll materialer Brüche und Konvulsionen, in denen die Vergangenheit von Individuen und Kollektiven spurlos zum Orkus hin entschwindet, ausnehmen mag – hier und nur hier, in der ästhetischen Monade, ihre Wahrheit besitzt, ist sie hier doch ein fast materialistischer deskriptiver Begriff (für den das gilt, was Adorno über Leibniz' Begriff der Monade sagt: daß sie die inspirierte, deformierte, mystifizierte Vorwegnahme des im besonderen Sinne »materiellen« Gegenstandes sei, den nur das Kunstwerk darstellt). Von daher ist die Erfahrung des »Neuen« nichts, was zur Erfahrung des Kunstwerks von außen aufgrund neuer philologischer oder ikonographischer Informationen hinzuträte (obwohl solche Informationen bei der Vorbereitung auf diese Erfahrung ihre Rolle spielen): sie ist eins mit der ästhetischen Erfahrung und bezeichnet auf tiefere Weise den »Wahrheitsgehalt« des Werkes.

Wir wollen hier innehalten, um noch einmal auf eine bereits erwähnte Konsequenz hinzuweisen: die traditionelle Bewertung des »Neuen« und der Innovation in allen Modernismen vorausgesetzt, wird eine solche Ästhetik alle »genuine Kunst« im Endeffekt dem anähneln, was bis dato als eine einzige Epoche in der Kunstgeschichte betrachtet wurde: nämlich die »eigentliche« Moderne. Das grundlegende Problem dieser Verfahrensweise besteht nicht in der offensichtlichen Frage der Periodisierung (wie ist, anders gesagt, mit Bach oder Chrétien de Troyes oder Propertius umzugehen?): die entstehende Geld- und Handelswirtschaft gibt ihre innere Logik und ihren Entwicklungsgang sehr ungleichmäßig an die Prozesse der Kulturproduktion weiter. Gerade die Unverschämtheit des zeitlichen Rahmens der *Dialektik der Aufklärung* (die Odysseus als den ersten »Bürger« beschreibt) unterstellt, daß eine »kapitalistische« Dynamik des Kulturellen sich nicht auf die (immer noch sehr kurze) Lebensspanne des Industriekapitalismus beschränken sollte, wie sie andererseits besagt, daß der vorwiegend für das zweite, »imperialistische« Stadium des triumphierenden europäischen Kapitalismus im späten neunzehnten Jahrhundert charakteristische »Modernismus« auch als so etwas wie die »innere Wahrheit« früherer, langsamerer und offensichtlich mehr auf Darstellung bedachter Kulturen betrachtet werden könnte. Viel skandalöser und doch ohne Zweifel mit diesen Positionen logisch vereinbar ist die radikale Ausgrenzung dessen, was man aus anthropologischer Sicht als nicht-kapitalistische Kunst bezeichnen könnte: die Höhlenmalereien von Altamira werden nur als ein Beispiel für magische Mimesis – das heißt für proto-aufklärerische Naturbeherrschung – angeführt, gelten nicht als eine von unserer radikal sich unterscheidende Kunst- oder Kulturform. Ebensowenig läßt sich der Status der nicht-westlichen Musik denken, es sei denn als ein von Hegel übernommenes »Ende der Kunst« in unserem abendländisch-westlichen Sinn. Die zentrale unausgesprochene Behauptung – alle große Musik ist bürgerliche Musik[1] – läßt sich (jenseits der geläufigen Problematik der Postmoderne und ihrer Beziehung auf die großen Traditionen) nur denken als eine utopische Projektion gänzlich anderer Gesellschaftsformen und Produktionsweisen, in denen das, was wir als Kunst denken – und insbesondere als von ihr gesellschaftlich nicht mehr geschiedenem »Kunstwerk« – anders genannt werden müßte.

> Wäre selbst einmal die atomistische Struktur der Gesellschaft verändert, so hätte die Kunst nicht ihre gesellschaftliche Idee: wie ein Besonderes überhaupt möglich sei, dem gesellschaftlichen Allgemeinen zu opfern: solange Besonderes und Allgemeines divergieren, ist keine Freiheit. Vielmehr würde diese dem Besonderen jenes Recht verschaffen, das ästhetisch heute nirgendwo anders sich anmeldet als in den idiosynkratischen Zwängen, denen die Künstler zu gehorchen haben. (ÄT, 69)

Wir werden später auf die äußerst charakteristische Idee zurückkommen, die besagt, daß die Freiheit des zeitgenössischen Künstlers nicht in der frei flottierenden Subjektivität von Wahl oder Laune zu finden sei, sondern in den objektiven Zwängen des Materials selbst. Doch wäre es ein Fehler, aus der Art und Weise, mit der das Zitat ganz im Sinne der Tradition philosophische »Versöhnung« als die Harmonie zwischen Besonderem und Allgemeinem inszeniert, die Schlußfolgerung zu ziehen, daß eine solche Vorstellung in Adornos Ästhetik eine wie immer geartete normative Rolle spielt: vielmehr ist eine derartige Harmonie (»das konkrete Allgemeine«) nicht nur normativ im schlechten Sinne, sondern historisch unverwirklichbar in einer Situation (für die wir das Wort »Nominalismus« benutzten), in der die meisten authentischen Werke die Unvereinbarkeit zwischen dem Besonderen und dem Allgemeinen enthüllen und somit allesamt, im traditionell-normativen Sinne, entschiedene »Fehlschläge« darstellen.

Über Adornos Konzeption des »Neuen« läßt sich erst dann mehr sagen, wenn wir über die Beziehung zwischen den »Produktivkräften« – oder dem, was Marx den »durch die gesellschaftliche Produktion erreichten Entwicklungsgrad« nannte – und dem Kunstwerk selbst genauer Auskunft geben können. Aus dem bisher Gesagten ergibt sich jedoch, daß das »Neue« kein zeitlicher Begriff im phänomenologischen Sinne ist, und daß zudem seine Konzeption und Theoretisierung (am Vorabend der Moderne, mit Baudelaire) sehr viel mit dem Nominalismus selbst zu tun hat: wobei das Allgemeine nun die Wiederholung und die Wiederkehr des Gleichen ist, dem Widerstand – wie zerbrechlich er immer sein mag – einzig aus dem Hier und Jetzt erwächst, das keinen Namen trägt und zu keinem Vergleich sich schickt, das unwiederholbare Zusammentreffen, das mit nichts Austauschbare, was eben durch solchen Mangel zum »Neuen« wird, weil es keine Gattungskategorien mehr gibt, unter die es befaßt werden könnte. Doch der so verstandene Nominalismus ist nicht nur eine Form des Widerstands gegen das böse Allgemeine, sondern auch ein Dilemma und eine verallgemeinerte geschichtliche Situation, eine Krise, deren Auswirkungen auf das Kunstwerk wir jetzt untersuchen müssen.

Zwei

Die bekannteste und meistgelesene Version der Adornoschen Auffassung von der Krise der Kunst (oder der Entstehung der Moderne) verdanken wir nicht ihm, sondern Thomas Mann, der ihre Formulierung in der *Philosophie der neuen Musik* für seinen *Faustus*-Roman verwendete. Der Kern der Sache wird dort als Krise des Scheins* thematisiert; ein sehr geeigneter Ausdruck, für den sich in der englischen Sprache nicht so leicht ein Äquivalent finden läßt. Häufig wird er als »ästhetische Erscheinung« *(aesthetic appearance)* oder »Darbietung« *(show)* oder, alternativ dazu, als »ästhetische Illusion« *(aesthetic illusion)* wiedergegeben, durch Ausdrücke also, die ihrer Tendenz nach darauf anspielen, daß *hinter* der Erscheinung oder Illusion noch etwas anderes existieren könnte, und die, von der offensichtlichen Präsenz eines »Originals« abgesehen, auf so unterschiedliche Dinge verweisen wie etwa die »wahre Bedeutung« des Werkes oder dessen primäre und ganz unästhetische Materialien wie Ölfarbe oder Wörter, oder kostümierte und geschminkte Körper. Die damit vermachten Schwierigkeiten liegen weniger in der naheliegenden Implikation, daß der Schein*, situativ bedingt, verschwinden und sich in Luft auflösen könnte, derweil die Besucher und Zuschauer der müßigen Tätigkeit überlassen werden, auf Stücke beschmierter Leinwand zu starren oder mit einiger Verwirrung einer Gruppe von Leuten zuzuschauen, die auf einer Plattform umherschweifen, ihre Arme bewegen und ihre Münder öffnen (die von Flaubert und Tolstoi her bekannten Techniken, die Kunst selbst als etwas Unvertrautes darzustellen).[2] Solche Augenblicke, in denen die Illusion (oder, aus dem dogmatischen Schlummer erwacht, unser Glaube daran) zerfällt, sind vielmehr insofern von Nutzen, als sie eine Art ästhetischer Version der Theorie des Phantomgliedes darstellen, das heißt, den Augenblick bezeichnen, in dem wir aus dem Gegenstand heraustreten und ein lebhafteres Gefühl dafür entwickeln, was er wirklich gewesen ist.

Die Schwierigkeit liegt darin, daß die eher vage Bedeutung von »ästhetischer Illusion« als bloßer Verzierung *(adornment)* und dem eigentlichen Gegenstand hinzugefügtem Ornament die

Spekulation darüber entfacht, wie eine Kunst beschaffen sein könnte, die den Mut besäße, derlei »Illusionen« von sich abzutun und das zu sein, was sie ursprünglich einmal war. Genau dies aber scheint sich in der Geschichte der modernen Künste (die für Adorno, wie wir sahen, bis ins *Ancien Régime* zurückreichen kann) abzuspielen: jede nachfolgende Form oder Generation verwirft ihre unmittelbare Vergangenheit als eine Liebesaffäre, als Lüge und plumpeste Täuschung, der gegenüber die eigenen Elaborationen ihre Neuheit aus einer sehr viel leidenschaftlicheren Wahrheitsliebe und einer größeren Verpflichtung zur Detailgenauigkeit ableiten. Hier bereits sehen wir, wie das »Bilderverbot«, der anti-mimetische Impuls in eingeschränkter Form als therapeutisches Instrument gegen eine begrenzte Vergangenheit eingesetzt wird. Auch findet diese generationsbedingte Kritik des Scheins* nicht immer unter dem Banner des (als Wert verstandenen) Realismus statt; man kann genausogut von »Wahrheit« oder, seit kürzerem, von »Authentizität« reden, wobei keiner dieser beiden Begriffe unbedingt an eine normative Ästhetik gebunden ist. Doch kann sogar der »Realismus« gegen sich selbst verwendet werden: unlängst hat Robbe-Grillet die im Herzen des Balzacschen Realismus vergrabenen ideologischen Illusionen im Namen eines viel revolutionäreren Engagements angegriffen, mit dem der *nouveau roman* sich der »Realität« annimmt.

Dergestalt eingeschränkt, kann die Krise des Scheins* als eigentliche Antriebskraft für die »permanente Revolution« der Ästhetik der Moderne, die unaufhörlichen Wandlungen der künstlerischen Innovation in Dienst genommen werden. Doch für einen von außen hinzutretenden Beobachter, zumindest aber für den Kunsthistoriker, der angesichts der sich beschleunigenden Dynamik dieses Prozesses zu einer nachdenklichen Distanzierung davon neigt, ist es das Ende oder der Fluchtpunkt der Bewegung, über den nun sich spekulieren läßt, weil er uns letzten Endes zu der Frage zurückführt, ob eine von der ästhetischen Erscheinung gänzlich abgekoppelte Kunst vorstellbar ist oder ob nicht vielmehr (im Anschluß an Hegels Begriff vom »Ende der Kunst«) der dem Schein anhängende Verdacht auf die Vernichtung der Kunst überhaupt hinauslaufen wird, auf ein Bilderverbot*, das alle Bilder triumphierend und spurlos verschwinden läßt.

Das grundlegendere Motiv für die Stigmatisierung des ästhetischen Scheins haben wir bereits kennengelernt: es ist die gesellschaftliche Schuld der Kunst selbst, als welche sie nackt und kommentarlos am Beginn der »abendländischen« Kultur in der Geschichte vom Sirenengesang enthüllt wurde. Doch wird diese »Ursünde« in der Klassengesellschaft durch Rationalismus und Säkularisierung (Aufklärung im engeren, geschichtlichen Sinn) offensichtlich noch verstärkt, so daß der einzige Ort, an dem ästhetische Illusion und Erscheinung unbehelligt und guten Gewissens weiterleben, die Kulturindustrie ist. Genuine Kunst, die sich des Scheins nicht gänzlich begeben kann, ohne sich selbst zu zerstören und in Schweigen zu verfallen, muß nichtsdestotrotz ihre illusionäre Erscheinung leben, ihren unwirklichen, luxuriösen Status als Spiel in einer intensiven Schuld, die ihre Formen selbst durchdringt und bisweilen seltsamerweise Reflexivität oder Selbstbewußtsein genannt wird. »Fiktion« hinwiederum – ein anderer sinnreicher Eigenname für »Schein«, der dessen Bedeutung auf instruktive Weise verändert – ist offensichtlich, in ihrem ganzen Formen- und Stilreichtum, die hauptsächliche Ware, die in der Kulturindustrie zum Verkauf ansteht (die poststrukturalistische Variante heißt »Darstellung« oder »Repräsentation«). Doch vermitteln die endlosen Talkshows, Quizsendungen, Wettspiele, Fernsehgerichte und selbst die Nachrichten nicht jenen Hunger nach Wahrheit, den Dziga Vertovs Dokumentarfilme in einer sozialistischen Gesellschaft auslösen und befriedigen wollten. Sie wirken vielmehr wie ein Wurm, der im Geheimen selbst an den Vergnügungen nagt, die das Fiktionale und Repräsentationale in der Massenkultur gewähren kann, so daß die Krise des Scheins nun sogar auf jenen schäbigen Warenbezirk durchschlägt, in dem der Schein bislang unbehelligt sich entfalten konnte.

Doch ist der Ersatzterminus »Fiktion« vielsagender, wenn wir ihn auf Bereiche außerhalb seines eigentlichen Territoriums anwenden, wo, vom Anti-Roman zum Dokumentarfilm, alle internen und externen Permutationen des filmischen und literarischen Geschichtenerzählens durchgespielt sind. Was aber wäre eine nicht-fiktionale Architektur?[3] Es sei denn, hier ginge es nur um einen entschlossenen Funktionalismus, für den Verzierung und Ornamentik genau jene fiktionalen Elemente darstellen, die es zu tilgen gilt. Zugleich ist ein – durchaus vorstellbares – nicht-fiktionales Gemälde der Grundlagenbegriff für eine seither stereotype Geschichte dieser Kunst, in der das Geschichtenerzählen gehetzt und gejagt, angeprangert und vernichtet wird, bis schließlich nur noch die zum Malen verwendeten Materialien selbst – und danach ihre abstrakte Idee oder ihr »Begriff« – als Gegenstand ästhetischer Betrachtung übrigbleiben. (So jedenfalls lautete bis vor kurzem noch die hegemoniale Narration einer bestimmten Tradition der Moderne.) Doch lebt die andere Identität der Fiktion – der Schein – möglicherweise in diesen rudimentären Materialien fort, zumindest wenn sie im musealen und institutionellen Rahmen der Kunstbetrachtung präsentiert wird. Die Unterschiede zu Adornos Auffassung von »Abstraktion« sind unverkennbar, und sie selbst kann als vorläufige Charakterisierung seiner eigenen idiosynkratischen Dialektik dienen, denn Adorno richtet sein Augenmerk nicht auf den Gegensatz zwischen Warenform und »großer Kunst«, sondern auf deren Identität:

> Weder eifert Baudelaire gegen Verdinglichung noch bildet er sie ab; er protestiert gegen sie in der Erfahrung ihrer Archetypen, und das Medium dieser Erfahrung ist dichterische Form. Das hebt ihn gebietend über alle spätromantische Sentimentalität. Sein Werk hat seinen Augenblick daran, daß es die überwältigende Objektivität des Warencharakters, die alle menschlichen Residuen aufsaugt, synkopiert mit der dem lebendigen Subjekt vorgängigen Objektivität des Werkes an sich: das absolute Kunstwerk trifft sich mit der absoluten Ware. Der Rest des Abstrakten im Begriff der Moderne ist sein Tribut an diese. Wird unterm Monopolkapitalismus weithin der Tauschwert, nicht mehr der Gebrauchswert genossen, so wird dem modernen Kunstwerk seine Abstraktheit, die irritierende Unbestimmtheit dessen, was es sein soll und wozu, Chiffre dessen, was es ist. [...] Von Anbeginn war ästhetische Abstraktion, bei Baudelaire noch rudimentär und allegorisch als Reaktion auf die abstrakt gewordene Welt, eher ein Bilderverbot. Es gilt dem, was schließlich die Provinzialen unterm Namen der Aussage sich herüberzuretten hofften, der Erscheinung als einem Sinnhaften: nach der Katastrophe des Sinns wird Erscheinung abstrakt. (ÄT, 39f.)

Was hier, in dieser Analyse der Abstraktion, geopfert wird, ist weniger die »fiktionale« Dimension des Werkes als seine »Sinnhaftigkeit« oder, wenn man das vorzieht, der Anschein, daß das Besondere und das Allgemeine – der Gegenstand und seine Bedeutung – noch auf eine wie immer entfernte Weise »organisch« oder durch Erfahrung aufeinander bezogen seien. Der Nominalismus koppelt hier die Überreste gelebter Unmittelbarkeit selbst von dessen »Allgemeinbegriff« ab, der nun zur allgemeinen Äquivalenz und Abstraktion der Warenform geworden ist: das Kunstwerk jedoch hält hartnäckig an beiden fest, um die

Wahrheit ihres Widerspruchs zu bewahren. Damit haben wir uns offensichtlich sehr weit von der anfänglichen Problematik des Scheins entfernt, es sei denn, wir treffen hier auf einen außerordentlichen Wandel in der ästhetischen Erscheinung selbst, in dem die allgegenwärtige Macht der Warenform nun paradoxerweise für jenen ästhetischen Impuls in Dienst genommen wird, den sie zu beherrschen suchte (und womit sie, im Bereich der Kulturindustrie jedenfalls, Erfolg hatte). Paradox hieran ist jedoch, daß in diesem Fall die Moderne – oder, für Adorno, das Kunstwerk allgemein – sich mit der Macht der Warenform als deckungsgleich erweist, so daß die Berufung auf einen dieser Situation vorangehenden »ästhetischen Impuls« (wie etwa der Geschmack für das Schöne) zu einem logischen Trugschluß gerät.

Der Universalismus der Warenform ist jedoch nur einer der alternierenden Kodes, in denen Adorno der Krise und der Agonie des ästhetischen Scheins Ausdruck verleiht. Die damit zusammenhängende marxistische Thematik des Produktionsprozesses werden wir später erörtern; hier geht es nur um die philosophische Beziehung zwischen der Warenform und jener Sprache des Nominalismus, die – in viel größerem Maße als der Begriff des Nicht-Identischen – so etwas wie den »Schlüssel« zur *Ästhetischen Theorie* darstellt (insofern man bei einem Text, der so variabel und atonal ist wie die großen »Orchesterstücke« der häufig erwähnten zweiten Wiener Schule, von Schlüsselfunktionen sprechen). Die Warenform verhält sich zur Situation des Nominalismus wie der falsche Allgemeinbegriff zum beraubten Einzelnen: die leere Abstraktion des ersteren determiniert eine Vielheit von isolierten Daten – in der Welt oder im Ich –, denen keine *Bedeutung* mehr zugewiesen werden kann, wenn man unter »Bedeutung« die traditionelle Subsumtion des Einzelnen unter das Allgemeine versteht.

Das grundlegende ästhetische Medium, anhand dessen diese Situation untersucht wird – das der Musik –, bringt uns zur Krise des ästhetischen Scheins zurück, der nun mit all diesen analytischen Kategorien konkret erfaßt wird. Es stellt sich die Frage nach der Fiktionalität von Musik: ist eine nicht-fiktive Musik denkbar? Wie wäre eine Musik vorstellbar, die der Schuld des Fiktionalen und der Ursünde des Scheins entschieden ins Auge blickt und versucht, sich davon loszusprechen? Solche Fragen aufzuwerfen heißt, Schein und »Fiktion« mit der *Zeit* des Werkes selbst zu identifizieren, die Problematik von Teil und Ganzem auf neue Weise umstandslos in Bezug zum geschichtlichen »psychischen Subjekt« zu setzen, das solche Beziehungen zu hören und zu erinnern vermag (oder nicht vermag; die »Fetischisierung des Hörens«), den Begriff eines »Ganzen« oder einer übergreifenden Form, vor deren Hintergrund Teile wahrgenommen werden können, zu problematisieren, und schließlich den Vorrang der Konstruktion als solcher unvermeidlich zu machen, den die Dynamik anderer künstlerischer Medien weniger umfassenden ästhetischen Kategorien zuweisen kann, wie etwa dem *Ausdruck* in der Sprache oder der *Mimesis* in der Malerei.

Solche aus verschiedenen Momenten der traditionellen ästhetischen Reflexion übernommenen Gegensatzpaare tauchen in unterschiedlichen Permutationen immer wieder in der *Ästhetischen Theorie* auf: Schein* versus Ausdruck* zum Beispiel (ÄT, 168), oder Mimesis versus Konstruktion (ÄT, 72) oder Montage versus Bedeutung (ÄT, 231ff.). Diese Gegensätze müssen bei Adorno als sich verschiebende Konstellationen gelesen werden, das heißt, daß aus ihnen keine endgültige terminologische Lösung oder philosophische Entscheidung abgeleitet werden kann. Zwar ist die Tendenz, so etwas wie einen Begriff der Konstruktion höher einzustufen, erkennbar, doch sollte der Ausdruck selbst so wenig wie möglich verdinglicht werden oder einen Vorrangstatus erhalten (denn dadurch würde Adornos Buch wieder zu einer traditionellen Ästhetik). Zugleich wird jedes Gegensatzpaar auf zwei Ebenen historisiert: so drückt etwa der Gegensatz von Montage und Bedeutung einen spezifisch geschichtlichen Augenblick in der Entwicklung der modernen Kunst aus, taucht aber ebenso in einem spezifisch »geschichtlichen« oder narrativen Augenblick in Adornos Text auf und ist dadurch im Text genau so situativ und provisorisch wie in einer »äußeren« Geschichte der Form.

Und schließlich können alle diese Gegensatzpaare für die interne Diskussion eines spezifischen künstlerischen Mediums fruchtbar gemacht werden: so bezeichnet etwa in der Musik der Gegensatz von Schein und Ausdruck den historisch entscheidenden Moment des Expressionismus und seines Durchbruchs im Jahr 1911. Dies ist der Augenblick, in dem der nominalistische Impuls zur absoluten Subjektivität des Ausdrucks in der archetypischsten aller Konfrontationen mit der letzten inneren formalen Hingabe des Kunstwerks an einen Überrest von Schein zusammenstößt. Wenn wir davon ausgehen, daß dieser Überrest in der Musik mit der Zeit selbst zusammenfällt, das heißt, mit der Länge des Werkes, der reinen Dauer der musikalischen Entwicklung, und wenn wir weiter davon ausgehen, daß für Adorno »Ausdruck« immer auch der Ausdruck des Leidens, der Schmerzensschrei, die pure Dissonanz ist, so wird das dramatische Wesen dieser Konfrontation oder dieses Widerspruchs deutlich, wie auch die Relevanz des »Problems« einer nicht-fiktiven Musik. Fiktionalität in der Musik ist einfach zeitliche Dauer, die auch den Schein des musikalischen Werks ausmacht. Wieviel Zeit benötigt man, um etwas im eigentlichen Sinne Musikalisches vor sich gehen zu lassen? Sind einige Noten bereits in diesem Sinne »Musik«? Würde die Äußerung eines einzigen musikalischen »Satzes«, das heißt, eines wahrnehmbaren Motivs oder Themas oder einer Melodie schon ausreichen? Die Sonatenform spricht dagegen, legt ihre Struktur doch nahe, daß das Motiv oder Thema sich erst dann wirklich geäußert hat, wenn es (nach dem Durchgang durch die Variation) wiederholt und bestätigt wird:

> Die Reprise war die Crux der Sonatenform. Sie machte das seit Beethoven Entscheidende, die Dynamik der Durchführung, rückgängig, vergleichbar der Wirkung eines Films auf einen Zuschauer, der nach dem Ende sitzen bleibt und den Anfang noch einmal sieht. Beethoven hat das durch ein tour de force bewältigt, das ihm zur Regel ward: im fruchtbaren Moment des Reprisenbeginns präsentiert er das Resultat der Dynamik, des Werdens, als die Bestätigung und Rechtfertigung des Gewesenen, dessen, was ohnehin war. Das ist seine Komplizität mit der Schuld der großen idealistischen Systeme, mit dem Dialektiker Hegel, bei dem am Ende der Inbegriff der Negationen, und damit der des Werdens selber, auf die Theodizee des Seienden hinausläuft. In der Reprise blieb Musik, als Ritual der bürgerlichen Freiheit, gleich der Gesellschaft, in der sie ist und die in ihr ist, der mythischen Unfreiheit hörig. Den in sich kreisenden Naturzusammenhang manipuliert sie, als wäre das Wiederkehrende kraft seiner bloßen Wiederkehr mehr, als es ist, der metaphysische Sinn selber, die 'Idee'. (Adorno 1960, 127)

Die Sonatenform bringt also eine Idee oder ein Gefühl der Notwendigkeit hervor, das in gesellschaftlicher Hinsicht ideologisch ist und die Totalität des Seienden bestätigt und rechtfertigt. Zugleich – und insofern Adornos Denken eine metaphysische Dimension besitzt, die sich am Verhältnis von Kunst und Natur verdeutlichen wird – ist diese ideologische Funktion und Unwahrheit der Sonatenform selbst nur eine verzerrte historische Reflexion oder Manifestation des tieferen metaphysischen Dilemmas aller Kunst:

> wie kann Machen ein nicht Gemachtes erscheinen lassen; wie kann, was dem eigenen Begriff nach nicht wahr ist, doch wahr sein. Denkbar ist das nur vom Gehalt als einem vom Schein Verschiedenen; aber kein Kunstwerk hat den Gehalt anders als durch den Schein, in dessen eigener Gestalt. (ÄT, 164)

Wie es eine »natürliche Wahrheit« des *Konstruierten* geben könne, ist die zentrale Fragestellung dieser metaphysischen Dimension von Adornos Ästhetik, der wir uns später zuwenden.

Hier jedoch, in unserem unmittelbar musikalischen Kontext, zielt die Problemstellung auf die Authentizität der konstruierten musikalischen Zeit, und die tendentielle Reduktion der expressionistischen Musik auf ein paar kurze Momente ist nur das äußere Symptom dieser endgültigen Krise des Scheins und nur das formale Ergebnis und Endprodukt eines ganzen musikalischen Nominalismus, welcher der Verständlichkeit des ausgearbeiteten musikalischen Motivs oder Themas sich entzieht, weniger jedoch im Namen eines musikalischen Schlußakkords oder einer Note, als vielmehr im Namen des dissonanten Clusters, dessen dramatische Form in der Tatsache gründet, daß selbst hier ein Minimum ein Zeit erforderlich ist, um dem Schmerz Ausdruck zu verleihen. Noch die oberflächlichste philosophische Dialektik erinnert uns daran, daß die Dissonanz, um als solche bemerkt zu werden, der Konsonanz bedarf; denken wir jedoch an jene Konsonanz als eine Hörgewohnheit und als traditionelle Musikkultur der ersten geschockten Hörer, dann nehmen wir dies zum Anlaß, um über das »Veralten der modernen Musik« und die Paradoxien eines *Neuen* nachzudenken, das, wie jedes andere Ereignis auch, die Befähigung zur Geschichtlichkeit in sich trägt.

Wenn wir andererseits an die Konsonanz denken, welche die Dissonanz immer noch als zeitlichen Rahmen benötigt – eine minimale Dauer, dazu geeignet, die Vorbedingungen für ihre eigene gewaltsame Streichung in Szene zu setzen –, dann bemerken wir die geschichtliche Situation der Krise des Scheins, die sich noch in der kürzesten zeitlichen Dauer perpetuieren muß, damit ihre Wahrheit – nicht der Schein selbst, sondern seine Krise, seine Schuld, seine Nicht-Authentizität und Unmöglichkeit (»Gedichte nach Auschwitz«) – zum Ausdruck gelangen kann. Daß Adorno über die »Lösung« dieser expressionistischen Krise – der späte Schönberg und die Zwölfton-Musik, aus der selbst die Idee der Konsonanz und mit ihr die Authentizität der Dissonanz vollständig verschwinden – enttäuscht war, ist anderenorts diskutiert worden. Hier wäre auf die interessante historische Kurve hinzuweisen, in der Adornos Bindung an diesen Moment des äußersten Expressionismus dreißig Jahre später auf unerwartete Weise durch die Werke von Samuel Beckett ihre Erfüllung findet; die Geheimgeschichte dessen, was einzig als Adornos persönlichen Geschmack zu denken frivol wäre, enthüllt sich nun als diskontinuierlicher Funke, der vom Expressionismus zum Minimalismus überspringt. Wenn man andererseits diese Geschmacksrichtungen einigermaßen präzise voneinander trennen will, muß man hinzufügen, daß die Reinheit von Weberns Minimalismus auf Adorno ebenso abstoßend wirkt; er scheint Bergs radikale Unreinheit vorgezogen zu haben, die auch für die orgiastischen späten Kompositionen des Adrian Leverkühn das Vorbild abgegeben haben (und nicht Schönberg oder Strawinsky). Ein unreiner Minimalismus also, der auf merkwürdige Weise die Fetzen und Stücke einer aus der Art geschlagenen Massenkultur um sich versammelt.

Hierbei ersetzt eine ganz anders geartete philosophische Konzeption der Geschichte der modernen Kunst auf merkwürdige Weise die konventionellere, die von Baudelaire bis zu irgendeinem Erschöpfungszustand der Moderne reicht (zum Beispiel bis zur Sackgasse von Schönbergs Zwölfton-System, um eine Art von formaler Stenographie zu benutzen). Diese alternative Geschichte, die den Modernismus der »großen Kunst« im allgemeinen zuschlägt, erhellt nun die ultimative Funktion des allgegenwärtigen Motivs des Nominalismus: dieser wird benötigt, um der Moderne die philosophische Grundlage zu verschaffen. Aus der Perspektive der Dilemmata des Nominalismus wird sogar die historische Position von Beethoven, »dessen Musik vom nominalistischen Motiv nicht weniger affiziert war als die Hegelsche Philosophie« (ÄT, 329), einer tiefgreifenden Verwandlung unterzogen: vom vormodernen Klassiker zum Schauplatz der modernsten Dialektik von Schein und Konstruktion:

> Die Gewalt der Krise des Scheins aber zeigt sich daran, daß sie auch der prima vista dem Illusionären abgeneigten Musik widerfährt. In ihr sterben Fiktionsmomente noch in ihrer sublimierten Gestalt ab, nicht nur der Ausdruck nichtexistenter Gefühle, sondern auch strukturelle wie die Fiktion einer Totalität, die als unrealisierbar durchschaut ist. In großer Musik wie der Beethovens, aber wahrscheinlich weit über die Zeitkunst hinaus, sind die sogenannten Urelemente, auf welche die Analyse stößt, vielfach großartig nichtig. Nur wofern sie dem Nichts asympto-

> tisch sich nähern, verschmelzen sie als reines Werden zum Ganzen. Als unterschiedene Teilgestalten aber wollen sie immer wieder bereits etwas sein: Motiv oder Thema. Die immanente Nichtigkeit ihrer Elementarbestimmungen zieht integrale Kunst hinab ins Amorphe; die Gravitation dorthin wächst, je höher sie organisiert ist. Das Amorphe allein befähigt das Kunstwerk zu seiner Integration. Durch Vollendung, die Entfernung von ungeformter Natur, kehrt das naturale Moment, das noch nicht Geformte, nicht Artikulierte wieder. Dem Blick auf die Kunstwerke aus nächster Nähe verwandeln die objektiviertesten Gebilde sich in Gewimmel, Texte in ihre Wörter. Wähnt man die Details der Kunstwerke unmittelbar in Händen zu halten, so zerrinnen sie ins Unbestimmte und Ununterschiedene: so sehr sind sie vermittelt. Das ist die Manifestation des ästhetischen Scheins im Gefüge der Kunstwerke. Das Besondere, ihr Lebenselement, verflüchtigt sich, unterm mikrologischen Blick verdampft seine Konkretion. Der Prozeß, in jedem Kunstwerk geronnen zu einem Gegenständlichen, widersetzt sich seiner Fixierung zum Dies da und zerfließt wiederum dorthin, woher er kam. (ÄT, 154f.)

Was hier behauptet wird, ist ein gut Teil skandalöser als die einfache Ansicht, Beethoven sei kein besonders melodienreicher Komponist; vielmehr geht es darum, daß seine größten Themen oder Motive überhaupt nichts anderes sind als der Anschein von so etwas wie »Melodie« – wobei letztere zweifellos nur in der Kulturindustrie als eine Art Fetisch existiert. Vielmehr entspricht die funktionale Gewalt der großen Themen der Künstlichkeit ihrer Konstruktion, die aus den funktionalen Erfordernissen der Form hervorgeht (sie müssen modifizierbar, modulierbar, variationsfähig sein und durch geringfügigste Umformungen als Überleitungen oder Zwischenpassagen dienen können; kurz gesagt, sie klingen wie vorfabrizierte architektonische Bestandteile in der Art von Le Corbusiers *Modulors*); und dennoch, und gerade aus solchen Gründen treten sie als bedeutungsvolle ästhetische Form oder als »Schein« vor uns hin. Von daher unterscheidet sich der Beethovensche Minimalismus vom Beckettschen nur durch sein organisches und romantisches *Äußeres,* während das Versprechen spätromantischer Überfülle sich bereits wie ein fremdes Trugbild in ihm regt. Dadurch ist Adornos Beethoven, wie Pierre Menards Neufassung des *Don Quixote*, genau das Gleiche wie das »Original« und doch ein von diesem radikal verschiedener historischer Text. (»Den *Quixote* zu Beginn des siebzehnten Jahrhunderts zu verfassen war ein vernünftiges, notwendiges und vielleicht gar unvermeidliches

Unterfangen; zu Beginn des zwanzigsten Jahrhunderts erweist es sich fast als unmöglich« usw.; vgl. Borges 1970, 68ff.)

Mithin ist, auch wenn es anachronistisch scheint, Beethovens Musik vom Prinzip der Montage geprägt und so nicht-fiktiv wie Eisenstein oder Juan Gris. Die Montage, der konsequenteste Feldzug gegen »das Kunstwerk als Sinnzusammenhang« (ÄT, 233), bedeutet auch den Triumph des Konstruktionsprinzips selbst:

> Das ästhetische Konstruktionsprinzip, der schroffe Primat des planvollen Ganzen über die Details und ihren Zusammenhang in der Mikrostruktur bildet dazu [zu diesem augenscheinlichen Durcheinander an der Oberfläche, F.J.] das Komplement; der Mikrostruktur nach dürfte alle neue Kunst Montage heißen. (ÄT, 233)

Doch läuft die Lehre von der Nichtigkeit der elementaren Bestandteile des Werkes und des illusionären Wesens selbst ihrer augenscheinlich bedeutungsvollen oder harmonischen Kombinationen schließlich darauf hinaus, daß die dem Künstler (wo nicht gar »Genie«) zugeschriebene subjektive Macht modifiziert wird. Wir werden diese Schlußfolgerung detaillierter untersuchen, wenn wir uns mit der Dynamik der Produktivität beschäftigen, doch sollten einige Konsequenzen bereits hier aufgezeigt werden, weil die zur Konstruktion dienenden Materialien paradoxerweise nur in bezug auf menschliche Tätigkeit, sei's die des Komponisten oder die des Hörers, bedeutungslos oder nichtig* sind. In der Wirklichkeit besitzen ihre eigene Bedeutung in sich als geschichtsspezifische Materialien oder Techniken, die ihre eigene formale Entwicklung diktieren.

> Wie innig Technik und Gehalt, dem Convenu entgegen, kohibiert sind, sprach Beethoven in dem Satz aus, viele der Wirkungen, welche man gemeinhin dem Naturgenie des Komponisten zuschriebe, seien in Wahrheit einzig der geschickten Verwendung des verminderten Septimakkords zu danken [...]. (ÄT, 320)

Das Verhältnis des Teils zum Ganzen, das nicht nur nach traditioneller ästhetischer Theorie schmeckt, sondern auch eine Form des ästhetischen Geschmacks und einen Typus von klassizistischer ästhetischer Praxis darstellt, die uns heute völlig fremd geworden sind, gewinnt eine erstaunliche und nahezu postmoderne Relevanz, wenn es, wie in der *Ästhetischen Theorie* in höchstem Grade, als historische Krise und unlösbarer struktureller Widerspruch formuliert wird. Es scheint von daher angemessen, diesen Abschnitt über Nominalismus und Konstruktion bei Adorno mit einer längeren mise au point über Beethoven selbst zu beschließen:

> Beethoven hat der Antinomie sich gestellt, indem er, anstatt das Einzelne, nach der vorwaltenden Praxis des ihm vorhergehenden Zeitalters, schematisch auszulöschen, es, wahlverwandt dem reifen bürgerlichen Geist der Naturwissenschaften, entqualifizierte. Dadurch hat er nicht bloß Musik zum Kontinuum eines Werdenden integriert und die Form vor der heraufsteigenden Drohung der leeren Abstraktion behütet. Als untergehende gehen die Einzelmomente ineinander über und determinieren die Form durch ihren Untergang. Als Impuls zum Ganzen ist das Einzelne in Beethoven, und ist wiederum nicht, etwas, das nur im Ganzen wird, was es ist, an sich selbst aber zur relativen Unbestimmtheit bloßer Grundverhältnisse der Tonalität, hin zum Amorphen tendiert. Hört, liest man seine aufs äußerste artikulierte Musik nahe genug, so ähnelt sie einem Kontinuum des Nichts. Das tour de force eines jeden seiner großen Werke ist, daß buchstäblich hegelisch die Totalität des Nichts zu einer des Seins sich bestimmt, nur eben als Schein, nicht mit dem Anspruch absoluter Wahrheit. Doch wird dieser durch die immanente Stringenz als oberster Gewalt zumindest suggeriert. Das latent Diffuse, Ungreifbare nicht weniger als die bannende Gewalt, die es zum Etwas zusammenzwingt, repräsentieren polar das Naturmoment. Dem Dämon, dem kompositorischen Subjekt, das Blöcke schmiedet und schleudert, steht gegenüber das Ununterschiedene der kleinsten Einheiten, in welche ein jeglicher seiner Sätze sich dissoziiert, am Ende gar kein Material mehr sondern das nackte Bezugssystem der tonalen Grundverhältnisse. (ÄT, 276)

De facto fällt das Problem von Adornos Minimalismus mit der Zweideutigkeit seiner ganzen Unternehmung in eins. Ist die *Ästhetische Theorie* letzten Endes Ausdruck von Adornos persönlicher ästhetischer Erfahrung und somit Grundriß seines eigenen biographisch begrenzten »Geschmacks«, so würden die dort vertretenen philosophischen Positionen auf mehr als nur historische Weise relativiert und das Werk schrumpfte auf den Status eines (wenn auch außerordentlich intelligenten und materialreichen) Dokuments. Wenn andererseits der Minimalismus als einzigartiges und privilegiertes Moment in der Kunstgeschichte aus was für Gründen auch immer dazu Anlaß gibt, weitere universelle Wahrheiten über das Kunstwerk zu entwickeln, sehen wir uns unvermuteterweise in eine traditionellere philosophische Ästhetik zurückversetzt, die immer noch auf eine für das postmoderne Denken schlechterdings unannehmbare Weise versucht, das Allgemeine aus dem Besonderen zu deduzieren.

Auf für Adorno charakteristische Weise schließt dieser Minimalismus allerdings auch eine Kritik des Minimalismus ein (so wie der theoretische Rahmen überhaupt die »Ismen« anprangert). So wird die in der Beethoven-Analyse beschriebene Bewegung des Details – seine Entwicklung hin zum »Un-Wesentlichen«, zum Nicht-Grundlegenden (oder gegen Grundlegung gerichteten), seine konsequente und moderne Weigerung, sich aus sich selbst heraus zu rechtfertigen, was Hegel den Verlust oder die tendentielle Verarmung seines »Gehalts« genannt haben würde – als der »Todestrieb der Details« bezeichnet (ÄT, 450), während der Triumph, den das für Adorno zentrale Prinzip der Konstruktion feiert – und das im *Konstruktivismus* eine geschichtliche Avantgarde-Bewegung besitzt –, das Ende der Kunst selbst bezeichnet: »Eigentlich gewährt der Konstruktivismus dem Einfall, einem planlos Unwillkürlichen, keinen Ort mehr« (ÄT, 450). Die Tatsache, daß Adorno wie Hegel sich eine Kunst nach dem Ende der Kunst ausmalt (oder gar mehrere Künste) ist spannend genug: die in der *Negativen Dialektik* entwickelte Modell-Konzeption taucht in den »Paralipomena« der *Ästhetischen Theorie* mit der Vorstellung auf, daß die Künstler in einer Situation, in der Kunstwerke nicht mehr konkret verwirklicht werden können, damit fortfahren, Modelle von Kunst zu erfinden und zu planen (ÄT, 452). (Das entspricht der Tatsache, daß die postmodernen Maler ihre Anregungen aus kunsttheoretischen Schriften beziehen, die an die Stelle der praktischen Stimulation durch die Werke anderer Künstler getreten zu sein scheinen.) An anderer Stelle spricht Adorno prophetisch von der Rückkehr des Tonalen nach den höchst unbeugsamen Formen der Atonalität, unter deren Hegemonie sie auf seltsame Weise neu erstcht: dergleichen scheint auf die postmoderne Musik in der Tat zuzutreffen (ÄT, 62).

Doch läge die geeignete Anwendung der Lehre von Minimalismus und Konstruktion darin, ohne deren fatale Positivität auszukommen: es gibt keine Normen, sondern rhetorische Umrisse und Teile der konstruierten oder rekonstruierten Darstellung einer widersprüchlichen Situation, die bis an die äußerste Grenze getrieben wird und in der die Unmöglichkeit der Kunst nicht dem Pathos die Tür öffnet, sondern der Enthüllung einer artikulierten Struktur, die de facto ein konkreter geschichtlicher

Widerspruch ist. Was dann erreicht ist, und welche Wirksamkeit die Praxis besitzt, kann so erst nach vollendeter Tatsache gemessen und bewertet werden. Auch für die Kunst ist Gramscis Wort: »Pessimismus des Verstandes, Optimismus des Willens« die einzige wirklich belebende Ethik.

Drei

Indem wir so die Gedanken Adornos in einen Zusammenhang stellen, der sie dialektisch »in Bewegung setzt« und sie in die Form einer Situation und eines Widerspruch einschreibt, begegnen wir erneut dem Problem, welchen Status die historische Dialektik für den Autor der *Negativen Dialektik* besitzt, und insbesondere taucht die alte Frage der Entsprechung oder Widerspiegelung auf (wenn man nicht sogar von Basis und Überbau sprechen will): es geht um das im wesentlichen sprachliche Problem, wie das Verhältnis zwischen dem kulturellen oder ästhetischen Handeln und der gesellschaftlichen Situation ausgedrückt werden kann. Die von der *Ästhetischen Theorie* vorgetragene einfallsreiche philosophische Lösung – der Begriff des Kunstwerks als einer fensterlosen Monade, den wir im nächsten Kapitel untersuchen werden – läßt das Problem de facto, ungeachtet aller praktischen Absichten und Zwecke, unangetastet. Die Monade ist, mit anderen Worten, Reflexion und Nicht-Reflexion in einem, so wie das Kunstwerk selbst zugleich gesellschaftlich wie nicht-gesellschaftlich ist, oder, besser gesagt, durch und durch gesellschaftlich dank seiner Nicht-Gesellschaftlichkeit. Dies ist natürlich die klassische Form der Hegelschen Dialektik, die Identität von Identität und Nicht-Identität.

Kompliziert wird die klassische Formulierung dadurch, daß nicht eine, sondern zwei Formen der Nicht-Identität auftreten: zum einen die Natur, das absolute Andere, zum zweiten die Gesellschaft, ein von der ersten Form stark sich unterscheidendes Anderes, das auch nichts mit der traditionell so bezeichneten »zweiten Natur« zu tun hat, obwohl von ihm oft, in der Sprache der Ontologie, als »Totalität des Seienden« die Rede ist. Hier, wo es um Gesellschaft geht, ist der Widerhall der wohlbekannten »Großen Verweigerung« deutlich vernehmbar (und es bedarf langer Wege, um Adornos Feindseligkeit gegenüber linker Politik zu erklären – es sei denn, es verhielte sich damit gerade anders herum): »Denn wahr ist nur, was nicht in diese Welt paßt« (ÄT, 93). Doch dies verlangt eine von der klassischen Form der Nicht-Identität sehr verschiedene Art der Negativität (und führt zu der zusätzlichen terminologischen Schwierigkeit, die immer im Zusammenhang mit der Frankfurter Schule auftritt, daß die Wörter »positiv« – verbunden mit dem Positivismus – und »affirmativ« – siehe Marcuses »affirmativer Charakter der Kultur« – hier immer negativ konnotiert sind).

Damit aber taucht fatalerweise jene dualistische Alternative auf, die radikales Denken überhaupt kennzeichnet: die Unterscheidung, in welcher Form oder Terminologie auch immer, zwischen dem Positiven und dem Negativen, dem Fortschrittlichen und dem Reaktionären (oder Rückwärtsgewandten), zwischen dem Widerständigen und dem sich Fügenden, zwischen dem Radikalen (oder Utopischen) und dem Ideologischen, zwischen der Verweigerung und der Komplizenschaft. Adornos konkrete Analysen schließen diese Urteile ein und können von ihnen nicht getrennt werden (selbst das gebrandmarkte politische Wort »fortschrittlich« taucht wieder auf, wenn auch in einem anderen Zusammenhang, wo es um die Entwicklung der Produktivkräfte geht). Daß solche Urteile mit dem alten Problem von Korrespondenz und Widerspiegelung (oder dem Basis-Überbau-Modell) in eins fallen, scheint offenkundig, weil nur eine Distanz zwischen dem Kunstwerk und dem Moment des Gesellschaftlichen diese Problematik überhaupt erst ins Spiel kommen läßt. Daß das alte Korrespondenzmodell mit der Lehre von der Autonomie des Kunstwerks in engster Beziehung steht, mag auf den ersten Blick paradox erscheinen, doch hat Peter Bürger (1974) auf überzeugende Weise nachgewiesen, inwiefern die Lehre (und Institution) der ästhetischen Autonomie die Möglichkeit solcher politischen Urteile überhaupt erst zu begünstigen vermochte.

Dies ist Adornos prägnanteste Aussage zur Sache:

> Gesellschaftlich aber ist Kunst weder nur durch den Modus ihrer Hervorbringung, in dem jeweils die Dialektik von Produktivkräften und Produktionsverhältnissen sich konzentriert, noch durch die gesellschaftliche Herkunft ihres Stoffgehalts. Vielmehr wird sie zum Gesellschaftlichen durch ihre Gegenposition zur Gesellschaft, und jene Position bezieht sie erst als autonome. (ÄT, 335)

Ich möchte jedoch zeigen, daß diese anscheinend so klar konturierte Gegensätzlichkeit bei Adorno um einiges komplizierter und dialektisch wandelbarer ist.

Nehmen wir zum Beispiel die Lesweise (oder Umformulierung) von Kants Umschreibung des Ästhetischen als »interesseloses Interesse« oder »zwecklose Zweckhaftigkeit«. Diese geschichtlich erste klassische Form der Lehre von der ästhetischen Autonomie wird von Adorno übernommen, jedoch mit einer tiefgreifenden dialektischen Modifizierung versehen:

> Dem Interesselosen muß der Schatten des wildesten Interesses gesellt sein, wenn es mehr sein soll als nur gleichgültig, und manches spricht dafür, daß die Dignität der Kunstwerke abhängt von der Größe des Interesses, dem sie abgezwungen sind. (ÄT, 24)

(An anderer Stelle wird Adorno das »Interesselose« als Außerkraftsetzung des Selbsterhaltungstriebs interpretieren, in dem die Dialektik der Aufklärung sich die Form des Willens zur Macht gab; vgl. ÄT, 396.) Doch diese »positive« Neubewertung des Interesselosen wird beinahe sofort dialektisch problematisiert:

> Sobald aber das Verhalten des Kunstwerks die Negativität der Realität festhält und zu ihr Stellung bezieht, modifiziert sich auch der Begriff der Interesselosigkeit. Kunstwerke implizieren an sich selbst ein Verhältnis zwischen dem Interesse und der Absage daran, wider ihre Kantische sowohl wie Freudische Interpretation. Noch das kontemplative Verhalten zu den Kunstwerken, den Aktionsobjekten abgezwungen, fühlt sich als Kündigung unmittelbarer Praxis und insofern ein selbst Praktisches, als Widerstand gegen das Mitspielen. Nur Kunstwerke, die als Verhaltensweise zu spüren sind, haben ihre raison d'être. (ÄT, 25f.)

Was also als Außerkraftsetzung und als Verneinung der in Sünde verfallenen Praxis einer Geschäfts- und Warengesellschaft begann, entwickelt sich hier allmählich zu einer höheren Form von Praxis, die ihrerseits den früheren Begriff des »Interesselosen« oder »Zwecklosen« annulliert und zu einer höheren Form des Interesses und zu einem authentischeren telos wird.[4]

Die andere – und antithetische – Komponente von Kants Formulierung, das Wesen jener »Zweckhaftigkeit« oder interesseähnlichen Qualität, die das Kunstwerk zu besitzen scheint, ist Gegenstand noch komplexerer dialektischer Umwandlungen, weil sie äußerst eng mit der gesellschaftlichen Dynamik verknüpft und von daher, als Impuls, höchst zweifelhaft und kontaminiert erscheint:

> Die Kantische Idee der Zweckmäßigkeit, welche bei ihm den Konnex zwischen der Kunst und dem Inwendigen der Natur herstellt, ist der

> Technik [ein Ausdruck, der im Deutschen auch die Konnotation von 'Technologie' besitzt, F.J.] nächstverwandt. Wodurch die Kunstwerke als zweckmäßige so sich organisieren, wie es dem bloßen Dasein versagt ist, das ist ihre Technik; durch sie allein werden sie zweckmäßig. (ÄT, 321)

Indem er so die Kantische Teleologie aus der Natur in die Wissenschaft überträgt, öffnet Adorno vorsätzlich den innersten Kern der Ästhetik für die Dynamik der »Aufklärung« und die Ursünde der abendländischen Rationalität und Herrschaft, die er an anderer Stelle so sehr gebrandmarkt hat. Den späteren Abenteuern dieser perversen Re-Sozialisierung der Kantischen Ästhetik werden wir weiter unten nachgehen, in der Dialektik der ästhetischen »Produktivkräfte«. Adornos Handhabung der Dialektik selbst läßt sich unmittelbarer daran verdeutlichen, wie dies Thema in den sinnverwandten Begriff der Verdinglichung hinüberspielt, der in seiner Analyse des Kunstwerks eine ähnlich zentrale und ähnliche zweideutige Rolle einnimmt.

Denn »Verdinglichung« ist in Adornos Ästhetik zuerst und zumeist ein positiver, das heißt aufgewerteter, Begriff, was die Position, die er gewöhnlicherweise in der marxistischen Tradition einnimmt, auf den Kopf stellt.[5] Dort bezeichnete der Begriff nicht nur die Ersetzung von (zwischen-)menschlichen Beziehungen durch dingähnliche (Geld, die »gefühllose bare Zahlung«), sondern auch – in der Form des sogenannten Warenfetischismus – eine besondere Pathologie des Materials, in der die einstmals festgegründeten Dinge einer Welt von Gebrauchswerten gänzlich in abstrakte Äquivalenzen umgemodelt werden, die dessen ungeachtet nun das Trugbild einer neuen Art von libidinös besetzter Materialität entwerfen und es auf die Ware projizieren: in diesem Sinne ist »Verdinglichung« praktisch der Gegenpol zur Materie selbst, die sie in seltsam vergeistigte Objekte zu verwandeln scheint, welche dennoch dingähnlicher sind als die Dinge selbst.

Als Materialist kann Adorno seine antikapitalistische Ästhetik – deren Kontext jene nahezu universelle Vorherrschaft der Warenform ist, die bereits in der *Dialektik der Aufklärung* diagnostiziert wurde – nicht in geeignete Formen anti-materieller Vergeistigung gießen, die er schlichtweg verabscheut und mitsamt den ganzen Formen von »Innerlichkeit« und Subjektivierung brandmarkt: ein philosophischer Feldzug, der die *Ästhetische Theorie* als thematischer Schwerpunkt durchzieht.

Ebensowenig kann Adorno auf jene Praxiskonzeptionen rekurrieren, mittels derer Gramsci oder Sartre auf ihre je eigene Weise den Gordischen Knoten des Dualismus von Materie und Idee zu durchschneiden suchten, um ihn durch etwas anderes zu ersetzen. Das Ergebnis ist mithin eine ruhelose Reihe von Transferbewegungen, bei der die Verdinglichung – für Adorno ein absoluter Wesenszug des Kunstwerks – ihre Wertigkeiten beim Übergang vom Gesellschaftlichen zum Ästhetischen (und vice versa) verändert.

»Was Verdinglichung heißt, tastet, wo es radikalisiert wird, nach der Sprache der Dinge. Es nähert sich virtuell der Idee jener Natur, die der Primat des menschlich Sinnhaften exstirpiert« (ÄT, 96). Durch eine Art List also wird die Radikalisierung der Kraft, welche die Natur zerstörte, zum Dienst gepreßt, um sie zumindest ideell zu retablieren. Doch ist dies keine örtlich begrenzte Strategie: »Verdinglichung ist den Werken essentiell und widerspricht ihrem Wesen als Erscheinendem; ihr Dingcharakter ist nicht weniger dialektisch als ihr Anschauliches« (ÄT, 153). Doch ist dies ein tödliches Gegengift:

> Negativ sind die Kunstwerke a priori durchs Gesetz ihrer Objektivation: sie töten, was sie objektivieren, indem sie es der Unmittelbarkeit seines Lebens entreißen. Ihr eigenes Leben zehrt vom Tod. Das definiert die qualitative Schwelle zur Moderne. Ihre Gebilde überlassen sich mimetisch der Verdinglichung, ihrem Todesprinzip. Ihm zu entfliehen, ist das illusorische Moment an der Kunst, das sie, seit Baudelaire, abzuwerfen trachtet, ohne doch resignativ Dinge unter Dingen zu werden. Die Herolde der Moderne, Baudelaire, Poe, waren als Artisten die ersten Technokraten der Kunst. Ohne Beimischung des Giftstoffs, virtuell die Negation des Lebendigen, wäre der Einspruch der Kunst gegen die zivilisatorische Unterdrückung tröstlich-hilflos. Absorbierte seit dem Beginn der Moderne Kunst kunstfremde Gegenstände, die in ihr Formgesetz nicht gänzlich verwandelt eingehen, so zediert sich darin, bis zur Montage, die Mimesis der Kunst an ihr Widerspiel. (ÄT, 201)

An diesem Punkt wird die Verdinglichung von der Gesellschaft zurückgeborgt, um dem Ästhetischen eine fortdauernde und zunehmend prekäre Existenz in einer gänzlich verdinglichten Welt zu ermöglichen – vor der das Gegengift jedoch einen gewissen Schutz bietet. Doch scheint in einer letzten Wendung die Verdinglichung in eine gegen sich selbst gerichtete Waffe umgewandelt worden zu sein; indem er für und wider jene immer noch Geist* genannte Eigenschaft des Kunstwerks streitet, hebt

Adorno das produzierte oder konstruierte Wesen der Kunstwerke hervor: »Dennoch sind sie, samt der Objektivität ihres Geistes, ein Gemachtes. Reflexion muß den Fetischcharakter ebenso begreifen, als Ausdruck ihrer Objektivität gleichsam sanktionieren, wie kritisch auflösen« (ÄT, 274). Solche Passagen, in denen kritische und rezeptive Aktivität vom Kunstwerk selbst sich abzulösen scheinen und mit einer diesem nicht innewohnenden zusätzlichen Kraft und Funktion ausgestattet werden, sind bei Adorno selten genug zu finden, lehnt er doch, im Geiste seines anti-subjektivistischen Programms, die Erforschung von Rezeptionsvorgängen ab. Das gleiche Beispiel kann auch dazu dienen, sein Projekt einer verspäteten Ästhetik (auf deren problematisches Wesen und innere Widersprüche wir bereits hingewiesen haben) als Verschiebung und Zurückweisung der Autonomie von Literaturwissenschaft und literarischer Interpretation zu verstehen, die in der Hegemonie des Theoretischen sich bestätigt fanden. Nichtsdestotrotz ist deutlich, worauf die Passage hinauswill: die Warenform muß, auf welche Weise auch immer, verfügbar und greifbar gemacht werden, damit die Tätigkeit ihrer Auflösung einen Sinn macht; das Werk muß sich als Ware entwerfen, um diesem Status entkommen zu können. Doch ist keine dieser Formulierungen so schneidend und erstaunlich wie unsere letzte: »Einzig durch ihre gesellschaftliche Resistenzkraft erhält Kunst sich am Leben; *verdinglicht sie sich nicht, so wird sie Ware«* (ÄT, 335; Hervorhebung F.J.).

Vier

Wie immer es um die Orthodoxie von Adornos Marxismus bestellt sein mag, unter den marxistischen Ästhetikern jedenfalls gibt es keinen, der so sehr an Marx' eigener Methode oder Darstellungsweise festhielte. Sicher ist für ihn die große formale Architektonik des *Kapital* aus historischen Gründen nicht mehr zugänglich, so wie ein früheres Moment der Sonate oder der symphonischen Form durch den Nominalismus untergraben wurde und nicht mehr in der einstigen Gestalt rekonstruiert werden kann. Doch hält die *Ästhetische Theorie* hartnäckig an den methodologischen Lehren der »Einleitung« in die *Grundrisse* fest, die besagen, daß zwar eine Kategorie – die der Produktion – strukturellen Vorrang vor allen anderen haben muß, im Verlauf der Darstellung jedoch niemals zum vorherrschenden Thema oder Motiv werden darf. Sie darf nicht, um in der Sprache des Poststrukturalismus zu reden, die Termini um sich herum zu einem spezifischen Kode (oder einer »Privatsprache«) zentrieren. So steigt und fällt bei Marx die Kategorie der Produktion, wird bisweilen zum terminologischen Partner weniger bedeutender Kategorien (Distribution, Konsumtion), verschwindet hin und wieder ganz aus dem Blickfeld, um dann mit einem Donnerschlag als eigentlicher Motor der Geschichte enthüllt zu werden. Der Begriff wird hier noch in einer gewissen mittleren Entfernung zum ihn bezeichnenden Terminus gehalten, der ihn in eine sprachliche Identität aufzulösen droht, welche sich der Eigenart und Dynamik der poetischen Sprache annähert und zugleich den Triumph der begrifflichen Verdinglichung markiert (das enge Verhältnis zwischen den beiden haben wir bereits beobachtet).

So kommt es, daß diese Ästhetik sich einer Vielzahl von spekulativen Sprachen bedienen kann, von denen keine zu Adornos »Methode« erstarrt, die alsdann, mit einem geeigneten Etikett versehen, in theoretischen Lehrbüchern zusammen mit Lukács', Blooms, Machereys, Bachtins oder Derridas Methode verhandelt werden könnte. So haben wir zum Beispiel gerade gesehen, daß die Verdinglichung in Adornos formalen Analysen eine ebenso grundlegende Rolle spielt wie im Denken von Lukács und sich oftmals in sehr viel engerer Weise mit seiner Lektüre verknüpft als dies bei Lukács der Fall ist; dennoch ist Adorno nicht die Quelle, auf die man zurückgreifen würde, wenn von der »Verdinglichungstheorie« die Rede ist. Die Geschichte der ästhetischen Situationen ist hier ebenso allgegenwärtig und unvermeidlich wie bei Sartre, doch versucht Adorno nicht, wie Sartre es zweimal in seinem Leben tat (1958 und 1977), eine »lineare Geschichte« dieser Situationen zu schreiben. Der Widerspruch zwischen Teil und Ganzem wird so erschöpfend abgehandelt wie sonst nur in der bürgerlichen Theorie, von den Ästhetikern bis zum *New Criticism*, doch wird diese Dynamik niemals als Lehre kodifiziert, über deren Formulierung endlose philosophische Streitigkeiten ausgetragen werden könnten. Im letzten Augenblick vor der endgültigen Kodifikation wird das Problemfeld ausgeweitet, seine Terminologie verwandelt, und es stellt sich heraus, daß wir *auch* über etwas anderes gesprochen haben, das eine andere Art der Entwicklung benötigt.

Will man sich also als Adorno ebenbürtig erweisen, ihm Recht angedeihen lassen, der proteushaften Intelligenz seiner Sätze die Treue zu bewahren suchen, so bedarf es dazu der unermüdlichen, immer vom Scheitern bedrohten Anstrengung, die (um Paul de Mans beziehungsreiche Formulierung zu verwenden) *Thematisierung* des Produktionsbegriffs zu verhindern. Daß dieser Begriff die Aufwertung der Konstruktion bei Adorno unterfüttert, autorisiert und begründet, ist nicht falsch, aber irreführend: man sollte den Zusammenhang zwischen den beiden Momenten nicht als logischen Prozeß begreifen, in dessen Verlauf tieferliegende Voraussetzungen erreicht und als eigenständige Strukturen entfaltet werden, sondern, zumindest für den Augenblick, das eine als Modulation des anderen ansehen, was uns in eine gänzlich andersgeartete Begriffs- oder Klangwelt führt. In diesem Fall wäre die Methode von Marx, doch die philosophische Form stünde *Finnegans Wake* näher.

Die *Ästhetische Theorie* ist in gewisser Hinsicht auch eine abstrakte Darstellung konkreter Analysen, die andernorts ausgearbeitet worden sind, und von daher wird ein weniger mittelbarer und angemessenerer Bezugspunkt für diese Lehre von den ästhetischen Kategorien der *Versuch über Wagner* sein, Adornos erste eigenständige musikalische Monographie (entstanden 1937/38 im Exil), die auf brillante Weise und in idealer Mimesis des Benjaminschen Trauerspielbuchs das hervorbringt, was in Adornos Werk als Äquivalent für Benjamins fast zeitgleich entstandenen Essay »Über einige Motive bei Baudelaire« einsteht, der die gleichzeitige Heraufkunft von Moderne und Massenkultur beschreibt.

Die Dialektik der Form bei Wagner – die ihre bemerkenswerte »moderne« innovative Technik aus den relativ naiven Einfachheiten bezieht, welche dem Dilettantismus des Komponisten sich verdanken – demonstriert einen geradezu lehrbuchmäßigen Gegensatz zwischen Konstruktion und Ausdruck, in dem die treibende Beharrlichkeit des zweiten Impulses mit der Architektonik des ersteren kollidiert, wie es das Beispiel der ersten Wiener Schule, genauer: die Ausarbeitung der Zeitlichkeit in der Sonatenform, zeigt. Doch ist auch der Ausdruck keine autonome Kategorie, besitzt vielmehr bei Wagner sein eigenes idiosynkratisches Schicksal: »Das unbändig gesteigerte Ausdrucksmoment hält es im Innenraum, im Zeitbewußtsein beinahe nicht mehr aus und wird als auswendige Geste losgelassen« (WA, 39). Damit spielt Adorno auf die Wagnerschen Leitmotive an, scheinen diese doch, bisweilen mit einer comic-ähnlichen überlebensgroßen Ungeschlachtheit die gebieterischen Bewegungen der Wagnerschen Charaktere selbst in Szene zu setzen. Doch selbst wenn fast wie im Vorübergehen auf die »Geste« bei Wagner bezug genommen wird, ist deutlich, daß auch dies nicht als autonome Kategorie bestehen kann, sondern in eine Spannung und einen Widerspruch zur Kategorie des »Ausdrucks« geraten muß, von der sie sich herzuleiten schien.

> Die Schwierigkeit verstärkt sich dadurch, daß jenes Ausdrucksmoment, das in der Sequenz von Geste zu Geste führen soll – im berühmtesten Fall, dem des Tristanbeginns, ist es das des 'Schmachtens' –, tanzhafttongetreue Wiederholung ausschließt und eben die eingreifende Variation verlangt, gegen die sich die gestischen Motivcharaktere sträuben und die durchs Wagnerische Prinzip der 'psychologischen Variation' nur auf recht rationalistische, den musikalischen Gestalten gewalttätig aufgezwungene Weise ersetzt wird. (WA, 42f.)

Somit werden die abstrakten ästhetischen Kategorien zu Instrumenten, mit denen eine konkrete musikalische (oder anders künstlerisch produktive) Situation bemessen und charakterisiert werden kann. Indes fügen sie sich nicht (auch nicht historischerweise) harmonisch zu einer umfassenden oder dialektischen Theorie oder Ästhetik als solcher zusammen; vielmehr beschreibt gerade ihre unmittelbare Unvereinbarkeit und Widersprüchlichkeit die technischen und geschichtlichen Probleme, deren Lösung das »Neue« des neuen Werks ausmachen wird. Dem nun liegt eine ganz andere Beziehung zwischen dem Allgemeinen und dem Einzelnen zugrunde als die traditionelle philosophische Subsumtion der Art unter die Gattung oder die nominalistische Transformation eines Einzelnen unter die Allgemeinheit eines »einzigartigen Stils« es vorsehen: bei Adorno vermittelt der Begriff einer historischen Situation, Problematik oder Widersprüchlichkeit selbst zwischen dem Allgemeinen und dem Einzelnen, zwischen den ewigen ästhetischen Kategorien und dem einzigartigen und unvergleichlichen Text.

Es gibt offensichtlich tiefere Gründe dafür, warum diese an Einsichten reichste Erforschung der Moderne ausgerechnet von der Musik her geschehen soll und nicht von den Bereichen der Wort-, Bild- oder Architekturkunst, in denen die Propheten und Ideologen der Moderne so überaus beredsam gewesen sind. Die Musik nämlich scheint als Kunst die Distanz zwischen dem Produzenten und dem idealen Konsumenten auf ein Minimum zu verringern und tendentiell aufzulösen. Als Komponist schien Adorno in der Lage zu sein, Musikwerke so zu hören, als ob er selbst sie komponierte – vom Standpunkt eines Spezialisten oder Experten aus, der die mit anderen Künsten befaßten Kritiker oder Wissenschaftler entweder einschüchterte oder irritierte, denn für sie schienen andere, ebenso authentische Positionen der Rezeption möglich und verteidigenswert zu sein.[6] Hier jedoch scheint es keine Außenseite zu geben: ein paradoxes Ergebnis für eine Kunst, die mehr als alle anderen ihr »esse« in ihrem »percipi« zu haben und über den Moment des Gehörtwerdens hinaus kaum eine eigene Existenz zu besitzen scheint.

Andererseits scheint gerade diese Zartheit der musikalischen Gegenständlichkeit, dieser so gründliche Übergang des Objekts in das Sinnesorgan – der bis zur Ununterscheidbarkeit beider führen kann – der alten Subjekt-Objekt-Problematik urplötzlich ein anderes Aussehen zu verleihen, ohne sie gewaltsam zu lösen, sie als falsch oder metaphysisch beiseitezulassen oder das Trugbild einer flüchtigen Versöhnung zwischen den beiden Polen zu entwerfen. Doch leitet sich dieser neue Entwurf dessen, was ein Kunstwerk sei, auch von jenem Bereich her, in dem reines technisches Wissen – und eine evolutionäre Entwicklung dieses Wissens, die ähnlich rigoros verläuft wie die in den Naturwissenschaften – während der ganzen Geschichte der Musik ein massives Gewicht besaß, dem keiner sich entziehen konnte (und das von daher auch nicht vergleichbar ist mit der begrenzten Rolle, die eine genauere Kenntnis der metrischen Möglichkeiten einer gegebenen Sprache oder der psychophysiologischen Dynamik der Farben oder der Optik in wichtigen, aber diskontinuierlichen Augenblicken der Geschichte von Dichtung oder Malerei gespielt haben mag).

Von daher erlaubt es die musikalische Erfahrung, eine sehr spezielle Darstellung der Subjekt-Objekt-Beziehung mit einer Betonung objektiver technischer Prozesse zu verbinden – und aus dieser ungewöhnlichen Konstellation heraus wird – lange nach seiner ideologischen Erschöpfung in den verschiedenen Ideologien der Moderne – wunderbarerweise der Begriff des Neuen seine Wiedergeburt erleben.

Der erste dieser Gesichtspunkte – der die Form einer Neubelebung der »fensterlosen Monade« Leibnizscher Provenienz annehmen wird – versieht die Dialektik von Subjekt und Objekt mit einem Resultat, das auch dem traditionellen marxistischen Dilemma von Basis und Überbau, bzw. der »Korrespondenz« zwischen Kunstwerk und gesellschaftlicher Realität (oder ihrer »Widerspiegelung«) eine Lösung bietet. Die Übersetzung von Hegels großer Formel – der Identität von Identität und Nicht-Identität – ins ästhetische Idiom ist zwingend: wird die Kunst »strikt ästhetisch wahrgenommen, so wird sie ästhetisch nicht recht wahrgenommen« (ÄT, 17). Die Lehre von der ästhetischen Autonomie des Kunstwerks ist die richtige, wahr aber ist sie nur, wenn sie als direktes Gegenteil einer ästhetisierenden Doktrin oder einer philosophischen »Kunst um der Kunst willen« begriffen wird. Das Werk ist durch und durch gesellschaftlich und historisch: nur so kann es zu seiner Autonomie gelangen. Die Kunstreligion, die Verherrlichung von Kultur und Ästhetik, ist eine gesellschaftliche Verhaltensweise und eine Ideologie, die mit dem Kunstwerk selbst nichts gemein hat.

Um das Problem etwas anders zu formulieren: es ist klar, daß das Kunstwerk »aus der wirklichen Welt« stammt, daß alles an ihm gesellschaftlich ist – seine Materialien, sein Schöpfer, seine Rezeption, Kunst selbst (oder Kultur) als eine Tätigkeit der Oberschicht usw. Als Ding in der Welt ist das Kunstwerk gesellschaftlich, doch das wichtigste daran ist so verstanden gerade nicht »in« der Welt. Als Ding-in-der-Welt ist es entweder ein Luxusartikel, der den wirklichen menschlichen Leiden und Nöten (oder einer tieferen, infrastrukturell bedingten Realität menschlicher Erfahrung und gesellschaftlicher Zusammenhänge) entgegengesetzt werden kann oder der, als kleines Fragment der Welt, versuchen kann, größere Fragmente dieser Realität auf leichtfertige oder sozial verantwortungsbewußte Weise »widerzuspiegeln«.

Aus solcher Perspektive könnte das Kunstwerk als »mehr« oder »weniger« gesellschaftlich, »mehr« oder »weniger« historisch erscheinen. Doch gerade diese Art der maßstäblichen Beurteilung hält Adorno für unsinnig, wenn es um »genuine« Kunstwerke geht. Die schlechten, wie Kitsch, Dekor, Kunsthandwerk, Erzeugnisse der Kulturindustrie, sind, als Objekte und Waren in der Gesellschaft, für solche Bewertungsprozesse ein gefundenes Fressen; und die tiefere Schuld von Kunst und Kultur wird, wie wir im zweiten Teil gesehen haben, auch keineswegs geleugnet oder gerechtfertigt oder hinwegerklärt. Doch haben wir auch gesehen, daß das wahre Kunstwerk sich sowohl von den Kunstobjekten als auch von der Institution Kunst radikal unterscheidet.

Um dies merkwürdige Problem lösen zu können – wie sich etwas denken läßt, das in allen seinen Teilen gesellschaftlich, als Ganzes jedoch nicht gesellschaftlich ist – beruft sich Adorno auf die Monadenlehre:

> [Das Kunstwerk] ist, was die rationalistische Metaphysik auf ihrer Höhe als Weltprinzip proklamierte, Monade: Kraftzentrum und Ding in eins. Kunstwerke sind gegeneinander verschlossen, blind, und stellen doch in ihrer Verschlossenheit vor, was draußen ist. So jedenfalls bieten sie der Tradition sich dar, als jenes lebendig Autarkische, das Goethe mit dem Synonym für Monade Entelechie zu nennen liebte. Möglich, daß der Zweckbegriff, je problematischer er in der organischen Natur wird, desto intensiver in die Kunstwerke sich zusammenzog. Als Moment eines übergreifenden Zusammenhangs des Geistes einer Epoche, verflochten mit Geschichte und Gesellschaft, reichen die Kunstwerke über ihr Monadisches hinaus, ohne daß sie Fenster hätten. (ÄT, 268)

Entelechie, die Geist-Körper-Problematik, die Lehre von der Seele als innerer Form ihrer äußeren Bestandteile: derlei idealistische Bezugspunkte können nur dann ein tiefes Mißtrauen hinsichtlich der Tendenzen von Adornos Monadologie erzeugen, wenn wir nicht die wichtige historische Unterscheidung begreifen, daß für ihn diese älteren Probleme – Bewußtsein, Seele, Schöpfung und Kosmologie – gerade idealistisch und falsch sind, daß aber ihre scheinbare Lösung innerhalb einer älteren Metaphysik – und zwar in diesem Falle der von Leibniz –

neu gelesen werden kann als verzerrte und mystifizierte Lösung für das ganz anders geartete materialistische Problem des Kunstwerks; und nur hier besäße die Lösung ihre Gültigkeit:

> Daß Gesellschaft in den Kunstwerken, mit polemischer Wahrheit sowohl wie ideologisch, 'erscheint', verleitet zur geschichtsphilosophischen Mystifizierung. Allzu leicht könnte Spekulation auf eine vom Weltgeist veranstaltete prästabilierte Harmonie zwischen der Gesellschaft und den Kunstwerken verfallen. Aber Theorie muß vor ihrem Verhältnis nicht kapitulieren. Der Prozeß, der in den Kunstwerken sich vollzieht und in ihnen stillgestellt wird, ist als gleichen Sinnes mit dem gesellschaftlichen Prozeß zu denken, in den die Kunstwerke eingespannt sind; nach Leibnizens Formel repräsentieren sie ihn fensterlos. Die Konfiguration der Elemente des Kunstwerks zu dessen Ganzem gehorcht immanenten Gesetzen, die denen der Gesellschaft draußen verwandt sind. Gesellschaftliche Produktivkräfte sowohl wie Produktionsverhältnisse kehren der bloßen Form nach, ihrer Faktizität entäußert, in den Kunstwerken wieder, weil künstlerische Arbeit gesellschaftliche Arbeit ist; stets sind es auch ihre Produkte. Nicht an sich sind die Produktivkräfte in den Kunstwerken verschieden von den gesellschaftlichen sonder nur durch ihre konstitutive Absentierung von der realen Gesellschaft. Kaum etwas dürfte in den Kunstwerken getan oder erzeugt werden, was nicht sein wie immer auch latentes Vorbild in gesellschaftlicher Produktion hätte. (ÄT, 350f.)

So erlaubt die Monadenlehre und vor allem die fensterlose Geschlossenheit, die sie als Idee konstituiert (und die philosophisch nichts mit den gegenwärtigen Diskussionen über »offene« und »geschlossene« Kunstwerke zu tun hat) zugleich die umfassendsten Aussagen über die Gesellschaftlichkeit und Geschichtlichkeit der Kunst:

> Das geschichtliche Moment ist den Kunstwerken konstitutiv; die authentischen sind die, welche dem geschichtlichen Stoffgehalt ihrer Zeit vorbehaltlos und ohne die Anmaßung über ihr zu sein sich überantworten. Sie sind die ihrer selbst unbewußte Geschichtsschreibung ihrer Epoche; das nicht zuletzt vermittelt sie zur Erkenntnis. Eben das macht sie dem Historismus inkommensurabel, der, anstatt ihrem eigenen geschichtlichen Gehalt nachzufolgen, sie auf die ihnen auswendige Geschichte reduziert. (ÄT, 272)

An dieser Stelle aber ist Vorsicht geboten: für die Trennung von der Welt, dadurch die Monade mit ihrer Befähigung ausgestattet wird, so gesellschaftlich und geschichtlich zu sein wie Gesellschaft und Geschichte selbst, ist ein Preis zu entrichten. Die Monade kann nämlich nicht *politisch* sein, was den nicht zu erstaunen vermag, der mit Adornos Ansichten über sozialistischen Realismus (oder Sartres »Engagement«) ebenso vertraut ist wie mit seinem tiefsitzenden Antagonismus zu Brecht. So wird »Praxis« in einer nunmehr vertraut anmutenden Denkfigur auf den Weg gebracht: sie ist »nicht die Wirkung der Werke, aber verkapselt in ihrem Wahrheitsgehalt« (ÄT, 367). In jedem Fall ist Adorno hinlänglich deutlich, was die Trennung der drei Ebenen des Historischen, des Gesellschaftlichen und des Politischen betrifft (und zwar auf eine Art, die paradoxerweise das dreiteilige Schema meines Buches *Das politische Unbewußte* bekräftigt):

> Gesellschaftliche Kämpfe, Klassenverhältnisse drücken in der Struktur von Kunstwerken sich ab; die politischen Positionen, die Kunstwerke von sich aus beziehen, sind demgegenüber Epiphänomene, meist zu Lasten der Durchbildung der Kunstwerke und damit am Ende auch ihres gesellschaftlichen Wahrheitsgehalts. (ÄT, 344)

Die politische Leidenschaft, die solche Bekundungen (diese ist eine offensichtliche Provokation) auf seiten der Linken auslösten, sollte nicht darüber hinwegtäuschen, daß es niemals einen Konsens über die Möglichkeit oder gar Notwendigkeit einer im eigentlichen Sinne politischen Ästhetik gegeben hat, und ebensowenig war sich die Linke über die unmittelbare politische Wirksamkeit noch der »engagiertesten« Kunstwerke einig. Zugleich wird die Nutzlosigkeit dieser Diskussion deutlich, wenn man erkennt, wie leicht es ist, vorgeblich »politische« Werke in eine andere, respektablere Kategorie hinüberzumanövrieren, wie es Adorno oftmals mit Texten von Brecht macht, die ihm gefallen.

Doch liegt auf der Hand, wie der Geist dieser Bemerkungen und die von ihnen inspirierte Methodologie aufzufassen sei. Die prägende Präsenz der Gesellschaft in Kunst und Sprache ist umso größer, je indirekter und unsichtbarer sie ist, »um so vollkommener [...], je weniger das Gebilde das Verhältnis von Ich und Gesellschaft thematisch macht, je unwillkürlicher es vielmehr im Gebilde von sich aus sich kristallisiert« (NL, 55).

Die Grundfrage, die an eine so geartete Politik des Kulturellen zu stellen wäre, müßte darauf abzielen, warum diese Ansichten nicht einfach auf den stereotypen romantischen Gegensatz von Individuum und Gesellschaft zurückgreifen. Dies aber ist deshalb unmöglich, weil die Gesellschaft bereits im »Individuum« gegenwärtig ist und eine Individuation und eine Individualität untergräbt, für die sie selbst verantwortlich zeichnet. Und hierin liegt, auf seltsame und paradoxe Weise, der Grund für die Ablehnung offen politischer Kunst:

> Denn die Theorie vom engagierten Kunstwerk, wie sie heute gang und gäbe ist, setzt sich über die in der Tauschgesellschaft unabdingbar herrschende Tatsache der Entfremdung zwischen den Menschen sowohl wie zwischen dem objektiven Geist und der Gesellschaft, die er ausdrückt und richtet, umstandslos hinweg. Sie will, daß die Kunst unmittelbar zu den Menschen spreche, als ließe sich in dieser Welt universaler Vermittlung das Unmittelbare unmittelbar realisieren. (NL, 120)

Fünf

Doch kennt Adorno noch eine andere, gleichermaßen provozierende Art, den Spieß in einer solchen Situation umzudrehen: »Gesellschaftliches Denken über Ästhetik«, so bemerkt er mit geheucheltem Erstaunen, »pflegt den Begriff der Produktivkraft zu vernachlässigen« (ÄT, 69). Fest steht jedenfalls, daß nur sehr wenige marxistische Ästhetiken den Begriff der ökonomischen Produktion – im Gegensatz zu den konventionelleren des Klassenkampfes, der Ideologie oder der politischen Position – wirklich ernst genommen haben, obwohl man in den sechziger und siebziger Jahren extensiven Gebrauch von einer Rhetorik der Produktion machte. Keiner, und am allerwenigsten die Kulturstalinisten selbst, besaß die Kühnheit, gar den vulgärmaterialistisch konnotierten Begriff der rein ökonomischen Produktivität – das heißt, den Primat der Produktiv*kräfte*, also Maschinerie und Technologie, über die Produktions*verhältnisse*, also Klassenposition und -bewußtsein, kollektive vs. autoritäre Organisierung der Produktionsstätten usw. – als für die Ästhetik von Bedeutung anzusehen. Doch ist es gerade diese Konzeption des Produktionsbereichs, die, Adorno zufolge, die geschichtlichen wie auch gesellschaftlichen Dimensionen des Kunstwerks sich subsumiert. Dessen Verhältnis zur Geschichte aber ist gleichsam durch den fortgeschrittenen Charakter seines Produktionsprozesses datiert und bezeichnet, während die ihm innewohnende Gesellschaftlichkeit von vornherein durch das kollektive Wesen der Produktion selbst gegeben ist.

Ich möchte die Frage der Produktivkräfte für einen Augenblick stärker hervorheben, nicht nur, weil es die am wenigsten vertraute oder traditionsverhaftete Komponente in Adornos Ästhetik ist, sondern auch, weil sich dadurch umstandslos die Möglichkeit eröffnet, das der gesamten Moderne so wichtige Phänomen des »Neuen« begrifflich zu fassen. Bisher nämlich haben wir dessen Diskussion aufgrund der nur negativen Verfügung, es sei, wie immer seine sonstige Beschaffenheit, kein zeitlicher oder phänomenologischer Begriff, aufschieben müssen. Dies nun hat ersichtlich in dem Sinne etwas mit Modernisierung zu tun, in dem praktisch seit Beginn des Kapitalismus neue und produktionsintensivere Maschinerien ihre Vorläufer aus dem Felde geschlagen und überflüssig gemacht haben: ein geschichtliches Paradigma, das sich sehr eng an Adornos eigene Vorstellung von der Geschichte des künstlerischen »Fortschritts« anlehnt, in der das Neue erbarmungslos ältere Formen und Konventionen vernichtet und in der, vor allem, was die Musikgeschichte betrifft, so etwas wie wissenschaftliche und technologische Erfindung mit der künstlerischen Konstruktion in eins fällt.

Dies Paradigma ist uns vertraut, stellt es doch die grundlegende »Meistererzählung« aller Ideologien der Moderne dar, die sich von den russischen Formalisten bis zu Pound durch die unterschiedlichsten Manifeste der künstlerisch heterogensten Avantgarde-Bewegungen hindurchzieht. Was in Adornos Darstellung einzigartig dasteht ist der philosophische Appell an die einzige ökonomische Theorie, die fähig ist, dem eine angemessene Grundlage zu verschaffen, was sonst zu einer noch wilderen Geschichte von Stilwandlungen und modischer Dynamik werden würde; und diese Theorie ist der Marxismus:

> In vielen authentischen Gebilden der Moderne ist die industrielle Stoffschicht, aus Mißtrauen gegen Maschinenkunst als Pseudomorphose, thematisch strikt vermieden, macht aber, negiert durch Reduktion des Geduldeten und geschärfte Konstruktion, erst recht sich geltend; so bei Klee. An diesem Aspekt von Moderne hat so wenig sich geändert wie an der Tatsache von Industrialisierung als maßgebend für den Lebensprozeß der Menschen; das verleiht dem ästhetischen Begriff von Moderne einstweilen seine wunderliche Invarianz. Sie gewährt freilich der geschichtlichen Dynamik nicht weniger Raum als die industrielle Produktionsweise selbst, die während der letzten hundert Jahre vom Typus der Fabrik des neunzehnten Jahrhunderts über die Massenproduktion bis zur Automation sich wandelte. Das inhaltliche Moment von künstlerischer Moderne zieht seine Gewalt daraus, daß die jeweils fortgeschrittensten Verfahren der materiellen Produktion und ihrer Organisation nicht auf das Bereich sich beschränken, in dem sie unmittelbar entspringen. In einer von der Soziologie kaum noch recht analysierten Weise strahlen sie von dort aus in weit von ihnen abliegende Lebensbereiche, tief in die Zone subjektiver Erfahrung hinein, die es nicht merkt und ihre Reservate hütet. Modern ist Kunst, die nach ihrer Erfahrungsweise, und als Ausdruck der Krise von Erfahrung, absorbiert, was die Industrialisierung unter den herrschenden Produktionsverhältnissen gezeitigt hat. Das involviert einen negativen Kanon, Verbote dessen, was solche Moderne in Erfahrung und Technik verleugnet; und solche bestimmte Negation ist beinahe schon wieder Kanon dessen, was zu tun sei. (ÄT, 57f.)

Diese letzten Bemerkungen verdienen es, besonders hervorgehoben zu werden, denn sie bergen einige überraschende Hinweise auf das rätselhafte Wesen des »Neuen« in der Kunst, das für Adorno »ein blinder Fleck« ist, »leer wie das vollkommene Dies da« (ÄT, 38). Wobei Adornos technologische Rhetorik Gefahr läuft, jenes fortwährend »Neue« der großen Kunst im Glanz der stromlinienförmigen oder futuristischen Maschinerie suchen zu wollen: ein Eindruck, der sofort durch die Erinnerung daran verwischt wird, daß nichts so schnell veraltet wie derlei »avancierte« Gerätschaften.

Derweil wird das Problem durch die Tatsache verkompliziert, daß ästhetische Phänomene als kulturelle Momente, das heißt als Formationen eines Überbaus, der nur ein funktionaler Bestandteil des Ganzen ist, dessen Äquivalent und Ersatz er zu sein behauptet, auch ideologischer Provenienz sind. Von daher ist das »Neue« eine ideologische Kompensation wie auch zugleich ein ästhetischer Wert und eine geschichtsursprüngliche Kategorie der kapitalistischen Produktion. So übertrumpft denn, in einem schneidenden Aphorismus der *Minima Moralia,* Adorno plötzlich Benjamin: »Im Kultus des Neuen und damit in der Idee der Moderne wird dagegen rebelliert, daß es nichts Neues mehr gebe« (»Extrablatt«; MM, 316). Nun wird das Ganze der Moderne (durchaus im Geist von Benjamins Essay »Über einige Motive bei Baudelaire«) zum Ausdruck »des ersten Bewußtseins vom Verfall der Erfahrung« (MM, 317). Das Neue wird zur Sensation in der grellen Bedeutung der Medien (»in einer Erklärung zur Zeit der ersten Pogrome rühmte Goebbels, langweilig wenigstens seien die Nationalsozialisten nicht«; MM, 319), und im gespenstischen Licht, das von der modernen Politik auf die moderne Kunst zurückgeworfen wird, verblaßt der »Wahrheitsgehalt« der letzteren zu einer bloßen Wiederholung, die, wie jeglicher künstliche Stimulus, gern eine neue Erfahrung wäre: »nicht umsonst waren Poe, Baudelaire, Wagner süchtige Charaktere« (MM, 320). Diese Droge jedoch ähnelt nicht mehr der von der Avantgarde geforderten Kunst, »einer Musik, die den Komponisten in Erstaunen versetzt wie eine neue Substanz, die in der Retorte des Chemikers erscheint« (Adorno 1978b, 523).

Wie denn nun des »Neuen« zu »gedenken« wäre, fragt, nichtsdestotrotz, der Zweifel, der am Herzen dieses ästhetischen Wertes nagt. Den scheinbar unwiderruflich zeitlichen Begriff zu entzeitlichen erfordert, daß wir das Problem, auf welches er in einer weniger unmittelbar phänomenologischen oder erfahrungsorientierten Weise antwortet, wenn möglich neu strukturieren. Hierbei gilt das Augenmerk vor allem dem Status der einstmals »neuen« Werke der Vergangenheit, wobei die ganzen mit dem Terminus »Historizismus« vermachten Fragen aufs neue erwachen, auch wenn man sich entscheidet, diesen Begriff auf eine unmittelbare Bedeutung zu beschränken. Aber wie so häufig ist es auch hier ein Fehler, dem Mysterium unseres auf die Vergangenheit gerichteten Verstehens auf cartesianische Weise zu begegnen, indem man seine apriorische Möglichkeit gewissermaßen von Null an deduktiv rekonstruiert – das heißt, von einem imaginären Anfangspunkt aus, in dem die Vergangenheit noch nicht existiert und wir sozusagen noch ganz ohne Erinnerung sind. Wir müssen vielmehr mit der Tatsache und der Voraussetzung anfangen, daß wir gelegentlich die Vergangenheit in einer etwas stärkeren Bedeutung des Wortes »verstehen«: daß wir hin und wieder davon überzeugt sein können, zu »wissen«, was Lenin bezüglich dieser oder jener Intervention gedacht hat; daß wir spüren, wie das Paris von 1830 als Lebenswelt gewesen ist; daß wir wissen, wie Lu Xuns erste Schriften seine Zeitgenossen erstaunt haben müssen; daß wir die Erregung in den verschiedenen Hauptstädten Europas bei Ausbruch des Ersten Weltkriegs oder die geistige Lebhaftigkeit derer, die die ersten umgangssprachlichen *Canzoni* entworfen haben, nachfühlen können.

Solche Augenblicke einer das Vergangene betreffenden Überzeugung sind vielleicht, weil unverifizierbar, flüchtig, endlosen nüchternen Revisionen und neuen Zweifeln unterworfen, in metaphysischer Hinsicht illusorisch, doch können sie in bezug darauf, was sie enthalten und was in ihnen vorgeht, als eigenständige Phänomene untersucht werden. Anderenorts habe ich, auf den Spuren von Collingwood, zu zeigen versucht, daß mit ihnen eine Situation und eine Problematik vermacht ist, deren »Beantwortung« den Wert und die Unverbrauchtheit einer Handlung annimmt, an der wir aufs Neue beteiligt zu sein scheinen.[7] Adornos Ästhetik geht es nicht um derlei Fragen des Historismus oder des Verstehens* an sich, doch stimmt seine Vorstellung von Kunst als Produktion mit dieser Sichtweise überein und verschafft ihr weitere Entwicklungsmöglichkeiten.

Die zuvor zitierte Passage aus der *Ästhetischen Theorie* deutet zum Beispiel darauf hin, daß unsere intensivste Annäherung an das, was am Alten »neu« ist, eine unmittelbare Wahrnehmung von Tabus und Zwängen, Verneinungen, Beschränkungen, Verboten und Abneigungen mit einschließt. Doch geht es dabei nicht um überkommene Dogmen oder einen ästhetischen Moralismus, und ebensowenig um den ehrbaren Geschmack und die unhinterfragte gute Führung in Sachen Ästhetik, die sich in der konventionellen Öffentlichkeit finden läßt. Es sind *neue* Tabus, und das Neue am Neuen ist weniger das Werk selbst (dessen strahlendste innovative Züge, in stolzen Sonntagsstaat gekleidet, schon bald als das gelten können, was einen bedauerlich veralteten Eindruck macht), sondern vielmehr diese neuen Verbote, die, anstatt zu sagen, was nicht getan werden darf, verkünden, was *nicht mehr* getan werden kann oder was zu tun abgedroschen wäre; oder aber eine innere Stimme (Sokrates' *daimon*) warnt davor, etwas zu tun, was eher vermieden werden sollte, ohne daß die Gründe dafür deutlich würden (und vielleicht werden sie es nie).

Solche Tabus können sich auf ein sehr weit gefaßtes Spektrum von ästhetischen Materialien beziehen: eine gewisse Art von Sätzen, zum Beispiel, derer man sich besser nicht mehr bedient; ein Gefühl, das durchaus real und weitverbreitet sein kann, nun aber lieber beiseitegelassen werden sollte (so daß sich die interessante Frage ergibt, ob man sich Charaktere denken kann, die solche Gefühle niemals gehabt haben und nicht dazu in der Lage sind, sie sich vorzustellen); eine langweilige Klangkombination, ein erzählendes Werk, dessen Struktur einen ungeduldig macht, ein philosophisches Argument, das man, ungeachtet seines Wahrheitsgehalts, nicht unbedingt wiederholen würde. Das Neue ist das, was sich ereignet, wenn all diese Dinge ausgeschlossen werden, vorausgesetzt, daraus resultiert etwas anderes als Schweigen. Eine solche Argumentation führt natürlich mittels ihrer inneren Schwerkraft zum Minimalismus, und bestimmte minimalistische Werte sind ihr gewissermaßen strukturell einbeschrieben: doch ist es in der Geschichte der modernen Kunst häufiger vorgekommen, daß die Entwertung der älteren ästhetischen Techniken, das Veralten eines ganzen Spektrums von nunmehr verbotenen Inhalten und Formen wie eine Befreiung empfunden wurde, auf die der Erfindungsgeist mit einer in der Tat sehr reich anmutenden Blüte neuer Formen antwortet.

Zu spüren, was Beethoven seinen Instrumenten nicht mehr zumuten konnte und wollte, stellt also kein unüberwindlichliches Problem dar; wir müssen uns vielmehr umgekehrt davor hüten (und hierin liegt das eigentliche Problem), das, was er seinen Instrumenten zu spielen aufgab, der reinsten Subjektivität oder »Genialität« zuzuschreiben. »Der subjektive Anteil am

Kunstwerk ist selbst ein Stück Objektivität« (ÄT, 68). Wie dies gezeigt und bewiesen, wie unser Hang zum Subjektivismus überzeugend und endgültig aufgelöst werden kann, ohne daß wir dabei vor dem Positivismus kapitulieren, ist, wir sagten es bereits, eine der grundlegendsten Aufgaben, die die *Ästhetische Theorie* sich stellt.

Daß das Rohmaterial des Werkes durch und durch geschichtlicher Provenienz ist, kann gar nicht oft genug wiederholt werden, ohne daß jene besondere Aufgabe damit schon erledigt wäre. Diejenigen von uns, die ihre modernistische Historizität zum Beispiel von Proust gelernt haben, werden Adornos korrigierend eingreifende Neufassung der Lehre begrüßen:

> Proust, nach ihm Kahnweiler, vertraten, Malerei habe die Sehweise und dadurch die Gegenstände verändert. So authentisch die Erfahrung, die das anmeldet, sie mag zu idealistisch formuliert sein. Nicht aller Mutmaßung entrückt wäre das Umgekehrte: daß die Gegenstände an sich, geschichtlich, sich veränderten, das Sensorium dem sich anpaßte und dann die Malerei die Chriffren dafür fand. Der Kubismus ließe sich interpretieren als Reaktionsweise auf eine Stufe der Rationalisierung der gesellschaftlichen Welt, welche deren Wesen durch Planung geometrisierte; als Versuch, einen solchen der Erfahrung konträren Stand der Erfahrung einzubringen, so wie auf der vorhergehenden, noch nicht duchgeplanten Stufe der Industrialisierung der Impressionismus es angestrebt hatte. Diesem gegenüber wäre das qualitativ Neue des Kubismus, daß, während der Impressionismus das erstarrende Leben in der Warenwelt vermöge ihrer eigenen Dynamik zu erwecken und zu retten unternahm, der Kubismus an derlei Möglichkeiten verzweifelte und die heteronome Geometrisierung der Welt als ihr neues Gesetz, die Ordnung akzeptierte, um dadurch der ästhetischen Erfahrung Objektivität zu verbürgen. (ÄT, 447)

Doch läßt selbst das Beispiel der bildenden Künste der Unterscheidung zwischen den Objekten außerhalb und den »Techniken«, die erfunden werden, um den Wandel der Objekte nachvollziehen zu können, noch zuviel Raum. Doch war es gerade jene Distinktion, die Prousts Ästhetik mit solch paradoxer Neuigkeit und Gewalt auszulöschen trachtete, indem sie, avant la lettre, die »Verfremdung« als einen Begriff entwickelte, dessen erste Wirkung in der geistigen Verfremdung besteht. Bei Adorno, der die tendentielle Unterscheidung zwischen Subjekt und Objekt nicht einmal zur Verfügung hält, ist es wie immer die Musik, die diese Aufgabe auf angemessenere Weise ausfüllt, wie zum Beispiel in seinen Bemerkungen zur Fuge:

> So ist die Fuge gebunden an tonale Verhältnisse; und von der nach Beseitigung der Modalität zur Alleinherrschaft gelangten Tonalität in der imitatorischen Praxis, als deren Telos, gleichsam gefordert. Spezifische Prozeduren wie die reale oder tonale Beantwortung eines Fugenthemas sind musikalisch sinnvoll eigentlich nur, sobald die überkommenen Polyphonie mit der neuen Aufgabe sich konfrontiert sieht, die homophone Schwerkraft der Tonalität aufzuheben, Tonalität sowohl dem polyphonen Raum zu integrieren wie das kontrapunktische und harmonische Stufendenken einzulassen. Alle Eigentümlichkeiten der Fugenform wären aus jener den Komponisten keineswegs bewußten Necessität abzuleiten. Fuge ist die Organisationsform der tonal gewordenen und durchrationalisierten Polyphonie; insofern reicht sie weiter als ihre einzelnen Realisierungen und ist doch nicht ohne sie. Darum ist auch die Emanzipation vom Schema, in diesem, allgemein vorgezeichnet. Hat die Tonalität keine Verbindlichkeit mehr, werden Grundkategorien der Fuge wie der Unterschied von dux und comes, die normierte Struktur der Antwort, vollends das der Rückkunft der Haupttonart dienende reprisenhafte Element der Fuge, funktionslos, technisch falsch. Begehrt das differenzierte und dynamisierte Ausdrucksbedürfnis der einzelnen Komponisten nicht länger die Fuge, die übrigens weit differenzierter war, als es dem Freiheitsbewußtsein dünkt, so ist sie gleichzeitig objektiv, als Form unmöglich geworden. (ÄT, 297f.)

Von daher muß sich das komponierende Subjekt der historischen Situation der Produktivität als solcher nicht bewußt sein, gleichwie der große Erfinder-Unternehmer (Edison) auf einer bestimmten Entwicklungsstufe des Kapitalismus sich nicht um das System als ganzes zu bekümmern braucht. Indem aber der Erfinder-Komponist im Akt des Komponierens selbst die objektiven Bedürfnisse des Systems registriert – Adorno spricht von »begehren«, wobei es die ganze Sinnenhaftigkeit des Komponisten, sein sogar bis zur äußersten Intensität ausgearbeitetes, das heißt »differenziertes und dynamisiertes«, »Ausdrucksbedürfnis« ist, das für ihn »begehrt« –, kann die Aufnahmefähigkeit des »schöpferischen Subjekts« nicht einfach der irrationalen Gegenseite einer sich ihres geschichtlichen Standorts »bewußteren« Rationalität zugeschlagen werden. Adorno setzt nicht die schöpferische »Intuition« einer anderen, intellektuelleren Form des Selbstbewußtseins entgegen. Vielmehr sind die immanenten technischen Operationen des »schöpferischen Geistes« dem vergleichbar, was Hegel den »objektiven Geist« nannte, was aber im gegenwärtigen Zusammenhang eher als kollektive Produktivität einer Gesellschaft zu einem bestimmten Zeitpunkt ihrer Entwicklung bezeichnet werden sollte.

> Durch das unendlich Kleine des Entscheidenden erweist der Einzelkünstler sich als Exekutor einer kollektiven Objektivität des Geistes, der gegenüber sein Anteil verschwindet; in der Vorstellung vom Genie als einem Empfangenden, Passivischen war implizit daran erinnert. (ÄT, 402f.)

Hier ließe sich betrachten, welch neues Licht Adornos Betonung der Produktion auf die Ähnlichkeiten und Unähnlichkeiten mit der Position Benjamins wirft. Auch Benjamin mißt, in zweifacher Hinsicht, der Produktion den Vorrang zu: zum einen legt er das Gewicht auf die Technologie und auf den nahezu allegorischen Wert, den die Veränderungen in der Maschinerie des Urbanen für die Wandlungen der Psyche besitzen (wie in seinen Essays über Baudelaire), zum anderen betont er (eher an Brecht orientiert) die Rolle der »Produktivität« im Werk des Avantgarde-Künstlers – eine Position, die vor allem in »Der Autor als Produzent« entfaltet wird. Doch unterscheidet sich dieser Essay ganz beträchtlich von Adornos Ansatz, der die avanciertesten Formen gesellschaftlicher Produktion *im* Kunstwerk *selbst* aufsucht. Benjamin hält Ausschau nach einer Form der Klassensolidarität, die den modernen Avantgarde-Künstler mit dem Industrieproletariat verbinden könnte. Er entdeckt diese Form und dieses Bindeglied nicht in der Gleichheit beider Produktionsformen, sondern im avancierten Charakter, den jede für sich besitzt. Dergestalt kann die klassenbezogene Solidarität des Künstlers mit den Werten und Haltungen des Fabrikarbeiters durch die hohe Produktivität hindurchgehen, die jeder für sich verkörpert, und so können beide Sympathie füreinander empfinden. Der Vergleich zwischen Adorno und Benjamin läuft auf ein mehr oder weniger vorhersehbares Ergebnis hinaus: aus Adornos Perspektive ist Benjamins Dialektik entweder zu äußerlich (die allegorische Maschinerie) oder zu vermittelt; während für Benjamin Adornos Dialektik in ihrer unmittelbaren Gleichsetzung von industrieller Produktion und innerer Form zu idealistisch ist.

Aber schließlich wird das Modell der zunächst für sich betrachteten Produktivkräfte (im Marxismus eine »vulgäre« oder reduktionistische Vorstellung von Produktion) durch ihr orthodoxes Gegenstück, den Begriff der Produktions*verhältnisse* ergänzt (von den Klassenverhältnissen bis hinunter zu den miteinander verknüpften Bestandteilen derselben, seien diese im Arbeitsprozeß angesiedelt oder in jenen ihre Größe beständig wechselnden Handlungsspielräumen in der Geschäftswelt, auf die in der Analogie zwischen dem Künstler und dem verschwindenden Unternehmer bereits hingewiesen wurde). Der Produktivitätsbegriff bei Marx vermittelt zwischen diesen »Ebenen« dergestalt, daß er der einen oder anderen nur taktisch in bezug auf eine besondere Gelegenheit zugewiesen werden kann: »avanciert« oder »fortgeschritten« kann hier auf den jeweiligen Entwicklungsstand der Maschinerie verweisen oder im Gegenteil darauf, was das bürgerliche Denken im allgemeinen für wissenschaftliche und technologische Erkenntnis und für die Erfahrung ausgebildeter Arbeiter hält (das wahre erkenntnistheoretische Kapital, wodurch allein die ans Wunderbare grenzende Wiederauferstehung dieser oder jener »fortgeschrittenen« Industriemacht nach der kriegsbedingten Zerstörung ihrer materiellen Ausrüstung sich erklären läßt). Auch das sogenannte schöpferische Subjekt verkörpert in sich diese Ebene kollektiver Kompetenz, die es auf eigenes ästhetisches Risiko unterschreitet. Wenn man aber die künstlerische Produktion in dieser Weise analogisiert – als eine gesellschaftlich durchschnittlich entwikkelte oder fortgeschrittene Produktivität, die auf Arbeit und nicht auf Maschinerie bezogen wird –, so führt man bislang unerwähnt gebliebene Schwierigkeiten und Widersprüche ein, die für Adornos Ästhetik von nicht geringerer Bedeutung sind.

Sechs

Geht man nämlich vom Begriff der Produktivkräfte zu dem der Produktionsverhältnisse über, so tauchen all die negativen und symptomatischen Themen wieder auf, die für gewöhnlich mit dem Marxismus in Verbindung gebracht werden: zuerst und zumeist die Arbeitsteilung selbst, die dem individuellen Kunstwerk ebenso tief einbeschrieben ist wie der Stand der Produktivkräfte. Just an diesem Punkt wird ersichtlich, daß das, was wir bisher in eher lockerer Weise als »schöpferische Subjektivität« bezeichneten, zwei ganz unterschiedliche Strukturen umfaßt: zum einen die geistigen Operationen des Künstlers, zum anderen aber jenen Teil der zeitgenössischen verstümmelten Subjektivität, den das geschrumpfte und beschränkte »Selbst« darstellt, das versucht, seinem subjektiven Leiden im Werk und durch das Werk »Ausdruck« zu verleihen in einer Situation, in der dies Leiden und dies »Subjekt« selbst (samt seiner Gefühle von Bewußtheit und fragwürdiger persönlicher Identität) tatsächlich sich als Bestandteile der Rohmaterialien des Werkes und seines Gehalts erweisen. Dies ist die andere Bedeutungsnuance des bereits zitierten Satzes: »Der subjektive Anteil am Kunstwerk ist selbst ein Stück Objektivität« (ÄT, 68); was heißt, daß wir das »Subjektive« in der Kunst erst dann begreifen, wenn wir einen Standpunkt einnehmen können, von dem aus es sich als Teil der gesellschaftlich-historischen Objektivität enthüllt, eine »Methode«, die Adorno einigermaßen unangemessen als »zweite Reflexion« charakterisierte.

Im Moment reicht es aus, wenn wir die hiermit vermachten Widersprüche (deren Formulierungen in der marxistischen Sozialwissenschaft geläufig sind, nicht aber in der ästhetischen Form, die Adorno ihnen verleiht) kurz auflisten. So determiniert etwa die Arbeitsteilung einen Prozeß, der nicht in seiner traditionellen bürgerlichen Form als Gegensatz zwischen Individuum und Kollektiv gedacht werden sollte, sondern als eine tendentielle Kollektivierung, in der vorangegangene Individuationsformen umgestaltet, problematisiert, fragmentiert und oftmals in ihrem Sein selbst bedroht werden (die *Dialektik der Aufklärung* bezieht sich durchweg auf diese Situation in ihrer systemischen

Form, während die *Minima Moralia* sie vom Standpunkt des Subjektiven aus aufgreifen). Dennoch ist es ein objektiver und dialektischer Prozeß, der nicht der Rhetorik des konservativen Pathos überlassen werden sollte – der Verlust von Individualität ist nicht in jedem Fall notwendigerweise in sich und an sich beklagenswert – und auch nicht zu häufig mit den triumphialistischen Fanfarentönen des sozialistischen Realismus zu begrüßen wäre, als ob Kollektivierung *immer* schon die Neugeburt wahrer Kooperation im Marxschen Geiste wäre. Der Prozeß hängt zuallererst mit dem zunehmenden und zunehmend komplexen kollektiven Charakter der gesellschaftlichen Arbeit zusammen (so als wäre die ursprüngliche »Arbeitsteilung« eine Art von Höllenmaschine, die sich à la Luhmann in einer nahezu unendlichen inneren Bewegung immer wieder teilt und neu zusammensetzt) und erst dann ein gesellschaftliches Moment dessen, was Weber Bürokratisierung nannte, wodurch in unserer Gesellschaft im wesentlichen die kollektive Organisation der Firmen und der multinationalen Industrien bezeichnet wird. Zudem ist dieser Prozeß für oppositionelle Gruppen eine schlichte Tatsache, denn seit den siebziger Jahren hat sich das kulturell geprägte Bild des romantischen Rebellen und Einzelgängers ebenso verflüchtigt wie das des auf sich allein gestellten Opfers und praktisch alle sogenannten »Rand-« oder Oppositionsgruppen haben ihre Arbeit in einem institutionellen Rahmen organisiert.

Aber diese Spannung oder Widersprüchlichkeit in der modernen Gesellschaft wird dem einzelnen Kunstwerk erneut einbeschrieben: in der bereits erwähnten Form des Unterschieds zwischen dem kollektiven Charakter fortgeschrittener künstlerischer Technik und den Überbleibseln individueller Isolation und Subjektivität, die in dem Moment zum Gehalt und Rohmaterial des Werkes werden, in dem sie dies als die letzte noch verbleibende Möglichkeit subjektiven Ausdrucks zu fordern scheinen. Demzufolge könnte man die Postmoderne – wenn es sie denn gibt – als den Augenblick begreifen, in dem diese ältere Subjektivität (die nunmehr völlig in kollektive Strukturen übergegangen ist) endgültig verschwindet. Damit aber löst sich auch die Spannung, aus der Becketts Minimalismus ebenso lebte wie Schönbergs expressionistisches Moment – der schweigende Schmerzensschrei –, in Nichts auf, und was übrigbleibt, ist avancierte kollektive Technologie und Produktivität, welche die Freiheit haben, nurmehr sich selbst »auszudrücken«: ein

Prozeß, der am Ende keine Kunstwerke mehr hervorbringt, sondern nur noch Waren.

Doch kann die Unterscheidung zwischen Produktivkräften und Produktionsverhältnissen auch als eigenständige Dialektik und Widersprüchlichkeit aufgefaßt werden, so daß es, in einer Umkehrung der Rangfolge, nun gerade die Produktivkräfte sind, die einen momentanen ästhetischen Triumph über all das gestatten, was in den Produktionsverhältnissen respektive der Klassengesellschaft repressiv ist:

> Jenes Totum der ins Kunstwerk hineingetragenen Kräfte, scheinbar ein bloß Subjektives [indem es das technische Wissen des individuellen Künstlers verkörpert, F.J.], ist die potentielle Gegenwart des Kollektivs im Werk, nach dem Maß der verfügbaren Produktivkräfte: fensterlos erhält es die Monade. Am drastischsten wird das an den kritischen Korrekturen durch den Künstler. In jeder Verbesserung, zu der er sich genötigt sieht, oft genug im Konflikt mit dem, was er für die primäre Regung hält, arbeitet er als Agent der Gesellschaft, gleichgültig gegen deren eigenes Bewußtsein. Er verkörpert die gesellschaftlichen Produktivkräfte, ohne dabei notwendig an die von Produktionsverhältnissen diktierten Zensuren gebunden zu sein, die er durch die Konsequenz des Metiers immer auch kritisiert. [...] Darum ist jeder authentische Künstler besessen von seinen technischen Verfahrungsweisen; der Fetischismus der Mittel hat auch sein legitimes Moment. (ÄT, 71 f.)

Mithin ist trotz des Pathos der verstümmelten Subjektivität, und weil das Leiden dialektisch zur Ungerechtigkeit des Gesellschaftssystems im allgemeinen, das heißt, zu den Produktions*verhältnissen* gehört, genau der Künstler der eigentlich authentische, welcher der Technik und den Produktiv*kräften* blind vertraut (und oftmals den ursprünglichen Inhalt eines Werkes aus anscheinend vorrangigen technischen Gründen abändert).

Doch sind die Produktivkräfte letzten Endes auch der Ort dessen, was Weber als Rationalisierung bezeichnete und die Frankfurter Schule, ihm folgend, unter der Bezeichnung »instrumentelle Vernunft« faßte. Wir haben diese Dialektik in ihrer Hinwendung zur Verdinglichung und zur Warenform schon ein Stück weit rekapituliert:

> In der Rationalisierung der Mittel liegt, wie allerorten, auch ästhetisch das Telos ihrer Fetischisierung. Je reiner die Verfügung über sie, desto mehr tendieren sie objektiv dazu, Selbstzweck zu werden. (ÄT, 439)

Hier nun wird Adornos Aufwertung der Produktivkräfte zum Danaergeschenk: in einer Situation nämlich, wo jene die instrumentelle Vernunft oder die düstere »Dialektik der Aufklärung« in ihrem Innersten bergen. Dennoch ist diese Lehre, wie ich zu zeigen versuchte, insofern vorteilhaft, als sie die gegenwärtige Literaturwissenschaft von ihren subjektivistischen Neigungen befreien und eine neue Art der Analyse ermöglichen kann, in der das Formale und das Geschichtlich-Gesellschaftliche nicht mehr miteinander unvereinbar oder antithetisch sind, sondern in eins fallen. Vielleicht sollte man sagen, daß diese Lehre von der Produktivität, wenn sie ganz und gar positiv und undialektisch wird, sofort jenes andere dialektische Trugbild heraufruft, das das drohende »Ende der Kunst« verkündet.

Von daher ist es angemessen, in dieser Diskussion zu einem negativen Schluß zu kommen und ihr wesentliches Ergebnis als paradoxe Verkehrung zu formulieren. Was nämlich die Lehre von den Produktivkräften der gegenwärtigen Literaturwissenschaft wirklich beizubringen vermag, ist nicht die Identifizierung ästhetischen Gelingens, sondern die Diagnose ästhetischen Versagens: »Vieles spricht dafür, daß in den Kunstwerken das metaphysisch Unwahre sich indiziert als technisch Mißratenes« (ÄT, 195). Diese Beobachtung – ein Brückenschlag zwischen traditioneller Ideologiekritik und technisch oder formal orientierter Interpretation – kann erst dann in ihrem vollen Ausmaß gewürdigt werden, wenn wir uns daran erinnern, daß Adorno in der *Ästhetischen Theorie* sich niemals mit »schlechter« Kunst als solcher beschäftigt: das technische Mißlingen, welches ihm vorschwebt, kann an der anspruchsvollen und avancierten ästhetischen Produktion aufgedeckt werden (am häufigsten bezieht Adorno sich in diesem Zusammenhang auf die Musik von Richard Strauss, vgl. ÄT 319). Die Behauptung gewinnt noch an Stärke, wird vielleicht gar auf paradoxe Weise transformiert oder ins Unkenntlich dialektisiert, wenn wir folgende Mahnung betrachten:

> Das Ideologische, Affirmative am Begriff des gelungenen Kunstwerks hat sein Korrektiv daran, daß es keine vollkommenen Werke gibt. Existierten sie, so wäre tatsächlich die Versöhnung inmitten des Unversöhnten möglich, dessen Stand die Kunst angehört. (ÄT, 283)

Das »gelungene« Kunstwerk zieht seine tiefste Wahrheit aus dem Widerspruch an sich und aus seiner rückhaltlosen Verpflichtung zu ihm – wodurch praktisch per definitionem garantiert ist, daß es im sentimentalen Sinne einer traditionellen normativen Ästhetik nicht gelingen oder vollendet werden kann. Doch lag diese überraschende Konzeption des notwendigen Versagens aller authentischen Werke der Lehre von der Produktivität und sogar der mit ihr vermachten Konzeption des »Neuen« implizit bereits zu Grunde. »Jedes Meisterwerk«, bemerkte Gertrude Stein (1947, VII) einmal, »kam mit einem gewissen Maß an Häßlichkeit zur Welt. [...] Es ist unsere Aufgabe als Kritiker, vor ihm zu stehen und seine Häßlichkeit wiederzuentdecken.« Und so lautet Adornos Version der gleichen Konzeption des Neuen als Häßlichkeit und Narbe:

> Ein jedes bedeutende Werk hinterläßt in seinem Material und seiner Technik Spuren, und diesen zu folgen ist die Bestimmung des Modernen als des Fälligen, nicht: zu wittern, was in der Luft liegt. Sie konkretisiert sich durchs kritische Moment. Die Spuren in Material und Verfahrungsweisen, an die jedes qualitativ neue Werk sich heftet, sind Narben, die Stellen, an denen die voraufgegangenen Werke mißlangen. Indem das neue Werk an ihnen laboriert, wendet es sich gegen diejenigen, welche die Spuren hinterließen; [...]. (ÄT, 60)

Angesichts solcher Äußerungen ist man versucht, Adornos Ästhetik ganz allgemein als eine Ästhetik der Narben zu charakterisieren: in seinem unbeugsamen Beharren auf dem Leiden ebenso wie in seiner unbeugsamen Gleichsetzung von Authentizität mit dem Widerspruch an sich in seiner schärfsten und unlösbarsten Form – was für das philosophische Denken und die Kunst gleichermaßen gilt. Dennoch bleibt eine offene Frage – die sich in der *Ästhetischen Theorie* drängender stellt, als in den früheren, thematisch begrenzteren Monographien und kritischen Analysen –, die darauf zielt, ob diese beiden Dinge, das individuelle Leiden und der systemische Widerspruch, bei Adorno immer in eins fallen. Eine weitere Untersuchung der von der *Ästhetischen Theorie* betriebenen Polemik gegen den Subjektivismus wird diese Frage nicht notwendigerweise beantworten, aber in dem Maße als gerechtfertigt erscheinen, indem sie sie als ein tieferes Problem in Adornos Denken nachweist.

Sieben

Die Produktivkraft sei, so hörten wir Adorno sagen, »tief in die technologischen Prozesse hinein, das Subjekt; zur Technologie ist es geronnen« (ÄT, 69). Zugleich liegt in der Zustimmung zu Adolf Loos' Diktum, Ornamente ließen »sich nicht erfinden« (ÄT, 46) die sehr viel weitgehendere Schlußfolgerung, ästhetische Innovation sei nicht als Erfindung – oder gar »Schöpfung« – zu begreifen, sondern als Entdeckung, als eine Aktivität, die, in Analogie zu den Naturwissenschaften, immer neue und unvermutete Eigenschaften im Ding selbst aufspürt und registriert, das heißt hier: im künstlerischen Rohmaterial. (Dieser Zusammenhang gestattet, wie wir gleich sehen werden, sehr interessante Schlußfolgerungen im Hinblick auf den Begriff der künstlerischen *Intention*.)

Diese Positionen sind uns mittlerweile vertraut; sie enthalten aber auch die Möglichkeit, wo nicht gar die Verpflichtung, den Text neu zu lesen oder zu formulieren und erfordern eine Art Verfremdungseffekt, der, durch eine dramatische Ausweitung der Perspektive, das scheinbar Subjektive am Werk als wesenhaft objektiv enthüllen kann. Wiewohl also Adorno auf dem Vorrang der objektiven Logik des Werkes beharrt, so bleibt in seiner Ästhetik doch Raum für die kritische Geste und die kritische Transformation des Textes: etwas, das er nur sehr fragmentarisch und offensichtlich mit großer Zurückhaltung theoretisch als »zweite Reflexion« faßt.

Von daher sind die Positionen zur Subjektivität, die wir im folgenden umreißen, in gewisser Weise zweideutig: oftmals stellen sie sich als historische und philosophische Analysen dessen dar, was Subjektivität ist, oder wofür sie sich hält, zielen also auf ihre objektiven Illusionen oder gar ihre Ideologien; zugleich können sie als methodologische Hinweise darauf gelesen werden, wie diese offenkundig subjektiven Komponenten (oder, mit Hegel gesprochen, »Momente«) sich in unserer Lektüre der Werke selbst objektivieren lassen.

In seiner ersten Buchveröffentlichung, einer Kierkegaard-Monographie, prangerte Adorno auf provozierende Weise den Begriff und die Erfahrung bürgerlicher »Innerlichkeit« an, indem er die bürgerliche Seele dem Intérieur eines Biedermeier-Haushalts anglich.[8] Dies ist zweifellos auch ein ästhetisches Urteil, das über gewisse Spielarten einer »vergeistigenden« Kunst gefällt wird, die jedoch, wenn es sich um qualitativ hochstehende Werke handelt, möglicherweise in einem anderen Sinn reobjektiviert und in ihrem objektiveren »Wahrheitsgehalt« historisch und philosophisch erfaßt werden können. Erneut ist das Ideal einer Art von Ich-Auslöschung unterschiedlich situiert, taucht bisweilen in den Werken selbst als deren objektive Tendenz auf, bisweilen auch in unserer Beziehung zu ihnen, wenn etwa der objektivierende Geist der Hegelschen Ästhetik gefeiert wird, weil er, den Konstruktivismus vorwegnehmend, »das subjektive Gelingen des Kunstwerks dort aufsuchte, wo das Subjekt im Kunstwerk verschwindet« (ÄT, 92).

Doch geht es, wie wir gezeigt haben, Adornos philosophischer Vorgehensweise nicht um die Zerstörung älterer, bisweilen sogar falscher Kategorien (und ebensowenig um den Entwurf einer neuen, noch nie dagewesenen philosophischen Terminologie oder Sprache), sondern darum, sie durchzuspielen und dabei noch ihre Unwahrheit auszunutzen, damit ihr Gegenteil aufscheine. So ist zum Beispiel die Kategorie des »Ausdrucks« sowohl ein philosophisch-historisches Problem (die gesellschaftliche Position der Subjektivität) als auch ein ästhetischer Wert, der in einer spannungsreichen Beziehung zu sinnverwandten, mit ihm jedoch unvereinbaren Kategorien steht, die einerseits durch »Mimesis«, andererseits durch »Konstruktion«, vor allem aber durch den »Schein« bezeichnet sind – was uns weniger fremd vorkommen mag, wenn wir uns daran erinnern, daß für Adorno »Ausdruck« vor allem Ausdruck des Schmerzes ist (der die ästhetische Form der Dissonanz oder einer neuen und schärferen Art der Häßlichkeit annimmt, die ihrerseits wiederum tendentiell mit dem Wert des ästhetischen Scheins und einem Grundzug jener Krise des Scheins konfligieren, die, wir sahen es, mit dem Wesen der Moderne selbst in eins fällt):

> Ausdruck und Schein sind primär in Antithese. Läßt Ausdruck kaum anders sich vorstellen denn als der von Leiden – Freude hat gegen allen Ausdruck spröde sich gezeigt, vielleicht weil noch gar keine ist, und Seligkeit wäre ausdruckslos –, so hat Kunst am Ausdruck immanent das Moment, durch welches sie, als eines ihrer Konstituentien, gegen ihre Immanenz unterm Formgesetz sich wehrt. (ÄT, 168f.)

Dergestalt hindert die Unmittelbarkeit des Ausdrucks, die Ungeduld seines Leidens, das Werk daran, in ein rein ästhetisches Objekt überzugehen (und dadurch, des Anspruchs auf Kunst sich begebend, zur Ware zu werden): Kunst muß, um es zu bleiben, an den anti-ästhetischen Ansprüchen von Wirklichkeit und Wahrheit festhalten. Doch droht diese Wahrheit, die ihren Halt im subjektiven Ausdruck findet, den ästhetischen Schein ganz und gar zu untergraben (wie wir es in technischer Hinsicht bereits am Schrumpfungsprozeß der expressionistischen Musik auf Momente von immer kürzerer Dauer wahrgenommen haben).

Das besagt jedoch nicht, daß der subjektive Ausdruck im Kunstwerk als Fremdkörper oder als exotischer Impuls weiterexistiert: auch er wird auf besondere Weise umgeformt und objektiviert; ein Vorgang, den Adorno so charakterisiert, daß man ihn als *seine* Version des Benjaminschen Begriffs der Aura bezeichnen kann (mit dem die *Ästhetische Theorie* einen endlosen unterirdischen Dialog für und wider austrägt): »Ausdruck ist der Blick der Kunstwerke« (ÄT, 172). Indes liegt das Schönste dieser Formulierung in dem, was sie noch nicht sagt, was wir aber aus der darauf bezogenen Figuration der fensterlosen Monade hätten schließen können: daß nämlich dieser Blick *blind* ist (ÄT, 174), weil wir ihn als Objekt sehen und weil er unseren Blick nicht erwidern wie überhaupt keiner empirischen Wirklichkeit gewahr werden kann.

Doch ist der Ausdruck auch an die Dialektik der Zeit gebunden, und dies nicht nur, weil sein Inhalt – diese besonderen Leidenschaften, diese starken, aber zeitlich befristeten Gefühle – immer historischer Provenienz wäre. In dem Maße, in dem jenseits jeglichen spezifischen Gehalts (der selbst schon durch seine tendentielle Gleichsetzung mit reinem Leiden, paradox gesagt, mit dem, was sich überhaupt nicht »ausdrücken« läßt, als reduziert und entdifferenziert erscheint) der Ausdruck den geschichtlichen Status des psychischen Subjekts selbst bezeichnet, sein Schrumpfen und seine noch bedrückenderen geschichtlichen Beschränkungen und Unfreiheiten – in diesem Maße trägt jedes Ausdrucksmoment die synchrone Geschichte in sich selbst:

> Ausdruck ist der Blick der Kunstwerke. Ihre Sprache ist im Verhältnis zur signifikativen ein Älteres aber Uneingelöstes: so wie wenn die Kunstwerke, indem sie durch ihr Gefügtsein dem Subjekt sich anbilden, wiederholten, wie es entspringt, sich entringt. Ausdruck haben sie, nicht wo sie das Subjekt mitteilen, sondern wo sie von der Urgeschichte der Sub-

jektivität, der von Beseelung erzittern; das Tremolo jeglicher Gestalt ist unerträglich als Surrogat dafür. Das umschreibt Affinität des Kunstwerks zum Subjekt. Sie überdauert, weil im Subjekt jene Urgeschichte überlebt. Es fängt in aller Geschichte immer wieder von vorn an. Nur das Subjekt taugt als Instrument des Ausdrucks, wie sehr es auch, das sich unmittelbar wähnt, selber ein Vermitteltes ist. Noch wo das Ausgedrückte dem Subjekt ähnelt; wo die Regungen die subjektiven sind, sind sie zugleich apersonal, eingehend in die Integration des Ichs, nicht aufgehend in ihr. Der Ausdruck der Kunstwerke ist das nicht Subjektive am Subjekt, dessen eigener Ausdruck weniger als sein Abdruck; nichts so ausdrucksvoll wie die Augen von Tieren – Menschenaffen –, die objektiv darüber zu trauern scheinen, daß sie keine Menschen sind. (ÄT, 172)

Diese eigentümliche Dialektik einer Subjektivität, die zwischen den Polen des Ausdrucks und des psychischen Subjekts selbst hin- und herpendelt, wobei jeder Pol sich, gegensätzlich zur Variabilität des anderen, wechselweise als subjektiv oder objektiv definiert, findet ihre eklatanteste formale Darstellung in einem Exkurs über das Lyrische und die Funktion der Pronomina in ihm (die selbst wieder zwischen Subjektivität und Objektivität wechseln, vgl. ÄT, 249ff.), der Adornos früheren (grundlegenden) programmatischen Essay mit dem Titel »Rede über Lyrik und Gesellschaft« (NL, 49ff.) vervollständigt.

Tatsächlich sind die Bemerkungen, die Adorno zu Sprache und Stil an sich macht, gerade deswegen originell, weil er die Objektivität betont, die in diesem subjektivsten aller Phänomene sich ausspricht (und die von Bachtins kollektiver Rede ebenso unterschieden werden muß wie von den nicht- oder unmenschlichen Dimensionen der Sprache, die der Poststrukturalismus in den Vordergrund stellt). Hier nun wird die dem Begriff und der gesellschaftlichen Totalität entfremdete Dimension der Sprache gegen sich selbst gekehrt:

Darf in der Tat der lyrische Gehalt als ein vermöge der eigenen Subjektivität objektiver angesprochen werden – und sonst wäre ja das Einfachste, das die Möglichkeit von Lyrik als einer Kunstgattung stiftet: ihre Wirkung auf andere als den monologisierenden Dichter, nicht zu erklären – dann nur, wenn das sich in sich selbst Zurück-, in sich selbst Hineinnehmen des lyrischen Kunstwerks, seine Entfernung von der gesellschaftlichen Oberfläche, über den Kopf des Autors hinweg gesellschaftlich motiviert ist. Das Medium dafür aber ist die Sprache. [...] Die höchsten lyrischen Gebilde sind darum die, in denen das Subjekt, ohne Rest von bloßem Stoff, in der Sprache tönt, bis die Sprache selber laut

> wird. Die Selbstvergessenheit des Subjekts, das der Sprache als einem Objektiven sich anheimgibt, und die Unmittelbarkeit und Unwillkürlichkeit seines Ausdrucks sind dasselbe: so vermittelt die Sprache Lyrik und Gesellschaft im Innersten. (NL, 56)

Diese zutiefst Benjaminsche Idee wird dann in zwei Richtungen entfaltet: die erste, ganz und gar offensichtliche, bietet eine dialektische und utopische »Methode«, die sich vor allem an Adornos Lektüre von Mörike und George verdeutlicht, deren subjektiver lyrischer Ausdruck zum photographischen Negativ ihrer Erfahrung des Gesellschaftlichen wird, das aus jenem, als Reversibles, abzulesen ist. Die andere Richtung aber verweist auf Formen des Objektiven in subjektiver Sprache, die letztlich aus der Moderne selbst hinausführen:

> Indem die Sprache die Fäden zum Subjekt durchschneidet, redet sie für das Subjekt, das von sich aus – Hölderlin war wohl der erste, dessen Kunst das ahnte – nicht mehr reden kann. (NL, 478)

Aber Hölderlins Neoklassizismus führt zum Epischen und zur Parataxe zurück, und zu jenen Formen gesellschaftlicher und sprachlicher Erfahrung, die bereits von der *Dialektik der Aufklärung* im Augenblick ihres Verschwindens festgehalten wurden:

> Solches Rauschen [der Hexameter in der *Odyssee*; F.J.] ist der Laut der epischen Rede, in dem das Eindeutige und Feste mit dem Vieldeutigen und Verfließenden zusammentrifft, um davon gerade sich zu scheiden. Die gestaltlose Flut des Mythos ist das Immergleiche, das Telos der Erzählung jedoch das Verschiedene, und die mitleidslos strenge Identität, in der der epische Gegenstand festgehalten wird, dient gerade dazu, dessen Nichtidentität mit dem schlecht Identischen, dem unartikulierten Einerlei, seine Verschiedenheit selber, zu vollziehen. (NL, 34)

Genau an diesem Punkt aber treffen Adornos sporadische Literaturanalysen mit jenem grundlegenden Werk zusammen, in dem sich ein Großteil der dialektischen Ästhetik jener Epoche kristallisierte: nämlich mit Lukács' *Theorie des Romans,* wo die Darstellung des Schicksals der literarischen Form selbst den anderen dialektischen Parabeln – Begriff, Unterdrückung, Subjekt, Technologie, die Sinne – vorgreift, deren Erforschung sich dann die Frankfurter Schule widmete. Für Adorno ist allerdings die Möglichkeit des Realismus fragwürdig geworden: »Vom Standpunkt des Erzählers her durch den Subjektivismus, der kein unverwandelt Stoffliches mehr duldet und eben damit das epische Gebot der Gegenständlichkeit unterhöhlt« (NL, 41).

Hier jedoch drängt sich eine rückwirkende Neuformulierung der Geschichte, und insbesondere der des Verhältnisses zwischen Lyrik und Gesellschaft, Sprache und Subjekt auf. In einer erstaunlichen Passage, die Adornos Zugehörigkeit zur Moderne nachdrücklich manifestiert, stellt er fest, daß die Lyrik und ihre Sprache ein ausschließlich modernes Phänomen darstellen (was Lukács seinerseits für den Roman behauptete):

> Man verleiht solcher Einsicht ins gesellschaftliche Wesen von Lyrik nur eine andere Wendung, wenn man sagt, ihr Begriff, so wie er uns unmittelbar, gewissermaßen zweite Natur ist, sei durchaus moderner Art. Analog hat die Landschaftsmalerei und ihre Idee von 'Natur' erst in der Moderne autonom sich entwickelt. Ich weiß, daß ich damit übertreibe, daß Sie mir viele Gegenbeispiele entgegenhalten könnten. Das eindringlichste wäre Sappho. Von der chinesischen, japanischen, arabischen Lyrik rede ich nicht, da ich sie nicht im Original lesen kann und den Verdacht hege, daß sie durch die Übersetzung in einen Anpassungsmechanismus gerät, der angemessenes Verständnis überhaupt unmöglich macht. Aber die Bekundungen des uns vertrauten, im spezifischen Sinn lyrischen Geistes aus älterer Zeit leuchten nur versprengt auf, so wie zuweilen Hintergründe alter Malerei die Idee des Landschaftsbildes ahnungsvoll vorwegnehmen. Sie konstituieren nicht die Form. Die großen Dichter der früheren Vergangenheit, die nach literargeschichtlichen Begriffen der Lyrik zurechnen, Pindar etwa und Alkaios, aber auch das Werk Walther von der Vogelweides in seinem überwiegenden Teil sind unserer primären Vorstellung von Lyrik ungemein fern. Ihnen geht jener Charakter des Unmittelbaren, Entstofflichten ab, den wir zu Recht oder Unrecht uns gewöhnt haben, als Kriterium von Lyrik anzusehen, und über den nur die angestrengte Bildung uns hinausführt. (NL, 52f.)

Eine solche ihrem Wesen nach historizistische Position, die sich bei Adorno sonst nur in einigen Reflexionen über frühe Musik findet, läßt an jene Rückwirkungen denken, von denen Marx in seiner Theorie der Produktionsweisen sprach: daß nämlich die implizite »Wahrheit« der früheren Gesellschaftsformationen erst in den entwickelteren (vor allem dem Kapitalismus) zutage tritt, dabei aber die früheren Formen (bei Adorno wäre es das sporadische Auftreten der Lyrik) erfüllt und zerstört.

Diese verschiedenartigen Reflexionen über die Objektivität der Sprache finden ihre theoretische Zuspitzung und Kodifizierung im seltsamen Begriff der »Sprachähnlichkeit« des Kunstwerks, der (bei gleichzeitiger Rückkehr zur Quelle der Inspiration, will sagen, zu Benjamin) in der *Ästhetischen Theorie* entfaltet wird, und zwar paradoxerweise in Abgrenzung zu Sprachtheorien, die das individuelle Werk als bloßes Beispiel der Sprache als solcher ansehen, wie auch zu Kommunikationstheorien, die ignorieren, daß »die neue Kunst [...] sich um die Verwandlung der kommunikativen Sprache in eine mimetische« bemüht (ÄT, 171). Der Gegensatz zwischen Sprache (als dem, was in dieser Hinsicht nachgeahmt wird) und dem je spezifischen Text, der sie nachahmt, erinnert an den von Marx erläuterten Gegensatz zwischen dem »Kapital im allgemeinen« und den »vielen einzelnen Kapitalien« und schlägt so, nicht ganz unerwartet, eine andere Art und Weise vor, wie die Beziehung zwischen dem Einzelnen und dem Allgemeinen begrifflich zu fassen sei:

> Denn Sprache ist dem Besonderen feind und doch auf dessen Errettung gerichtet. Sie hat das Besondere vermittelt durch Allgemeinheit und in der Konstellation von Allgemeinem, aber läßt den eigenen Universalien nur dann Gerechtigkeit widerfahren, wenn sie nicht starr, mit dem Schein ihres Ansichseins verwandt werden, sondern zum Äußersten konzentriert auf das spezifisch Auszudrückende [das heißt, das Besondere; F.J.]. Die Universalien der Sprache empfangen ihre Wahrheit aus einem ihnen gegenläufigen Prozeß. (ÄT, 304)

Zugleich zeitigen Adornos ästhetische Positionen für die praktische Literaturanalyse weitreichendere Konsequenzen als diese wichtige vereinzelte Sondierung der literaturwissenschaftlichen Methode. Wir haben schon verdeutlicht, daß die durch eine apriorische Konzeption von Subjektivität definierten und begrenzten Methoden hier systematisch ausgeschlossen sind: die Rezeption durch den Vorrang der Konstruktion; psychologische Ansätze, weil sie in den Bereich der manipulativen Techniken der Kulturindustrie verwiesen werden; sogar die aristotelische Katharsis wird abgelehnt (Freud allerdings wird von Adorno bisweilen nuancierter behandelt,[9] ähnlich auch die »psychologischen« Momente bei Kant).

Interessanter ist in diesem Zusammenhang das Schicksal der verschiedenen kritischen Ansätze zur Bedeutungstheorie, das auch strategisch insofern stärker ins Gewicht fällt, als Adorno, zusammen mit seiner historischen Kritik der philosophischen Ästhetik, deren Ansprüche neu begründen und den Vorrang der Philosophie vor der künstlerischen Erfahrung reinthronisieren möchte. Generell jedoch werden eingegrenztere literaturwissenschaftliche Bedeutungstheorien dialektisch durch eine Operation untergraben, die sie ins Innere des Kunstwerks versetzt und zum Gehalt des letzteren macht. Die Ansprüche des Symbols werden dabei unter Verweis auf die Geschichte historisch erledigt:

> Kunst absorbiert die Symbole dadurch, daß sie nichts mehr symbolisieren; avancierte Künstler haben die Kritik des Symbolcharakters selbst vollzogen. Die Chiffren und Charaktere der Moderne sind durchweg absolut gewordene, ihrer selbst vergessene Zeichen. Ihr Eindringen ins ästhetische Medium und ihre Sprödigkeit gegen Intentionen sind zwei Aspekte des Gleichen. (ÄT, 147)

Das entscheidende Wort in diesem Zitat lautet »Intention«. Es bezeichnet die erste Stufe der Polemik gegen die Bedeutung. Doch muß Adornos Position sehr genau von Auseinandersetzungen jüngeren Datums zu dieser Problematik unterschieden werden, insbesondere von den miteinander zusammenhängenden Fragen, ob sich »Intention« auf der Grundlage eines Textes überhaupt bestimmen lasse (wobei ihre mögliche Formulierung dann nur ein zusätzlich zu entschlüsselnder Text wäre, jedoch keine tiefere Wahrheit), und ob, wenn so etwas wie Intention nachweisbar wäre, diese die endgültige Grundlage für das Verstehen bilden würde. Adorno hat keine Lehre des Verstehens im eigentlichen Sinne ausgearbeitet, aber er ist auch historisch flexibler, wenn es darum geht, Intentionen in einem bestimmten Werk aufzuspüren. Was seine Position so grundlegend von den anderen unterscheidet, ist, daß er Intentionen auch dort, wo sie sich nachweisen lassen, nicht als etwas begreift, was neben oder hinter dem Text existiert und uns Hinweise zu dessen angemessenem Verständnis gibt. Vielmehr ist die Intention integraler Bestandteil des Textes selbst, gehört ebenso zu dessen Rohmaterial wie das schöpferische biographische Subjekt, das in das Werk, als Teil von dessen ästhetischer »List der Vernunft«, hineingezogen wird. De facto ist das Auftauchen der Intention in einem bestimmten Werk generell nützlich als negatives Symptom:

> Die Differenz von Wahrheit und Intention in den Kunstwerken wird dem kritischen Bewußtsein kommensurabel, wo die Intention ihrerseits dem Unwahren, meist jenen ewigen Wahrheiten gilt, in denen bloß der Mythos sich wiederholt. (ÄT, 195)

Hier wird zweifellos auf eine für Heidegger (wie auch Gadamer) zentrale Problematik angespielt, bei der es um die Konfrontation großer Kunst mit den ewigen Geheimnissen von Sein und Tod geht; doch wird derlei auch des langen und breiten von einer humanistischen Literaturwissenschaft durchgehechelt, die von der condition humaine sich faszinieren läßt. Hier geht die Intentionsproblematik in geläufigere Versionen von »Bedeutung« oder »Sinn« selbst über, bei der Adorno unermüdlich darauf beharrt, daß sie, was immer sie auch sein möge, nicht mit dem »Wahrheitsgehalt« zu verwechseln sein, daß »Verstehen, Sinn und Gehalt keine Äquivalente sind« (ÄT, 516). Sinn und Intention machen, auch im traditionellen Sinne der Idee des Kunstwerks, wie etwa der »Schuldhaftigkeit subjektiver Moralität in Ibsens Wildente« (ÄT, 515) nicht den »Wahrheitsgehalt« aus, weil sie nur diese bestimmte Komponente des Werkes bezeichnen, ohne daß ihnen weitere Mittel zur Verfügung stünden, um es zu beurteilen – ob etwa das Urteil in die Sprache der Formanalyse gekleidet werden soll (wird die Intention verwirklicht?) oder in die philosophische Sprache (ist es »wahr« oder »falsch«?) oder in die historisch-gesellschaftliche Sprache (die der Situation selbst). Die Kategorien des »Sinns« oder der »Botschaft« sind unangemessen und zwar nicht nur deshalb, weil sie die Möglichkeit nicht in Betracht ziehen, ein Werk könne (wie etwa bei Beckett) seinen Sinn gerade in der Abwesenheit jeglichen Sinns finden und, »als Verhandlung über ihn« seine »Geschichte aufrollen« (ÄT, 230); sie sind darüber hinaus in der konventionellen Verwendungsweise formal unangemessen, zugleich aber als Symptome unverzichtbar:

> So wenig indessen die Intention von Kunstwerken deren Gehalt ist – allein darum schon nicht, weil es keiner Intention, wie säuberlich sie auch herauspräpariert werden, verbürgt ist, daß das Gebilde sie verwirkliche –: nur sturer Rigorismus könnte sie als Moment disqualifizieren. In der Dialektik zwischen dem mimetischen Pol der Kunstwerke und ihrer Methexis an Aufklärung haben die Intentionen ihre Stätte: nicht nur als die subjektiv bewegende und organisierende Kraft, die dann im Gebilde untergeht, sondern auch in dessen eigener Objektivität. [...] Ist das Material wahrhaft im Kunstwerk der Widerstand gegen dessen blanke Identität, soist ihr Prozeß in ihnen selber wesentlich der zwischen Material und Intention. Ohne diese, die immanente Gestalt des identifizierenden Prinzips, wäre so wenig Form wie ohne die mimetischen Impulse. Das Surplus der Intentionen bekundet, daß die Objektivität der Werke nicht rein auf Mimesis reduzibel ist. Objektiver Träger der Intentionen in den Werken, der die einzelnen eines jeden synthesiert, ist ihr Sinn. (ÄT, 226f.)

Wie die Kategorie des »Sinns« wird auch die der Intention beibehalten: als ein Exemplar aus einer Vielzahl traditioneller ästhetischer Kategorien, ohne deren Wechselspiel und gegenseitige Kritik die Diskussion der Kunstwerke leer bliebe. Bei Adorno ist hier etwas am Werk, was Freud Überdetermination nannte, die simultane und vielfältige Determiniertheit der endgültigen Form des Traums, zugleich aber auch die Entdeckung, daß im Verlauf der analytischen Interpretationen jeder einzelne dieser »Wege« zum zentralen Kern des Traums zurückführen konnte. Ein solcher Kern ist bei Adorno natürlich der »Wahrheitsgehalt« (der noch nicht in seiner eigenständigen Existenz untersucht worden ist). Hier erscheint die metaphorische Räumlichkeit der Freudschen Hermeneutik allerdings unangebracht, weil der Wahrheitsgehalt des Kunstwerks nicht hinter oder tief in ihm verborgen liegt, als wäre es jene *»substantifique moelle«* (Rabelais), die in der Bildwelt der Hermeneutik einen Archetypus darstellt.

Die »analytische Methode« jedoch, mittels derer man das Spiel der je besonderen Kategorien in Richtung auf den »Wahrheitsgehalt« überschreiten kann, taucht in der *Ästhetischen Theorie* nur sehr sporadisch unter dem Namen »zweite Reflexion« auf, ein Terminus, mit dem Adorno offensichtlich auf etwas mehr abzielte als nur auf eine zweite Lektüre oder eine höhere Form der Reflexivität. Denn die »Reflexion« erster Ordnung bezeichnet die technologischen und produktiven Energien des Kunstwerks, in denen der Einsatz von kollektiver Arbeit und Erkenntnis zum Ausdruck kommt: es ist dies die Ebene von Technik und gesellschaftlicher Produktivität, wie sie sich geschichtlich in der Dynamik der Materialien und der Intentionen des Schöpfers des Werks ausdifferenziert (wobei, wie wir sahen, der historische Status des Subjekts selbst mit einbezogen wird).

Die »zweite Reflexion« zielt nun vermutlich darauf, von all diesem abzusehen, so daß das Kunstwerk dem bloßen Auge sichtbar wird, und zwar als Kunstwerk selbst und nicht als bloße, ihm innewohnende Charakterzüge oder Energien. Die wenigen quälenden Bemerkungen, die Adorno dieser »Methode« widmet – anders gefaßt ist es einfach die Dialektik selbst im Bereich des Ästhetischen –, lassen vermuten, daß sie die zweifache Fähigkeit besitzt, das im Werk als subjektiv Erscheinende in etwas Objektives umzuwandeln und den Anschein der Objektivität auf seine ursprüngliche produktive Dynamik zurückzuführen:

> Die Wahrheit des Neuen, als des nicht bereits Besetzten, hat ihren Ort im Intentionslosen. Das setzt sie in Widerspruch zur Reflexion, dem Motor des Neuen, und potenziert sie zur zweiten. Sie ist das Gegenteil ihres philosophisch üblichen Begriffs, etwa der Schillerschen Lehre vom Sentimentalischen, die darauf hinausläuft, Kunstwerke mit Intentionen aufzuladen. Zweite Reflexion ergreift die Verfahrungsweise, die Sprache des Kunstwerks im weitesten Verstand, aber sie zielt auf Blindheit. (ÄT, 47f.)

Diese »Methode« hat es sich mithin zur Regel gemacht, begriffliche Formulierungen zu vermeiden, die dem Kunstwerk als Ersatz dienen könnten; dennoch zielt sie auf eine höhere Art von philosophischem Denken (Adorno wird sich explizit auf Hegels Begriff des Begriffs* beziehen), das konkret bleibt, ohne sich in einer ekstatischen Identifikation mit dem Kunstwerk zu verlieren. Es hält eine Distanz zum Werk aufrecht, die es aus einer umfassenderen Perspektive gewinnt (meine Ausdrucksweise), und in der sicherlich neue Formen des »Sinns« beschlossen liegen, deren Formulierung jedoch sehr viel Takt und Zurückhaltung erfordert. Wir beenden dies Kapitel mit einem dieser provisorischen Versuche:

> Das in der Kunst Vermittelte, das wodurch die Gebilde ein Anderes sind als ihr bloßes Diesda, muß von der Reflexion ein zweites Mal vermittelt werden: durchs Medium des Begriffs. Das glückt jedoch nicht durch die Entfernung des Begriffs vom künstlerischen Detail sondern durch seine Zuwendung zu ihm. Zitiert kurz vorm Schluß des ersten Satzes der Beethoven-Sonate Les Adieux eine flüchtig entgleitende Assoziation über drei Takte das Getrappel von Pferden, so sagt die unmittelbar jeden Begriff beschämende, rasch vergehende Stelle, der nicht einmal im Kontext des Satzes fest zu identifizierende Laut des Verschwindens mehr von der Hoffnung der Wiederkunft, als der allgemeinen Reflexion aufs Wesen des flüchtig-überdauernden Klanges offenbar würde. Erst eine Philosophie, der es gelänge, in der Konstruktion des ästhetisch Ganzen solcher mikrologischen Figuren bis in ihr Innerstes sich zu versichern, hielte, was sie verspricht. Dazu indessen muß sie ihrerseits der in sich ausgebildete, vermittelte Gedanke sein. (ÄT, 531)

Acht

Schließlich, am Ende dieser komplizierten historischen, oftmals auch technischen Reflexion über die künstlerische Form und die damit befaßten Denkweisen, findet die Ästhetik – deren Widersprüchlichkeit und geschichtliche Unmöglichkeit die *Ästhetische Theorie* so oft zu bezeugen schien – wieder zu sich selbst zurück, und in der später verworfenen »frühen Einleitung«, die den posthum erschienenen Band beschließt, beansprucht die Philosophie wieder ihre Vorrangstellung im Gesamtbereich ästhetischer Erkenntnis. Von daher läßt sich der konkrete Inhalt solchen Philosophierens nur spekulativ erschließen; seine einsam-rätselhafte Parole vom »Wahrheitsgehalt« jedenfalls nährt unweigerlich den Verdacht, hierdurch sei nichts weiter bezeichnet als ein Euphemismus für jene Lehre von der Authentizität, deren Hohlheit und ideologischen Charakter Adorno so unermüdlich bei seinem großen Gegner Heidegger anprangert.

Noch verwirrender – und ein weiterer überraschender Gleichklang mit dem philosophischen Antagonisten – ist die scheinbare Wiederkehr der Ontologie im Innersten von Adornos eindringlichstem Versuch, das Wesen des Kunstwerks zu erfassen: als Berührung mit der Nicht-Identität oder der Natur, wofür der gebrandmarkte Terminus »Sein« oftmals nur ein mißtönender Ersatz zu sein scheint. Es geht hier selbstverständlich nicht darum, Adorno jener Rückkehr zu Schopenhauer und zur Mystik, wo nicht gar zur Religion selbst zu zeihen, der Max Horkheimer gegen Ende seines Lebens zuneigte (»Berufung und Verweis auf ein ganz Anderes, auf eine ganz andere Welt als diese [...] führten [...] zu einer positiveren Einschätzung bestimmter metaphysischer Tendenzen«).[10] Dennoch würde eine ontologische Auffassung des Kunstwerks im Gesamtrahmen der *Ästhetischen Theorie* sich schlecht mit deren Beziehung auf die gesellschaftlichen und historischen Widersprüche vertragen – und gerade auf diese Komponenten legt Adorno, wie wir gesehen haben, den allergrößten Wert.

Paradoxerweise ist es gerade der Wille, die künstlerische Erfahrung der ästhetisierenden Sprache reiner Kontemplation zu entreißen, wie auch die erneuerte Berufung auf die Dialektik, um die ästhetischen Monismen von Positivismus und Materialismus abzuwehren, wodurch Adorno zu dieser Ontologie geführt wird, in der das besondere Wesen des Kunstwerks, seine mit ästhetischer Autonomie einhergehende anti-ästhetische Einbindung in Gesellschaft und Geschichte, philosophisch geschildert werden muß:

> Die geistige Vermittlung des Kunstwerks, durch die es zur Empirie kontrastiert, ist nicht realisierbar, ohne daß es die diskursive Dimension einbezöge. Wäre das Kunstwerk strengen Sinnes anschaulich, so bliebe es gebannt in die Zufälligkeit des sinnlich unmittelbar Gegebenen, der das Kunstwerk seine Art von Logizität entgegenhält. Rang richtet sich danach, ob seine Konkretion kraft ihrer Durchbildung der Zufälligkeit sich entäußert. Die puristische und insofern rationalistische Trennung von Anschauung und Begrifflichem ist der Dichotomie von Rationalität und Sinnlichkeit zu willen, welche die Gesellschaft verübt und ideologisch anbefiehlt. Kunst müßte jener Trennung durch die objektiv in ihr gelegene Kritik in effigie eher entgegenarbeiten; durch ihre Verbannung auf den sinnlichen Pol wird sie nur bestätigt. Das Unwahre, wogegen Kunst angeht, ist nicht Rationalität sondern deren starrer Gegensatz zum Besonderen; klaubt sie das Moment des Besonderen als Anschaulichkeit heraus, so giriert sie jene Erstarrung, verwertet den Abfall dessen, was die gesellschaftliche Rationalität übrigläßt, um von dieser abzulenken. Je lückenloser denn auch, nach ästhetischem Präzept, das Werk anschaulich sein soll, desto mehr wird sein Geistiges verdinglicht, *chorís* von der Erscheinung, jenseits der Formation des Erscheinenden. (ÄT, 151)

In seiner Beziehung auf Andersheit, Natur oder Sein selbst also kann das Kunstwerk vor dem trivialisierenden Ästhetizismus, der mit der Lehre der ästhetischen Kontemplation vermacht ist, gerettet werden, wobei als weiterer, unerwarteter Vorteil sich herausstellt, daß Kunst nicht mehr im Gegensatz zu technischer Rationalität begriffen werden muß, sondern in ihrem Fortgang auch diese Form kollektiver gesellschaftlicher Erkenntnis in sich verkörpert.

De facto umschreibt dieses zwiefältige Ergebnis, in dem die beiden miteinander unvereinbaren Versuchungen dieser Ästhetik verkoppelt sind – die metaphysische Beziehung auf das Nicht-Identische einerseits, die Beschreibung der Kunst als avancierte gesellschaftliche Produktivität andererseits – das Geheimnis des Kunstwerks und das philosophische Problem, das in ihm sich stellt:

> Die Metaphysik von Kunst heute ordnet sich um die Frage, wie ein Geistiges, das gemacht, nach der Sprache der Philosophie, 'bloß gesetzt' ist, wahr sein könne. In Rede steht dabei nicht das vorhandene Kunstwerk unmittelbar sondern sein Gehalt. Die Frage nach der Wahrheit eines Gemachten ist aber keine andere als die nach dem Schein und nach seiner Errettung als des Scheins von Wahrem. Der Wahrheitsgehalt kann kein Gemachtes sein. Alles Machen der Kunst ist eine einzige Anstrengung zu sagen, was nicht das Gemachte selbst wäre und was sie nicht weiß: eben das ist ihr Geist. Hier hat die Idee von Kunst als der Wiederherstellung unterdrückter und in die geschichtliche Dynamik verflochtener Natur ihren Ort. Die Natur, deren imago Kunst nachhängt, ist noch gar nicht; wahr an der Kunst ein Nichtseiendes. Es geht ihr auf an jenem Anderen, für das die identitätssetzende Vernunft, die es zu Material reduzierte, das Wort Natur hat. Dies Andere ist nicht Einheit und Begriff sondern ein Vieles. So stellt der Wahrheitsgehalt in der Kunst als ein Vieles, nicht als abstrakter Oberbegriff der Kunstwerke sich dar. Die Gebundenheit des Wahrheitsgehalts von Kunst an deren Werke und die Vielheit des der Identifikation Entragenden sind aufeinander abgestimmt. Von allen Paradoxien der Kunst ist wohl die innerste, daß sie einzig durch Machen, die Herstellung besonderer, spezifisch in sich durchgebildeter Werke, nie durch unmittelbaren Blick darauf das nicht Gemachte trifft, die Wahrheit. Zu ihrem Wahrheitsgehalt stehen die Kunstwerke in äußerster Spannung. Während er, begriffslos, nicht anders als im Gemachten erscheint, negiert er das Gemachte. Ein jedes Kunstwerk geht als Gebilde in seinem Wahrheitsgehalt unter; durch ihn sinkt das Kunstwerk zur Irrelevanz hinab, und das ist allein den größten Kunstwerken vergönnt. (ÄT, 198f.)

Die Anklänge an die *Dialektik der Aufklärung* erinnern uns daran, daß dort das Verhältnis von Natur und Geschichte – was uns hier als Unvereinbarkeit von Metaphysik (oder Ontologie) und Marxismus galt – mit großem philosophischem Einfallsreichtum als Wechselbad beschrieben wurde. Der durch den Titel bezeichnete Vorgang wurde als Reaktion auf eine anfänglich feindselige und bedrohliche Natur bestimmt, die die Gestalt einer tendentiellen Naturbeherrschung annahm, deren Instrument sich im Verlauf der Geschichte allmählich herausbildete – nämlich »Aufklärung«, instrumentelle Vernunft, »schlechte« Rationalität oder auch »Verstand« (als Gegensatz zu »Vernunft«), deren Wirkungsweisen die Autoren bis zu den frühesten Formen von Zauberei, Ritual, Opferung, mimetischen Versuchen, die Natur zu kontrollieren und zu beherrschen, zurückverfolgten. All dies galt ihnen als frühe Form von »Aufklärung« und als Fleisch von ihrem Fleische (wobei jedoch die dialektische

Wendung bei der Transformation von Aufklärung in Wissenschaft den Punkt bezeichnet, an dem die Mimesis im antimimetischen Bilderverbot sich gegen sich selbst kehrt). Selbst das Thema des unterdrückten, beschädigten, zum Opfer gewordenen Subjekts war bereits durch die Prämisse gegeben, daß Vernunft oder »Aufklärung« auch die Beherrschung der inneren Natur (die Unterdrückung der Instinkte) erforderlich macht, um ihre Vorrangstellung zu sichern.

Im Kontext der *Ästhetischen Theorie* bedeutet dies, wie aus der zitierten Passage erhellt, daß »die Idee von Kunst als der Wiederherstellung unterdrückter [...] Natur« dazu in der Lage ist, die Präsenz von Natur oder Sein irgendwo im Herzen der ganzen historischen Widersprüche und der gesellschaftlichen Sinngefüge zu lokalisieren, weil die Naturbeherrschung in sie als ihre letzthinnige Dynamik eingeschrieben ist. Zugleich werden alle in diesem Sinne späteren und vielschichtigeren sozialen Formen von Antriebs- und Motivationsstrukturen – Produktivität ebenso wie Universalismus der Warenform (oder jene »identitätsfixierte Vernunft«, die bei der Verfestigung des Tauschwertes eine Rolle spielt) – den Urtrieb (oder die Ursünde) in sich tragen, der aus jenem ersten Moment der Beziehung auf Natur entspringt und nicht nur Furcht ist, sondern auch Selbsterhaltungs»trieb«. Doch in dem Sinne, in dem diese eigentlich unendliche »Dialektik der Aufklärung« oder Menschheitsgeschichte keinen wirklichen Anfang haben kann – weil jenes entsetzliche Ding, seither »Natur« genannt, durch das Erschrecken der Menschen überhaupt erst heraufbeschworen wurde –, läßt sich mit Adorno sagen, daß Natur »noch gar nicht ist«: eine Bemerkung, die, für Adorno untypisch, von Bloch sein könnte, obwohl doch gerade die *Ästhetische Theorie* den utopischen Charakter der Kunst und ihres Engagements für das Prinzip Hoffnung und das Noch-nicht-Existierende entschieden zurückgenommen hat und nur in einigen nüchternen Hinweisen anklingen läßt.

Das (von uns so genannte) ontologische Motiv in Adornos Ästhetik läßt viele dieser Themen taktvoll Revue passieren. Das betrifft in besonderem Maße die Polemik gegen das ästhetische Subjekt, sowie gegen Subjektivität und Subjektivismus überhaupt, die nun in einem etwas anderen Licht erscheint. Denn der wahre Ort des Subjekts in der ästhetischen Erfahrung wird nicht durch seine Purifikation (die aristotelische Katharsis) bezeichnet, auch nicht durch seine »Versöhnung« mit dem Objekt, und ebensowenig durch seine schöpferische Bemeisterung dieser letzten und objektiven Kontingenz (wie etwa bei Sartre), sondern durch den gewaltsamen Niedergang des Subjekts selbst, der jedoch genauestens unterschieden werden muß von der Vernichtung, der Unterordnung, der Kapitulation des Subjekts angesichts dessen, was es transzendiert (wie bei Heidegger und angesichts mancher Interpretationen von Kants Begriff des Erhabenen), ganz zu schweigen von der momentanen, quasi epileptischen Auslöschung des Menschlichen:

> Erschütterung, dem üblichen Erlebnisbegriff schroff entgegengesetzt, ist keine partikulare Befriedigung des Ichs, der Lust nicht ähnlich. Eher ist sie ein Memento der Liquidation des Ichs, das als erschüttertes der eigenen Beschränktheit und Endlichkeit innewird. Diese Erfahrung ist konträr zur Schwächung des Ichs, welche die Kulturindustrie betreibt. Ihr wäre die Idee von Erschütterung eitel Torheit; das wohl ist die innerste Motivation der Entkunstung der Kunst. Das Ich bedarf, damit es nur um ein Winziges über das Gefängnis hinausschaue, das es selbst ist, nicht der Zerstreuung sondern der äußersten Anspannung; das bewahrt Erschütterung, übrigens ein unwillkürliches Verhalten, vor der Regression. Kant hat in der Ästhetik des Erhabenen die Kraft des Subjekts als dessen Bedingung getreu dargestellt. (ÄT, 364)

Doch ist diese Stärke, die dem Subjekt im Augenblick seiner unwillkürlichen Vernichtung eignet – eine Stärke, die es ihm ermöglicht, der Erfahrung zu begegnen, ohne in jene regressiven Verhaltensweisen zurückzufallen, die die Frankfurter Schule vom Faschismus und dem Mythischen bis zu ihren diversen ästhetischen Äquivalenten aufgelistet hat – auch ein Verzicht auf all die Narben, welche die Dialektik der Aufklärung, und insbesondere der Selbsterhaltungstrieb, dem Ich zugefügt hat:

> Damit [mit der interesselosen Betrachtung von Kunst] durchbricht ästhetische Erfahrung, wie Schopenhauer wußte, den Bann sturer Selbsterhaltung, Modell eines Bewußtseinsstandes, in dem das Ich nicht länger sein Glück hätte an seinen Interessen, schließlich seiner Reproduktion. (ÄT, 515)

Es sei hier en passant darauf hingewiesen, wie diese neue Utopie des Verhältnisses von ästhetischer Erfahrung und psychischem Subjekt die zwei großen Kantischen Motive resorbiert: das interesselose Betrachten und die Lehre vom Erhabenen, die von Adorno durchweg als das für seine Ästhetik ontologisch so bedeutsame Zusammentreffen mit dem Nicht-Ich oder dem Anderen gelesen wird. Seine Darstellung bewegt sich dialektisch durch die unterschiedlichen traditionellen Beschreibungen hindurch und zieht ihre Verve aus der Kritik an ihnen (und insbesondere an der Vorstellung, ästhetische Erfahrung habe es in irgendeinem Sinne mit Genuß oder Bedürfnisbefriedigung zu tun), wandelt sie aber bisweilen auch auf positive Weise ab:

> Tatsächlich werden Kunstwerke desto weniger genossen, je mehr einer davon versteht. Eher war sogar die traditionelle Verhaltensweise zum Kunstwerk, soll sie denn durchaus für es relevant sein, eine von Bewunderung: daß sie an sich so sind, nicht für den Betrachter. Was ihm an ihnen aufging und ihn hinriß, war ihre Wahrheit, wie sie in Gebilden des Kafkaschen Typus jedes andere Moment überwiegt. Sie waren keine Genußmittel höherer Ordnung. Das Verhältnis zur Kunst war keines von Einverleibung, sondern umgekehrt verschwand der Betrachter in der Sache; erst recht ist das der Fall in modernen Gebilden, die auf jenen zufahren wie zuweilen Lokomotiven im Film. (ÄT, 27)

Diese Andersheit des Kunstwerks, die angesichts solcher Passagen womöglich genauer als Andersheit seines Wahrheitsgehalts zu bestimmen wäre, kann nun endlich – in den obligatorischen, auf seltsame Weise aber zentralen Seiten, die Adorno dem traditionellen Thema des »Naturschönen« widmen zu müssen glaubt – als das Ansich* des Seins oder der Natur bestimmt werden: »Das Naturschöne ist die Spur des Nichtidentischen an den Dingen im Bann universaler Identität« (ÄT, 114).

Hier sind verschiedene Impulse am Werk, die es voneinander zu trennen gilt. Zunächst: selbst die flüchtigste Erfahrung von Natur wird das Geheimnis bemerken, das im Nicht-Ich liegt wie auch in dem, was der Identität (des Ich oder der Warengesellschaft) Widerstand leistet, am deutlichsten aber in dem sich zeigt, was nicht vom Subjekt produziert oder *gemacht* wurde (ein Paradoxon, das schon im Problem des – ungemachten – »Wahrheitsgehalts« der Kunstwerke auftauchte, die ja per definitionem »gemacht« oder »konstruiert« sind):

> Wie verklammert das Naturschöne mit dem Kunstschönen ist, erweist sich an der Erfahrung, die jenem gilt. Sie bezieht sich auf Natur einzig als Erscheinung, nie als Stoff von Arbeit und Reproduktion des Lebens, geschweige denn als das Substrat von Wissenschaft. (ÄT, 103)

Aus dieser der Natur zugeschriebenen Distanz zum Bereich menschlicher Praxis erklärt sich Adornos unbefriedigender Versuch, Natur als solche philosophisch zu charakterisieren: »Denn das Naturschöne als Erscheinendes ist selber Bild« (ÄT, 105). Eine solche Beschreibung gleitet nur allzu leicht in jene Darstellungen unseres kontemplativen Verhältnisses zur Natur ab, die Adorno eigentlich in Verruf bringen wollte. Vielleicht ist hier der Punkt, an dem Adorno den verschiedenen Existenzphilosophien am nächsten kommt: die Vorstellung, das in der (oder als) Natur Erscheinende sei eine Art von Ereignis, läßt an die Heideggersche Lehre vom Sein als etwas Geschehendem denken. Zugleich jedoch gemahnt die Anstrengung, dies Ereignis mit der Gewalt der Negativität und dem Choc dessen, was das radikal Andere des Subjekts ist, zu versehen, an Sartre und sollte ebenfalls hervorgehoben werden.

Zudem erinnert uns Adorno ohne Umschweife daran, daß selbst in diesem metaphysischen oder ontologischen Sinn alle Naturerfahrungen historisch und gesellschaftlich vermittelt sind: so geht seine Diskussion der Naturlandschaft fast umstandslos, wie durch ihre eigene Schwerkraft getrieben, in die ganz andere Problematik der »Kulturlandschaft« über (ÄT, 101 f.), in der naturgegebene Wahrnehmungen mit solchen kultureller und geschichtlicher Art unlösbar verbunden sind: »Ohne geschichtliches Eingedenken wäre kein Schönes« (ÄT, 102). Hier nun wird sicherlich die ontologische Naturauffassung hingewendet zur Geschichte des Begriffs und zur Erfahrung des Naturgegebenen, wodurch sich, was diese Spannung betrifft, vertrautere dialektische Lösungen ergeben (mittels derer wir uns zum Beispiel Natur in ihrer Zerstörung durch den Kapitalismus vergegenwärtigen können).

Da aber dies Motiv eines kontemplativen Augen-Blicks auf die Natur als Bild (oder besser: als die rein begriffliche Möglichkeit eines solchen Blicks) der hauptsächliche Vorwand für alle neueren Versuche ist, von einer philosophischen Annäherung zwischen Adorno und seinem Erzfeind Heidegger zu sprechen, sei an dieser Stelle ins Gedächtnis gerufen, was in Adornos Konzeption einer Naturgeschichte mit der Seinsfrage* des Heideggerschen Existentialismus unvereinbar ist. Selbst wenn wir den Schreckenstaumel der organischen und darwinistischen Perspektive, die Adornos Begriff der »Naturgeschichte« enthüllt, beiseitelassen (weil dies im Notfall seine erhabenere, »metaphysischere« Entsprechung in Heideggers Sein-zum-Tode finden könnte), so unterscheidet sich doch der in Adornos Beharren auf der Idee des Glücks und in seiner flüchtigen Evokation des Utopischen enthaltene Materialismus des Körpers dem Geiste nach durchaus vom heroischen Faschismus des frühen Heidegger, wie auch von der rituellen Feierlichkeit des späteren, die etwa in jenen erstaunlichen Seiten zum Ausdruck kommt, welche der Essay über den »Ursprung des Kunstwerks« der Entstehung der Polis widmet. De facto ist diese Schrift in jedem Sinne sehr viel politischer als alles, was Adorno geschrieben hat, dessen Betonung des physischen Moments es allerdings mehr als verdient, mit Brechts Materialismus von Suppe und Zigarre verglichen zu werden.

Bevor wir uns mit dem zentralen Verhältnis von Ästhetik und »Wahrheitsgehalt« auseinandersetzen, können wir dies andere Problem – die Spannung zwischen Geschichte und Natur – noch einmal auf höchst dramatische Weise problematisieren, indem wir Adornos sicherlich freimütigstes Diktum zur historischen Semantik ästhetischer Erfahrung und zum soziohistorischen Charakter des »Wahrheitsgehalts« großer Kunst zitieren:

> Daß einer Beethovensymphonien so wenig gewachsen ist, der nicht die sogenannten rein-musikalischen Vorgänge in ihr versteht, wie einer, der nicht das Echo der Französischen Revolution darin wahrnimmt; und wie beide Momente im Phänomen sich vermitteln, rechnet zu den ebenso spröden wie unabweisbaren Themen philosophischer Ästhetik. (ÄT, 519)

Das Beispiel verliert den Anschein des Einfachen, wenn wir die (weiter oben bereits zitierten) verstreuten Anmerkungen zu Beethoven hinzunehmen; alles, was an Adorno als ästhetischem Denker und als Verkörperung einer möglichen Form des politisch-kulturellen Intellektuellen zutiefts bewundernswert ist, tritt hier klar und deutlich zutage. Was uns hier beschäftigt, ist jedoch die Frage, inwieweit der so aufgefaßte historische »Wahrheitsgehalt« Beethovens konsistent ist mit der metaphysischen oder ontologischen Ästhetik der Nicht-Identität, die wir gerade umrissen haben. Auf welche Weise kann, anders gesagt, diese ästhetische Anschauung des großen geschichtlichen »Neuen«, das die Französische Revolution war, im Hinblick auf die Andersheit von Naturerfahrung neu formuliert werden? Damit tritt ein weiteres Problem, ein dritter Terminus zu der von Adorno beschriebenen Aufgabe der Vermittlung zwischen formalen und historischen Methoden hinzu. Einen gewissen Leitfaden gibt uns Adorno selbst in die Hand, wenn er darauf hinweist, daß in der

Geschichte der Ästhetik aus gesellschaftlichen und historischen Gründen das Gewicht sich von der Betrachtung des Schönen (Kant) auf das konstitutive Verhältnis zwischen Kunst und Freiheit (Schiller, Hegel) verlagert; vielleicht läßt sich das ontologische Motiv bei Beethoven hier in einer tieferen Beziehung zwischen der Erfahrung politischer Befreiung und dem aufkeimenden Freiheitsgefühl in der Natur selbst fassen. Doch wie immer eine mögliche Lösung aussehen mag, sollte deutlich geworden sein, daß Adornos vielfache Parameter eine außerordentlich vielschichtige und weitreichende Analyse erfordert, deren absolut kohärente theoretische Ausarbeitung ihm versagt blieb, wiewohl er das Ideal einer solchen Analyse mit einer Verve vertrat, die über die Ambitionen der zeitgenössischen Ästhetik weit hinausreicht.

Neun

Was nun den Wahrheitsgehalt angeht, so scheint es durchaus möglich, daß er nicht philosophisch beschrieben werden kann, denn er ist einer Situation von fast nominalistischer Vielfalt einbeschrieben, in der nur individuelle Kunstwerke, nicht aber die Kunst selbst, ihren je unterschiedlichen Wahrheitsgehalt besitzen, und von daher nicht miteinander vergleichbar, inkommensurabel und der philosophischen Verallgemeinerung nicht zugänglich sind. Wenn man sagt, daß im Wahrheitsgehalt das Werk seinem eigenen, spezifischen Begriff entspricht, so sagt das wohl nur Hegelianern etwas mehr. Wenn man darauf besteht, daß ästhetisches Urteil und Beschreibung durch eine eigene philosophische Form des Urteils zu ergänzen seien, dann führt das schon einen Schritt weiter:

> Der Wahrheitsgehalt der Werke ist nicht, was sie bedeuten, sondern was darüber entscheidet, ob das Werk an sich wahr oder falsch ist, und erst diese Wahrheit des Werkes an sich ist der philosophischen Interpretation kommensurabel und koinzidiert, der Idee nach jedenfalls, mit der philosophischen Wahrheit. (ÄT, 197)

Der Unterschied zwischen solchen Wahrheitsurteilen und der Heideggerschen »Eigentlichkeit« läßt sich am besten an der jeweiligen Praxis ablesen, indem man die Gehaltlosigkeit des letzteren (Sein und Tod) mit der geschichtlichen Besonderheit von Adornos Lesweisen vergleicht. Es sollte aber deutlich sein, daß der Begriff des »Wahrheitsgehalts« Adorno in die Lage versetzt, die Schranken einer ganzen Reihe von konventionellen Interpretationen und hermeneutischen Schemata zu überschreiten und sich so außerhalb der ästhetischen Bedeutungen und Sinnhaftigkeiten zu stellen, daß sie historisch erfahrbar werden. Diese größere Fähigkeit der »zweiten Reflexion«, Bedeutung historisch zu untermauern, schließt die ideologische Analyse ein und sichert dem »falschen Bewußtsein« einen philosophisch neu ausstaffierten Platz im umfassenderen geschichtlichen »Wahrheitsgehalt« des Werkes. Ist Beethoven ein herausgehobenes Beispiel für eine Wahrheit über die Geschichte der Form, und sind Schönberg und Beckett Beispiele für eine extremere Art der formalen Lösung, so wird Wagner für Adorno zum Archetypus des Problematischen:

> Aber daß die Kunstwerke durch ihre Realisierung sich transzendieren, verbürgt nicht ihre Wahrheit. Manche sehr hohen Ranges sind wahr als Ausdruck eines an sich falschen Bewußtseins. Das ist einzig von transzendenter Kritik zu treffen wie der Nietzsches an Wagner. Deren Makel aber ist nicht nur, daß sie über die Sache dekretiert, anstatt an ihr sich zu messen. Vom Wahrheitsgehalt selbst hegt sie eine bornierte Vorstellung; meist eine kulturphilosophische, ohne Rücksicht auf das ästhetischer Wahrheit immanente geschichtliche Moment. Die Trennung zwischen einem an sich Wahren und dem bloß adäquaten Ausdruck falschen Bewußtseins ist nicht zu halten, denn bis heute existiert das richtige Bewußtsein nicht, und in keinem, das jene Trennung gleichwie aus der Vogelperspektive gestattete. Vollkommene Darstellung falschen Bewußtseins ist der Name für es und selber Wahrheitsgehalt. Darum entfalten sich die Werke, außer durch Interpretation und Kritik, auch durch Rettung: sie zielt auf die Wahrheit falschen Bewußtseins in der ästhetischen Erscheinung. Große Kunstwerke können nicht lügen. Noch wo ihr Gehalt Schein ist, hat er als notwendiger eine Wahrheit, für welche die Kunstwerke zeugen; unwahr sind nur die mißlungenen. (ÄT, 196)

Adorno hatte, ob zurecht oder nicht, die Empfindung, daß sein Buch über Wagner zu diesem Problem einen höchst grundlegenden analytischen Beitrag geleistet hätte, ist es doch eines, mit dem jeder konfrontiert wird, der – in intellektueller, kultureller oder pädagogischer Hinsicht – mit Klassikern konservativen, wo nicht gar direkt reaktionären Gepräges sich ins Benehmen setzen muß. Adornos Lösung – die schwierigste von allen, weil sie gleichermaßen die falschen und ideologischen wie auch die utopischen Momente des Werks berücksichtigt – scheint mir im Vorteil anderen Alternativen gegenüber, in denen man entweder einen reaktionären Künstler per Dekret in einen fortschrittlichen verwandelt, oder den ganzen Kanon über den Haufen wirft.

Es ist bereits deutlich geworden, daß der philosophische »Wahrheitsgehalt« des Werkes – zumindest was große »bürgerliche« Musik und Kunst angeht – auf irgendeine Weise an dessen technischen Innovationen teilhat. Doch sind diese selbst auf sehr grundsätzliche Weise in sich »widersprüchlich«: so ist etwa die bemerkenswerte chromatische Färbung von Wagners Musik zutiefst eins mit der in ihr sich vollziehenden Auflösung des klassischen musikalischen Materials (und sogar eins mit Wagners eigener technischer Ungeschicklichkeit). Doch steht die Pracht dieses technischen Zusammenbruchs, dessen tendentiell atomistische Logik alle möglichen neuen »Produktivkräfte« freisetzt, in sich für die Beziehung zwischen seinem »Wahrheitsmoment« und der eingeschränkten Position des Subjekts in einer bourgeoisen Gesellschaft, das seine eigenen Grenzen anfängt wahrzunehmen. Allerdings sei betont, daß diese Dialektik von Ideologie und Wahrheit nicht darauf abzielt, dem Wunschdenken und der liberalen Weißwäscherei das Wort zu reden. Natürlich ist Wagners Charakter (»ein sentimentaler Marat«) immer ein reich bestücktes Minenfeld voller Fehler und Unzulänglichkeiten gewesen, von Ichsucht und Feigheit bis hin zum Wendehals und zur Unzuverlässigkeit des Speichelleckers. Doch hat niemand außer Adorno so zielstrebig verfolgt, wie diese unliebsamen Charakterzüge sich in den Formen und Einzelheiten des Musikdramas niederschlagen. Diese Gnadenlosigkeit des ideologischen Urteils ist aber der Preis, der für die dialektische Einsicht in die Wahrheit, die das Werk auch enthält, gezahlt werden muß:

> Das 'wie schwand mir seine Ahnung' Tristans, das die Ahnung des Nichts als eine vom Etwas ausdrückt, hält den Augenblick fest, in dem die vollkommene Negativität im Umriß der eigenen Bestimmung die Chimäre der Utopie beschließt. Es ist der Augenblick des Erwachens. Jene Stelle zu Beginn des dritten Aktes Tristan, da das Horn im Orchester gleichwie über die Grenzen von Nichts und Etwas hinweg das Echo der traurigen Hirtenweise auffängt, wenn Tristan sich regt – jene Stelle, die leben wird so lange, wie die Grunderfahrungen des bürgerlichen Zeitalters von Menschen werden vollzogen werden können –, und die andere der Erweckung Brünnhildes sind im Werk Spuren jenes Erwachens, ohne dessen Begriff der des Nichts selber, so möchte Wagners Musik bedeuten, nicht könnte gedacht werden. Ist Mitleid dem Tier vorbehalten, so begleitet das Tier diesen Augenblick: Brünnhildes Pferd scheint als Überlebender der Vorzeit ins wache Jetzt hinüberzuleiten; der Vorzeit, die, Schopenhauer zufolge, ganz und gar das Nichts ist. (WA, 192)

(Man sollte hinzufügen, daß das Motto des Wagnerbuches lautet: »Pferde sind die Überlebenden der Helden«.) Allerdings verdeutlicht der »Fall Wagner« zuguterletzt, daß selbst in formaler Hinsicht die Lehre vom »Wahrheitsgehalt« nicht zu einer Interpretationsmethode verallgemeinert oder umgewandelt werden kann: alles, was Adorno zu Wagner sagt, führt uns auf den einzigartigen Moment seines Werkes zurück, in dem so etwas wie eine deutsche Bourgeoisie, die noch nicht zur »Reife« gelangt ist, bereits ihren eigenen Untergang (er)lebt, während gerade die Unzeitgemäßheit des Werkes eine Regression hervorbringt, die zugleich formal innovativ und produktiv ist. Doch wäre es reiner Manierismus, wollte man diese charakteristische Analyse auf andere Figurationen der Moderne übertragen, so als wäre nur sie die Verkörperung von Adornos »Methode«. Diese aber geht, zumindest dem Prinzip nach, davon aus, daß jede geschichtliche Situation von den anderen grundlegend sich unterscheidet, auch wenn alle unterm Bann des totalen Systems stehen.

Mithin kann Adornos Ästhetik von der ideologischen Analyse nicht getrennt werden, und deren geschichtlicher »Moment« wird auch zu wiederholten Malen hervorgehoben. Dies nun bringt uns in der Folge zu dem zurück, was wir bereits an den anti-politischen Charakter eben dieser Ästhetik bezeichnet haben. Adorno drückt sich hinsichtlich der geschichtlichen Situation, der seine Haltung entspringt, ganz unmißverständlich aus:

> Das Verhältnis von gesellschaftlicher Praxis und Kunst, stets variabel, dürfte während der letzten vierzig oder fünfzig Jahre abermals eingreifend sich verändert haben. Während des Ersten Kriegs und vor Stalin paarten sich künstlerisch und politisch avancierte Gesinnung; wer damals wach zu existieren begann, dem dünkt Kunst a priori, was sie geschichtlich keineswegs war: a priori politisch links. (ÄT, 376f.)

Das ist eine nützliche Erinnerung, denn im angloamerikanischen Kulturbereich ist die Verwandtschaft zwischen künstlerischer Moderne und revolutionärer Politik kaum je hervorgehoben, sondern oft genug aus ideologischen Gründen ins Gegenteil verkehrt oder geleugnet worden. Wenn man aber die historische Situation betont, aus der solche Ansichten entstehen und auf die sie reagieren, so weist man implizit auch auf ihre geschichtliche Veränderbarkeit hin und deutet die Möglichkeit an, daß eine ganz andere Situation entsteht, in der solche Antagonismen keine Gültigkeit mehr besitzen, oder in der ihre je entgegengesetzten Termini eine substantielle Verwandlung erfahren.

In der Hauptsache aber wäre darauf hinzuweisen, daß Adorno zwar die Möglichkeit politischer Kunstwerke oftmals mit Vehemenz zu bestreiten scheint, in Wirklichkeit aber eher einer politischen Ästhetik opponiert, der es einzig um die Funktion von Kunstwerken in unmittelbaren Situationen, im täglichen Lebenskampf und im Ereignishaften geht, während tiefere Ausdrucksformen der gesellschaftlichen Kämpfe oder der geschichtlichen Widersprüche unberücksichtigt bleiben (mithin das, worauf die *Ästhetische Theorie* immer wieder verwiesen hat). Das heißt, daß die individuellen Werke von einer Kategorie in die andere übergehen können: alles verändert sich, wenn etwas, das normalerweise als »politische Kunst« gehandelt wird, sich als jenes augenscheinlich ganz andere und unvergleichbare Ding namens »große Kunst« entpuppt, wie Adornos feinfühlige Anerkennung seines großen Gegenspielers Brecht beweist:

> Brechts Versuche, subjektive Nuancen und Zwischentöne mit einer auch begrifflich harten Objektivität zu erschlagen, sind Kunstmittel, in seinen besten Arbeiten ein Stilisierungsprinzip, kein fabula docet; schwer zu eruieren, was auch nur der Autor in Galilei oder im Guten Menschen von Sezuan meint, zu schweigen von der Objektivität der Gebilde, die mit der subjektiven Absicht nicht koinzidieren. Die Allergie gegen Ausdrucksvaleurs, Brechts Vorliebe für eine Qualität, die seinem Mißverständnis an Protokollsätzen der Positivisten imponieren mochte, ist selber eine Gestalt des Ausdrucks, beredt nur als dessen bestimmte Negation. (ÄT, 55)

(Später wird Adorno das Lied von den Kranichen aus der Oper *Mahagonny* als Beispiel für eine vollendete Verwirklichung der singulären Brechtschen Ästhetik anführen.)

In der Tat scheint es, daß Adornos Ablehnung einer jeglichen spezifisch politischen Ästhetik weniger mit deren Politik zusammenhängt, als mit ihrer Betonung der Kunst als solcher. Damit aber geht sie an den individuellen Kunstwerken – den Monaden –, die Adorno von »der« Kunst als Prozeß oder Institution radikal absetzen möchte, vorbei. Von Zeit zu Zeit taucht in der *Ästhetischen Theorie* ein von Hobbes übernommener Ausdruck auf, um das Verhältnis der diversen Werke zueinander zu kennzeichnen: die Geschichte der Kunst, sagt Adorno sei von einem »geheimen bellum omnium contra omnes« erfüllt (ÄT, 47). Ähnlich in den *Minima Moralia:* »sie wollen einander vernichten« (MM, 92, Aph. 47). Bisweilen wird auch die Hegelsche Version dargeboten (eine Permutation, die, in einer anderen Ordnung der Dinge, für den französischen Existentialismus so bedeutsam war): »'ein Kunstwerk ist der Todfeind des anderen'« (ÄT 60, ebenso 313f.). Doch scheint eine solche Sprache, die den Nominalismus des »Wahrheitsgehalts« und die irreduzible

Einzigartigkeit des geschichtlichen Zusammenhänge, in die die großen Werke eingebettet sind, zu kennzeichnen sucht, nicht immer angemessen, wenn sie diesen riesigen historischen Himmel, in dem die ästhetischen Monaden planetenhaft leuchten, beschreiben will; vielleicht sollte man eher sagen, daß sie einander instinktiv abweisen. Jedes Kunstwerk erhebt die Forderung, als Absolutum zu existieren, in Anbetracht dessen die Existenz der anderen kaum der Anerkennung fähig ist. So liegt Beethoven denn nicht mit Wagner oder mit der griechischen Tragödie im Krieg; vielmehr können sie ihre jeweils absolute Wahrheit nur im Niedergang der anderen enthüllen. Gleichermaßen ist die geschichtliche Situation eines jeden Kunstwerks eine absolute Präsenz – des Kampfes, des Leidens, der Praxis –, deren Realitätsanspruch durch den chronologischen Historizismus oder den Relativismus der Archive untergraben wird. Auch eine politische Ästhetik möchte diesen Vorrang von Präsenz und Ereignis bewahren; doch sieht Adorno darin vor allem den Versuch, die Monaden gruppenweise zu sortieren und in Reihen aufzustellen, und die engagierte Auseinandersetzung mit den Werken selbst durch allgemeine Stilforderungen und generelle Diskussionen über Kunst zu ersetzen. So läßt sich offensichtlich die darin beschlossene Ablehnung »politischer Kunst« ebenso als Feindseligkeit gegenüber Avantgarden und programmatischen Slogans begreifen.

Es ist jedoch kontraproduktiv, eine Auseinandersetzung mit Adornos Werk in der Ästhetik selbst enden zu lassen. Denn dies ist ein Bereich, aus dem viele Leser mit allen Mitteln entkommen möchten und der ihren Eindruck von der letztlichen Nutzlosigkeit dieser Philosophie, die offenbar immer noch auf eine »Zweckhaftigkeit ohne Zweck«* abzielt, nur bestätigen kann. (Es ist nicht ohne tiefere Bedeutung, daß im heutigen Deutschland Adorno vor allem als Ästhetiker abgehandelt wird: eine mittlerweile kanonische Methode, um mit dieser Überlebensform der Dialektik sich ins Benehmen zu setzen.) Sicherlich führt ästhetische Erfahrung schon per definitionem nirgendwohin, außer in dem Sinne, in dem sie für eine utopische Existenz einsteht, die nicht durch instrumentelle Motive beherrscht wird und vor allem von jenem letzten »Zweck«, dem der Selbsterhaltung, befreit ist. Andererseits werden Adornos Leser sich auch daran erinnern, daß ästhetische Erfahrung notwendigerweise partikulär oder konkret ist, und dies nicht nur »per definitionem«, haben wir doch Adornos Argument vernommen, daß die Schuld der Kunst im allgemeinen – das nicht zu rechtfertigende Privileg, der Luxus »ästhetischer Erfahrung« an sich – sich nicht begleichen läßt und nur durch das individuelle Werk selbst gemildert wird. Doch besagt dies, daß die ästhetische Erfahrung uns immer auch zur Geschichte zurückführt – zur Geschichte des Kapitalismus, aus der das Werk entstand und zur Konstellation von gesellschaftlichen Klassen und instrumenteller Rationalität, die seinen semantischen Kontext ausmachen und seine utopische Dimension ermöglichen. In dieser Hinsicht wäre es ebenso gerechtfertigt, zu sagen, daß die Ästhetik immer zur Geschichte selbst zurückführt und daß für die Kunst das »Nicht-Identische« die Gesellschaft darstellt.

Zugleich ist die eigentliche Beziehung Adornos zum politischen Denken eher in der Form als im Gehalt seiner Gedanken zu finden, die nicht so sehr die Politik, sondern die ästhetische Form oder den philosophischen Gehalt in Begriffe fassen, um darin – mit einer viel helleren Ausprägung, als sie normalerweise in der politischen Analyse oder der Sozialgeschichte erreicht wird – die vielschichtige Beweglichkeit der historischen Dialektik zu entdecken.

Schlussfolgerungen

Adorno in der Postmoderne

Eins

Bisweilen hat man das Gefühl, daß die gegen Adornos Positionen und sein Werk erhobenen Einwände in zwei Gruppen zerfallen, die eigentlich sich gegenseitig aufheben sollten. Der einen Gruppe bleibt Adorno zu sehr dem Marxismus verhaftet, der anderen (einer zugegebenermaßen sehr viel kleineren Gruppe) ist er nicht marxistisch genug oder gilt ihr gar als überhaupt nicht marxistisch. Noch spannender wird die Sache, wenn man Gerüchte über verschwiegenen (oder offenkundigen) Hegelianismus ausstreut. Ein solcher Vorwurf könnte beiden Parteien zum Bannfluch gereichen: den Anti-Marxisten bewiese er die unausrottbaren hegelianischen Wurzeln des Marxismus selbst, während er für die Marxisten einen Idealismus anzeigte, der mit Materialismus, Politik, marxistischer Ästhetik etc. in keiner Weise vereinbar wäre.

Diese Schlachtlinien werden auch durch eine zweite Reihe von Einwänden nicht deutlicher konturiert. Der ersten auf unklare Weise verwandt, überquert sie deren gesamte Grenzlinien doch mit allem Anschein der Willkür. Es handelt sich hierbei um eine Sichtweise, die Adorno einen »Modernismus« attestiert, dessen Bedeutung nun, im Zeichen der Postmoderne, jedes rein ästhetische Engagement für moderne Kunst weit übersteigt und mittlerweile ein ganzes Spektrum altmodischer philosophischer Haltungen und Verfahrensweisen kennzeichnet (und damit im Gegensatz zu dem steht, wie »postmoderne« Philosophie, Soziologie, Politologie, Geschichtswissenschaft, Kunsttheorie heutzutage betrieben werden). Ich verspreche mir herzlich wenig von dem Versuch, die Thematik dieser beiden kritischen Sichtweisen, die sich auf den Marxismus bzw. auf den Modernismus beziehen, von vornherein miteinander zu verbinden; man käme womöglich darüber ins Grübeln, ob der Marxismus dem Modernismus zugerechnet werden kann: ein Experiment, dessen erfolgreicher Ausgang unsicher ist. Ich werde jedoch versuchen, diese Sichtweisen mit einer gewissen Symmetrie zu versehen, indem ich für einen Adorno eintrete, der, wenn schon nicht »postmodern«, so doch mit dem gegenwärtigen postmodernen Zeitalter in Einklang steht und ihm angemessen ist.

Was die erste Reihe von Einwänden betrifft, so würde ich mit denen, die Adorno als Marxisten brandmarken, nur zu bereitwillig übereinstimmen, denn genau darauf läuft eines der zentralen Argumente dieses Buches hinaus. Doch selbst in diesem Falle muß uns die Tatsache nachdenklich stimmen, daß der Vorwurf von zwei so unterschiedlichen philosophischen und ideologischen Positionen aus ergeht, wie sie durch Jean-François Lyotard und Jürgen Habermas markiert werden.[1] Von daher möchte ich zuerst (als Antwort auf die Anklage, Adorno sei »nicht marxistisch genug«) meine eigenen Ergebnisse zusammenfassen und die Gründe angeben, aus denen heraus es mir möglich erscheint, das seinem Wesen nach marxistische Denken dieses Philosophen mit Nachdruck hervorzuheben.

Die grundlegenden Beweisstücke hierfür sind, unmittelbar einleuchtend, das Marxsche Wertgesetz, sowie das allgegenwärtige Begriffsinstrument mit dem Namen »Totalität«. Beide sind bereits zur Sprache gekommen, von daher werde ich sie hier mit der gebotenen Genauigkeit noch einmal darstellen. Das Wertgesetz – oder zumindest ein allgemeines Marxsches Verständnis der Dynamik des Kapitalismus und der tendentiellen Gesetze seiner Entwicklung und seiner Geschichte – liegt den Interpretationen, die Adorno ausarbeitet, immer zugrunde. Ebenso habe ich zu zeigen versucht, daß das historische Paradigma der *Dialektik der Aufklärung*, in der das Wertgesetz nur »*ein* ... Integrationsprinzip instrumenteller Vernunft neben anderen« (Dubiel 1978, 113) zu sein scheint, tatsächlich eine alternative Neufassung der Sozialgeschichte qua Naturgeschichte darstellt, die das Marxsche Paradigma unbeschädigt läßt.

En passant habe ich darauf verwiesen, daß Adornos philosophische Voraussetzungen tatsächlich nicht nur marxistisch sind, sondern – gerade was die Bereiche von Kultur und Ideologie angeht – bisweilen sogar einen eher altmodischen Marxismus erkennen lassen. Schon der Titel des Kapitels über die »Kulturindustrie« hätte unsere Aufmerksamkeit für die Entdeckung schärfen sollen, daß Adorno, im Unterschied zu Theoretikern wie etwa dem späten Raymond Williams, für die Kultur als solche keine Konzeption entwickelt hat. In jenem berühmt-berüchtigten Kapitel beschäftigt sich Adorno mit der Unterhaltungsindustrie, nicht aber mit einer Theorie der kulturellen Bereiche, die er ohnehin von vornherein abgelehnt hätte. (Die Kunst oder das Ästhetische bildet einen solchen Bereich, der jedoch, wie wir gesehen haben, von Adorno unwiderruflich negativ bewertet wird. Der reine Ästhetizismus wird verworfen, individuelle Kunstwerke jedoch handeln, auf einer Ad-hoc-Grundlage, einen anderen Status aus, der verletzlich und provisorisch ist.)

Ebenso scheint mir jene besondere Verfahrensweise, die eine messerscharfe und oftmals klassenbewußte ideologische Analyse eines Textes mit der Beschwörung seines »Wahrheitsgehaltes« kombiniert, ihre Erklärung in der relativ konventionellen und altmodischen Konzeption von Ideologie als einem bloßen »falschen Bewußtsein« zu finden, die Adorno mit den meisten Vertretern seiner Generation teilte (ausgenommen Lukács, der älter war, und Sartre, der sich mit anderen Dingen beschäftigte; von Gramsci scheint Adorno nicht viel gewußt zu haben). Diese Unterscheidung, die der Philosophie als solcher natürlich erneut einen Platz einräumt, dürfte nach Althussers subjekt-orientierter Neubestimmung von »Ideologie« wohl überflüssig geworden sein. Mit dem von ihr benannten Problem jedoch – mit der Frage nach dem möglichen Wert reaktionärer Werke, wo nicht gar (Heidegger!) dem möglichen »Wahrheitsgehalt« reaktionärer Ideen – schlagen wir uns immer noch herum. Wir verlieren es, wenn wir den Begriff der Ideologie überhaupt aufgeben (und genau darin besteht ein grundlegender Vorschlag der Postmoderne).

Indessen ist auch deutlich, daß im Lichte des (von Laclau/Mouffe [1985] erhobenen) Vorwurfs, der Marxismus besitze eine zeitliche Dimension, die es ihm erlaube, die Lösung philosophischer Probleme einer zukünftigen Ordnung der Dinge anzuvertrauen, Adorno marxistischer ist als konventionelle Marxisten, denn seine ganze Philosophie ist einer solchen Vision von Aufschub und Ungleichzeitigkeit, von Verzögerung und zukünftiger Versöhnung gewidmet. Zugegebenermaßen jedoch steht diese zukunftsorientierte Philosophie – die die Katastrophe prophezeit und die Versöhnung verkündet – mit der fortdauernden Gegenwart, die im Postmodernismus und Spätkapitalismus zum Alltagsleben geworden ist, kaum in Einklang.

In der Erörterung dieser Einwände habe ich mir das Thema der »Totalität« für den Schluß aufgespart. Wenn wir uns dahingehend verständigen können, daß dieser Terminus so etwas wie »Gesellschaft« oder »ökonomisches System« bezeichnet, dann wird allmählich klar, daß sein Gebrauch sich nur (à la Laclau und Mouffe) durch die entschiedene Stigmatisierung des Gesellschaftsbegriffs selbst vermeiden läßt, während die eigenen Bemerkungen und Analysen auf etwas Gemäßigteres bezogen werden, das den Namen »das Gesellschaftliche« trägt (in dieser Hinsicht sind Laclau und Mouffe nicht durchweg erfolgreich). Bei der Frage, ob »Totalität« für Adorno ein transindividueller oder gar transzendenter Begriff ist, habe ich bereits auf das für eine Enzyklopädie verfaßte Stichwort »Gesellschaft« verwiesen (Adorno 1972a), in dem die Quintessenz seines soziologischen Denkens kurz und bündig sich vermittelt.

Jedoch sind, was den Begriff der Totalität angeht, die Leser auch auf Adornos höchst bemerkenswerte »Einleitung« zum *Positivismusstreit in der deutschen Soziologie* verwiesen. Dort wird der Stier etwas direkter bei den Hörnern gepackt als in der *Negativen Dialektik:*

> Nun ist es fast tautologisch, daß auf den Begriff der Totalität nicht in gleicher Weise mit dem Finger zu deuten ist wie auf jene *facts*, von denen er als Begriff sich abhebt. (Adorno u. a. 1972, 17)

Eine solche Verkennung scheint auf der Vorstellung zu beruhen, man müsse dem, wovon man zu wiederholten Malen spricht, zugetan sein und sich dergestalt zum Verfechter der Sache machen, auf die man beharrlich hinweist, gleichsam als wäre man der Bote, der schlechte Nachrichten überbringt (und die Folgen zu tragen hat). Doch zelebriert Adorno nicht die Totalität, sondern vielmehr den kritischen Gebrauch des Begriffs: das gegen Hegel gerichtete geflügelte Wort – »Das Ganze ist das Unwahre« – besagt nicht, daß wir aufhören sollten, davon zu reden. Im Gegenteil:

> Totalität ist keine affirmative, vielmehr eine kritische Kategorie. Dialektische Kritik möchte retten oder herstellen helfen, was der Totalität nicht gehorcht, was ihr widersteht oder was, als Potential einer noch nicht seienden Individuation, erst sich bildet. Die Interpretation der Fakten geleitet zur Totalität, ohne daß diese selbst Faktum wäre. Nichts sozial Faktisches, das nicht seinen Stellenwert in jener Totalität hätte. Sie ist allen einzelnen Subjekten vorgeordnet, weil diese auch in sich selbst ihrer contrainte gehorchen und noch in ihrer monadologischen Konstitution, und durch diese erst recht, die Totalität vorstellen. Insofern ist sie das Allerwirklichste. Weil sie aber Inbegriff des gesellschaftlichen Verhältnisses der Individuen untereinander ist, das gegen die Einzelnen sich abblendet, ist sie zugleich auch Schein, Ideologie. Eine befreite Menschheit wäre länger nicht Totalität; ihr Ansichsein ist ebenso deren Unfreiheit, wie es sie über sich selbst als das wahre gesellschaftliche Substrat täuscht.

> Damit ist zwar nicht das Desiderat einer logischen Analyse des Begriffs der Totalität, als eines Widerspruchslosen, erfüllt, das Albert gegen Habermas anmeldet, denn die Analyse terminiert im objektiven Widerspruch der Totalität. (Ebd., 19)

In letzter Hinsicht kann, das jedenfalls hoffe ich in den vorangegangenen Kapiteln gezeigt zu haben, das kritische Instrument des Widerspruchs von einer Konzeption der Totalität nicht abgelöst werden. Zugleich habe ich jedoch den Eindruck, daß diese begrifflichen Instrumente heutzutage nur im Marxismus selbst überleben. Von daher bin ich der Ansicht, daß die Auffassung, Adorno sei kein Marxist, insgesamt nicht aufrechterhalten werden kann. Zum Vorwurf des Hegelianismus habe ich weiter unten noch einiges zu sagen.

Zwei

Allerdings ist die Anklage wg. Marxismus etwas komplizierter; sie scheint mir ein ganzes Knäuel unterschiedlichster Befürchtungen zu umfassen, das man, wie ich denke, am besten entwirrt, indem man die Position untersucht, die heute von fortschrittlichen (oder habermasianischen) Strömungen in Westdeutschland Adorno gegenüber eingenommen wird. Hier eine mustergültige Zusammenfassung von Herbert Schnädelbach:

> Was einen distanzlosen Umgang mit Adornos Texten unmöglich macht, sind nach meiner Überzeugung drei theoriegeschichtliche Fakten. Einmal hat in den letzten zwei Jahrzehnten ein Szenenwechsel auf der philosophischen Bühne stattgefunden, und andere Fronten haben sich gebildet als die, an denen Kritische Theorie sich einmal bewähren wollte. Nicht idealistischer Systemzwang und Logischer Positivismus sind heute das Problem, sondern das beziehungslose Einerlei des Vielfältigen und der Irrationalismus [hier sind offensichtlich verschiedene Formen des französischen Poststrukturalismus gemeint; F.J.], der auch noch die [von der Frankfurter Schule vertretene; F.J.] Kritik der instrumentellen Vernunft vor seinen Karren spannt. Dann müssen wir die Präzisierungserfahrungen respektieren, die uns die Rezeption der Analytischen Philosophie aufnötigte; sie hat vielleicht nicht viele Probleme gelöst, aber immerhin erlaubt, sie genauer zu stellen. Zum dritten sind es die Probleme des Mentalismus als philosophischer Sprachform, die Wittgenstein, Ryle und viele andere bewußt machten und auch die deutsche akademische Bewußtseinsphilosophie dazu nötigten, ihr bisheriges Paradigma zu überdenken. (Schnädelbach 1983, 69)

Als ob dies nicht schon genug wäre, fügt Schnädelbach an anderer Stelle noch hinzu: »Negative Dialektik als 'Ontologie des falschen Zustands' ist ein Konzept, das man nicht retten kann.« (Ebd., 89)

Es liegt sicherlich keine geringe Ironie in diesem Ausdruck der Befriedigung darüber, daß man in Westdeutschland die entwikkelteren anglo-amerikanischen Moden in der Philosophie übernommen und – als Zeichen dessen, daß nun ein höheres Stadium erreicht sei – die letzten Spuren des nationalen philosophischen Erbes getilgt hat. Dies legt die Vermutung nahe, daß Schnädelbachs erster Kritikpunkt ins Leere zielte, und daß einige der alten Feinde – vor allem, in einem weiter gefaßten Sinne, der Positivismus – noch äußerst lebendig sind! Dergestalt erweckt gerade diese »Analyse« nicht den Eindruck, wesentlich mehr zu sein als die Bekundung, die Seiten gewechselt zu haben. Natürlich verstärkt sich die Ironie noch dadurch, daß die Analytische Philosophie im angelsächsischen Raum selbst ihr Potential im wesentlichen ausgeschöpft hat und die Erneuerung gerade auf dem Wege jener kontinentalen Philosophien gesucht wird, die man hier (im wahren Geist der Dialektik der Aufklärung) als archaisch und altmodisch von sich abtut.

Ein zweites Paradox von Schnädelbachs interessanter Einschätzung liegt in der willkürlichen Trennung zwischen dem ersten und dem dritten Punkt seiner Auflistung. Es scheint, als wäre er sich der Tatsache nicht bewußt, daß die Kritik der Bewußtseins- und Subjektphilosophien (die sich um die Phänomenologie herum gruppieren, ohne indes darauf beschränkt zu sein) in erster Linie durch eben den Poststrukturalismus betrieben worden ist, den Schnädelbach als irrational und obskurantistisch verklagt. Was er mithin zunächst als Verwerfung der Vernunft schlechthin anprangert, wird von ihm letzten Endes als willkommene Kritik an den Formen der Bewußtseinsphilosophie gefeiert.

Ich möchte jedoch – unter Hintansetzung der polemischen Stoßrichtung dieser Äußerungen und ohne eine offenkundig erforderliche Neubewertung des Poststrukturalismus vornehmen zu wollen (die nur ein eigenständiges Buch leisten könnte)[2] – einige Bemerkungen über das Verhältnis machen, das Adornos Philosophie zu diesen Strömungen unterhält. Was das Verhältnis von Denken und Sprache angeht, ist Adorno zweifellos ein traditioneller, soll heißen: ein vor-strukturalistischer Philosoph. Wenn man eine andere Terminologie vorzieht, könnte man auch sagen, daß er ein Philosoph bleibt und sich nicht in jenen neuen und postmodernen Gegenstand namens *Theoretiker* verwandelt. Der Siegeszug des Poststrukturalismus und seine linguistische Nebelhaftigkeit leiteten sich, zusammen mit seinen eigentümlichen Formen einer Politik des Kulturellen, in erster Linie von der Überzeugung her, daß es einen von der Sprache getrennten Denkprozeß nicht geben könne und daß alles, was als »Gedanke« identifiziert oder bezeichnet werde, im tieferen Sinne ein proto-linguistisches Ereignis sei. Diese »Entdeckung« führt zur Zerstörung der Illusion, daß das philosophische »System« mehr sein könnte als ein Buch oder eine Darstellung* (und auf keinen Fall eine wie auch immer verstandene Form der Wahrheit ist); ebenso schürt sie ein tiefes Unbehagen an der Kategorie des Bewußtseins und insbesondere am Begriff des Selbstbewußtseins, was in vermittelter Weise auch auf die älteren Begriffe der sinnlichen Wahrnehmung *(perception)* und Empfindung *(sensation)* übergreift (und dadurch die Unmittelbarkeit körperlichen Erlebens in Frage stellt).

Was immer Adorno über das moderne Verhältnis der Philosophie zur Sprache selbst, zur Rhetorik und (vor allem gegen Ende der »Einleitung« in die *Negative Dialektik)* zu Problemen der materiellen und linguistischen Darstellung* sagt, so kann doch mit einiger Sicherheit behauptet werden, daß er niemals »so weit geht« wie die Poststrukturalisten. Er bewahrt dem Denken einen residualen Bereich jenseits der materiellen sprachlichen Verkörperung, deren äußerst wirksame Methode der Austilgung aller Spuren von Transzendenz, Bewußtsein und Wahrheit ihm möglicherweise als positivistisch erschienen wäre. Wie quälerisch die archimedischen Probleme der negativen Dialektik auch sein mögen: sie sind den noch verzwickteren archimedischen Dilemmata der Dekonstruktion allenfalls analog, keineswegs jedoch mit ihnen identisch. Wohl benötigen beide irgend etwas außerhalb des Systems, um es kritisieren zu können, doch für Adorno wäre dies Etwas immer noch eine Idee, während es für Derrida im Idealfall eine linguistische Möglichkeit sein sollte; die Ähnlichkeit leitet sich von der Tatsache her, daß dieser dringende Bedarf in beiden Fällen nur durch ein ausgefeiltes Täuschungsmanöver zu stillen ist.

Andererseits muß hier hinzugefügt werden, daß bei Adorno der »Begriff« als ein beschränkendes und verdinglichendes System fungiert, das fast ebenso gepanzert ist wie das der Sprache für den Poststrukturalismus. Der Begriff – mit seinen ihm innewohnenden Eigenschaften des Systemischen und Identischen – ist etwas, das unserem Denken kaum einen Aus- oder Umweg weist; er steht so undurchdringlich zwischen uns und einer utopischen Neuerfindung des Denkens wie es die »Sprache der westlichen Metaphysik« für die französischen Kritiker der Philosophie tut. Und beide gehen von der Voraussetzung aus, daß eine neue Art des Denkens (oder eine neue Art der Sprache) erst dann möglich sein wird, wenn das Gesellschaftssystem, dessen integraler Bestandteil die überkommene Denk- oder Sprachform bildete, von Grund auf umgestaltet worden ist.

Was die Vernunft angeht, so fällt es mir schwer, in ihr ein wirklich verheißungsvolles Banner zu sehen, mit dem man in die Schlacht ziehen könnte, wiewohl Habermas' Kommunikationsbegriff ihr auf ingeniöse Weise neue Kraft verliehen hat. Doch auch hier gibt es einen Sprung und eine metaphorische Rückbeziehung der Ergebnisse der gegenwärtigen Sprachphilosophie auf philosophische Ideale der bürgerlichen Vergangenheit, die unangenehm nach Geschichtshandbüchern und Revolutionsmuseen schmecken. Die Inszenierung einer solchen identifikatorischen Beziehung ist eine politische und kulturelle Entscheidung, die meines Wissens niemals öffentlich diskutiert worden ist. Man könnte Habermas' Urteil über den utopischen Gehalt jener großen bürgerlich-revolutionären Ideale bereitwillig akzeptieren, allerdings nur unter der Bedingung, daß die Begründung, die er für gewöhnlich angegeben hat, immer noch Gültigkeit besitzt: daß nämlich die dauerhafte Lebenskraft dieser Ideale aus ihrer immer noch ausstehenden Verwirklichung resultiert (eine Idee, die von ferne an Adorno selbst gemahnt). Doch in einer Zeit, da jene Ideale der parlamentarischen Demokratie und der Freiheit des Marktes allüberall für Werte gelten, die den Konzeptionen ökonomischer Gleichheit überlegen sind, wiewohl doch diese historisch aus jenen sich entwickelt haben – in einer solchen Epoche, die wir nun postmodern nennen, scheint die Wiederbelebung des aufklärerischen Vernunftbegriffs eher zweideutig zu sein, während sich zugleich die Frage stellt, ob er vom Feind so einfach zurückerobert werden kann.

Jedoch liegt die grundsätzliche taktische Schwäche, welcher die Verteidigung der Vernunft sich aussetzt, gerade im Erfolg, den die Kritik der instrumentellen Vernunft verzeichnen konnte. Dieser Erfolg läßt sich in einer Epoche des universellen Zynismus nicht mehr ungeschehen machen. Wir sollten aber auch die bemerkenswerten Errungenschaften einiger mit dem Poststrukturalismus verbundener Denkströmungen erwähnen, die in den Spuren von Freud auf verschiedene Art und Weise gezeigt haben, daß das, was wir für gewöhnlich »das Irrationale« genannt haben, so unvernünftig gar nicht ist und auf eine andersgeartete Praxis der Intentionalität hinausläuft. Es mußten dann lange Wege gegangen werden, um Freuds eigenes, zutiefst aufklärerisches Programm zu erfüllen: *»Wo Es war, soll Ich werden«;* das Unbewußte ist dem Bewußtsein zurückzugewinnen. So erscheint uns Heutigen denn alles – von den Emotionen bis hin zum Faschismus und von der Werbung bis zur Religion und zum Mystizismus – viel durchsichtiger als es den allerersten ehrwürdigen Stadtbürgern sich darstellte (die einen stärkeren Begriff des Irrationalen benötigten, um ihre eigenen unbewußten Triebe bändigen zu können). Und dies zunehmende Gefühl für die tiefere Intentionalität all dessen, was wir für unbewußt hielten, diese Gebietserweiterung einer sehr viel fließenderen Bedeutungs-, wo nicht gar Vernunftkonzeption, zeichnet, nebenbei bemerkt, auch für die bereits erwähnten Umformungen verantwortlich, denen die klassische Marxsche Vorstellung von Ideologie als falschem Bewußtsein unterzogen wurde. Auch in dieser Perspektive scheint die Vernunft nicht sehr viel zeitgenössischer zu sein als die ältere Marxsche Idee der »Wissenschaft« (die für gewöhnlich die »Ideologie« als deren bessere Hälfte begleitete).

Mit jedem neueren Vernunftbegriff verhält es sich wie mit der Saussureschen Kommunikationsschleife: entscheidend ist, ob man vom Sender oder vom Empfänger spricht. In unserem Fall kommt es nicht auf die Sichtweise des Senders an, d. h., nicht auf das vernünftige oder rationale Handeln; es geht vielmehr um die Perspektive des Empfängers, also darum, die Gründe des Handelnden zu *verstehen* (warum die Handlung geschah, oder warum bestimmte Positionen oder Werte verteidigt werden). Aber nach Freud (und, nicht zu vergessen, nach Marx), nach Nietzsche, nach Foucaults Studie über den Wahnsinn, nach einer wahrhaft umfassenden Erweiterung unseres Einfühlungsvermögens in das menschliche Handeln (das hier allerdings im Rousseauschen Sinn als Verstehen* und keineswegs als Zustimmung oder Billigung aufgefaßt werden soll) – nach all dem darf wohl mit Fug und Recht erwartet werden, daß unsere Idee von Vernunft weit über ihre einstigen Grenzen hinausgewachsen ist und sehr viel mehr umfaßt als das, was dem ehrbaren Spießbürger einmal als »irrational« gegolten hat. (Es dürfte auch wenig Schwierigkeiten bereiten, die »Gründe« in Sprache zu fassen, um sie einem kantischen Universalitätstest zu unterziehen. Denn, so steht zu befürchten, in der Epoche der »zynischen Vernunft« werden selbst die »irrationalsten« Personen ohne viel Aufhebens in allen Einzelheiten berichten, warum sie scharf darauf sind, ihre Absichten in die Tat umzusetzen.)

Es scheint nun durchaus möglich zu sein, diesen neueren Interpretationsweisen Rechnung zu tragen, indem man sich auf die Begrifflichkeit einer etwas anderen Tradition bezieht als derjenigen, in der das Irrationale in all seinen dämonischen Formen den einzigen Gegenspieler zur Vernunft darstellt. Tatsächlich gehört auch diese andere Tradition zur Frankfurter Schule, so daß schon von daher Habermas' Vorwurf – die allem Anschein nach vernichtende Beweisführung, daß die in der *Dialektik der Aufklärung* sich verkörpernde Kritik keinen Ort der Wahrheit besitzt, von dem aus sie allererst ihre Wirkung entfalten oder unterstützt werden könne – sein Ziel verfehlt. Denn die Hegelsche Neubegründung der Dialektik als einer höheren Art des Denkens (anstatt eines sophistischen Instruments des Aberglaubens, wie Kant sie auffaßte) unterzieht auch die Kantische Strukturierung des Erkenntnisvermögens einer Umordnung: nunmehr erhebt sich die Vernunft*, in ihrer dialektischen Gestalt, über den Verstand*, den sie sich zugleich subsumiert und für den der Ausdruck »analysierende Vernunft« (oder, wie die Frankfurter Schule ihn umtaufte, »instrumentelle Vernunft«) verwendet werden sollte. Dialektische Vernunft, die einer noch nicht existierenden gesellschaftlichen Organisationsform entspricht, hat bislang noch keine hegemoniale Stellung erringen können. Die Poststrukturalisten sind, einzeln oder als Gruppe, dem Ideal der Dialektik so feindlich gesonnen wie Habermas selbst. Andererseits müssen ihre diversen Hermeneutiken des Kulturellen und des »Irrationalen« sicherlich als Beiträge zu einer zukünftigen Erweiterung der Kraft dialektischen Denkens verstanden werden.

Die Problematik des Vernunftbegriffes liegt von daher nicht in der Vernunft selbst, sondern in ihrem Gegenspieler, dem privativen Terminus des Irrationalen oder des Irrationalismus, der nun so ausgeweitet wird, daß er zur Müllkippe für all das gerät, was man ausgrenzen möchte. Dies führt uns zum zweiten Einwand, der in der gegenwärtigen westdeutschen Diskussion gegen Adorno erhoben wird, und der bei Schnädelbach zumindest implizit, bei Habermas aber ganz offen anklingt. Es handelt sich dabei um die Schlußfolgerung, daß die Kritik der instrumentellen Vernunft gefährlich sei, weil sie (unter anderem) jeden Vernunftbegriff – und damit den Begriff der *Philosophie* selbst – unmöglich mache. So wird Adornos »Philosophie« letztlich zu einer Sache der Ästhetik.[3] Aber man braucht kein philosophisch geschultes Falkenauge – jeder humanistisch Gebildete wird sofort erkennen, wohin der Hase läuft –, um zu verstehen, daß in diesem Falle das »Lebendige« in Adornos Philosophie mit dem »Toten« in eins fällt. Denn klarerweise ist die Ästhetik – der dritte Bereich in Habermas' Konzeption der Moderne, womit er sich als treuer Gefolgsmann von Kant erweist – eine Art Kramschachtel, der man all jene seltsamen Dinge anvertraut, die wir weiter oben unter dem Etikett »irrational« aufgezählt haben. Aber hier sind sie am richtigen Platz, denn hier können sie beaufsichtigt und, wenn nötig, kontrolliert werden (das Ästhetische ist ohnehin als eine Art Sicherheitsventil für irrationale Impulse gedacht). Doch wenn der Vorwurf mehr als nur trivial sein soll – was etwa der Fall wäre, höbe man die ästhetische Dimension von Adornos Denken dadurch hervor, daß man allen anderen Bereichen seines Denkens die Gültigkeit schlichtweg abspräche –, dann bezieht er seine Kraft aus einer Trennung zwischen abstraktem Denken und »bloßer« ästhetischer Repräsentation, der als solcher widersprochen werden muß (und die zum Beispiel im Poststrukturalismus überwunden worden ist). In diesem Zusammenhang ist die Berufung auf Schelling verführerisch, aber wenig schlüssig; es dürfte in der Tat schwer sein, das Gegenteil zu beweisen, wenn man Adornos Ablehnung der Romantiker und seine Bindung an Hegel wie auch an Kant bedenkt.

Habermas hat hier eine interessantere Argumentation entwickelt. Für ihn ist die *Mimesis* insofern die Quelle dieser tendenziellen Ästhetisierung von Adornos Philosophie, als sie einen zugleich unverzichtbaren wie undefinierbaren Begriff darstellt. Mimesis ist der Statthalter »für eine ursprüngliche Vernunft, deren Platz durch die instrumentelle Vernunft usurpiert worden ist« (Habermas 1981, 512, Fn.), damit jedoch der Begriff diese nun ins Zentrum gerückte Position ausfüllen kann, müßten »Horkheimer und Adorno eine *Theorie* der Mimesis aufstellen [...], die nach ihren eigenen Begriffen unmöglich ist« (ebd., 512). Doch wie wir weiter oben zu zeigen versuchten, ist Mimesis für Adorno und Horkheimer ein Impuls, der im Denken und in der Philosophie ebenso umfassend sich ins Werk setzt wie in der Kunst, und das besagt, daß er keine privilegierte Beziehung zur Kunst besitzt.

Gehen wir die Sache von der anderen Seite her an (denn meines Erachtens entwickeln sich die Mißverständnisse just in diese Richtung): die Tatsache, daß Adornos Ästhetik den Wahrheitsgehalt des Kunstwerkes betont, ist nicht dasselbe wie die Behauptung, das Kunstwerk böte den einzigen Zugang zur Wahrheit und wäre so ein Ersatz für die Philosophie oder würde, wie Bubner empört sagt, »die *Umkehr der Relation*« bedeuten, »in der bei Hegel Kunst und Philosophie zueinander stehen« (Bubner 1989, 93). Eine solche Charakterisierung würde eher auf Lukács zutreffen, der die Philosophie als solche bereits für verwirklicht hielt, nicht aber auf Adorno, der ihr notorisches Fortleben hervorhob. (In seiner weiteren Argumentation beklagt Bubner die philosophischen Anforderungen, mit denen Adorno die entwirklichte eigentliche Kunst überfrachtet, aber dies ist eine andere Sache und bezieht sich mehr auf seinen Modernismus als auf den angeblich »ästhetischen« Charakter seiner Philosophie.) Einem Nicht-Philosophen und »Kulturarbeiter« mag der Verdacht verziehen werden, daß diese Besorgnisse die Verblüffung von Sozialwissenschaftlern und Philosophen reflektieren, welche die Kultur oder das Alltagsleben niemals wirklich ernst genommen haben (von der Ästhetik ganz zu schweigen), nun aber mit einem Philosophen sich konfrontiert sehen, in dessen Texten der Anteil ästhetischer Referenzpunkte außergewöhnlich und unbegreiflich hoch zu sein scheint.

De facto aber hat Adorno, im Gegensatz zu Kant und zu Lukács, über die »Besonderheit« ästhetischer Erfahrung sehr wenig zu sagen. Er nimmt sie für gegeben, ist aber nicht darum bemüht, sie zu begründen oder zu verteidigen. Im Gegenteil sind die von Adornos Ästhetik aufgeworfenen Probleme – d.h. die Probleme, an denen seine Ästhetik ein vordringliches Interesse besitzt – immer historischer Provenienz: das Wesen der Moderne, die Krise des Nominalismus, das Schicksal der Form. So wie alles bei Adorno zur Ästhetik hinleitet, so läuft alles in Adornos Ästhetik wieder auf geschichtliche Probleme hinaus. Ich habe den Standpunkt vertreten, daß sein Beitrag zur Philosophie in dem Nachweis bestand, daß alle abstrakt-philosophischen Fragen ihrem Wesen nach historische Fragen sind, die (im Sinne der platonischen *methexis)* an den gesellschaftlichen und ökonomischen Strukturen »teilhaben«. Und genau dieser Lektion begegnen wir auch in all seinen ästhetischen Schriften; sie sind, wie wir gesehen haben, ein wahres Organon für die Umschreibung oder Übersetzung formaler Probleme in substantiell sozioökonomische Fragen. So gesehen mag der erfolgreiche Nachweis, Adornos Philosophie sei »bloß« ästhetisch, auf lange Sicht wenig Beruhigendes an sich haben.

Der dritte Einwand, der sogar im Spektrum der westdeutschen Linken sich finden läßt, ist in vielfacher Hinsicht der interessanteste, und zwar genau deshalb, weil er auf neue Entdekkungen hindeutet, die hier nur ansatzweise umrissen werden können. Das nämlich steckt hinter der anscheinend so flüchtigen Zurückweisung der berühmten Parole von der »Ontologie des falschen Zustandes« (ND, 20), und damit wird Adornos Anspruch, eine Philosophie im grundlegenden (nicht-ästhetischen) Sinne zu »haben« in gewisser Weise überprüfbar. Was der Parole innewohnt, ist nichts anderes als das, was später unter dem Namen »Kapitallogik« bekannt wurde. Es war der Versuch jüngerer, von Adorno stark beeinflußter Philosophen, eine Kritik der traditionellen Logik zu entwickeln, indem sie logische Kategorien aus den Verkehrsformen der kapitalistischen Gesellschaft entwickelten. Ein einflußreiches »Kapitel« dieser Kapitallogik stammt (wie oben gezeigt) von Adorno selbst und bezeichnet die von ihm gesetzte Identifikation der begrifflichen »Identität« mit der Struktur des Tauschvorganges. Eine ausgereifte Entwicklung dieses neuen philosophischen Ansatzes würde jedoch sehr viel mehr erfordern und ganz sicher die beiden unterschiedlichen Stufen bei Marx berücksichtigen, auf die ich schon verwiesen habe: die Warenlogik, sowie die davon sehr verschiedene, vielschichtigere und dialektische Logik des Kapitals oder des Werts, die sich daraus am Ende entwickelt.

Wenn nämlich das aus dem Tauschakt Abgeleitete im allgemeinen »Identität« genannt wird und in seinem Gefolge die von uns bereits entwickelten Themen und Analysen versammelt, so müssen von diesen diejenigen abgegrenzt werden, die auf der komplexeren Herausbildung des Kapitals im eigentlichen Sinne beruhen. Der örtlich begrenzte Austausch (von Produkten o. ä.) existiert vermutlich seit Urzeiten, und Vorstellungen von Identität und logischer Vergleichbarkeit sind uns seit den ersten Hominiden vertraut. Das Kapital jedoch ist eine spätere, originär geschichtliche Konstruktion, die, auf dem Austausch beruhend, ihre eigenen logischen Ableitungen mit sich bringt, von denen die meisten mit der paradoxen Bewegung des Kapitals – als einer zugleich einzelnen, allgemeinen Kraft *und* einer Vielzahl von individuellen Kräften – zusammenhängen. Diese Bewegung, der die Architektur der drei Bände des Marxschen *Kapitals* folgt (und die von Rosdolsky in seinem Kommentar[4] zu den *Grundrissen* analysiert und ausgearbeitet worden ist), bringt, wie wohl zu erwarten ist, logische Formen hervor, die sich von denen der einfachen Identität in mancher Hinsicht unterscheiden. In der Tat werden wir ihnen in Adornos anderem großen thematischen Motiv, der Spannung zwischen dem Allgemeinen und dem Besonderen, wieder begegnen. Allerdings kann für diesen Themenkomplex nicht so leicht eine fertige Parole gefunden werden, wie sie uns mit dem Begriff der »Identität« (und der allgegenwärtigen »Nicht-Identität«) an die Hand gegeben war; geeigneterweise aber läßt sich erkennen, daß diese Thematik in ihrer Bearbeitung aufs engste dem Problem des »Nominalismus« sich zuordnet (ein Begriff, der seinerseits auf eine historische Krise verweist). Bei der Ausarbeitung einer systematischeren Kapitallogik müssen diese beiden Motive – Identität und Nominalismus –, die ihrerseits aus dem Tausch bzw. dem Kapital abgeleitet sind, sorgfältig auseinandergehalten werden.

Doch Habermas' relativ beiläufige Verabschiedung dieser Forschungsrichtung wirft diese zwei unterschiedlichen Momente de facto wieder zusammen:

> Marx analysiert die Doppelform der Ware als Gebrauchs- und Tauschwert und die Umwandlung ihrer Naturalform in die Wertform mit Hilfe des Hegelschen Begriffs der Abstraktion, wobei sich Gebrauchs- und Tauschwert wie Wesen und Erscheinung zueinander verhalten. Das bereitet uns heute Schwierigkeiten, weil wir die nicht-rekonstruierten Grundbegriffe der Hegelschen Logik nicht unbesehen verwenden können; die ausgedehnte Diskussion über das Verhältnis von Marxens 'Kapital' zu Hegels 'Logik' hat diese Schwierigkeiten eher beleuchtet als beseitigt. Ich werde deshalb auf die Formanalyse nicht weiter eingehen. Das tut auch Lukács nicht. Ihn interessiert nur der Verdinglichungseffekt, der in dem Maße eintritt, wie die Arbeitskraft der Produzenten zur Ware wird [...]. (Habermas 1981, 477f.)

Hier wird eine wichtige Wegscheide thematisiert, an der es für dieses Mal um den Abschied von der sogenannten Verdinglichungstheorie geht; und diese Verabschiedung ist, wenn überhaupt, wichtiger als Habermas' Kritik des Marxschen Produktionsparadigmas (die, weil Marx bei weitem nicht so produktivistisch ist, wie er behauptet, der Marxschen Theorie keinen größeren Schaden zugefügt hat). Die Bemerkungen über Lukács sind sachgerecht, aber irrelevant, da die Kapitallogik sich eher von Adorno herleitet und notwendigerweise weit über das Problem jener logischen Kategorie, die der einfachen Warenform entspricht, hinausgeht. (Adornos eigene Unduldsamkeit der einfachen »Verdinglichungstheorie« gegenüber beweist sein Gespür für die Vielschichtigkeit der insgesamt anstehenden logischen Probleme.)

In der postmodernen Epoche erweist es sich im allgemeinen als ziemlich wirkungslos, wenn man auf der Grundlage eines einmal erreichten Zustandes zu argumentieren sucht und zum Beispiel versichert, dies oder jenes sei nun ein für alle Mal widerlegt und man könne zu einem anderen Problem übergehen. Kant war klüger; er sah ein, daß seine eigene »Widerlegung« des ontologischen Gottesbeweises (der es an Schlüssigkeit wirklich nicht gebrach) in keiner Weise »praktische Konsequenzen« haben würde. Wenn jedoch (z. B. in verschiedenen post-marxistischen Theorien) ein Habermas oder ein Derrida oder – in banalerer Manier – ein Hindess-und-Hirst behaupten, diese oder jene Methode, die Dinge zu betrachten, sei nun endgültig überholt, so kann man sicher sein, daß die für ausgestorben gehaltenen Arten in naher Zukunft wieder im Register auftauchen. (Ähnliches gilt für die Analytische Philosophie, deren Verfahrensweisen uns angeblich von verschiedenen »Pseudo-Problemen« oder »metaphysischen Restbeständen« befreit haben.) Der springende Punkt ist jedoch, daß in der Postmoderne, die keine Tradition und keinen Kanon mehr gelten läßt, die Garantie für Sicherheiten *überhaupt* fehlt. Niemand wird zugeben, daß irgendetwas ein für alle Mal bewiesen oder widerlegt sei; und da die Bewegung der Theorie in jedem Augenblick neu geschaffen werden muß, kann sie nicht auf die traditionelle Weise eine gewisse Stabilität erreichen.

Ohnehin scheint mir Habermas' Prognose hinsichtlich des Zeitgeistes* (bzw. der »geistigen Situation unserer Zeit«) schlichtweg falsch zu sein. Alle Zeichen deuten auf eine bevorstehende, neuartige Hegel-Renaissance, die durchaus zu einer Renaissance der Kapitallogik führen kann, und zwar nicht nur in jenen Bereichen (wie etwa der mit dem Problem der Staatsableitung befaßten Politischen Theorie[5]), wo sie ohnehin noch floriert. Doch wird der aus dieser Neulektüre entstehende Hegel unvertraut sein, materialistisch-mathematisch; ein Hegel, der *nach* den *Grundrissen* kommt und nichts gemein hat mit dem idealistisch-konservativen Hegel, der der Niederschrift von Marx' erstem großem Werk, dem unveröffentlichten Kommentar zur *Philosophie des Rechts,* vorherging. Unterdessen kann man erkunden, auf welche Weise die abstrakten oder logischen Formen des Kapitals das ganze neu sich herausbildende Feld der Erforschung des Alltagsleben und der »Kultur« (in einem umfassenderen Sinne verstanden als Adorno es konzediert hätte) beeinflussen. Sicher lassen sich dadurch einige Implikationen des ebenso berüchtigten wie fruchtbaren Kapitels über die »Kulturindustrie« korrigieren.

Drei

Wir können nun eine weitere Konstellation von Einwänden beschreiben, die sich, wie bereits angedeutet, damit befaßt, inwieweit Adornos Denken seinem Wesen nach »modernistisch« ist. Dies Thema wird uns zu einigen Schlußbemerkungen führen, die seiner Bedeutung für unsere eigene »postmoderne« Epoche gewidmet sind. Indes verschiebt sich hier die Perspektive: Adornos Verhältnis zur ästhetischen Moderne als solcher rückt in den Hintergrund zugunsten der Frage nach der Modernität seiner Autorschaft, und das heißt seines im wesentlichen Sinne philosophischen Wirkens. Denn man kann sich ohne große Schwierigkeiten »moderne« philosophische Projekte vorstellen, die von etwelchen kulturellen oder ästhetischen Neigungen ganz und gar unberührt sind.

Es scheint nicht besonders effektiv zu sein, derlei Untersuchungen mit einer Check-Liste in Angriff zu nehmen, auch wenn wir eine Reihe von Charakterzügen in Adornos Werk bemerkt haben, die als Kandidaten für eine solche Liste der herausragendsten Zeichen und Symptome der »Moderne« gelten können – ich erwähnte bereits den Hauch der Selbstbezüglichkeit *(autoreferentiality)*, der besonders dort über seinem Werk schwebt, wo dieses sich die einzigartige Funktion zumißt, inmitten von Auflösung und Niedergang Werte und Sprache zu bewahren. Hier stellt sich mit Nachdruck die Frage des Standpunktes – wenn auch noch nicht auf die verzweifelte Weise, in der man Ende der sechziger Jahre darüber spekulierte, ob Studenten oder Unterschichten das »Subjekt der Geschichte« seien –, und sie wird zumeist ohne Umschweife unter Hinweis auf das Klassenprivileg beantwortet. Bereits im ersten Aphorismus der *Minima Moralia* wird das Problem wie ein Fehdehandschuh in die Arena geworfen, und auch die *Negative Dialektik* äußert sich alles andere als ausweichend: »Geistig können nur die dagegen an, die sie [die verwaltete Welt, F.J.] nicht ganz gemodelt hat« (ND, 49). Dies treibt die Dialektik des Intellektuellen, der in gewisser Weise auch materiell unabhängig ist, weiter, als Horkheimer es jemals gewollt hätte, wurde aber zweifellos problematisch, als diese Gattung in den sechziger Jahren praktisch ausstarb. Es bleibt unklar, ob die charismatischen Künstler der Moderne, die sich mit großer Begeisterung als Seher und Propheten drapierten, die Äste, auf denen sie sich niedergelassen hatten, besser begriffen, doch findet sich bei ihnen eine vergleichbare Selbstbezüglichkeit immer dann, wenn die Frage des Poeten (welche die des Philosophen ersetzt) ihr Haupt erhebt.

Die unmittelbare Historizität, die das Thema in Adornos Händen annimmt, läßt nun einen nächsten Schritt als offenkundig angeraten erscheinen, der uns zum allseits anerkannten Kandidaten für den grundlegenden Charakterzug *par excellence* der Moderne führt – und zwar zu Zeit und Zeitlichkeit und einer bestimmten Art von philosophischer Geschichte. Vielleicht aber sollten wir dies Motiv noch genauer kennzeichnen: im Innewerden von Zeitlichkeit wird Geschichte erfaßt, der Gebrauch existentieller Protentionen und Retentionen dient als Instrument, mittels dessen die Dynamik einer externen, kollektiven Geschichte begriffen werden kann, die anderenfalls nur in den »Fakten« und den *faits divers* verfügbar wäre. Keine der beiden Perspektiven wäre dann für sich selbst schon »modern«, weder die historistische Leidenschaft als solche, noch der den Tagebuchschreibern und Autobiographen so teure »innere Sinn«. Andererseits scheint die enorme technische (technologische, möchte man sagen) Ausweitung von Subjektivität in der Moderne, die ein bemerkenswertes neues und vergrößertes Laboratorium zum Registrieren und Verschriftlichen zeitlicher Momente umfaßt, Hand in Hand zu gehen mit einer zerstreuten Aufmerksamkeit für jenen von fernher kommenden Straßenlärm, der die Entstehung unvorstellbarer geschichtlicher Umwälzungen und den Untergang und Aufstieg ganzer Welten ankündigt.

Wenn die Nordamerikaner, deren modernistisches Pantheon vorwiegend den Rubriken der »Zeit« und des »Selbst« sich zuordnet, mit dieser zweiten, geschichtlich-gesellschaftlichen, Dimension der Moderne nichts anzufangen wissen, so deshalb, weil man – wie Adorno uns belehrt – als Bürger der amerikanischen Verfassung Krisen und Katastrophen, Revolution, Weltuntergang*, ja sogar das Vergehen der alten Aristokratie und jeglichen »Untergang einer Epoche« an sich, als etwas in schlechtem und verwerflichem Sinne zutiefst Europäisches ansieht. (»Geschichte« wäre mithin das, dessen die Europäer sich zu schämen hätten, im Gegensatz zur unverblümten monetären Schamlosigkeit, die Adorno den Nordamerikanern im Aphorismus »Olet« zuschreibt; vgl. MM 259 ff.)

Die Momente, die bei Adorno diese spezifisch moderne Funktion der Zeitlichkeit erfüllen können, haben wir bereits zu bezeichnen begonnen: sie liegen vor allem in der Koordination zwischen einem persönlichen und idiosynkratischen Gefühl für verpaßte Gelegenheiten und unzeitgemäßes Überleben sowie einem mittlerweile mehr als nur nicht-synchronen historischen Paradigma, in dem die »Stufen« der gesellschaftlichen und produktiven Entwicklung miteinander zusammenstoßen, herausfallen, auf sich warten lassen oder sich als bereits vergangen und schon vergessen erweisen.

Jedoch reicht meiner Meinung nach kein vereinzeltes Thema dieser Art, auch nicht ein so grundlegendes wie die Zeitlichkeit, aus, um für den modernistischen Gestus einer bestimmten Denkweise (oder eines formalen Ausdrucks) einzustehen. Das findet, wie bereits gesagt, seinen Grund in der (zutiefst modernistischen) Faszination, die die »Konstellation« als solche auf Benjamin und Adorno ausübte – eine bewegliche und ständig wechselnde Reihe von Elementen, deren Gesamtstruktur durch ihre gegenseitigen Beziehungen und weniger durch ihren substantiellen Gehalt bezeichnet wird. Das bedeutet, daß es in einer Konstellation keine »grundlegenden« Eigenschaften gibt, keine Zentren, keine »Determinationen letzter Instanz«, keine endgültigen Resultate, mit Ausnahme der Beziehungen der Elemente selbst. Das ist praktisch Althusserianismus avant la lettre; und in dieser Vorstellung lebt auch noch so etwas wie ein sehnsüchtiges Verlangen nach Zentriertheit und einheitlicher (wenn auch nicht notwendig organischer) Form nach, wie Derrida (1976) in einem einflußreichen Aufsatz über den Begriff der Struktur bei Lévi-Strauss gezeigt hat (der dem der Konstellation nicht unverwandt ist). Dieser Aufsatz ist bisweilen für die Eröffnung dessen gehalten worden, was wir heute Poststrukturalismus nennen, und so scheint die Annahme angemessen, daß Derridas Demaskierung des heimlichen *Modernismus* von Lévi-Strauss den ersten Schritt in Richtung auf die Einführung eines *Post*modernismus bildet, der auf Spiel und Zufall beruht (d.h. auf dem »Ästhetischen« selbst, wenn man es dabei beläßt).

Dies also ist meines Erachtens der Ort, von dem aus über Adornos Modernismus Rechenschaft abgelegt werden kann, denn gerade von hier aus wird die Rückkehr zu all den problematischen Konzeptionen der Totalität, des Allgemeinen und des Besonderen erforderlich, welche sich in der gegenwärtigen Lektüre als für Adorno »zentrale« Elemente erweisen. Doch ist Derridas Analyse natürlich in der Sprache des entstehenden Postmodernismus formuliert und aus seiner zukünftigen oder werdenden Perspektive heraus in Szene gesetzt; von der Moderne her haben die Dinge ein etwas anderes Aussehen, und es wird angemessener sein, die Beschreibung dergestalt umzuformulieren, daß die Krise der *Repräsentation* selbst, mitsamt dem getreuen Festhalten an der Problematik von Repräsentation, in den Mittelpunkt rückt. Denn Adorno – aber auch die im Zeichen der Postmoderne betriebene Rückkehr zu den jetzt versiegelten Büchern der Klassiker des modernen Pantheons – lehrt uns, daß Fragen der Repräsentation nur dann interessant, ja quälend wichtig werden, wenn es einen Totalitätsbegriff gibt, dessen Status über den einer bloßen »regulativen Idee« hinausreicht.

Die Repräsentation individueller Gegenstände ist bestenfalls eine Sache der ästhetischen Wertschätzung oder des belletristischen Interesses, und ebensowenig wird die Repräsentation zum eigenständigen Problem und Dilemma, wenn die Möglichkeit eines realistischen Zugangs zur gesellschaftlichen Totalität für selbstverständlich erachtet wird und von vornherein gegeben ist. Erst mit der zweiten, der monopolistischen Stufe des Kapitalismus und der Herausbildung eines klassischen imperialistischen Systems, das die Grenzen der verschiedenen nationalen Erfahrungen überschreitet, kommt es dazu, daß sich ein radikaler ästhetischer und erkenntnistheoretischer Zweifel mit der Frage anmeldet, ob es denn möglich sei, die Gesellschaft als Ganzes überhaupt noch zu erfassen. Und genau dieser radikale Zweifel bringt den Modernismus als solchen hervor und konstituiert das diesem eigene Drama der Repräsentation. Wenn andererseits in der postmodernen und multinationalen Epoche »Totalität« kein Thema von vordringlicher Wichtigkeit mehr zu sein scheint und zu etwas wird, mit dessen Fehlen man sich abgefunden hat oder das man aus sei's politischen, sei's moralischen Gründen nicht mehr erreichen will, so entfallen die drängendsten repräsentationalen Probleme (philosophischer wie auch formaler Provenienz).

Die zentrale Spannung in Adornos Werk ergab sich jedoch gerade aus dem Verhältnis zwischen dem Allgemeinen und dem Besonderen, das mit der objektiven Spannung zwischen der gesellschaftlichen Totalität und den darunter befaßten Subjekten in eins fällt. Diese spezifisch modernistische Spannung schreibt sich in die einzelnen Sätze ebenso ein, wie sie die ad hoc gegebenen architektonischen Lösungen der negativen Dialektik selbst als einer Weise der philosophischen Darstellung* determiniert; ebenso muß sie, wie ich bereits darlegte, in der Verteidigung des »Essays« als Form wiederentdeckt werden, deren Werte nur allzuleicht mit den uns jetzt vertrauteren der Postmoderne verwechselt werden können. Und schließlich kommt Adornos Einübung in die modernistische Problematik der Repräsentation verspätet genug, um für uns Heutige eine Thematik von drängendstem Interesse zu enthalten, die wir selbst im allgemeinen von außerhalb unserer eigenen Gegenwart an die Klassiker der Moderne herantragen müssen: es geht darum, das Vergehen der Moderne selbst zu reflektieren und zu thematisieren, es geht um die Gründe, die zu ihrem Verlöschen führen, und um die heraufdämmernde Ahnung einer intellektuellen Landschaft, in der das Negative oder die »Kritische Theorie« endgültig der Vergangenheit angehören wird.

Vier

Es ist nun an der Zeit, den Wert zu bestimmen, den Adorno für uns im ausgebildeten Postmodernismus besitzt, derweil letzterer sich in ungleichen transnationalen Zonen entwickelt, innerhalb derer die nationalen Ungleichheiten ebenfalls weiterbestehen. (Vielleicht sollte man genauer sagen: für uns als Intellektuelle in den entwickelten kapitalistischen Ländern; vielleicht sogar nur für »uns« als nordamerikanische Intellektuelle.)

Wir müssen zu Beginn die Möglichkeit einräumen, daß es auch Argumente für Adornos Postmodernismus, oder doch wenigstens für einen in gewisser Weise postmodernen Adorno geben kann. Doch müßte sich eine solche Argumentation auf andere musikalische Schriften als die kanonischen stützen, die – wie die *Philosophie der neuen Musik* – den Komponisten der klassischen Moderne, Schönberg und Strawinsky etwa, kalte Monumente errichtet. Weniger bekannte Texte jedoch, vor allem der Aufsatz »Vers une musique informelle« (Adorno 1978b), dokumentieren in überreichem Maße seine Sympathie und Unterstützung für die moderne Musikproduktion der Nachkriegsära, die vor allem mit dem Kölner Rundfunk und den Tagen experimenteller Musik in Kranichstein und Darmstadt verbunden war, wo spätere Berühmtheiten wie Boulez und Stockhausen bereits eine Rolle spielten. Diese Sympathie zeigt, in Verbindung mit den Büchern über Mahler und Berg, daß es falsch war, Adornos historische Einschätzung der zentralen Bedeutung Schönbergs mit einer besonderen persönlichen Neigung oder Vorliebe für den Wiener Komponisten und Theoretiker zu vermengen; Adorno hat zu wiederholten Malen die Sackgasse, in der Schönberg sich befand, als solche charakterisiert.

Gleichermaßen war es falsch, die Rhetorik der Analyse wörtlich zu nehmen und davon auszugehen, daß die kraftvolle Artikulation dessen, was nach unheilbaren Widersprüchen im musikalischen System aussah – ähnliche Urteile finden sich allerdings auch in bezug auf die anderen Künste, deren analoge Widersprüchlichkeiten auf eine Blockierung im Wesen der historischen Zeit selbst hindeuteten –, auf irgendeine Weise den Schluß zuließe, man solle mit dem Komponieren aufhören; auch

Adorno selbst hat dies nicht getan. Der Begriff einer *»musique informelle«* ist so bereits äußerst postmodern, weil er gegen die unumkehrbaren Notwendigkeiten revoltiert, welche die modernistische Ästhetik im Hinblick auf Zeit, Veränderung und Fortschritt festgelegt hatte. Hinzu kommt die leichter vorhersagbare Reaktion gegen Systeme wie das von Schönberg, die das Zufällige oder das Aleatorische betont; Regeln werden festgelegt, um nur einmal befolgt zu werden, und man unternimmt die Anstrengung, aus der (Musik-)Geschichte herauszufallen. (Sogar für John Cage findet sich ein freundliches Wort, und der ganze Aufsatz gemahnt ein wenig an das in den musikalischen Bereich übersetzte italienische *pensiero debole*.) Diese Lockerung der geschichtlichen Logik unterscheidet sich natürlich beträchtlich von der neuen Ästhetik, die Benjamin, in einer vergleichbar widersprüchlichen Situation, zu erfinden und zu entwerfen suchte.

Aber sie paßt sehr gut zu einer bestimmten Komponente in Adornos Denken, die er bisweilen als das eigentliche Programm seines Werks in den Vordergrund rückte: so betonte er, vor allem in seinem Aufsatz »Der Essay als Form«[6], die Zurückweisung des Systems und die Verpflichtung auf das Fragmentarische und Okkasionelle, auf eine Freiheit des Momentanen, die die traditionelle deutsche Sehnsucht nach dem Hauptwerk * und der architektonischen Wahrheit zu vermeiden trachtet. Diese Rhetorik, die manche an den Jenaer Romantizismus gemahnte,[7] finde ich bei Adorno ebensowenig überzeugend wie bei Lukács, auf den sie zurückgeht (vgl. Lukács 1971), und der auf ähnlich unschlüssige Weise gegen seinen eigenen machtvollen esprit de système argumentierte, statt (wie Nietzsche) einer temperamentsbedingt fröhlichen und verantwortungslosen Freiheit von der Versuchung überhaupt Ausdruck zu verleihen.

Sicher schrieb Adorno sehr viele kurze Texte, versuchte sich (vor allem in den *Minima Moralia)* im Fragment und brachte Aphorismen hervor, die treffsicher und tödlich waren. Doch liegt das grundsätzliche Problem in seiner Auffassung vom Philosophieren selbst, nach dem Ende der großen Systeme: läßt sich aus den »Modellen« der *Negativen Dialektik* eine Praxis der *philosophie informelle* ableiten, wie sie etwa Richard Rorty vorschlägt und die bisweilen auch als »postmodern« beschrieben wird? Dies würde eine okkasionelle Art und Weise des Philosophierens in sich begreifen, bei der Probleme ad hoc gelöst werden und die einer Offenheit verpflichtet ist, welche Adorno selbst wie folgt beschreibt:

> Gegens Risiko des Abgleitens ins Beliebige ist der offene Gedanke ungeschützt; nichts verbrieft ihm, ob er hinlänglich mit der Sache sich gesättigt hat, um jenes Risiko zu überstehen. (ND, 43)

Die Rhetorik des Offenen und Geschlossenen, die mittlerweile sofort den schwersten Verdacht erregen und die Alarmglocken schrillen lassen sollte, klingt unheilverkündend genug; allerdings habe ich die Modelle der *Negativen Dialektik* nicht auf diese aleatorisch-beliebige Weise gelesen und es sollte deutlich sein, daß ich die Einschätzung, Adorno gehöre zur Postmoderne, nicht überzeugender finde als seine Zuordnung zur Spätromantik. Nicht bezweifeln läßt sich allerdings, daß sein Denken der Heraufkunft des Postmodernismus Freiräume ermöglichte.

Doch nicht dort liegt Adornos Bedeutung für den – im strengen Sinne als kulturelle Dominante verstandenen – Postmodernismus, sondern in seiner soziologischen und philosophischen Polemik. Was Adorno nämlich Positivismus nannte, ist genau das, was wir heute als Postmodernismus bezeichnen, dessen primitivere Stufe der Positivismus darstellte. Die Verschiebung in der Terminologie ist dabei von einem unübersehbaren Bedeutungsgehalt: eine spießige, kleinbürgerlich-republikanische Wissenschaftsphilosophie aus dem neunzehnten Jahrhundert entschlüpft dem Kokon des Zeitdokuments und entpuppt sich als irisierender Glanz des Konsumalltags im Altweibersommer des überstaatlichen und multinationalen Kapitalismus. So läuft die Entwicklung von der Wahrheit zur jeweils allerneueste Ware, von der bürgerlichen Ehrbarkeit und bourgeoisem »Standesbewußtsein« zu den Superhighways und Stränden, von den altmodischen autoritären Familien und den bärtigen Professoren zur Freizügigkeit und zum Respektverlust der Autorität (die dessen ungeachtet immer noch herrscht). Die Frage, ob man nach Auschwitz noch Gedichte schreiben könne, ist einer anderen gewichen, die da lautet, ob man es ertragen könne, Adorno und Horkheimer am Rande des Swimmingpools zu lesen.

Und hierin liegt nun in der Tat ein erster Dienst, den die beiden uns erweisen können: das Gefühl des Ernsten und Bedrohlichen wiederzuerwecken, das im versmogten Sonnenlicht der Einkaufsstraße gegenwärtig ist – ein älteres, klassisch europäisches Gefühl für Verhängnisse und Krisen, das selbst die EG-Staaten in ihrer eigenen wundersamen Wandlung und Entpuppung von sich abgetan haben und das die USA nun besser gebrauchen können als jene. Denn die USA sind, verglichen mit den Staaten der EG, eine ältere und mittlerweile altersschwache Gesellschaft (es ist ein bißchen so, mit Sartre zu sprechen, als wenn man schließlich den eigenen Vater an Jahren übertrifft). Das eigentliche Problem jedoch ist das der Repräsentation – Bilder von stillgelegten Bahnstrecken und verlassenen Fabriken kennen wir noch aus den dreißiger Jahren, die Kritik an der Konsumgesellschaft und ihren Bildern (perlweiße Zähne und strahlendes Lächeln) ist uns von den fünfziger Jahren her vertraut. Dies alles, selbst die überraschende strukturelle Kombination dieser Elemente, ist veraltet. Das wirkliche Problem bleibt wohl, wie bereits gesagt, die Repräsentation selbst; die Repräsentation dieser Totalität, von der alle Postmodernisten behaupten, sie wäre, auch wenn sie existierte, weder erkennbar noch darstellbar. Vielleicht ist die Dialektik – sogar jenes frustrierende und zur Wut reizende Ding namens *negativer* Dialektik – ein Versuch, diesen Kreis zur Quadratur zu bringen, den wir noch nicht gewagt haben: wir fangen ganz tief innen an, im Kopf mitsamt seinen Klischeevorstellungen, ohne einen Augenblick lang zu glauben, sie seien persönlicher oder subjektiver Provenienz. Wenn es einem solchen Denken schließlich gelänge, hinaufzusteigen und (wie die Person in Becketts *Endspiel)* aus einer der Augenhöhlen zu schauen, könnte es einen Moment lang ein Stück Wirklichkeit erblicken, ehe die Leiter zusammenbricht.

Der Positivismus wird zum Postmodernismus, wenn er, wie im älteren Paradigma die Philosophie, zur Erfüllung gelangt ist und damit sich selbst zerstört hat. Adorno beharrt auf einem Bestandteil seiner Mission und gibt uns dadurch eine sehr nützliche Beschreibung: der Positivismus will das Subjektive in der Form auslöschen, in der es sich als Gedanke, Interpretation und Überzeugung äußert (vielleicht will er auch die mit diesen Dingen verbundene Sprache des Poetischen, des Emotionalen und des Rhetorischen auslöschen). Anders gesagt ist der Positivismus ein Nominalismus und will uns als solcher auf die empirische Gegenwart reduzieren (oder diese zum einzigen Muster für die Vorstellung anderer Situationen und zeitlicher Momente machen). Er will den Wert als solchen auslöschen, wie auch alles Denken, das nach Zielen und Zwecken fragt (das ist die Formulierung der sogenannten »Kritik der instrumentellen Vernunft«), nicht unter Ausschluß der Dialektik, wohl aber unter Einschluß all der anderen visionären Ideologien, deren »Ende« er gleichfalls ankündigt.

In diesem Sinne ist der Postmodernismus auch die Erfüllung

und Auslöschung des Liberalismus, der, als Ideologie und Wert so wenig haltbar wie der traditionelle Konservatismus, nach seinem Tod als Ideologie viel größere Wirksamkeit entfalten kann, realisiert er sich doch in seiner traditionellsten Form als Engagement für die Marktwirtschaft, die nun reiner common sense geworden ist und kein politisches Programm mehr darstellt. Jegliche Kritik an solchem Positivismus ist wahr und nutzlos zugleich, weil sie lediglich veraltete Repräsentationen und überholte Ideologien zu mobilisieren vermag. An diesem Punkt wird sogar die Rede von der Nicht-Existenz des Denkens wirkungslos, worauf sich das Begehren zuallererst gerichtet hatte. Was nicht mehr ist, ist so abwesend wie das, was niemals war oder was noch nicht ist oder nicht sein wird; nur das Sein ist noch übrig, doch nennen wir es nicht mehr so, da das Wort selbst ohne sein Gegenteil, Nichts, bedeutungslos geworden ist, letzteres aber ward aus dem Verkehr gezogen.

Adorno war ein zweifelhafter Bundesgenosse, als es noch mächtige und oppositionelle politische Strömungen gab, von denen sein eingefleischter und bissiger Quietismus den nicht weiter engagierten Leser hätte ablenken können. Jetzt, da es für den Moment um diese Strömungen selbst ruhig geworden ist, wird seine Griesgrämigkeit zum vergnüglichen Gegengift und zum rosttreibenden Lösungsmittel für die Behandlung der Oberfläche dessen, »was ist«. Selbst seine archaische Ökonomik erscheint nunmehr passend und zeitgemäß; die völlig aus der Mode gekommene Lehre vom Monopolkapital könnte, durchaus im Geiste seiner eigenen Konstruktion von Zeit, genau das Bild sein, das wir, in Abwesenheit eigener Bilder, benötigen, weil es ihn dazu antrieb, dem System ohne Verfolgungswahn bis in seine kleinsten Verstecke und Ritzen nachzuspüren, und zwar mit einer Wirksamkeit, die immer noch denjenigen ein Beispiel geben kann, welche durch die Dezentralisierung des augenblicklichen Systems demoralisiert sind. Denn dieses bietet uns reihenweise identische Produkte (oder ihre synthetischen Transformationen) an, nicht aber die düsteren und fensterlosen Hauptquartiere, nach denen wir gesucht haben.

In einer früheren Situation ungleicher Entwicklung konnte Adornos Dialektik (und der sogenannte Westliche Marxismus allgemein) als besonderer und beschränkter Marxismus der Ersten Welt begriffen werden, als Eigentum von Intellektuellen und als ein spezialisiertes intellektuelles Instrument, das sich erheblich von denen unterschied, die man in unterentwickelten oder sozialistischen Ländern benötigte (wenngleich es, für den Gebrauch am ihm bestimmten Ort, seine eigene Gültigkeit besaß). Diese Ungleichheiten hat, auf ebenso unbalancierte Weise, eine abrupt neue Expansion des Weltsystems annulliert und durch andere ersetzt, die wir bis dato weniger gut verstehen. Eine neokoloniale Dritte Welt sieht ihre Befreiungsbewegungen über Nacht dahingewelkt, während die Institutionen des real existierenden Sozialismus wie tauender Schnee verflossen scheinen. Jedoch hatte die von Marx avisierte sozialistische Umformung der Menschen und der gesellschaftlichen Verhältnisse ihre Ermöglichungsbedingungen unter der Herrschaft erhöhter Produktivität und fortgeschrittener Technologie, die nicht dadurch herbeizuzaubern waren, daß man den Wunsch zum Vater des Gedankens machte. Der Stalinismus verschwand nicht, weil er versagte, sondern weil er mit großem Erfolg seine historische Mission erfüllte und die schnelle Industrialisierung eines unterentwickelten Landes erzwang (von daher konnte er vielen Ländern der Dritten Welt als Modell dienen). In dieser Hinsicht ist, wie Gorz bemerkt hat, der Kommunismus der »erste Schritt« hin zum Sozialismus! (Man braucht sich nur daran zu erinnern, daß in Polen die von einem einzigen übergreifenden Management – dem Staat – vollzogene Industrialisierung die Vorbedingung für das Entstehen einer nationalen Arbeiterbewegung war.) Das bislang noch nirgendwo gelöste Problem besteht darin, wie sicherzustellen wäre, daß dem ersten noch ein *zweiter* Schritt folgt.

Im Endeffekt hinterläßt »die Partei«, die abgedankt und sich von ihrer ideologischen Verantwortung für die Neuformulierung und den Entwurf der Vision eines sozialistischen Modells verabschiedet hat, ein Vakuum im Staat, das sofort, wenngleich nur provisorisch, durch das Schauspiel der Intellektuellen, ja der Intelligentsia selbst, die nun an der Macht ist, aufgefüllt wird: vielleicht kann ein zukünftiger Marx die entsprechenden Seiten des *Achtzehnten Brumaire* noch übertrumpfen, indem er more satirico die Euphorie beschreibt, mit der diese Kaste den Erwerb ihrer eigenen professionellen Zunftwerte feiert und besiegelt (Rede»freiheit« und »freie« Wahlen), um dann ziellos in die Krise ihrer Produktion zu taumeln und mit den Zänkereien zu beginnen, von denen sie nur abläßt, damit sie den großen Bundesbruder und Verteidiger der »Freiheit« um Geld anbetteln kann, das heißt, eben jene Vereinigten Staaten, die, nach der wohlwollenden Neutralisierung der Sowjetunion, nunmehr Panama zurückerobern und bei der Verfolgung weiterer lokaler

»Verteidigungs«operationen in aller Welt noch einen Zahn zulegen.

Die Leere dieses Interregnums wird einzig durch das *big business* aufgefüllt, das nationalisierte Industrien zum Schleuderpreis aufkauft und seinen Gewinn aus den billigen Arbeitskräften schöpft, die im Gefolge des totalen Zusammenbruchs autonomer Nationalstaaten den multinationalen Konzernen in den Schoß fallen. Mit großer Schnelligkeit ist die einstige Zweite Welt umstandslos auf den Status einer Dritten zurückgefallen, und dies ist das Telos der gegenwärtigen Geschichte, das funktionale Ziel, auf das sie sich zubewegt. Die alte Schlangenhaut eines überlebten Entwicklungsstadiums ist abgestreift, ein neuer, nun wirklich erdumspannender Kapitalismus zieht herauf. Diese Momente determinieren die gnadenlose Demaskierung der strukturellen Schwäche des östlichen Sozialismus (und damit wird auch der eigenständigen Entwicklung in der Dritten Welt ihr Urteil verkündet und die Totenglocke geläutet), in dessen Ländern die idealistisch-revolutionäre Pose auf die breite Masse der Staatsgegner übergegangen zu sein scheint, solange diese noch nicht in Konsumenten oder in »verelendete« *(»immiserated«)* Arbeiter im Solde ausländischen Kapitals verwandelt worden sind.

Nichts davon vermag den Marxismus zu »widerlegen«. Vielmehr bleibt er die einzige Denkweise, die unsere Aufmerksamkeit zielgerichtet auf die ökonomischen Folgen der neuen »Großen Transformation« lenkt und dabei das Risiko in Kauf nimmt, den Illusionen ihres Überbaus eine kalte Dusche zu verpassen. Kapital und Arbeit (wie auch ihr Gegensatz) werden unter dem neuen System weiter fortbestehen, und es wird in der Zukunft so wenig wie in der Vergangenheit irgendeinen gangbaren »dritten Weg« zwischen Kapitalismus und Sozialismus geben, auch wenn sozialistische Rhetorik und Begrifflichkeit all jenen Übelkeit verursachen muß, die den Gebetsmühlen der Bürokraten ausgesetzt waren. Doch läßt sich keine Zukunft vorstellen, der ein tiefergehendes ideologisches Engagement für Politik – will heißen, linke Politik – fehlt. Offensichtlich sind die Quellen solchen Engagements unbewußt und durch Familie und Kindheit wie durch Klassenzugehörigkeit und Erfahrung überdeterminiert, und selbst in einer völlig post-modernisierten Ersten Welt wird es junge Menschen geben, die ihrem Temperament und ihren Werten nach genuin links sind und einer Vision von radikaler gesellschaftlicher Veränderung folgen, die durch die Normen einer am Geschäft orientierten Gesellschaft unterdrückt wird. Die Dynamik eines solchen Engagements leitet sich nicht von der Lektüre der »marxistischen Klassiker« her, sondern entstammt der objektiven Erfahrung gesellschaftlicher Wirklichkeit, sowie der Art und Weise, in der eine einzelne Ursache oder Problematik, eine spezifische Form der Ungerechtigkeit, nicht vollständig aufgeklärt oder beseitigt werden kann, ohne daß schließlich das ganze Gewebe der ineinandergreifenden sozialen Ebenen zu einer Totalität zusammengezogen wird, die dann den Eingriff einer Politik der gesellschaftlichen Transformation erforderlich macht. Das Privileg der Marxschen Texte – und der Grund, weshalb sein Name, mißbräuchlich vielleicht, im Unterschied zu anderen Gesellschaftstheoretikern mit einer solchen Politik verbunden bleibt – liegt in der Tatsache, daß Marx, wie die Entwicklungslinie bereits der ersten veröffentlichten und unveröffentlichten Artikel zeigt, diese totalisierende Erfahrung machte, als er noch am Beginn seiner Laufbahn stand. Ob nun, wenn in einem ferneren »Dunklen Zeitalter« die Bänder gelöscht werden, das Wort Marxismus verschwindet oder bleibt, so wird doch das, was es bezeichnet, unvermeidlicherweise wiederkehren.

Was aber die gegenwärtige Situation angeht, so hat uns schon Korsch vor langer Zeit anhand des Marxschen Werks selbst gezeigt, wie Modus und Methodologie der Analysen im spannungsgeladenen inneren Gegensatz von Voluntarismus und Fatalismus (oder Determinismus) den einen oder den anderen Pol besetzten, je nach den Veränderungen in der objektiven gesellschaftlichen Situation und ihren großen zyklischen Rhythmen, die von Situationen der Hoffnung und Veränderung (die man »vorrevolutionär« nennt) in andere übergehen, in denen die gesellschaftliche Geologie so versteinert ist, daß jegliche Veränderung unvorstellbar scheint (jedenfalls für solche kurzlebigen biologischen Subjekte wie wir es sind). Unsere eigene Situation scheint eher der zuletzt geschilderten ähnlich, und so müssen die Gedanken, die wir nützlich finden, ihr angemessen sein.

Diesem Geiste entspringt meine These, Adornos Denken sei ein dialektisches Modell für die neunziger Jahre. Seine introspektive oder reflektierende Dialektik paßt zu einer Situation, in der – aufgrund der Dimensionen und der Ungleichheit einer neuen globalen Ordnung – das Verhältnis zwischen dem Individuellen und dem System falsch definiert, wo nicht verflüssigt oder gar aufgelöst zu sein scheint. Adornos Überbetonung dessen, was er Theorie nennt – das Aufspüren der abwesenden Gegenwart der Totalität in den Aporien des Bewußtseins oder seiner Hervorbringungen – ist keine schlechte Lektion für die Intellektuellen heute, da die ältere Vorstellung von kritischer Theorie als permanenter Negativität und unversöhnlicher Gesellschaftskritik die Praxis eines Sartre besser zu kennzeichnen scheint als die Ideale postmoderner Theoretiker. Sicher ist für die »gegenwärtige Situation« noch manch anderes dringend erforderlich als nur dialektische Theorie; jedoch wird »nicht nur die Theorie, sondern ebenso deren Absenz zur materiellen Gewalt, sobald sie die Massen ergreift«.

Anmerkungen

Einleitung:

1. Eine Kürzestbiographie: Geboren am 11. September 1903 in Frankfurt/M., gestorben am 6. August 1969 in der Schweiz. Dissertation über Husserl 1924 (Universität Frankfurt); 1925 Kompositionsstudium bei Alban Berg in Wien; ab 1927 häufige Aufenthalte in Berlin, Kontakte zu Benjamin, Brecht, Bloch, Weill und anderen; 1931 Antrittsvorlesung als Assistenzprofessor für Philosophie in Frankfurt, noch vor der engeren Zusammenarbeit mit Horkheimers Institut für Sozialforschung; 1938 endgültige Emigration in die Vereinigten Staaten, nachdem die Pläne einer Professur in Oxford scheiterten; Beteiligung am Princeton Radio-Forschungsprojekt; engere Zusammenarbeit mit Horkheimer und Umzug nach Südkalifornien; 1953 definitive Rückkehr nach Westdeutschland als Professor für Philosophie und Soziologie an der Frankfurter Universität; 1964 Nachfolger Horkheimers als Institutsdirektor. Weitere bibliographische und geschichtliche Details bei Wiggershaus (1987). Dies Buch bezieht sich auf umfangreiche unveröffentlichte Materialien und Briefe und verdankt offensichtlich viel der Zusammenarbeit mit Habermas. Es bietet das substanzreichste historische Bild der Frankfurter Schule von ihren Anfängen bis zu ihren jüngsten Wandlungen. Im Gegensatz zu Jays Pionierarbeit (Jay 1973), die die Geschichte (bis zur Rückkehr nach Deutschland) aus der Sicht von Horkheimer schildert, zeichnet Wiggershaus ein entschieden kritisches Bild von der zentralen Persönlichkeit des Instituts.
2. Besonders Susan Buck-Morss hat beharrlich darauf hingewiesen, daß praktisch das gesamte Programm der *Negativen Dialektik* bereits in der Antrittsvorlesung von 1931 (»Die Aktualität der Philosophie«, wiederabgedruckt in *Gesammelte Schriften* Bd. 1, Frankfurt/M. 1983, 325–344) enthalten sei. Vgl. Buck-Morss 1977, 24f., 63ff.
3. Vgl. Wiggershaus 1987, 503–508; der Band enthält auch detaillierte Darstellungen der verschiedenen »empirischen« Projekte, die vor, während und nach der Emigration geplant wurden.
4. Vgl. Honneth 1979 und natürlich Habermas selbst, besonders Habermas 1981, Kap. 4, v.a. 489–534, und Habermas 1988, Kap. 5.
5. Vgl. etwa Adornos Einschätzung von Kant: »Sein bürgerlich verzagter Abscheu vor Anarchie ist nicht geringer als sein bürgerlich selbstbewußter Widerwille gegen Bevormundung.« (ND, 246). Auch die Analyse von Wagners »Sozialcharakter« ist reich an solchen Urteilen: »Es ist die Haltung des schmeichelnden Muttersöhnchens, das sich und den anderen einredet, die guten Eltern könnten ihm nichts abschlagen, eben damit sie es nicht tun.« (WA, 15).
6. Das philosophische Werk wird im ersten Teil mittels eines Kommentars zur *Negativen Dialektik* diskutiert; Teil II bezieht sich u. a. auf die *Dialektik der Aufklärung* und versucht Adornos gesellschaftliche Einschätzung der Kunst selbst zu charakterisieren, während Teil III ein Kommentar zur *Ästhetischen Theorie* ist.
7. Vgl. etwa Mörchen 1980 oder Bubner 1989, 73.

8. Vgl. *Gesammelte Schriften,* Bd. 19, S. 638.
9. Vgl. sein Interview mit Gerard Raulet unter dem Titel »Structuralism and Poststructuralism«, in *Telos* Nr. 55, Frühjahr 1983, 195–211.
10. Vgl. »Immanence and Nominalism in Postmodern Theory« in Jameson 1990. Den anregendsten und umsichtigsten Vergleich des französischen Poststrukturalismus mit den verschiedenen deutschen Traditionen kann man bei Dews 1987 finden; zu Adorno und Derrida siehe auch Nägele 1982/3. Perry Anderson (1976, 72f.) zieht eine sehr interessante Parallele zwischen Adorno und Althusser. [Vgl. in der deutschen Ausgabe S. 108–110.]

Teil I:

1. Sabine Wilke weist scharfsinnig auf die grundlegende strukturelle Zweideutigkeit hin, die in der Parataxis als solcher am Werk ist (Wilke 1982, bes. S. 646). Man vergleiche dazu Empsons sinnverwandte Diskussion der klassischen Parataxis: »the Homeric *but* where one expects 'and'« (in Empson 1960, 136).
2. Wahrscheinlich ist der »Freudo-Marxismus« der Frankfurter Schule, der letztlich nur bei Marcuse voll verwirklicht wurde, ganz allgemein überbetont worden. In den *Minima Moralia* gibt es wütende Attacken gegen Freud (vgl. etwa Aph. 136, »Exhibitionist«), wobei dieser aber als *amerikanischer* Denker gesehen wird, dessen »Therapie« mit obligatorisch guter Gesundheit, sauberen Zähnen und einem Dauerlächeln einhergeht. Diese Einschätzung sollte der bemerkenswerten Anerkennung zur Seite gestellt werden, die Adorno später (1972b) äußert.
3. Es sollte bemerkt werden, daß Adornos Aufwertung des Essays als Form in den Sozialwissenschaften zu ganz anderen Konsequenzen führt: dort untergräbt es den Glauben an die erschöpfende Kraft des empirischen Details (ihre Art des Glaubens an die Repräsentation oder Darstellung) und ersetzt es durch das provisorische Modell oder die lokale Hypothese. Der Essay treibt hier einen Keil zwischen Geschichte und abstrakte Soziologie und erlaubt gleichsam jeder dieser beiden Tendenzen, die jeweils andere zu berichtigen oder zu verfremden. S. aber Teil IV, Fn. 6 und 7.
4. Le Président de Brosses, 1760. S. aber Einleitung, Fn. 4.
5. So handelt Hegels Logik »bloß von der Besonderheit, selber bereits einem Begrifflichen« (ND, 320).
6. Pollocks Werk wird oft diskutiert, so etwa von Jay (1973), Dubiel (1978) und anderen. Meines Wissens erörtert aber nur Giacomo Marramao das Verhältnis zu Grossmann (Marramao 1974). Ich mache selbst ein paar Vorschläge, doch meiner Ansicht nach steht die endgültige Untersuchung über die ökonomische Dimension der Frankfurter Schule noch aus. Ich will hinzufügen, daß das, was Pollock »Spätkapitalismus« nennt, nichts mit dem gegenwärtigen oder postmodernen Stadium des Weltsystems zu tun hat, für das bisweilen auch dieser Terminus benutzt wird.
7. Vgl. Deleuze 1983, Kap. 2 und 3.
8. Wenn man es so sieht, dann sagt er in seinem großen Aufsatz über Beckett (»Versuch, das *Endspiel* zu verstehen«, NL, 281–321) auch nichts anderes, aber ich frage jeden intelligenten Leser, ob er das Buch mit dem gleichen Eindruck aus der Hand legt!
9. Ein nächster Schritt wird die Kapital-Logik sein (vgl. Teil IV).
10. Vgl. Adorno u. a. (1972), wo das dramatische Aufeinandertreffen dokumentiert ist.
11. »Geschichte tangiert die Sprache nicht nur, sondern ereignet sich mitten in

ihr« (MM, 293); aber die »Rede über Lyrik und Gesellschaft« (NL, 48–68) erinnert uns daran, daß sie sich dort auch negativ »ereignen« kann.

12. In unserer Zeit erneuert Pierre Bourdieu diese Position, mit kraftvollen anti-kulturellen und anti-intellektuellen Entmystifizierungen, wie etwas in dem Buch *Die feinen Unterschiede* (Bourdieu 1979).
13. Anm. d. Übers.: Die Behauptung ist in dieser Form nicht haltbar. Die Fachterminologie des Gleisbaus spricht von »Oberbau« und »Unterbau«, wobei letzteres die Anlage (Erdkörper und Kunstbauten) bezeichnet, die dem Oberbau, bestehend aus Schienen, Schwellen, und Gleisbettung, den eigentlichen Halt gibt. Ob das Basis-Überbau-Schema tatsächlich darauf anspielt, ist nicht mit Sicherheit zu eruieren.
14. Vgl. Teil IV, Fn. 7.
15. Vgl. Einleitung, Fn. 2 und zum *Passagenwerk* Buck-Morss 1990.
16. »Aura« scheint sich von dem »irrationalistischen« Philosophen Ludwig Klages herzuleiten (vgl. Wiggershaus 1987, 224ff.). Wo der Begriff der Mimesis herkommt, liegt durchaus im Dunkeln, vor allem deshalb, weil Adornos Verwendung des Begriffs mit Benjamins nur sehr wenig gemeinsam hat. (Vgl. aber Cahn 1984). Habermas interpretiert die zentrale Stellung des Begriffs als Kompensation für das Fehlen einer positiven Konzeption von Vernunft:
»Zum Statthalter dieser ursprünglichen, von der Intention auf Wahrheit abgelenkten Vernunft erklären Horkheimer und Adorno ein Vermögen, Mimesis, über das sie aber, im Banne der instrumentellen Vernunft, nur reden können wie über ein undurchschautes Stück Natur. Sie bezeichnen das mimetische Vermögen, in dem eine instrumentalisierte Natur ihre wortlose Klage erhebt, als 'Impuls'. Das Paradox, in dem sich die Kritik der instrumentellen Vernunft verstrickt und das sich auch der geschmeidigsten Dialektik hartnäckig widersetzt, besteht mithin darin, daß Horkheimer und Adorno eine *Theorie* der Mimesis aufstellen müßten, die nach ihren eigenen Begriffen unmöglich ist.« (Habermas 1981, 512) Die *Dialektik der Aufklärung* wird später noch diskutiert; doch ist meiner Ansicht nach die Mimesis der Ersatz für die traditionelle Subjekt-Objekt-Beziehung.
17. Einen Anfang macht Hoffmann (1984), der Adorno stilistisch-syntaktisch analysiert. Friedemann Grenz' wertvolle Arbeit (Grenz 1974) sieht bei Adorno zwei fundamentale (»geschichtsphilosophische«, S. 12) Satztypen am Werk: einerseits »physiognomische Negationen«, andererseits die vertrautere Hegelsche »bestimmte Negation« (S. 180, 202, 203). Gillian Rose (1978) wiederum meint, daß bei Adorno Argumente, »die aus der traditionellen Philosophie stammen [...] durch die rhetorische Figur des Chiasmus in Prinzipien der Gesellschaftskritik umgeformt werden: Argumente, die ungerechtfertigte Abstraktionen in der Philosophie anprangern, enthüllen gesellschaftliche Abstraktionsprinzipien; Argumente, die die ungerechtfertigte Vorherrschaft des Subjekts in der Philosophie anprangern, enthüllen gesellschaftliche Herrschaftsmechanismen«.
Dies ist umso passender, als der Chiasmus im allgemeinen die grundlegende Tiefenstruktur der marxistischen oder materialistischen Dialektik darstellt (bei Hegel taucht er, wie ich denke, relativ selten auf).
18. Vgl. Bordwell u.a. 1985, Kap. 31: »Alternative modes of film practice«.
19. Nämlich dem von Friedrich Pollock; vgl. oben, Fn. 6.
20. Ein fast zeitgenössisches Beispiel ist Richard M. Weaver (1948), der die Diagnose des Nominalismus als klassische Jeremiade des Kalten Krieges über die Dekadenz des modernen Zeitalters benutzt. Ich danke Richard Rorty und Gayatri Spivak für diesen Hinweis. Im allgemeinen werden überbauorientierte (oder »geistige«) Diagnosen des Zusammenbruchs der

Gesellschaftsordnung dem rechten Flügel zuzurechnen sein (vgl. vor allem Heidegger selbst), infrastrukturelle dagegen dem linken Flügel.

21. Siehe Einleitung, Fn. 2.
22. »Das Wort, das nicht Mittel ist, erscheint als sinnlos, das andere als Fiktion, als unwahr« (DA, 156).
23. Signifikanterweise ist dies die einzige Passage, die unverändert in den späteren Text übernommen wurde (vgl. *Gesammelte Schriften*, Bd. 1, 354f.).
24. Die folgende Reflexion (aus Adorno 1972b) scheint mir äußerst aufschlußreich zu sein:
»Wesentlicher als subjektives Motiv der objektiven Rationalität ist die Angst. Sie ist vermittelt. Wer sich nicht nach den ökonomischen Regeln verhält, wird heutzutage selten sogleich untergehen. Aber am Horizont zeichnet die Deklassierung sich ab. Sichtbar wird die Bahn zum Asozialen, zum Kriminellen: die Weigerung, mitzuspielen, macht verdächtig und setzt selbst den der gesellschaftlichen Rache aus, der noch nicht zu hungern und unter Brücken zu schlafen braucht. Die Angst vorm Ausgestoßenwerden aber, die gesellschaftliche Sanktionierung des wirtschaftlichen Verhaltens hat sich längst mit anderen Tabus verinnerlicht, im einzelnen niedergeschlagen. Sie ist geschichtlich zur zweiten Natur geworden; nicht umsonst bedeutet Existenz im philosophisch unverderbten Sprachgebrauch ebenso das natürliche Dasein wie die Möglichkeit der Selbsterhaltung im Wirtschaftsprozeß.« (S. 46f.)
25. »Nicht anders wird einmal die Welt, unverändert fast, im stetigen Licht ihres Feiertags erscheinen, wenn sie nicht mehr unterm Gesetz der Arbeit steht, und dem Heimkehrenden die Pflicht leicht ist wie das Spiel in den Ferien war.« (MM, 144; Aph. 72: »Zweite Lese«)
26. Zu Weber vgl. meinen Aufsatz »Vanishing Mediator«, in Jameson 1988a, Bd. I.
27. Auf diese Weise kann eine Hinwendung zur Problematik der Medien Pollocks Theorie des Staatskapitalismus – eine linke Version der zu jener Zeit gängigen These James Burnhams von der Manager-Gesellschaft – abwandeln und verschieben. Die konvergierenden Charakterzüge der beiden Theorien bewahren sie davor, der einfacheren Idee des »Totalitarismus« zu verfallen, die kurz danach von den Apologeten des Kalten Krieges vorgetragen wurde. Doch nimmt die Betonung der entstehenden Technologie, die allen entwickelten Ländern, vor allem aber Roosevelts USA und Hitlers Deutschland gemeinsam ist, gegenwärtige Trends in der Medientheorie vorweg (vgl. mein Buch *Signatures of the Visible*, New York/London 1990).
28. Dergestalt kann ich mit Martin Jays Auffassung, die Frankfurter Schule sei auf Grund zunehmender Desillusionierung allmählich vom Marxismus abgerückt, nicht teilen: man muß die persönliche Meinung (oder Feigheit) von den tieferen Grundsätzen trennen, die die intellektuelle Arbeit beeinflussen. Helmut Dubiel wiederum sieht die Sache so:
»Daß so vielen Lesern der theoretischen Schriften der vierziger Jahre die dezidierte Abkehr von der marxistischen Theorietradition verborgen blieb, mag seine Ursache darin haben, daß die dargestellten Grundthesen nicht in einem expliziten Kritikzusammenhang an Marx entwickelt wurden. Die philologische Distanz zu seinen Schriften, die für alle Phasen der Theorieentwicklung des Frankfurter Kreises kennzeichnend war, verhinderte nach dem Ausscheren aus dieser Theorietradition noch einmal die Erkenntnis dieses Bruchs. Marx aus der Optik der 'Kritik der instrumentellen Vernunft' zu kritisieren, blieb erst Schülern von Horkheimer und Adorno

vorbehalten. Unkenntlich blieb dieser Bruch weiterhin auch deshalb, weil Horkheimer und besonders Adorno marxianisierende Argumentationsformen beibehielten.« (Dubiel 1978, 112f.)
Wann ist ein Bruch kein Bruch? Ein gewiefter Rechtsanwalt würde diese zweideutige Analyse in der Luft zerreißen, nicht zuletzt deshalb, weil es, wie sich herausstellt, bei den oben erwähnten »Schülern« um Habermas und Wellmer handelt, die sicherlich einen »Kritikzusammenhang« an Marx, zugleich aber einen sehr viel verheerenderen an Adorno und Horkheimer selbst entwickelt haben!

29. Die *Minima Moralia* sind in dieser Hinsicht noch expliziter; im Aph. 18 (»Asyl für Obdachlose«) ist von Gebäuden, Räumlichkeiten, Wohnungen die Rede, und in diesem Zusammenhang heißt es: »Die Möglichkeit des Wohnens wird vernichtet von der der sozialistischen Gesellschaft, die, als versäumte, der bürgerlichen zum schleichenden Unheil gerät« (MM, 41).
30. Doch läßt sich die keineswegs immer interesselose Verteidigung von Kontemplation und Muße überall in Adornos Schriften finden (vgl. etwa MM, Aph. 82: »Drei Schritt vom Leibe«, wo die Figur und die Strategie der »Distanz« in strenger und interner Weise auf die »schlechte Unmittelbarkeit« der verschiedenen Positivismen bezogen werden).

Teil II:

1. Zum *Intérieur* vgl. Adornos Buch über Kierkegaard (*Gesammelte Schriften*, Bd. 2, S. 38–69) und *Minima Moralia*, Aph. 106 (»Die Blümlein alle«).
2. »Wie nun aber die Kunst in der Natur und den endlichen Gebieten des Lebens ihr *Vor* hat, ebenso hat sie auch ein *Nach*, d.h. einen Kreis, der wiederum ihre Auffassungs- und Darstellungsweise des Absoluten überschreitet.« (G.W.F. Hegel, *Ästhetik*, Band I, Berlin und Weimar [3]1976, S. 110)
3. So beschwert sich Terry Eagleton in *Against the Grain* (Eagleton 1986); vgl. auch MM, 280 (Aph. 134, »Juvenals Irrtum«): »Der bedarf des Beweises nicht, der die Lacher auf seiner Seite hat.«
4. Die Kulturindustrie »plant das Glücksbedürfnis ein und exploitiert es. Kulturindustrie hat ihr Wahrheitsmoment daran, daß sie einem substantiellen, aus der gesellschaftlich fortschreitenden Versagung hervorgehenden Bedürfnis genügt; aber durch ihre Art Gewährung wird sie zum absolut Unwahren.« (ÄT, 461)
5. Vgl. die Einleitung, Fn. 4.
6. Andreas Huyssen (1986) hat auf die enge Beziehung zwischen dem Buch über Wagner und der Theorie der Kulturindustrie hingewiesen. Tatsächlich erweist sich die Entstehung der Kulturindustrie nunmehr als endogam, d.h. als etwas, das die Kunst sich selbst während ihres Zerfalls in der Epoche des Imperialismus antut (Adorno ist der Ansicht, im Lichte des Gesamtkunstwerks* hätte Nietzsche *sein* Wagner-Buch »Die Geburt des Films aus dem Geiste der Musik« nennen sollen). Bei Benjamin ist die Entstehung der Hochmoderne durch Sprache und Form Baudelaires gekennzeichnet, ihr folgt das Stadium der »Reproduzierbarkeit des Kunstwerks«; bei Adorno fällt beides im Werk von Wagner zusammen. Des weiteren hält eine umfassende Diskussion von »Phantasmagorien« (Kap. 6) den Anspruch aufrecht, Marx' Begriff des Warenfetischismus im Bereich des Ästhetischen weiter zu verfolgen.

Teil III:

1. Adorno erlaubte sich Äußerungen wie die folgenden: »Bis heute hat es Musik nur als ein Produkt der bürgerlichen Klasse gegeben, das in Bruch und Gestaltung die Gesamtgesellschaft zugleich verkörpert und ästhetisch registriert. [...] Im Bestehenden ist überhaupt an der Existenz anderer als bürgerlicher Musik zu zweifeln.« (PM, 117)
2. So etwa bei Leo Tolstoi, *Krieg und Frieden* (Achter Teil, 9. Kapitel): »Im zweiten Akt waren Grabsteine auf die Pappwände gemalt, in der Leinwand hinten war ein Loch, das den Mond darstellte, die Lampen an der Rampe hatte man mit Schirmen abgeblendet, die Trompeten und Bässe spielten ganz tiefe Noten, und von rechts und von links kamen eine Masse Leute in schwarzen Mänteln heraus. Diese Leute begannen mit den Armen zu fuchteln, und in den Händen hatten sie eine Art Dolche. Dann kamen noch andere Leute herzugelaufen und fingen an, jenes Mädchen, das erst das weiße Kleid angehabt hatte und jetzt ein himmelblaues trug, mit Gewalt fortzuschleppen. Aber das taten sie nicht plötzlich und mit einemmal, sondern sangen erst noch ein langes und breites mit ihr hin und her, bis sie sie dann wirklich forttrugen. Darauf schlug jemand hinter der Bühne dreimal auf etwas Metallisches, und alle fielen auf die Knic und sangen ein Gebet. Ab und zu wurde diese Handlung von den entzückten Beifallskundgebungen der Zuschauer unterbrochen.« (Übers. von Marianne Kegel, München 1956, S. 770.)
3. »Große Architektur empfängt ihre überfunktionale Sprache, wo sie, rein aus ihren Zwecken heraus, diese als ihren Gehalt mimetisch gleichsam bekundet. Schön ist die Scharounsche Philharmonie, weil sie, um räumlich ideale Bedingungen für Orchestermusik herzustellen, ihr ähnlich wird, ohne Anleihen bei ihr zu machen.« (ÄT, 72f.)
4. Vgl. auch die wunderschöne Meditation über Sinn und Ursprung des »Interesselosen« in der Kunst: *Minima Moralia*, Aph. 144 (»Zauberflöte«).
5. Vgl. dazu oben, Teil I, 1. Kap.; ebenso Teil III, 4. Kap.
6. Vgl. aber die ausgewogene und sorgfältige Erörterung des Hörens im ersten Kapitel der *Einleitung in die Musiksoziologie,* wo Adorno zunächst eine Typologie von Musikhörern Revue passieren läßt – den Experten, den guten Zuhörer, den Bildungskonsumenten, den emotionalen Hörer, den Ressentiment-Hörer, den Jazz-Experten und Jazz-Fan, und den, der Musik als Unterhaltung hört, um schließlich mit dem Typus des musikalisch Gleichgültigen, Unmusikalischen und Antimusikalischen zu enden –, um dann wohlweislich vorzuschlagen, das Problem der musikalischen Erziehung über die Vermittlung der gesellschaftlichen Totalität laufen zu lassen: »Der antagonistische Zustand des Ganzen drückt darin sich aus, daß auch musikalisch richtige Verhaltensweisen durch ihre Stellung im Ganzen fatale Momente zumindest zeitigen können. [...] Der Experten-Hörer bedarf einer Spezialisierung wie wahrscheinlich nie zuvor, und der proportionale Rückgang des Typus des guten Hörers – falls er sich bewahrheiten sollte – wäre wohl Funktion dieser Spezialisierung. [...] Wohl aber nötigt das Versagen vor der Kultur zu Schlüssen über das Versagen der Kultur vor den Menschen und über das, was die Welt aus ihnen gemacht hat.« (Adorno 1968, 29f.)
7. Vgl. meinen Aufsatz »Marxism and Historicism« in Jameson 1988a, Bd. II.
8. Vgl. Teil II, Fn. 1.
9. Vgl. Teil I, Fn. 2.
10. Siehe die Einleitung von Max Horkheimer zu Jay (1973, VII); das Zitat findet sich in deutschen Ausgabe auf S. 10.

Teil IV:

1. Vgl. Lyotard 1973, sowie Habermas 1981 und 1988.
2. Vgl. jedoch Dews 1987.
3. Vgl. vor allem Bubner 1989. In der *Negativen Dialektik* weist Adorno eine »literarische« oder »ästhetische« Konzeption von Philosophie zurück (ND 24–25).
4. Vgl. Rosdolsky 1969; ebenso die bahnbrechenden Kommentare zu den *Grundrissen* und den Manuskripten der 1860er Jahre, die Enrique Dussel (1985 und 1988) vorgelegt hat.
5. Vgl. auch die kenntnisreiche und ausführliche Zusammenfassung dieser Tradition, die von Bob Jessop (1982, Kap. 3) stammt. Ebenso Michael Williams (Hg., 1988), bei dem es zu Beginn heißt:
   »Die folgenden Kapitel verdanken sich alle der Gegnerschaft zu einem vielfach grassierenden Rückfall des zeitgenössischen Marxismus in die methodologischen Vorlieben der orthodoxen Sozialwissenschaften: Positivismus, Analyse, Individualismus und Naturalismus. Dieser Rückfall, der sich jüngst im selbsternannten »analytischen Marxismus« zu erkennen gab, ... basiert auf der verschwiegenen (manchmal auch expliziten) Wendung gegen die zentrale Rolle der Hegelschen Dialektik in der marxistischen Theorie, gegen die Funktion der Bewußtseinsformen im Regelwerk der bürgerlichen Gesellschaft und gegen die Rolle der Marxschen Frühschriften, die sich mit dem Staat, der Zivilgesellschaft und der Kritik des Rechts auseinandersetzen.« (S. 1)
6. Vgl. NL, S. 9–33. Adorno betrachtete auch die »Einleitung« zu seinem Buch über Husserl *(Zur Metakritik der Erkenntnistheorie;* Frankfurt/M. 1972) gleichsam als ein dieser Thematik gewidmetes Manifest. Was man in »Der Essay als Form« vermißt, ist eine Betrachtung der gattungstypischen und institutionellen Binnenstruktur des »Essays« im kulturellen Journalismus, im Feuilleton usw. Hier gibt es Determinanten, die die angebliche »Freiheit« dieses Genres in beträchtlichem Maße einschränken und entmystifizieren.
7. Vgl. dazu die nunmehr als kanonisch geltende Darstellung der Jenaer Romantiker bei P. Lacoue-Labarthe und J.-L. Nancy (1978). Das dem »Fragment« gewidmete Kapitel läßt beträchtliche Unterschiede erkennen; selbst wenn man die Jenaer Romantiker nicht für Scharlatane hält, so ist ihr selbstzerstörerisches Festhalten an dem notwendig unvollständigen Wesen jeglicher Ausdrucksform im Geiste sehr entfernt von Adornos Art und Weise, dem zu begegnen, was für ihn immer auch ein *notwendiges* Dilemma der Repräsentation von »Totalität« war.

Bibliographie

Zur Zitierweise

Die hauptsächlich im Text angeführten Schriften von Adorno werden nach den unten angegebenen Siglen zitiert, die übrige Literatur ist durch Angabe des Autoren- bzw. Herausgebernamens und der Jahreszahl der Veröffentlichung kenntlich gemacht.

A. Schriften von Adorno nach Siglen

ÄT: *Ästhetische Theorie*, Gesammelte Schriften, Band 7 (Frankfurt/M.: Suhrkamp 1970)

DA: *Dialektik der Aufklärung* (zus. mit Max Horkheimer; Frankfurt/M.: S. Fischer 1969)

MM: *Minima Moralia. Reflexionen aus dem beschädigten Leben* (Frankfurt/M.: Suhrkamp 1964)

ND: *Negative Dialektik* (Frankfurt/M.: Suhrkamp 1966)

NL: *Noten zur Literatur* (Frankfurt/M.: Suhrkamp 1981)

PM: *Philosophie der neuen Musik* (Frankfurt/M.-Berlin-Wien: Ullstein 1972)

WA: *Versuch über Wagner* (Frankfurt/M.: Suhrkamp 1981)

B. Weitere Schriften von Adorno

Theodor W. Adorno, 1955: *Prismen. Kulturkritik und Gesellschaft*. Frankfurt/M.

–, 1960: *Mahler. Eine musikalische Physiognomik*. Frankfurt/M.

–, 1968: *Einleitung in die Musiksoziologie. Zwölf theoretische Vorlesungen*. Reinbek b. Hamburg.

–, 1972a: »Gesellschaft«, in *Gesammelte Schriften,* Band 8, Frankfurt/M., S. 9–19.

–, 1972b: »Zum Verhältnis von Soziologie und Psychologie«, in *Gesammelte Schriften,* Band 8, Frankfurt/M., S. 42–92.

–, 1978a: »Die Meisterschaft des Maestro«, in *Gesammelte Schriften,* Band 16, Frankfurt/M., S. 52–67.

–, 1978b: »Vers une musique informelle«, in *Gesammelte Schriften,* Band 16, Frankfurt/M., S. 493–540.

– u. a., 1972: *Der Positivismusstreit in der deutschen Soziologie*. Darmstadt und Neuwied.

C. Weitere Literatur

Perry Anderson, 1976: *Considerations on Western Marxism*. London. (Dt.: Über den westlichen Marxismus. Frankfurt/M. 1978)

Walter Benjamin, 1972: *Ursprung des deutschen Trauerspiels*. Frankfurt/M.

Karl-Heinz Bohrer, 1981: *Plötzlichkeit*. Frankfurt/M.

David Bordwell u. a., 1985: *The Classical Hollywood Cinema*. New York.

Pierre Bourdieu, 1979: *Die feinen Unterschiede. Kritik der gesellschaftlichen Urteilskraft*. Frankfurt/M.

Rüdiger Bubner, 1983: »Adornos Negative Dialektik«, in Friedeburg/Habermas, Hg., 1983, S. 35–40.

–, 1989: »Kann Theorie ästhetisch werden?«, in *Ästhetische Erfahrung*. Frankfurt/M. S. 70–98.

Susan Buck-Morss, 1977: *The Origins of Negative Dialectics*. New York.

–, 1990: *Dialectics of Seeing: Walter Benjamin and the Arcades Project*. Cambridge MA.

Peter Bürger, 1974: *Theorie der Avantgarde*. Frankfurt/M.

Michael Cahn, 1984: »Subversive Mimesis; Th. W. Adorno and the Modern Impasse of Critique«, in *Mimesis in Contemporary Theory*, Bd. 1, hg. von M. Spariosu. Philadelphia.

Gilles Deleuze, 1983: *Cinéma I: L'Image-mouvement*. Paris.

Jacques Derrida, 1976: »Die Struktur, das Zeichen und das Spiel im Diskurs der Wissenschaften vom Menschen«, in *Die Schrift und die Differenz*. Frankfurt/M. S. 422–42.

Peter Dews, 1987: *The Logics of Disintegration*. London.

Helmut Dubiel, 1978: *Wissenschaftsorganisation und politische Erfahrung*. Frankfurt/M.

Enrique Dussel, 1985: *La producción teórica de Marx*. Mexico City.

–, 1988: *Hacia un Marx desconcido*. Mexico City.

Terry Eagleton, 1986: *Against the Grain*. London.

Thomas Stearns Eliot, 1950: »Tradition and the Individual Talent«, in *Selected Essays*. New York.

William Empson, 1960: *Some Versions of Pastoral*. New York.

Ludwig v. Friedeburg und Jürgen Habermas (Hg.), 1983: *Adorno-Konferenz*. Frankfurt/M.

Friedemann Grenz, 1974: *Adornos Philosophie in Grundbegriffen*. Frankfurt/M.

Jürgen Habermas, 1981: *Theorie des kommunikativen Handelns*. Band 1: Handlungsrationalität und gesellschaftliche Rationalisierung. Frankfurt/M.

–, 1988: *Der philosophische Diskurs der Moderne*. Frankfurt/M.

Rainer Hoffmann, 1984: *Figuren des Scheins*. Bonn.

Axel Honneth, 1979: *»Communication and Reconciliation: Habermas's Critique of Adorno«, in Telos*, Nr. 39 (Frühjahr), S. 45–61.

Joseph Horowitz, 1987: *Understanding Toscanini*. Minnesota.

Andreas Huyssen, 1986: *After the Great Divide*. Bloomington IN.

Fredric Jameson, 1971: *Marxism and Form*. Princeton NJ.

–, 1981: *The Political Unconscious. Narrative As A Socially Symbolic Act*. Ithaca, NY. (Dt.: Das politische Unbewußte. Literatur als Symbol sozialen Handelns. Reinbek b. Hamburg, 1988)

–, 1988a: *The Ideologies of Theory*. Band I und II. Minnesota.

–, 1988b: »On Negt and Kluge«, in *October*, Nr. 46 (Herbst), S. 151–77.

–, 1990: *Postmodernism, Or The Cultural Logic of Late Capitalism*. Durham NC.

Martin Jay, 1973: *The Dialectical Imagination*. Boston, MA. (Dt.: Dialektische Phantasie. Die Geschichte der Frankfurter Schule und des Instituts für Sozialforschung 1923–1950. Frankfurt/M. 1976.)

Bob Jessop, 1982: *The Capitalist State*. New York.

Karl Kraus, 1914: *Die Fackel*, 14. Jahrg., H. 404, S. 1ff.

Ernesto Laclau und Chantal Mouffe, 1985: *Hegemony and Socialist Strategy*. London.

Philippe Lacoue-Labarthe und Jean-Luc Nancy, 1978: *L'Absolu littéraire*. Paris.

Claude Lévi-Strauss, 1967: *Strukturale Anthropologie*. Frankfurt/M.

Burkhardt Lindner und Martin W. Lüdke (Hg.), 1980: *Materialien zur Ästhetischen Theorie*. Frankfurt/M.

Niklas Luhmann, 1982: *The Differentiation of Society*. New York.

Georg Lukács, 1968: *Geschichte und Klassenbewußtsein*. Werke Band 2, Frühschriften II. Darmstadt und Neuwied.

–, 1971: »Über Wesen und Form des Essays. Ein Brief an Leo Popper«, in *Die Seele und die Formen.* Neuwied und Berlin. S. 7–31.

Jean-François Lyotard, 1973: »Adorno como diavolo«, in *Des dispositifs pulsionels.* Paris. S. 115–33.

Giacomo Marramao, 1974: »Political Economy and Critical Theory«, in *Telos*, Nr. 24 (Sommer).

Hermann Mörchen, 1980: *Macht und Herrschaft im Denken von Heidegger und Adorno.* Stuttgart.

Rainer Nägele, 1982/3: »The Scene of the Other«, in *Literature*, Bd. 11, Nr. 1–2 (Herbst-Winter).

Dolf Oehler, 1977: »Charisma des Nicht-Identischen«, in *Text + Kritik,* Sonderband zu Th. W. Adorno. Hg. von Heinz Ludwig Arnold. München.

Le Président de Brosses, 1760: *Du Culte des dieux fétiches.* Paris.

Roman Rosdolsky, 1969: *Zur Entstehungsgeschichte des Marxschen »Kapital«. Der Rohentwurf des »Kapital« 1857–58.* 2 Bde. Frankfurt/M.-Wien.

Gillian Rose, 1978: *The Melancholy Science.* New York.

Marshall Sahlins, 1972: *Stone Age Economics.* Chicago.

Jean-Paul Sartre, 1958: *Was ist Literatur?* Reinbek b. Hamburg.

–, 1964: *Marxismus und Existentialismus. Versuch einer Methodik.* Reinbek b. Hamburg.

–, 1977: *Der Idiot der Familie. Gustave Flaubert 1821–1857.* Band 3. Reinbek b. Hamburg.

Herbert Schnädelbach, 1983: »Dialektik als Vernunftkritik«, in Friedeburg/Habermas (Hg.), 1983.

Gertrude Stein, 1947. *Four in America.* Introduction by Thornton Wilder. New Haven CT.

Manfredo Tafuri, 1979: *Architecture and Utopia.* Cambridge MA.

Jean-Pierre Vernant, 1965: *Mythe et Pensée chez les Grecs.* Paris. (Dt.: Die Entstehung des griechischen Denkens. Frankfurt/M. 1982.)

Richard M. Weaver, 1948: *Ideas Have Consequences.* Chicago.

Rolf Wiggershaus, 1987: *Die Frankfurter Schule.* München.

Sabine Wilke, 1982: »Kritische und ideologische Momente der Parataxis: Eine Lektüre von Adorno, Heidegger und Hölderlin«, in *Modern Language Notes* 102 (3), April, S. 627–47.

Michael Williams (Hg.), 1988: *Value, Social Form and the State.* New York.

Raymond Williams, 1977: *Marxism and Literature.* Oxford.